Name Saremina

Grade 4 Year

RIDGEMONT HIGH SCHOOL

En Route!

Writing and Consulting Staff

WRITERS
Katia Brillié Lutz
Françoise Périn Leffler

CONTRIBUTING EDITORS
Françoise Burley
Arthur B. Evans

CONSULTING LINGUIST
William F. Mackey
*Université Laval
Québec, Canada*

EDITOR
Barbara T. Stone

CONSULTING EDITOR
Marina Liapunov

CULTURE CONSULTANT
Jean-Paul Constantin
*Conseiller Pédagogique
Académie de Versailles*

TEACHER CONSULTANTS
Anne Dudley
*Seneca Valley High School
Germantown, MD*

Joseph F. Herney
*Briarcliff High School
Briarcliff Manor, NY*

Diane Karlik
*Springbrook High School
Silver Spring, MD*

Roger Théroux
*Lexington High School
Lexington, MA*

Cornelia Whitaker
*Grant Joint Union High School
District
Sacramento, CA*

EN ROUTE!

REVIEW GRAMMAR

FRENCH: Advanced Level

HBJ HARCOURT BRACE JOVANOVICH, PUBLISHERS

Orlando New York Chicago San Diego Atlanta Dallas

ACKNOWLEDGMENTS

For permission to reprint copyrighted material, grateful acknowledgment is made to the following sources:

Atelier livres B.P. Jeune: Drawing by Granger from *Okapi* N⁰ 233. Adapted excerpt from an interview with "Bernard Hinault" by Claude Raison in *Okapi* N⁰ 231. Drawing from pp. 14 and 15, and adapted excerpts from "Consommation d'énergie en France en 1979" by Brigitte Roussillon in *Okapi* N⁰ 248. Adapted excerpt from "Hockey" in *Okapi* N⁰ 261. "Les pensées de Pascal" by Philippe Wolff and Jean-Louis Besson from *Record* N⁰ 45. Adapted excerpt from "A bas le racisme musical!" by A. Binet in *Record* N⁰ 47. Drawing by Puig Rosado from *Record* N⁰ 51. Adapted excerpt from "Natation" from *Record Dossier* N⁰ 16. Adapted from "Une famille se raconte – Le témoignage de trois générations" by Marcelle Boudon, Michèle Dannus, and Claude Nédelec in *Phosphore* N⁰ 29. Drawing, "L'argent maître du monde?" by François de Constantin from the cover of *L'Univers d'Okapi, Okapi* N⁰ 224. **Christiane Charillon:** Drawings by Sempé from *La Grande Panique* and *Tout se complique.* **Rémy Charmoz, Jacques Charmoz, and Fredrica Charmoz:** Drawings by Jacques Charmoz in *Vacances à tous prix* by Pierre Daninos. **Robert Colle and Editions Rupella:** Adapted excerpt from "Un conte de Noël Saintongeais" in *Légendes et Contes d'Aunis et Saintonge* by Robert Colle. Published by Editions Rupella. **Pierre Daninos:** Adapted excerpt from *Vacances à tous prix* by Pierre Daninos. Published by Le Livre de Poche. **Editions Autrement:** Adapted excerpt from pp. 23–37 of "Journal de Berthier, 18 ans, dit Momo" by Maurice Lemoine in "Et le lycée, ça marche?," N⁰ 33, September 1981. © Editions Autrement 1981. Published by Autrement. **Editions Denoël:** Adapted excerpts from pp. 33–36, and 274, 276, 283, 284, and 293 of *Chroniques des apparitions extra-terrestres* by Jacques Vallée, translated from the English by Dominique Pascali and Raymond Veillith. © by Editions Denoël. **Editions Fides, Montréal:** "L'Héritage" and adapted excerpts from "Propos en contrepoint," collected by Jean Dufour in *Cent Chansons* by Félix Leclerc. **Editions Flammarion:** Adapted excerpts from pp. 83–122 of *Carnets Sahariens, L'Appel du Hoggar et autres meharées* by Roger Frison-Roche. Adapted excerpts from pp. 68–70 of "Le Système Aristote" by René Dzagoyan in *Le Nouvel Observateur*, January 13–19, 1984. Both excerpts published by Editions Flammarion. **Editions Gallimard:** Adapted excerpts from pp. 235, 265, and 274 in *De la Démocratie en Amérique* by Alexis de Tocqueville. © by Editions Gallimard. Adapted excerpt from "Lignes de Force" by André Malraux in *Preuves*, N⁰ 49 (March 1955). © by André Malraux. **Editions de l'Hexagone:** Adapted excerpts from pp. 42–43 of "Nôtre pays" in *Chansôns d'Ô, poèmes et chansôns* by Raôul Duguay. **Editions Hurtubise HMH, Ltée:** Adapted excerpts from pp. 44–46 in *Le livre des proverbes québécois* by Pierre DesRuisseaux. Published by Editions Hurtubise HMH, Ltée. **Editions Robert Laffont:** "Le combat algérien" by Jean Amrouche. **Editions Mazarine:** Adapted excerpts from pp. 67, 94, and 103 of *Les Américains – Enquête sur un mythe* by Léo Sauvage. Copyright by Editions Mazarine, 1983. **L'Etudiant:** Drawing by G. Mathieu from the magazine *L'Etudiant*, September 1981. **Hachette Littérature:** Adapted excerpts from pp. 207–213 of *Les Carnets du Major Thomson* by Pierre Daninos. **Melissa Hebert:** Drawing by Melissa Hebert from "The Times Guide to Festivals Acadiens 1982." Published by *The Times of Acadiana*, 1982. **A/S Intermède Musique, C.P. 609, Succ. La Cité, Montréal, Québec, Canada H2W 2P2:** "Travailler, c'est trop dur" by Zachary Richard. © Les Editions du Marais Bouleur (SDE) 1978. "Réveille" by Zachary Richard from *Cris sur le bayou*. "Réveille" © Les Editions du Marais Bouleur (SDE) 1976. *Cris sur le bayou* © Les Editions Intermède Inc. 1980. **Librairie Arthème Fayard:** Excerpt from *Réflexions sur l'Amérique* by Jacques Maritain, 1958. **Librairie Plon:** Adapted excerpt from pp. 116, 117, of *Ô pays, mon beau peuple* by Sembene Ousmane. **Le Magazine Affaires:** Adapted excerpt from "Le retour des montgolfières" by Gil Tocco in *Le Magazine Affaires*, September 1, 1982 Vol. 5 N⁰ 7, p. 66. **Mercure de France:** Adapted excerpts from *Vue de la Terre Promise* by Georges Duhamel. **Fernand Nathan Éditeur:** Map of oil reserves in the world from p. 32 of *L'Energie et ses secrets* by Claude Roques-Carmes and Nadine Lefébure. **New York Times Syndication Sales:** Excerpts from "Onze questions aux jeunes" in *L'Express* N⁰ 1436, 13–19 January 1979 and from "Jeunes 79: les pieds sur terre" in *L'Express* N⁰ 1437, 20–26 January 1979. **Le Nouvel Observateur:** Adapted cartoon, "Le partage de midi," from *Les Frustrés 2* by Claire Bretécher. Copyright © *Le Nouvel Observateur*. **Sepp:** Adapted excerpt from *Les Chroniques d'Extraterrestres* by Jacques Devos. © Jacques Devos/Sepp Brussells.

PHOTO CREDITS

ART CREDITS

INTRODUCTION

En Route! is a review grammar intended for use in advanced level French courses. Certain sections of the textbook can also be used for review during intermediate French courses.

This textbook does not review the entire French grammar. Its purpose is to review and extend those grammar constructions introduced in *Nos Amis* and *Le Monde des Jeunes.*

En Route! is a random-access grammar. The teacher does not have to start with Chapter 1 and finish with Chapter 16, but can pick out points of grammar that students may not have had or may not know very well.

Each chapter opens with introductory material that sets the theme of the chapter and is followed by content and discussion exercises. This introductory material provides examples of the grammar reviewed in the chapter. In addition to the grammar explanations and exercises, each chapter also contains reading selections that further develop the theme of the chapter. The reading selections are also random-access. New vocabulary is treated independently in each chapter. Many selections are original magazine articles, adapted stories, and realia. Each reading selection is followed by content and discussion questions. Often specific projects are suggested and can be prepared for oral and/or written presentation in class. This gives students the opportunity to get more deeply involved in the theme. Themes include sports, ecology and environmental concerns, ambitions of young people, computers, spending money, leisure time, popular music, science-fiction, exploration. Students will be able to apply many of these themes to their own lives and will be stimulated to form opinions and express them.

CONTENTS

LES JEUNES 1

Huit Questions

Cette enquête est le résultat de plusieurs sondages organisés par l'Ifop (Institut français d'opinion publique) et par l'Express, grand hebdomadaire politique français.

1. L'agriculture biologique

Croyez-vous que l'agriculture biologique aura plutôt tendance à se développer ou à disparaître d'ici à l'an 2 000?

Se développer . . . . 76%   Ne se prononcent pas 13%
Disparaître. 11%

2. Le progrès scientifique

Comment considérez-vous le progrès scientifique et technique? Diriez-vous qu'il apporte à l'humanité...

Plus d'avantages que   Ne se prononcent pas 12%
  d'inconvénients 52%
Ou plus d'inconvénients que
  d'avantages. 36%

3. Une nouvelle guerre mondiale

Croyez-vous que vous verrez de votre vivant une nouvelle guerre mondiale?

Oui. . . . . 32%   Ne se prononcent pas 15%
Non 53%

4. Ce qui manque le plus

De quoi avez-vous le sentiment de manquer le plus?

De temps	23%	D'idéal	4%
D'argent.	20%	D'amour	2%
De liberté	13%	De silence.	2%
De sécurité	11%	D'affection	2%
De nature	7%	De puissance	2%
De travail	6%	Ne se prononcent pas	4%
D'amitié.	4%		

5. Le fossé des générations

Personnellement, avez-vous l'impression que...

L'incompréhension entre les   mieux se comprendre 55%
  générations s'accroît . . . . . 35%   Ne se prononcent pas 10%
Les générations ont tendance à

Aux Jeunes

6. Vivre sa vie

Quel est, parmi ces genres de vie, celui qui se rapproche le plus de celui que vous souhaitez avoir?

Avoir un bon métier, se marier et avoir des enfants, avoir une maison à soi, être à l'abri du besoin 61%

Vivre au jour le jour, n'être lié à rien, rencontrer des gens très divers, bourlinguer 21%

Sacrifier son confort à une cause généreuse, se dévouer aux autres 5%

Créer de la beauté 5%

Vivre dans l'opulence, le luxe, ne jamais avoir à compter 2%

Chercher d'abord et avant tout à être le premier, le meilleur ou le plus fort. 1%

Devenir quelqu'un de connu, être célèbre et admiré 1%

Ne se prononcent pas 4%

7. L'esprit de compétition

Etes-vous d'accord ou non avec l'opinion suivante : la compétition stimule les qualités humaines et est un facteur de progrès humain?

D'accord . . . . 65%   Ne se prononcent pas 7%
Pas d'accord 28%

8. La réussite

Parmi les choses suivantes, quelles sont les trois qui vous paraissent indispensables pour réussir dans la société d'aujourd'hui? (1)

Le travail 42%
L'argent 34%
La chance 28%
Les relations 28%
L'intelligence 22%
Le courage 19%
La force de caractère 19%
L'absence de scrupules 16%
L'opportunisme. 11%
Le savoir-parler. 11%
La prudence 10%
L'enthousiasme. 9%

Le goût du risque. 9%
La culture 8%
Savoir écouter les autres. 8%
L'astuce. 6%
Le sens de la manœuvre. 5%
Le cynisme 4%
La générosité. 2%
Le charme. 2%
La dureté 2%
Le conformisme . . . . , . . . 1%
Ne se prononcent pas 1%

(1) Totaux supérieurs à 100 en raison des réponses multiples.

Exercices

1 A vous de répondre!

1. Répondez vous-même aux questions posées aux jeunes Français.
2. Comparez les résultats des pourcentages obtenus par votre classe à ceux de l'enquête.

2 Paires ⊗ ⊡

Faites des paires de mots dont le sens est lié en prenant un mot dans chaque colonne.

EXEMPLE   la dureté — le cynisme

la dureté	la force de caractère
l'amour	l'opulence
le courage	la prudence
le luxe	le cynisme
la sécurité	l'affection

3 Cherchez le mot!

Trouvez dans le texte de l'enquête les mots qui correspondent aux définitions suivantes.

1. qualité de celui qui est généreux
2. synonyme de « connu »
3. environ trente ans
4. qualité de celui qui est libre
5. ce que font deux pays qui se battent
6. absolument nécessaire

4 Ce qui compte le plus. ⊗

Dites ce qui compte le plus pour la personne qui parle.

EXEMPLE   Je veux être à l'abri du besoin.
           C'est la sécurité qui compte le plus pour lui (elle).

1. Je veux n'être lié(e) à rien.
2. Je veux toujours être le plus fort (la plus forte).
3. Je veux rencontrer beaucoup de gens connus.
4. Je veux vivre dans le luxe.
5. Je veux avoir beaucoup d'amis que je garderai pendant longtemps.

5 D'après vous, que faut-il pour réussir?

EXEMPLE   Dans la politique?
           Il faut une grande force de caractère / le goût du risque / un peu d'astuce / etc.

1. Comme médecin?
2. Dans la chanson?
3. Comme cinéaste?
4. Dans les arts?
5. Dans les sports?
6. A la télévision?
7. Comme fermier?
8. Dans la recherche scientifique?

Les réponses données peuvent être discutées.

EXEMPLE   Il faut une grande force de caractère.
           Mais non! Il faut surtout de la chance / des relations / etc.

6 Projet

1. Faites une liste des jeunes de votre âge qui sont célèbres et analysez les raisons de leur réussite.
2. Lequel ou laquelle préférez-vous? Pour quelles raisons?

7 Débat

Les jeunes sont-ils conformistes ou anticonformistes? Donnez des exemples des deux côtés.

Et maintenant une chanson en réaction directe contre cette civilisation du machinisme outrancier qui ne vise qu'à écraser l'homme...

Ce dessin humoristique se moque (gentiment) des jeunes. Donnez d'autres exemples qui illustrent la même idée.

THE PRESENT TENSE

1. The present tense is used:
   a. to indicate that something is done or is happening while the speaker is saying it.
      L'agriculture biologique **se développe** en ce moment.

   b. to express a customary action or state.
      Il **téléphone** tous les jours.

   c. to express a permanent or general fact.
      La compétition **stimule** les qualités humaines.

   d. to express future time.
      Qu'est-ce qui nous **attend** en l'an 2 000?

   e. to express the vividness of a recollection, even though the narration is in the past.
      Hier, je devais répondre à des questions pour une enquête sur les
      jeunes. Mon tour **arrive,** on me **demande** ce que j'**attends** de la vie
      et tout d'un coup, je **deviens** tout bête; je ne **sais** pas quoi dire.

2. The present tense is also used:
   a. with phrases such as **depuis, il y a...que,** and **il a longtemps que** + an expression of time—to refer to an action, a state, or a condition that began in the past and is still going on in the present.
      Depuis quelques jours, il **a** l'air un peu préoccupé.
      For the past few days, he has seemed rather worried.

   Note that the English equivalents of such phrases containing **depuis,** etc., do not usually require the present tense but rather the present perfect or the preterit.

   b. in conditional sentences, expressing a condition that can be met.
      Si j'**ai** de l'argent, j'en ferai profiter les autres.

Summary of Present-Tense Forms: Regular Verbs

	jouer	sortir	choisir	attendre
je (j')	joue	sors	choisis	attends
tu	joues	sors	choisis	attends
il / elle	joue	sort	choisit	attend
nous	jouons	sortons	choisissons	attendons
vous	jouez	sortez	choisissez	attendez
ils / elles	jouent	sortent	choisissent	attendent

Note that verbs ending in **-ger** (like **manger**) and **-cer** (like **commencer**) form the present tense in the same way as regular **-er** verbs. However, to preserve the pronunciation of the stem, an **e** is added to the stem of **-ger** verbs and a cedilla to the **c** of **-cer** verbs whenever the **g** or the **c** are followed by **o.**

nous mangeons   **nous commençons**

Other verbs like **manger** and **commencer** are listed in the Grammar Summary (pp. 308-309).

Verbs with Stem Changes

	double consonant	e → è	y → i	é → è
	jeter	acheter	essayer	préférer
je (j')	jette	achète	essaie	préfère
tu	jettes	achètes	essaies	préfères
il / elle	jette	achète	essaie	préfère
nous	jetons	achetons	essayons	préférons
vous	jetez	achetez	essayez	préférez
ils / elles	jettent	achètent	essaient	préfèrent

Other verbs with stem changes are listed in the Grammar Summary (pp. 308-309).

Irregular Verbs

The following chart shows the present-tense forms of the most common irregular verbs.

	aller	avoir	dire	être	faire	pouvoir	prendre	venir	voir
je (j')	vais	ai	dis	suis	fais	peux	prends	viens	vois
tu	vas	as	dis	es	fais	peux	prends	viens	vois
il / elle	va	a	dit	est	fait	peut	prend	vient	voit
nous	allons	avons	disons	sommes	faisons	pouvons	prenons	venons	voyons
vous	allez	avez	dites	êtes	faites	pouvez	prenez	venez	voyez
ils / elles	vont	ont	disent	sont	font	peuvent	prennent	viennent	voient

For other irregular verbs, see the Grammar Summary (pp. 308-316).

Exercices

8 **De quel genre de présent s'agit-il?**

Determine the particular use of the underlined present tense forms, using the grammar explanation (p. 6) to help you.

1. Les générations se comprennent beaucoup mieux maintenant.
2. La vie est de plus en plus difficile.
3. C'est décidé, je viens avec vous demain!
4. Ce qu'il y a de bien chez toi, c'est que tu es prête à écouter les autres.
5. Il y a longtemps que j'ai passé le bac, mais je revois encore la scène: j'entre et j'attends que le professeur me regarde... mais rien!
6. Vous retrouvez vos cousins tous les étés?
7. Si vous ne vous découragez pas, vous réussirez.
8. Il y a longtemps qu'il travaille ici.
9. Tous les dimanches, il sort en famille avec ses parents.
10. Il y a longtemps qu'elle veut devenir médecin.

9 Heureusement il n'y a pas eu de pollution! ⊙

EXEMPLE   On peut toujours se baigner dans l'étang?
           Mais oui; moi, je m'y baigne tous les jours.

1. On peut toujours y aller?
2. On peut toujours manger les poissons?
3. On peut toujours en trouver?
4. On peut toujours en voir?

10 En l'an 2 000. ⊙

EXEMPLE   D'après toi, qu'est-ce qui nous attend en l'an 2 000?
           Je préfère ne pas le savoir.

1. Et d'après lui?   2. Et d'après vous?   3. Et d'après eux?

11 Une troisième guerre mondiale... ⊙

EXEMPLE   Ça te fait peur?
           J'essaie de ne pas y penser.

1. Et lui, ça lui fait peur?   2. Et vous, ça vous fait peur?   3. Et eux, ça leur fait peur?

12 Moi, je sais ce que je vais faire comme métier : médecin.

1. Depuis combien de temps réfléchis-tu à ton avenir?
2. Depuis quand es-tu à la tête de la classe?
3. Il y a longtemps que tu fais des sciences?
4. Il y a combien de temps que tu es infirmière bénévole à l'hôpital?
5. Depuis quand veux-tu être médecin?
6. Il y a longtemps que tu t'intéresses à ce métier?

13 Conseils pour réussir dans la vie.

Deux conseillers d'orientation, M. Grévin et Mlle Dupont, vous disent à peu près la même chose.

EXEMPLE   M. G.   Pour être à l'abri du besoin, il faut avoir un bon métier.
           MLLE D. *Vous serez à l'abri du besoin si vous avez un bon métier.*

1.   M. G.   Pour avoir une maison à soi, il faut travailler.
      MLLE D. Vous aurez une maison à vous si...
2.   M. G.   Pour vivre dans le luxe, il faut gagner beaucoup d'argent.
      MLLE D. Vous vivrez dans le luxe si...
3.   M. G.   Pour gagner beaucoup d'argent, il faut devenir célèbre.
      MLLE D. Vous gagnerez beaucoup d'argent si...
4.   M. G.   Pour réussir en politique, il faut savoir parler.
      MLLE D. Vous réussirez en politique si...
5.   M. G.   Pour pouvoir devenir médecin, il faut faire des sciences.
      MLLE D. Vous pourrez devenir médecin si...
6.   M. G.   Pour réussir dans la vie, il faut apprendre à manœuvrer.
      MLLE D. Vous réussirez dans la vie si...

14 Vous questionnez des parents.

Remplacez l'infinitif par la forme du verbe qui convient.

Comment vous entendez-vous avec vos enfants?
Nous (échanger) beaucoup d'idées et nous (partager) souvent le même point de vue. Nous ne (diriger) pas leur vie mais nous (essayer) de les guider. Nous ne (menacer) jamais. Au contraire, nous les (encourager) dans leurs projets. Nous (exercer) notre autorité discrètement et (espérer) qu'ils continueront sur le bon chemin. Notre seul problème, et il n'est pas grave : ils ne (ranger) jamais leurs affaires!

15 Comment se détendent-ils? ⊗

EXEMPLE   Je me détends en écoutant de la musique pop.
Pour me détendre, j'écoute de la musique pop.

1. Nous nous détendons en prenant un bain.
2. Elle se détend en appelant sa meilleure amie au téléphone.
3. Ils se détendent en se promenant à bicyclette.
4. Tu te détends en complétant ta collection de timbres.
5. Vous vous détendez en faisant du yoga.
6. Je me détends en regardant la télévision.
7. Elles se détendent en jouant aux échecs.

16 Qu'aimeriez-vous faire plus tard?

EXEMPLE   J'aimerais vivre au jour le jour.
Quand on vit au jour le jour, on risque de ne pas manger tous les jours / on est libre comme l'air / etc.

1. J'aimerais enseigner.
2. J'aimerais avoir des enfants.
3. J'aimerais être à la tête d'une grande entreprise.
4. J'aimerais créer de la beauté.
5. J'aimerais cultiver la terre.

17 D'accord ou pas d'accord?

Choisissez deux expressions dans la liste ci-dessous et faites une phrase.

EXEMPLE   travailler beaucoup / réussir
Quand on travaille beaucoup, on réussit.
OR
Quand on travaille beaucoup, on ne réussit pas toujours.

persévérer
vivre au jour le jour
réussir
perdre son temps
connaître des gens importants
choisir son métier avec soin
se marier
avoir des enfants

travailler beaucoup
se décourager
dépendre des autres
suivre les conseils de ses parents
se battre
le vouloir vraiment
être célèbre
avoir des amis

18 **Qu'en pensez-vous?** ⊗ 📖

Remplacez l'infinitif par la forme du verbe qui convient.

1. L'agriculture biologique (se développer) de plus en plus en ce moment.
2. Les générations (ne pas se comprendre) mieux de nos jours.
3. Nous (vivre) un peu loin de tout, mais c'est ce que nous (vouloir).
4. Il y a des gens qui (vivre) au jour le jour; moi, j' (avoir besoin) de sécurité.
5. Il y a une chose qui me (paraître) indispensable pour réussir, c'est la chance!
6. Que (chercher)-tu d'abord et avant tout?
7. Ce que j'aime en elle, c'est qu'elle (savoir) écouter les autres.
8. Il (être) très intelligent. Malheureusement il (manquer) de charme.
9. On (ne plus se baigner) dans la rivière qui (couler) devant chez moi.

COMMANDS

1. Commands are used to tell someone to do or not to do something. They are also used to make suggestions.

2. In most cases, the verb forms of commands are the same as the **tu, nous,** and **vous** forms of present tense; but, of course, in commands the subject pronouns **tu, nous,** and **vous** are not used.

	Statements	Commands
One person, familiar	**Tu fais** attention.	**Fais** attention!
One person, formal A group	**Vous faites** attention	**Faites** attention!
A group including the speaker	**Nous faisons** attention.	**Faisons** attention!

3. For all **-er** verbs and the verb **aller,** the singular informal command is written without a final **-s.**

> Ne **parle** pas toujours contre les autres!
> **Va** dans ta chambre!

However, if **y** or **en** is used, the -s is retained: **Vas-y!**

4. Three verbs have irregular command forms.

avoir	être	savoir
aie	sois	sache
ayons	soyons	sachons
ayez	soyez	sachez

5. The following constructions may also be used in making commands:
- **veuillez** + infinitive.

> **Veuillez sortir** un par un.   *Please leave one by one.*

- the infinitive alone (on posters and signs, in recipes, etc.).

> Ne pas **se pencher** par la fenêtre.   *Do not lean out of the window.*

- **Que** + the **il(s)** form of the present subjunctive.

> **Qu'ils soient** heureux!   *May they be happy!*

Exercices

19 Marc se plaint de manquer d'argent.

Proposez-lui des solutions.

EXEMPLE   Il faut que tu gardes des enfants.
Garde des enfants!

1. Il faut que tu achètes un billet de loterie.
2. Il faut que tu vendes tes disques.
3. Il faut que tu empruntes de l'argent.
4. Il faut que tu promènes le chien des voisins.
5. Il faut que tu te serves de tes économies.
6. Il faut que tu donnes des leçons de maths.

20 En fait, tous les jeunes manquent d'argent.

EXEMPLE   Ils devraient tous garder des enfants.
Qu'ils gardent des enfants!

1. Ils devraient tous acheter un billet de loterie.
2. Ils devraient tous vendre leurs disques.
3. Ils devraient tous emprunter de l'argent.
4. Ils devraient tous promener le chien des voisins.
5. Ils devraient tous se servir de leurs économies.
6. Ils devraient tous donner des leçons de maths.

21 Sylvie et Catherine, elles, manquent de temps.

Là aussi, vous pouvez donner des conseils.

EXEMPLE   Vous ne devez pas flâner dans les rues.
Ne flânez pas dans les rues!

1. Vous ne devez pas regarder la télévision.
2. Vous ne devez pas perdre de temps au téléphone.
3. Vous ne devez pas aller au cinéma si souvent.
4. Vous ne devez pas être rêveuses.
5. Vous ne devez pas vous lever si tard.
6. Vous ne devez pas bavarder avec vos amis.

22 Ces conseils sont bons pour tout le monde.

EXEMPLE   Ne flânez pas dans les rues!
Ne pas flâner dans les rues.

1. Ne regardez pas la télévision!
2. Ne perdez pas votre temps au téléphone!
3. N'allez pas au cinéma si souvent!
4. Ne soyez pas rêveurs!
5. Ne vous levez pas si tard!
6. Ne bavardez pas avec vos amis!

Les trois «Je veux» des jeunes ⊗

Qu'ils habitent une grande ville ou un petit village, qu'ils habitent les Vosges ou la Bretagne, les jeunes ont tous plus ou moins les mêmes revendications°. Leur premier «Je veux» est une nature propre, exorcisée de l'atome. On les a traités de jeunesse en chaise longue. C'est faux. La colonisation du béton°, ils ne l'acceptent pas. La fatalité du nucléaire, ils ne l'acceptent pas. La grande majorité des jeunes, par exemple, est persuadée que l'agriculture biologique vantée° par les écologistes, celle qui élimine pesticides et engrais chimiques, *doit* se développer. La nature doit être protégée contre la science. En fait, la jeunesse remet en question le couple Progrès-Science. La science leur donne froid dans le dos, car au bout, il y a peut-être la bombe et — qui sait? — l'apocalypse. Les jeunes sont, sur ce point, unanimes.

Leur deuxième «Je veux», c'est la sécurité, et d'abord celle de la famille. «Il y a vingt ans, remarque le sociologue Edgar Morin, on croyait à la désintégration de la famille.» L'atomisation généralisée de la vie et l'anonymisation a eu un contre-effet: le réveil de la famille. Il faut bien dire que la famille est plus «accueillante»

---

béton m *concrete*   **revendication** f *demand*   **vanté, –e** *praised* pour les jeunes. Jadis le père annonçait : « Cette année, nous irons en vacances à Veules-les-Roses. » Aujourd'hui, il propose : « Ce soir, nous allons discuter de nos vacances. » Et s'il est très libéral, il ajoute : « Et nous voterons. » Donc les jeunes d'aujourd'hui veulent se marier, avoir des enfants, avoir une maison à eux. Ils veulent évidemment aussi être à l'abri du besoin. Ce qui implique immédiatement sécurité de l'emploi. Un bon travail sûr, régulier, voilà le commencement de la famille, le commencement du bonheur. Le cinéaste Pascal Thomas, qui a fait plusieurs films sur les adolescents, remarque : « Le travail pour eux, est le moyen de se réaliser°. Ils le veulent bien fait. Ils retrouvent la volupté° de l'artisan. » L'atelier de l'artisan, c'est un rêve dessiné sur le même calque° qu'ils nous livrent° par

centaines. Finalement, les jeunes d'aujourd'hui sont les militants du petit bonheur.

De faux prophètes prédisent que cette génération non violente et sans idéologie est à la merci de quelque illuminé° ou dictateur. Contresens°. Toute cette jeunesse est sur le qui-vive°. Jamais peut-être un tel besoin de démocratie et de liberté n'a été aussi largement partagé et ressenti. C'est leur troisième « Je veux ». D'une façon générale, ils veulent moins d'inégalités et ils rejettent avec la même horreur toutes les dictatures°, quelles qu'elles soient.

Sans qu'on y prenne garde°, les jeunes ont formé un immense parti en dehors° des partis. Un parti qui chante les louanges° de la liberté, de la tolérance, mais aussi de la nature, du renouveau familial et d'un bonheur simple.

calque m *exact copy*	**illuminé, –e** *visionary*	**se réaliser** *to fulfill oneself*
contresens m *misinterpretation*	**livrer** *to hand over*	**sur le qui-vive** *on the alert*
dictature f *dictatorship*	**louange** f *praise*	**volupté** f *pleasure*
en dehors *outside*	**prendre garde** *to be careful*	

Exercices

23 Compréhension du texte

En répondant à ces questions, ne citez pas le texte. Formulez vous-même vos réponses.

1. Quel est le premier « Je veux » des jeunes en France?
2. Qu'est-ce qu'ils n'acceptent pas?
3. Quel genre d'agriculture doit se développer?
4. Est-ce que les jeunes croient que Progrès = Science? Pourquoi pas?
5. Quel est leur deuxième « Je veux »? Comment se divise-t-il?
6. Quel est le troisième « Je veux »?

24 Rédaction

Reprenez le texte et écrivez un essai ayant comme thème <u>vos</u> trois « Je veux ». Vous pouvez commencer par: *J'habite…*

25 Discussion

Choisissez un des proverbes suivants et discutez-le avec vos camarades.

Rien n'est trop difficile pour la jeunesse.
Si la jeunesse est un défaut, on s'en corrige très vite!
Il faut que jeunesse se passe.
Les jeunes pensent que les vieux sont des sots; les vieux savent que les jeunes le sont.
Si jeunesse savait, si vieillesse pouvait.
La jeunesse a une belle face et la vieillesse une belle âme.

26 Dossier

1. Faites des recherches sur les enquêtes qui ont été publiées récemment sur les jeunes aux Etats-Unis.
2. Ecrivez un rapport.
3. Comparez les préoccupations et les souhaits des jeunes Américains à ceux des jeunes Français.

27 Sketch

Discussion entre parents et enfants : les deux générations ne sont pas d'accord sur ce que l'avenir nous réserve.

VOCABULAIRE

Huit Questions aux Jeunes

à l'abri du besoin *free from want*
à soi *to oneself (of one's own)*
▲ **s'accroître** *to increase, grow*
astuce f *wits*
au jour le jour *from day to day*
biologique *organic*
bourlinguer *to get around a lot*
compter *to economize, count the cost*
crainte f *fear*
créer *to create*

de son vivant *during one's lifetime*
se dévouer *to devote oneself to*
▲ **disparaître** *to disappear*
dureté f *toughness*
fossé m *gap*
hebdomadaire m *weekly*
lié, –e *tied*
luxe m *luxury*
manœuvre f *scheming, manipulation*
mondial, –e *world*

ne se prononcent pas *undecided*
▲ **paraître** *to appear, seem*
puissance f *power*
se rapprocher *to be close*
réussite f *success*
sondage m *poll*
souhaiter *to wish*
supérieur, –e (à) *higher than*

Mots Analogues

absence f *absence*
affection f *affection*
caractériser *to characterize*
cause f *cause*
charme m *charm*
conformisme m *conformity*
confort m *comfort*
courage m *courage*
cynisme m *cynicism*
se développer *to develop*
divers, –e *diverse, different*
enthousiasme m *enthusiasm*
esprit m *spirit*
facteur m *factor*

généreux, –euse *generous*
générosité f *generosity*
humain, –e *human*
humanité f *humanity*
idéal m *ideals*
incompréhension f *lack of understanding*
institut m *institute*
intelligence f *intelligence*
liberté f *liberty, freedom*
opinion f *opinion*
opportunisme m *opportunism*
opulence f *opulence, wealth*

politique *political*
progrès m *progress*
prudence f *prudence*
public, publique *public*
relation f *relation(ship)*
risque m *risk*
sacrifier *to sacrifice*
scrupule m *scruple*
sécurité f *security*
silence m *silence*
société f *society*
stimuler *to stimulate*
total m (pl –aux) *total*

Dessin de Sempé

écraser *to crush*
gentiment *good-humoredly*
machinisme m *mechanization*

se moquer (de) *to make fun of, poke fun at*
outrancier, –ière *extreme*

viser *to aim*

Mots Analogues

civilisation f *civilization*

direct, –e *direct*

réaction f *reaction*

▲ For the conjugation of this verb, see pp. 308–316.

LE COSMOS 2

Réfléchis une seconde, Armand; si réellement il y a des êtres doués d'une intelligence supérieure, pourquoi veux-tu qu'ils t'envoient des signaux à toi?

Renaud Corbin (17 ans) est un passionné d'astronomie.

« C'est mon père qui m'a branché sur l'astronomie. Il y a quelques années, il m'a emmené visiter l'observatoire de Haute-Provence. Là, nous avons vu un super-film sur le cosmos et on nous a montré le fonctionnement d'un télescope géant. C'était vraiment très impressionnant. Après cette visite, comme je ne parlais plus que de ça, mes parents m'ont offert un petit télescope. Je me suis inscrit au club d'astronomie où mon père avait été quand il était jeune. Et puis j'ai commencé à faire des observations et à étudier sérieusement. J'ai appris des tas de choses fascinantes… Par exemple ceci : comme la lumière des galaxies les plus lointaines met six milliards d'années pour nous parvenir, nous voyons ces galaxies, ·non telles qu'elles sont maintenant, mais telles qu'elles étaient il y a six milliards d'années! Depuis, certaines étoiles ont dû mourir, d'autres ont dû naître, mais nous n'en savons rien, car ce que nous voyons dans le ciel, c'est le passé du cosmos. »

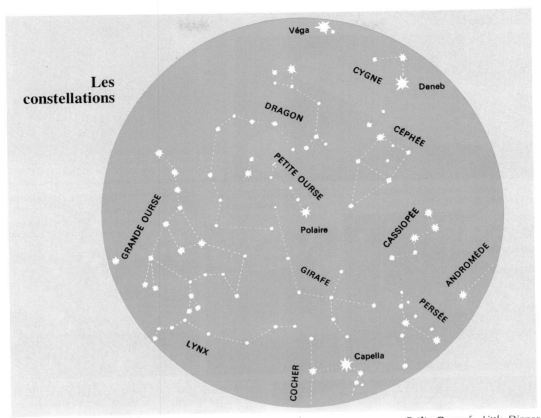

Les
constellations

Véga

CYGNE   Deneb

DRAGON

CÉPHÉE

PETITE OURSE

GRANDE OURSE   Polaire

CASSIOPÉE

ANDROMÈDE

GIRAFE

PERSÉE

LYNX

COCHER   Capella

Cocher m *Charioteer*   **Grande Ourse** f *Big Dipper*   **Petite Ourse** f *Little Dipper*

Exercices

1 Questions

1. Qu'est-ce qui passionne Renaud? Depuis quand?
2. Qu'est-ce qui l'a impressionné quand il a visité l'observatoire de Haute-Provence?
3. Qu'est-ce que ses parents lui ont offert?
4. Pourquoi est-ce qu'ils lui ont offert ça?
5. A quel club est-ce qu'il s'est inscrit?
6. Avec quoi est-ce qu'il fait ses observations?
7. Combien de temps met la lumière des galaxies les plus lointaines pour nous parvenir?
8. Est-ce que nous les voyons telles qu'elles sont maintenant?
9. Ce que nous voyons dans le ciel, c'est le cosmos tel qu'il est à présent?
10. Dans quelle constellation est l'étoile polaire?

2 A vous de répondre!

1. Est-ce que vous avez déjà visité un observatoire? Où ça?
2. Est-ce que vous avez déjà regardé le ciel avec un télescope? Quel genre de télescope était-ce?
3. Quand vous observez le ciel, est-ce que vous pouvez reconnaître certaines constellations ou étoiles? Lesquelles?

Cosmos - Fiction

Venu des profondeurs du Cosmos à la vitesse de la lumière, le vaisseau spatial venait de s'arrêter et flottait majestueusement dans l'espace....

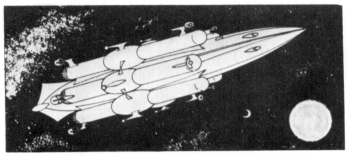

Un module s'en détacha et fonça vers la planète scintillante qui tournait doucement

À bord, deux humanoïdes scrutaient avidement les images transmises par le vidéo...

Module de reconnaissance à vaisseau-mère : tout va bien à bord !

Bota, trouverons-nous enfin une planète avec une vie organisée ?..

Les indices sont favorables ! Cette fois notre mission a réussi !

Je vais brancher le télescope, peut être discernerons-nous des détails !?

Patience, Kato, nous approchons !

Module à vaisseau-mère : c'est merveilleux, d'ici nous distinguons des continents, des océans, des fleuves !

Ralentis, notre vitesse est trop élevée et l'attraction de la planète se fait sentir !

Bien ! J'enclenche les inverseurs magnétiques en même temps que le pivotement à 180 degrés !

Par toutes les étoiles de la galaxie, cette planète bleue nous réservant la même pénible surprise que la planète rouge nous avait réservée : regarde tous ces cratères et ces crevasses !

Ah ! je ne vois plus rien : des nuages !

Nous les aurons vite dépassés !

FREINÉ PAR SES INVERSEURS MAGNÉTIQUES, L'ENGIN GLISSA DOUCEMENT VERS LE SOL TOURMENTÉ, ÉCLAIRÉ PAR UN CIEL TORTURÉ, OÙ FRÉMISSAIENT DES LUEURS SPASMODIQUES.

MODULE À VAISSEAU-MÈRE : SOMMES POSÉS! SOL À ÉRUPTIONS CONTINUES MAIS BRÈVES. ATMOSPHÈRE IRRESPIRABLE SANS SCAPHANDRE, SATURÉE DE GAZ EMPOISONNÉS! ... À SUIVRE!

NOS SCAPHANDRES SUFFIRONT-ILS DANS CETTE ATMOSPHÈRE CORROSIVE ?...

ILS ONT ÉTÉ TESTÉS CONTRE TOUS GAZ POSSIBLES! RASSURE-TOI ET ENCLENCHE LA DÉCOMPRESSION!

KATO?! DES ÊTRES VIVANTS... DES HUMANOÏDES! ENFIN!

GRANDE GALAXIE!... "ILS" APPORTENT PROBABLEMENT DES OFFRANDES!

"ILS" ENTOURENT LE MODULE; IL NOUS FAUT LES RENCONTRER!

LA DÉCOMPRESSION APPROCHE DE SON STADE FINAL!

?!

BOTA! BOTA!... "ILS" PARTENT!... "ILS" S'ENFUIENT! VOIS!?

IL N'Y EUT PAS DE SUITE... UNE FULGURANTE EXPLOSION PULVÉRISA LE MODULE ET SES DEUX PASSAGERS...

RAPPORT DU JOUR, FRONT DE VERDUN, 17 AOÛT 1916 : AYANT REPÉRÉ, PRÈS DE NOS LIGNES, LA CHUTE D'UNE ÉNORME BOMBE, D'UN TYPE INCONNU ET NON ÉCLATÉ, NOUS AVONS PRÉFÉRÉ LA FAIRE SAUTER À LA DYNAMITE; CE QUI FUT FAIT SANS PERTES NI DOMMAGES POUR NOUS...

fin
DEVOS

Questions

1. Qu'est-ce qu'on voit en premier?
2. Qu'est-ce qui se détache du vaisseau spatial?
3. Est-ce qu'il y a des pilotes à bord? Quelle est leur mission?
4. Comment appellent-ils la planète qu'ils vont explorer?
5. Décrivez l'endroit où ils posent leur engin?
6. Qui voient-ils s'approcher du module?
7. Que font ces êtres, d'après eux?
8. Que veulent faire Bota et Kato?
9. Est-ce qu'ils en ont le temps? Pourquoi?
10. Sur quelle planète et dans quel pays Bota et Kato s'étaient-ils posés?
11. Qu'est-ce qui se passait à Verdun en 1916? Si vous ne le savez pas, renseignez-vous.
12. Qui avait fait sauter le module? Pourquoi?

THE PAST

To express actions that took place in the past, three verb tenses are most frequently used: the passé composé, the imparfait, and the plus-que-parfait. In addition, there are two literary past tenses, the passé simple and the passé antérieur, which are used only in formal written French.

The Passé Composé

1. The passé composé is a compound tense, which means that it is composed of two parts: an auxiliary verb (**avoir** or **être**) and a past participle (for example, **joué, servi, choisi, attendu**). In the passé composé, the auxiliary is in the present tense.

	Auxiliary	Past Participle		Auxiliary	Past Participle
with **avoir**	j' **ai** tu **as** il / elle **a** nous **avons** vous **avez** ils / elles **ont**	jou –**é** serv –**i** chois –**i** attend –**u**	with **être**	je **suis** tu **es** il / elle **est** nous **sommes** vous **êtes** ils / elles **sont**	rentr –**é(e)** rentr –**é(e)s**

Pay particular attention to the [z] versus [s] sound in the **ils / elles** form: **ils ont attendu,** but **ils sont rentrés.**

Note that the past participle of most verbs consists of the infinitive stem + a participle ending: **jouer – jou-é, servir – serv-i, choisir – chois-i, attendre – attend-u.** However, some past participles are irregular. For their forms, consult the table of irregular verbs (pp. 308-316).

2. Most verbs form the passé composé (and all other compound tenses as well) with **avoir.** The past participle of these verbs agrees in gender and number with any direct object that precedes the verb.

      — Tu as repéré **la constellation** du Cygne?
      — Oui, je **l'**ai **repérée** au télescope.

3. Some verbs form the passé composé (and all other compound tenses) with **être: aller, arriver, entrer, mourir, naître, partir, rester, tomber, venir (devenir, parvenir, revenir,** etc.). The past participle of these verbs agrees in gender and number with the subject.

> **Les enfants** sont **allés** à l'observatoire.
> **La Terre** est **née** il y a six milliards d'années.

4. Some verbs form the passé composé (and all other compound tenses) with either **avoir** or **être: monter, descendre, passer, retourner, sortir, rentrer. Avoir** is used when the verb has a direct object, and **être** when it does not.

> Les pilotes **ont sorti leurs scaphandres.**
> Les pilotes **sont sortis.**

5. Reflexive verbs form the passé composé with **être**, but agreement of the past participle follows the pattern used when **avoir** is the auxiliary. If the reflexive pronoun is the direct object of the verb, the past participle agrees with it.

> Les modules **se sont posés** dans un cratère.

If the reflexive pronoun is the indirect object, there is no agreement with the reflexive pronoun.

> Mes parents **se sont offert** une machine vidéo.

However, in this case, note that if the direct object precedes the verb, the past participle agrees with the direct object.

> — Et **la machine vidéo?**
> — Mes parents **se la sont offerte.**

6. The passé composé is used to indicate that the action has been completed. The exact time when the action took place may or may not be clearly expressed. The use of this verb tense emphasizes:
   - the fully completed nature of the action.
   > J'**ai fait** cette observation hier soir.
   > *I made that observation last night.*
   - that the action is being considered as a whole.
   > Ils **sont allés** plusieurs fois sur la Lune.
   > *They went to the moon several times.*

The Imparfait

1. The imparfait is a simple tense. Its stem is that of the present-tense **nous** form, and its endings are: **-ais, -ais, -ait, -ions, -iez, -aient.**

	Stem	Ending
je (j')		-ais
tu	jou	-ais
il / elle	sort	-ait
nous	choisiss	-ions
vous	attend	-iez
ils / elles		-aient

Etre is the only verb with an irregular stem in the imparfait: **ét- (j'étais, tu étais,** etc.).

Notice that the endings for the **je, tu, il,** and **ils** forms all sound the same: [ɛ].

Note that verbs ending in **-ger** like **manger** and verbs ending in **-cer** like **commencer** have a spelling change, to preserve the pronunciation of the stem: an **e** must be added to the stem of **-ger** verbs and a cedilla to the **c** of **-cer** verbs whenever the **g** or the **c** are followed by **a.**

je mangeais   **il commençait**

2. The imparfait is used to indicate:
   - an action in progress (when a second action occurred).
       Nous **approchions** de Mars quand nous avons repéré un vaisseau inconnu.
       We were approaching Mars when we spotted an unknown spaceship.
   - a repeated or habitual action (each considered separately).
       Nous **visitions** Mars une fois tous les deux ans.
       We visited (would visit, used to visit) Mars every couple of years.
   - descriptions or existing conditions.
       En 1916, la région de Verdun **était** couverte de cratères d'obus.
       In 1916, the region around Verdun was covered with shell craters.

3. The imparfait is also used in **si**-clauses with the present conditional to express conditions that are unlikely to be met.
       Si je **rencontrais** des extra-terrestres, je leur demanderais d'où ils viennent.
       If I encountered extra-terrestrials, I would ask them where they come from.

4. The choice of form between the imparfait or the passé composé is one of perspective, and depends on what the writer has in mind. The form selected has to fit into the context of what is being described. The speaker's choice to express a past action does not therefore depend on *when* the action took place (both tenses may refer to the same moment in time), but rather on *how* the speaker wishes to describe that particular action — as fully completed or seen as a whole (passé composé); as in progress, as a repeated or habitual action, or as an existing condition (imparfait).
       Les nuages **ont caché** la lune.   *(Completed action)*
       Clouds hid the moon.

       Les nuages **cachaient** la lune.   *(Existing condition)*
       Clouds were hiding the moon.

As you see, sometimes English also uses a different tense: simple past as opposed to past progressive. Furthermore, the meaning of this distinction is not always a question of grammar in both languages. In English, it is rendered by differences of vocabulary.
       Les cosmonautes **voulaient** atteindre Jupiter.
       The astronauts wanted to reach Jupiter.

       Les cosmonautes **ont voulu** atteindre Jupiter.
       The astronauts tried to reach Jupiter.

However in some cases, the distinction is not expressed at all in English:
       Il **a passé** des nuits l'œil collé au télescope.
       Il **passait** des nuits l'œil collé au télescope.
       He spent nights with his eyes glued to the telescope.

The Plus-que-parfait

1. The plus-que-parfait (past perfect) is a compound tense formed with the imparfait of either **avoir** or **être** + the past participle of the verb.

	with **avoir**			with **être**	
	Auxiliary	*Past Participle*		*Auxiliary*	*Past Participle*
j′	**avais**	jou **–é**	j′	**étais**	rentr **–é(e)**
tu	**avais**	serv **–i**	tu	**étais**	
il / elle	**avait**	chois **–i**	il / elle	**était**	
nous	**avions**	attend **–u**	nous	**étions**	rentr **–é(e)s**
vous	**aviez**		vous	**étiez**	
ils / elles	**avaient**		ils / elles	**étaient**	

The rules of agreement for the past participle in the plus-que-parfait are the same as those for the past participle in the passé composé.

2. The plus-que-parfait is used to express actions that occurred prior to an indicated time in the past:

Il m'a dit qu'il **avait rencontré** des humanoïdes.
He told me he had met humanoids.

3. It is also used in **si**-clauses, with the past conditional, to express unfulfilled hypothetical conditions in the past.

Si un vaisseau spatial **s'était posé** près de chez moi, je l'aurais su!
If a spaceship had landed near my house, I would have known about it!

Exercices

4 **Qu'est-ce qui vous a branché sur l'astronomie?** ☺

EXEMPLE   voir un film sur le cosmos
J'ai vu un film sur le cosmos.

1. lire un livre de science-fiction
2. visiter un observatoire
3. aller à une conférence d'astronomie
4. rencontrer un pilote de vaisseau spatial
5. observer le ciel avec un télescope géant
6. voir les images de Saturne transmises par Voyager II

5 **Tu as déjà fait un peu d'astronomie?** ☺ 📖

Mettez le dialogue au passé composé en utilisant les verbes entre parenthèses.

Avant d'être accepté dans le club d'astronomie, Renaud a une entrevue avec l'animateur du club.
A. Tu as déjà étudié la carte du ciel?
R. Oui, je l' (étudier) en classe.
A. Est-ce que tu (observer) déjà les étoiles?
R. Oui, je les (observer) avec le télescope de mon père.

T.S.V.P.

A. Tu (aller) déjà à l'observatoire?

R. Oui, j'y (aller) une fois, l'année dernière.

A. Tu dis que tu (utiliser) un télescope. Est-ce que tu sais comment ça fonctionne?

R. Je (apprendre) comment fonctionne celui de mon père.

A. Est-ce que tu (lire) ces deux livres d'astronomie?

R. Oui, je les (lire) tous les deux.

6 Destination : Neptune! ⊗ ⊓

Mettez les verbes entre parenthèses au temps qui convient.

Un module se détache du vaisseau-mère pour une mission sur Neptune. Le vaisseau-mère dirige les pilotes du module.

V. Vous avez branché le télescope?

P. Oui, nous l' (brancher) dès le départ.

V. Vous nous (transmettre) les images?

P. Oui, nous vous les (transmettre). Pourquoi?

V. Parce que nous (ne...pas recevoir) ces images. Vérifiez donc votre machine-vidéo.

P. Ça y est. Nous l' (vérifier)... Elle n'était pas branchée! Désolés!

V. Bon, nous (commencer) à recevoir vos images. Vous approchez de Neptune. Vous (enclencher) les inverseurs?

P. Oui, nous les (enclencher).

V. Maintenant, commencez la descente.

P. Nous l' (commencer).

V. Bon, vous pouvez vous poser.

P. Voilà qui est fait. Nous (se poser).

V. Avant de sortir, n'oubliez pas de tester l'atmosphère.

P. Nous l' (tester). Ça va.

V. Vous (mettre) vos scaphandres?

P. Oui, nous les (mettre).

V. Alors, vous pouvez y aller. Bonne chance!

7 Renaud s'est inscrit au club d'astronomie où allait son père. ⊗

EXEMPLE   Nous apprenons le fonctionnement du télescope.
           Nous aussi, nous apprenions le fonctionnement du télescope.

1. Nous allons très souvent à l'observatoire.
2. Nous observons le ciel le plus souvent possible.
3. Nous repérons les étoiles principales.
4. Nous construisons notre propre télescope.
5. Nous faisons notre propre carte du ciel.
6. Nous étudions les constellations.

8 Avons repéré astronautes de Véga III... ⊗ ⊓

Décrivez ce que faisaient les astronautes de Véga III quand vous les avez repérés. (Mettez les verbes entre parenthèses à l'imparfait.)

1. Ils (explorer) Jupiter.
2. Leur vaisseau (flotter) dans l'espace.
3. Leurs modules (foncer) vers Mars.
4. Leurs engins (tourner) autour de Neptune.
5. Ils (ralentir) pour se poser sur Vénus.
6. Ils (s'enfuir) de Saturne.

9 Allô, allô, module X23 à vaisseau-mère…

Voici la transcription d'un message envoyé par le module X23 à son vaisseau-mère. Lisez-le, puis écrivez le rapport fait par le pilote quelques jours après. Commencez par: *Le mardi 15 mars à 17 heures, nous foncions…*

Mardi 15 mars, 17 heures: Fonçons vers Mars. Tout va bien à bord, sauf le vidéo qui ne marche pas très bien. Les images ne sont pas nettes. Branchons le télescope. Discernons maintenant tous les détails. Le sol semble couvert de millions de cratères en éruption. Approchons de la planète. Ralentissons. Cherchons un endroit pour nous poser. Attention! Engin de type inconnu arrive sur nous et nous attaque. Beaucoup plus fort que nous. Enclenchons les accélérateurs. Retournons au vaisseau-mère immédiatement.

10 Comme c'est curieux! Comme c'est étrange! ⊗ ⬚

EXEMPLE Vos voisins ont reçu la visite d'extraterrestres.
Impossible! S'ils avaient reçu la visite d'extraterrestres, nous l'aurions su!

1. Un engin étrange s'est posé derrière chez vous.
2. Votre oncle a vu des humanoïdes dans son jardin.
3. Un vaisseau spatial inconnu est passé juste au-dessus de chez vous.
4. Les fermiers d'à côté ont repéré d'étranges lueurs dans le ciel.

11 Mission dangereuse. ⊗

EXEMPLE On ne lui a pas dit que cette mission était dangereuse.
Ah! Si seulement on lui avait dit que cette mission était dangereuse!

1. On ne lui a pas donné un bon engin.
2. Les scaphandres n'ont pas été testés.
3. Les inverseurs ne se sont pas enclenchés.
4. Je n'ai pas pu brancher le télescope.
5. Nous ne nous sommes pas rendu compte qu'ils étaient hostiles.
6. Les pilotes ne se sont pas enfuis à temps.

12 Exploration d'Andromède.

Récrivez le paragraphe suivant en mettant les verbes entre parenthèses au temps qui convient — passé composé ou imparfait.

En 2 039, on nous (envoyer) par deux fois en mission dans un petit système de la galaxie d'Andromède. La première fois, nous (visiter) une planète rouge, pas très accueillante : de gros nuages de gaz corrosifs (flotter) à la surface du sol, qui (être) couvert de cratères en éruption. Nous (rester) plusieurs jours pour explorer la planète, mais malheureusement, nous n'y (découvrir) aucun signe de vie. La deuxième fois, nous (avoir) pour mission d'explorer une planète bleue, merveilleuse, avec des océans, des fleuves, des forêts. Nous nous (poser) et nous (aller) sortir de notre module quand nous (être) entourés par des humanoïdes armés jusqu'aux dents. Comme nous (avoir) l'ordre de ne pas nous battre, nous (devoir) repartir immédiatement.

The Passé Simple

1. The passé simple is a simple tense used only in formal written French (literary texts, historical chronicles, stylized narratives, etc.). It has been replaced by the passé composé in usage and meaning.

Passé Composé (informal)	Passé Simple (formal)
Ils **se sont posés** sans difficultés. *They landed without difficulty.*	Ils **se posèrent** sans difficultés. *They landed without difficulty.*

The passé simple may be used with the imparfait, the plus-que-parfait, or the passé antérieur (see page 27).

Ils approchaient de Mars, quand ils **repérèrent** un vaisseau inconnu.
They were approaching Mars, when they spotted an unknown spaceship.

Since you won't have much occasion to use the passé simple in your own writing, it is presented here only so that you will recognize its endings and be able to identify its forms in the reading selections.

2. The three main groups of passé simple endings are the following:
   - **-ai, -as, -a, -âmes, âtes, -èrent,** for verbs ending in **-er.**
   - **-is, -is, -it, îmes, îtes, -irent,** for regular verbs ending in **-ir** or **-re.**
   - **-us, -us, -ut, ûmes, ûtes, -urent,** for irregular verbs like **courir, vouloir** or **connaître.**

	Stem	Ending	Stem	Ending	Stem	Ending
je (j') tu il / elle nous vous ils / elles	jou	−ai −as −a −âmes −âtes −èrent	sort chois attend	−is −is −it −îmes −îtes −irent	cour voul conn	−us −us −ut −ûmes −ûtes −urent

Note that verbs ending in **-ger** like **manger** and verbs ending in **-cer** like **commencer** have a spelling stem change in all forms of the passé simple, except in the **ils** form: **je mangeai, je commençais,** etc.

3. Notice the relationship between the past participle and the passé simple forms of the following verbs.

Infinitive	Past Participle	Passé Simple Forms
dire	dit	je dis...nous dîmes, vous dîtes, ils dirent
lire	lu	je lus...nous lûmes, vous lûtes, ils lurent
mettre	mis	je mis...nous mîmes, vous mîtes, ils mirent
prendre	pris	je pris...nous prîmes, vous prîtes, ils prirent
boire	bu	je bus...nous bûmes, vous bûtes, ils burent
croire	cru	je crus...nous crûmes, vous crûtes, ils crurent
apparaître	apparu	j'apparus...nous apparûmes, vous apparûtes, ils apparurent
avoir	eu	j'eus...nous eûmes, vous eûtes, ils eurent

4. There are a few very common verbs whose passé simple forms are completely irregular. Four such verbs are **faire, voir, venir** (and their compounds), and **être.** Their passé simple forms are listed below.

faire	voir	venir	être
je **fis**	je **vis**	je **vins**	je **fus**
tu **fis**	tu **vis**	tu **vins**	tu **fus**
il **fit**	il **vit**	il **vint**	il **fut**
nous **fîmes**	nous **vîmes**	nous **vînmes**	nous **fûmes**
vous **fîtes**	vous **vîtes**	vous **vîntes**	vous **fûtes**
ils **firent**	ils **virent**	ils **vinrent**	ils **furent**

Les Jupitériens **firent** l'exploration de notre planète il y a dix ans.
Il en **vint** des milliers dans des énormes fusées.
Nous en **vîmes** quelques-uns dans notre région.
Je **fus** très impressionné par leur intelligence.

The Passé Antérieur

1. The passé antérieur is a compound tense used only in formal written French. It is formed with the passé simple of either **avoir** or **être** + the past participle of the verb.

	with **avoir**			with **être**	
	Auxiliary	*Past Participle*		*Auxiliary*	*Past Participle*
j'	**eus**		je	**fus**	
tu	**eus**	jou **–é**	tu	**fus**	rentr **–é(e)**
il / elle	**eut**	serv **–i**	il / elle	**fut**	
nous	**eûmes**	chois **–i**	nous	**fûmes**	
vous	**eûtes**	attend **–u**	vous	**fûtes**	rentr **–é(e)s**
ils / elles	**eurent**		ils / elles	**furent**	

The rules of agreement for the past participle in the passé antérieur are the same as those for the past participle in the passé composé.

Since you won't have much occasion to use the passé antérieur in your own writing, it is presented here only for your recognition.

2. The passé antérieur is used to express an action that immediately preceded an action in the passé simple, and it is usually introduced by one of the following conjunctions: **aussitôt que, dès que, quand, lorsque, après que.**

Dès que l'engin **se fut posé,** des hommes l'entourèrent.
As soon as the craft landed, men surrounded it.

Note that if the action expressed preceded the passé simple action, but not immediately, the plus-que-parfait is used instead of the passé antérieur.

Comme ils l'**avaient prédit,** ils ne purent pas se poser.
As they had predicted, they were unable to land.

The Verbal Construction: VENIR DE + Infinitive

The verbal construction **venir de** + infinitive is used to express an action that has recently occurred. It has two forms: the present-tense form and the imparfait form.

> Ils **viennent de** le **repérer**, il y a cinq minutes.
> *They just spotted it, five minutes ago.*

> Le vaisseau **venait d'arrêter** ses fusées et il flottait dans l'espace.
> *The spaceship had just stopped its rockets, and it was floating in space.*

Exercices

13 Allô, allô, vaisseau-mère à module X23. ☺

EXEMPLE   Vous avez reçu les images de Mars?
Oui, nous venons de les recevoir.

1. Vous avez branché le télescope?
2. Les inverseurs se sont enclenchés?
3. Le module a ralenti?
4. Vous vous êtes posés?
5. Pilote! Vous avez mis votre scaphandre?

14 Tempête sur Jupiter. Le module X23 y était. ☺

EXEMPLE   Vous étiez rentré dans le module quand ça a commencé?
Oui, nous venions de rentrer dans le module.

1. Le pilote avait reçu notre message?
2. Il avait commencé le décollage?
3. Les caméras avaient pris les photos?
4. Vous aviez transmis les renseignements?

15 Cherchez le passé simple.

Après avoir lu « Les extra-terrestres nous rendent visite » (pp. 30-32), faites une liste des verbes au passé simple que vous y avez trouvés et donnez les infinitifs correspondants.

16 Cinéma-cosmos.

1. Est-ce que vous avez vu un de ces films (pp. 28-29)? Lequel?
2. Est-ce que ça vous a plu (*pleased*)? Pourquoi?
3. Donnez un petit résumé du film.
4. Est-ce que vous aimez la science-fiction? Pour quelles raisons?

larme f *tear*
périphérie f outskirts
piste f *(sound) track*

v.f. (version française)
dubbed in French

v.o. (version originale)
in the original language

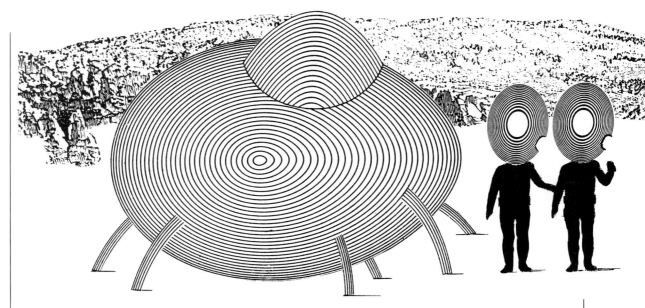

Les extra-terrestres nous rendent visite ⊗

Comme tous les pays de la Terre, la France semble être visitée périodiquement par de grandes vagues d'OVNI° (Objets Volants° Non Identifiés). Depuis une trentaine d'années, plusieurs organismes — dont° un créé par le gouvernement français — recueillent° rapports et témoignages°. Le récit° suivant est basé sur l'un de ces témoignages. Il est extrait° de Chroniques des apparitions extra-terrestres, *livre écrit par Jacques Vallée, un chercheur° français qui est conseiller scientifique à la N.A.S.A.*

Le 1er juillet 1965, Maurice Masse, un fermier français habitant Valensole, eut l'expérience suivante : alors° qu'il arrivait dans son champ à 6 h 30 du matin et s'apprêtait° à mettre en route son tracteur, il entendit un bruit qui le surprit. Faisant quelques pas°, il vit qu'un appareil s'était posé dans son champ de lavande°. Il pensa que ce devait être une sorte de prototype et se dirigea vers lui, décidé à dire aux pilotes, en termes sans équivoque, d'aller chercher un autre lieu d'atterrissage pour leur invention. Ce fut seulement quand il fut à cinq mètres de l'engin qu'il embrassa° toute la scène — et comprit son erreur.

L'objet avait la forme d'un œuf, avec un cockpit rond, supporté par six pieds minces° et un pivot central; il n'était pas plus grand qu'une voiture. Devant lui deux pilotes semblaient examiner de la lavande. Ils étaient vêtus° d'une combinaison d'un gris-vert faite d'un seul tenant°. Au côté gauche de leur ceinture un petit récipient° était accroché°; il y en avait un plus grand du côté droit. Ils ne mesuraient pas plus d'un mètre vingt et avaient des yeux humains, mais de très grosses têtes : environ trois fois le volume d'une tête d'homme. Ils n'avaient pratiquement pas de bouche, seulement une petite ouverture, sans

---

accroché, -e *hanging*
alors que *when*
s'apprêter *to get ready*
chercheur m *researcher*
dont *of which*
d'un seul tenant *all of one piece*
embrasser *to take in*

extraire *to excerpt*
lavande f *lavender*
mince *small, slender*
OVNI m *UFO*
pas m *step*
récipient m *container*

récit m *account*
recueillir *to collect*
rendre visite *to pay a visit*
témoignage m *testimony*
vêtir *to dress*
volant, -e *flying*

lèvres°. Ils ne portaient ni appareil respiratoire, ni casque°, ni gants. Leurs mains étaient petites, normales. Quand Masse arriva près d'eux, ils parurent° soudain° prendre conscience de son existence, et cependant° ce fut sans le moindre° indice de peur ou de surprise qu'un des « pilotes » sortit un petit tube de son récipient, le brandit° dans la direction de Masse; le résultat fut que le témoin° se trouva sur-le-champ° incapable de faire un mouvement.

Pendant quelque soixante secondes, les deux entités dévisagèrent° Masse. Elles paraissaient échanger leurs impressions vocalement, on aurait dit un bruit de gargarisme°; ces sons sortaient de leur gorge, insista le témoin, mais leur bouche ne remuait° pas. Les yeux, pendant ce temps, avaient des expressions humaines. Masse confessa à un enquêteur° civil que leur comportement ne lui avait pas fait peur et qu'il y avait en eux plus de curiosité amicale° que d'hostilité à son égard°.

Après quelques instants — estimés par Masse à une minute — comme je l'ai déjà dit, les créatures réintégrèrent° leur engin. La porte se referma « comme se ferme le devant d'un placard d'archives° », mais Masse pouvait les voir à travers le cockpit. Ils le regardaient tandis que° l'objet prenait la direction opposée, planant° d'abord à quelques pieds du sol, puis montant en oblique° à la vitesse d'un jet. Quand il eut parcouru environ une cinquantaine de mètres, il disparut.

Des savants° français interrogèrent le témoin de façon très précise sur ce dernier point, car ils étaient personnellement intéressés par cette affaire, mais Masse insista sur le fait qu'il ne pouvait dire si l'objet s'enfuyait si vite que l'œil ne pouvait le suivre, ou bien s'il avait effectivement disparu. Cependant, il tint à spécifier qu' « à l'instant l'objet était là, l'instant d'après il n'y était plus ». Masse resta dans son champ comme paralysé.

à son égard *towards him*	**enquêteur** m *investigator*	**réintégrer** *to return to*
amical, -e *friendly*	**gargarisme** m *gargling*	**remuer** *to move*
brandir *to brandish*	**lèvre** f *lip*	**savant** m *scientist*
casque m *helmet*	**moindre** *least*	**soudain** *suddenly*
cependant *nevertheless*	**paraître** *to seem*	**sur-le-champ** *suddenly*
dévisager *to stare at*	**placard d'archives** m *file cabinet*	**tandis que** *while*
en oblique *diagonally*	**planer** *to hover, glide*	**témoin** m *witness*

Le mot « paralysé » n'est pas le mot dont on devrait se servir à l'occasion d'incidents de ce genre. Masse dit qu'il garda sa connaissance° durant toute la scène. Ses fonctions physiologiques (respiration, battements de cœur) ne furent pas altérées. Mais il ne pouvait bouger. Puis il eut vraiment peur. Seul dans son champ, incapable même d'appeler au secours, Masse pensa qu'il allait mourir. Ce fut seulement au bout de vingt minutes environ qu'il reprit graduellement le contrôle de ses muscles et put rentrer chez lui.

Cette expérience eut une conséquence. Pendant plusieurs semaines après l'incident, Masse parut comme écrasé° par l'envie de dormir, et toutes ses connaissances° — comme aussi les enquêteurs — remarquèrent qu'il avait tellement besoin de sommeil qu'il trouvait difficile de rester éveillé° ne serait-ce que quatre heures de suite°. Ceci est un autre signe caractéristique peu connu des cas dans lesquels le témoin observe les événements° de près. Pour Masse qui était habitué à travailler « du lever au coucher du soleil » — comme le montre l'heure matinale de son observation — ce fut là une conséquence très impressionnante et troublante de son expérience. Un autre résultat dû à la publicité suscitée° autour du cas, fut le grand dommage causé au champ de Masse par la foule de touristes venus voir les traces laissées par l'engin. Je devrais dire maintenant que Masse était respecté par tous ceux qui le connaissaient. Combattant de la Résistance[1], il était aussi un fermier consciencieux et heureux° en affaires°; les gendarmes qui s'occupaient de son cas sous la direction du capitaine Valnet, de Digne, le considéraient comme un parfait honnête homme. Pourtant° cet homme nous raconte une histoire qui ne semble pas seulement fantaisiste°; elle est absolument incroyable.

Quelle impression les visiteurs avaient-ils faite sur Masse? Pour une raison quelconque°, il dit qu'il *sait* qu'ils ne lui voulaient pas de mal. Ils ne lui étaient pas hostiles, seulement indifférents. Quand il se trouvait en face d'eux, pendant cette longue minute, il eut soudain l'entière° certitude° qu'ils étaient « bons » — certitude dont il était incapable de donner la raison puisqu'il ne pouvait comprendre quoi que ce soit à leur étrange langage.

affaires f *business*
certitude f *certainty*
connaissance f *acquaintance*
de suite *in a row*
écrasé, -e *overcome*
entier, –ière *complete*

éveillé, –e *awake*
événement m *event*
fantaisiste *fanciful*
garder sa connaissance *to remain conscious*

heureux, –euse *fortunate*
pourtant *yet, nevertheless*
quelconque *some*
suscité, –e *aroused*

[1] During World War II, Masse was a Resistance fighter against the Germans occupying France.

Exercices

17 Compréhension du texte

1. Qu'est-ce qu'il y avait dans le champ de lavande de Monsieur Masse le 1er juillet 1965 à 6 h 30 du matin?
2. Quelle a été sa première réaction?
3. Quelle forme avait l'objet?
4. Décrivez les pilotes vus par Monsieur Masse.
5. Qu'étaient-ils en train de faire?
6. Avec quoi est-ce qu'ils ont « paralysé » Monsieur Masse?
7. Comment les pilotes communiquaient-ils entre eux? Est-ce que Monsieur Masse pouvait les comprendre?
8. Avaient-ils l'air hostiles? Décrivez l'impression qu'ils ont faite sur Monsieur Masse.

9. Comment l'objet a-t-il disparu?
10. Combien de temps Monsieur Masse est-il demeuré incapable de bouger?
11. Quelle conséquence l'expérience a-t-elle eue pour Monsieur Masse?
12. Est-ce que Monsieur Masse est un témoin en qui on peut avoir confiance? Décrivez-le.

18 Discussion

1. Est-ce que vous croyez que Monsieur Masse dit la vérité? Pour quelles raisons?
2. Avez-vous entendu parler d'incidents de ce genre ici, dans votre région? Racontez.

19 Conversation ☺

Vous enquêtez sur les observations d'OVNI. Lisez les rapports ci-dessous. Choisissez-en un et téléphonez au témoin — un(e) de vos camarades — pour lui poser vos questions.

9 octobre 1954, 20 h 30. Briatexte. Tarn (France) :

Sur la nationale 631, à la Caiffe, un technicien, J.-P. Mitto, revenait de Toulouse avec deux autres personnes quand ils virent deux petits êtres, de la taille d'un enfant de onze ans, qui traversaient la route, à 5 mètres environ devant la voiture, puis sautaient dans un pré. S'arrêtant immédiatement, les témoins virent un grand disque convexe s'élever à la verticale. Il avait environ 6 mètres de diamètre, était de couleur orange et fut littéralement « aspiré » dans le ciel. Il y avait des taches brunes et huileuses à son emplacement (*Sud-Ouest*, 9 oct. 1954, *Paris-Presse, le Figaro*, 13 octobre 1954).

11 octobre 1954, 04 h 30. Sassier (France) :

Près de « La Carie », MM. Gallois et Vigneron, qui conduisaient de Clamecy à Corbigny, sentirent un « choc électrique », tandis que les phares de la voiture s'éteignaient. Ils virent un objet dans les pâturages, à environ 50 mètres. Il était cylindrique, assez épais, et trois petits êtres se tenaient auprès. Aucune lumière n'était visible, à l'exception d'un petit point rougeâtre. Les deux témoins furent paralysés jusqu'au départ de l'objet. Un troisième témoin, M. Chaumeau, vit un objet lumineux voler au-dessus des bois de La Carie (*Libération, le Parisien*, 14 oct. 1954).

16 octobre 1954, à la nuit tombante, Baillolet (France) :

Le Dr Robert, qui traversait ce village en voiture, vit quatre objets à environ 300 mètres d'altitude, volant lentement en formation. Soudain, l'un d'eux tomba au sol avec un mouvement de feuille morte à 10 mètres du témoin qui ressentit un choc électrique alors que son moteur s'arrêtait; ses phares s'éteignirent et la voiture stoppa alors que l'objet touchait le sol. Incapable de se mouvoir, le Dr Robert vit une silhouette d'environ 1,20 m de haut se mouvoir dans la lumière de l'objet, puis tout devint noir. Quelque temps plus tard les phares se rallumèrent d'eux-mêmes et le Dr Robert vit l'engin s'envoler vers le nord (*Paris-Presse*, 19 oct. 1954).

29 décembre 1954, 21 h 00. Bru (France), près de Gardonne :

M. Gamba vit un objet rouge, ovale, à 50 mètres de lui. Quand il essaya de s'en approcher, il constata qu'il était comme « paralysé ». Dès que cette paralysie disparut, il courut chercher ses frères et ils revinrent près de l'appareil qui devint blanc puis rouge : il s'éleva et s'envola vers l'est. Il était resté sur le sol au moins 15 minutes. D'étranges traces furent découvertes comme si le sol avait été retourné. Les petits arbres au bord de la rivière étaient endommagés, comme s'ils avaient été coupés avec un couteau (*Sud-Ouest*, 31 déc. 1954).

auprès *near*	**s'envoler** *to fly away*	**pâturage** m *pasture*
constater *to notice*	**épais, épaisse** *thick*	**retourner** *to dig up, turn over*
endommager *to damage*	**feuille** f *leaf*	**rougeâtre** *reddish*
enquêter *to investigate*	**huileux, –euse** *oily*	**tache** f *spot*

20 Rédaction

1. Faites une liste des points communs entre les observations d'OVNI que vous venez de lire.
2. Rédigez un rapport sur une observation d'OVNI dans votre région.

21 Projet

Constituez un dossier (draw up a file) sur les observations d'OVNI dans votre région.
- Assemblez les rapports que vous avez rédigés et illustrez-les.
- Faites une liste des points communs entre ces observations et celles que vous venez de lire.

─── VOCABULAIRE ───

Au Bout du Télescope

brancher to get someone started on something
étoile polaire f North Star
être m being
fonctionnement m operation

▲ **s'inscrire à** to join
milliard m billion
▲ **mourir** to die
▲ **naître** to be born

▲ **offrir** to give, to buy
▲ **parvenir** to reach
passé past
passionner to excite

Mots Analogues

astronomie f astronomy
constellation f constellation
cosmos m cosmos
galaxie f galaxy

géant, -e giant
impressionner to impress
observation f observation

observatoire m observatory
planète f planet
système solaire m solar system

Cosmos-Fiction

à suivre to be continued
bref, brève brief
chute f fall
dépasser to pass
dommages m pl damage
enclencher to engage, set in motion
▲ **s'enfuir** to flee
engin m vehicle, spaceship, machine
faire sauter to blow up
fleuve m river
frémir to shake, tremble

fulgurant, -e blazing
inconnu, -e unknown
indice m indication
inverseur m reverser
lueur f light
offrande f offering, gift
perte f loss
pénible disagreeable, unpleasant
poser to land
profondeur f depth
ralentir to slow down

rapport m report
réserver (à quelqu'un) to hold, to have in store (for someone)
scaphandre m spacesuit
scintillant, -e sparkling, twinkling
scruter to scrutinize, examine
sol m ground
stade m stage
suite f continuation
suffire to be enough, be sufficient
vaisseau spatial m spaceship

Mots Analogues

approcher to approach
atmosphère f atmosphere
attraction f attraction
avidement avidly, eagerly
bombe f bomb
bord: à bord on board
chance f chance
continent m continent
continu, -e continuous
corrosif, -ive corrosive
cratère m crater
crevasse f crevice, crack
décompression f decompression
se détacher to separate, come away
discerner to discern, make out

distinguer to distinguish, see
dynamite f dynamite
empoisonné, -e poisoned
espace m space
explosion f explosion
front m front
galaxie f galaxy
gaz m gas
humanoïde m humanoid
irrespirable unbreathable
ligne f line
magnétique magnetic
majestueusement majestically
merveilleux, -euse marvelous
mission f mission

module m module
océan m ocean
pivotement m pivot
probablement probably
pulvériser to pulverize
reconnaissance f reconnaissance, exploratory survey
saturé, -e saturated
spasmodique spasmodic
tester to test
torturé, -e tortured
tourmenté, -e tormented
▲ **transmettre** to transmit
type m type
vidéo f video

▲ For the conjugation of this verb, see pp. 308–316.

La Nature 3

Le Rêve des Citadins

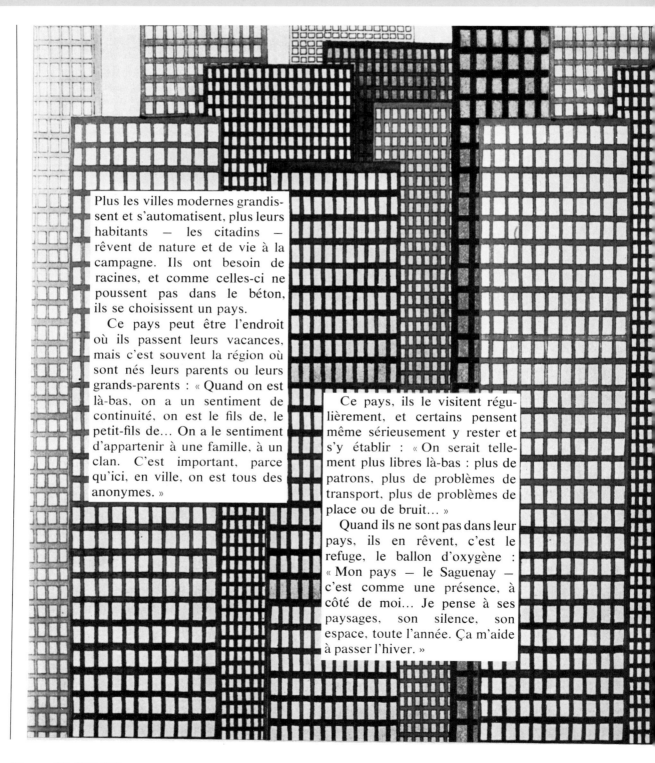

Plus les villes modernes grandissent et s'automatisent, plus leurs habitants — les citadins — rêvent de nature et de vie à la campagne. Ils ont besoin de racines, et comme celles-ci ne poussent pas dans le béton, ils se choisissent un pays.

Ce pays peut être l'endroit où ils passent leurs vacances, mais c'est souvent la région où sont nés leurs parents ou leurs grands-parents : « Quand on est là-bas, on a un sentiment de continuité, on est le fils de, le petit-fils de... On a le sentiment d'appartenir à une famille, à un clan. C'est important, parce qu'ici, en ville, on est tous des anonymes. »

Ce pays, ils le visitent régulièrement, et certains pensent même sérieusement y rester et s'y établir : « On serait tellement plus libres là-bas : plus de patrons, plus de problèmes de transport, plus de problèmes de place ou de bruit... »

Quand ils ne sont pas dans leur pays, ils en rêvent, c'est le refuge, le ballon d'oxygène : « Mon pays — le Saguenay — c'est comme une présence, à côté de moi... Je pense à ses paysages, son silence, son espace, toute l'année. Ça m'aide à passer l'hiver. »

SAGUENAY—LAC-SAINT-JEAN ⊗

Tourisme
Québec

Prenez l'tour
du Québec

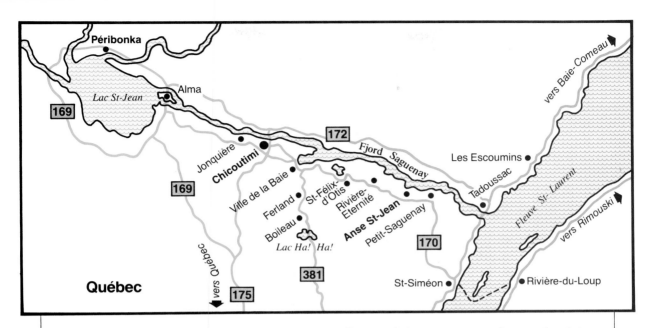

Le Saguenay est une rivière du nord-est du Québec, qui donne son nom à toute la région entre le lac Saint-Jean et le fleuve Saint-Laurent. Appelée « royaume du Saguenay » par l'explorateur français Jacques Cartier (1491-1557), cette région montagneuse, couverte de forêts immenses, est bien connue pour ses paysages grandioses.

De Chicoutimi à Tadoussac, le Saguenay coule dans un fjord large et profond que les bateaux venus de l'Atlantique peuvent remonter sans problèmes.

La Réalité ⊗

A Anse St-Jean, un petit village sur le Saguenay, la plupart des gens sont cultivateurs. L'un d'eux, Monsieur Boudreault, raconte : « Nous autres, par icitte, on cultive le blé, l'orge et les patates, et puis on fait pousser de l'avoine et du foin pour les bêtes. On a pas mal de bêtes, parce qu'on élève des veaux pour la boucherie. C'est moi qui m'occupe des veaux, des vaches et des taureaux. Ma femme, elle, s'occupe de la volaille, des lapins et des cochons. J'ai aussi deux chevaux et une jument qui m'aident dans mon travail, car je ne veux pas utiliser de tracteur... C'est mauvais pour la terre.

L'été, qui est la saison de la moisson, je suis debout tous les jours à cinq heures du matin, et je travaille dans les champs jusqu'à dix heures du soir. L'hiver est plus calme, puisque tout est sous la neige, mais avec les bêtes et la réparation du matériel, l'ouvrage ne manque pas, et je suis debout à six heures tous les jours. Vous me croirez ou non, mais en 60 ans, je n'ai jamais pris un jour de vacances!

Si je suis heureux? Ben oui! Mais c'est point facile... »

Exercices

1 Questions

1. De quoi rêvent les habitants des grandes villes modernes?
2. Qu'est-ce qu'ils font pour trouver des racines?
3. Dites ce que c'est que le pays.
4. Quand le pays est celui de la famille, quel sentiment est-ce que ça donne?
5. Pour quelle raison est-ce que certains citadins aimeraient s'établir à la campagne?
6. Décrivez le Saguenay.
7. Que font la plupart des gens à Anse St-Jean?
8. Que cultive Monsieur Boudreault? Qu'est-ce qu'il élève?
9. Pourquoi est-ce qu'il n'utilise pas de tracteur? Qu'est-ce qu'il utilise à la place?
10. A quelle heure se lève-t-il l'été? Et l'hiver? Est-ce qu'il sait ce que c'est que de prendre des vacances?

A vous de répondre!

1. Où aimeriez-vous le mieux vivre : à la ville ou à la campagne? Pourquoi?
2. Est-ce que vous avez un pays? Lequel?
3. Pourquoi l'avez-vous choisi?
4. Est-ce que vous y allez régulièrement? Quand?
5. Est-ce que vous aimeriez y vivre? Pour quelles raisons en particulier?

NOUNS
Gender

1. In French, most nouns are either masculine or feminine. Usually, neither meaning nor form gives a clue about the gender of the noun; only the gender markers (articles, adjectives) accompanying the noun show whether it is masculine or feminine.

Nouns	Masculine	Feminine
village? plage? étable? sable?	**un petit** village **le** sable **blanc**	**une grande** plage **la vieille** étable

It is important to know the gender of a noun, not only because of agreement but also because some nouns have a different meaning depending on the gender.

un livre *a book*   BUT   **une livre** *a pound*

2. Many nouns have two forms: a masculine form and a feminine form that is derived from the masculine, often adding **-e.**

un lapin *(masculine)* → **une lapine** *(feminine)*

Sometimes there may be a change in form before **-e** is added, as in nouns with the following endings.

Masculine		Feminine	
-er	un fermier	**-ère**	une fermière
-eur	un moissonneur	**-euse**	une moissonneuse
-teur	un cultivateur	**-trice**	une cultivatrice
-n	un chien	**-nne**	une chienne
-t	un chat	**-tte**	une chatte
-f	un sportif	**-ve**	une sportive

There are two types of nouns ending in **-teur:** those that are derived from verbs and those that are not. Those that are derived from verbs have a feminine form ending in **-teuse.** Those that are not derived from verbs have a feminine form ending in **-trice.** A way to tell if such a noun is derived from a verb is to compare its stem to the stem of the corresponding verb.

ment-**eur** } → **menteuse**   cultivat-**eur** } → **cultivatrice**
ment-**ir** }   cultiv-**er** }

3. Nouns already ending in **-e** in the masculine have a feminine form ending in **-esse.**

un prince → une princ**esse**

4. Finally, some nouns have feminine counterparts that are completely different words.

un **homme** → une **femme**

Number

1. Most nouns have a plural form that is derived from the singular by adding -s. The plural form of a noun usually sounds like its singular form; only a plural marker, such as an article, indicates whether the noun is singular or plural.

	Singular	Plural
Masculine	un lapin	**des** lapins
Feminine	une lapine	**des** lapines

2. Nouns ending in **-au, -eau,** or **-eu** add **-x** to the singular to form the plural.

un tuy**au** → des tuy**aux**
un chât**eau** → des chât**eaux**
un chev**eu** → des chev**eux**
(An exception is un **pneu** → des **pneus**.)

3. Nouns ending in **-al** have a plural ending in **-aux.**

un chev**al** → des chev**aux**
(Some exceptions are des **bals,** des **carnavals,** des **festivals.**)

4. Nouns ending in **-s, -x,** or **-z** in the singular remain the same in the plural.

le fil**s** → les fil**s**
la voi**x** → les voi**x**
le ne**z** → les ne**z**

5. Proper nouns in French do not change in the plural, as they do in English.

Monsieur **Dupont** → les **Dupont**

6. Note the following exceptions or peculiarities.
   - A few nouns ending in **-ou** add **-x** in the plural: des bij**oux,** des gen**oux,** des hib**oux.**
   - A few nouns ending in **-ail** have the plural ending **-aux:** un trav**ail,** des trav**aux.**
   - The plural of un **œil** is des **yeux.**
   - The plural of **monsieur** is **messieurs,** of **madame** is **mesdames,** and of **mademoiselle** is **mesdemoiselles.**
   - There are no clear-cut rules for forming the plural of compound nouns in French. However the adjectives **demi** and **mini** are invariable in hyphenated compound words.
      une **demi-heure** → des **demi-heures**
   The best way to find out the plural of a compound word is to look it up in the dictionary.

Exercices

3 **Vous vous installez dans un village à la campagne.** ⊗ 📖

Petit à petit, vous rencontrez vos voisins et ___voisines...___
le fermier et la _____, le cultivateur et la _____, le boulanger et la _____, le boucher et la _____, l'épicier et l'_____, le marchand de vin et la _____, le garagiste et la _____, le coiffeur et la _____, le maître d'école et la _____, le pharmacien et la _____.

4　**Une entrevue avec Monsieur Boudreault.**

Complétez le dialogue suivant en utilisant la forme correcte des mots soulignés.

—Monsieur Boudreault, vous êtes <u>cultivateur</u>?
—Oui, dans le pays, on est tous ___*cultivateurs*___.
—Qu'est-ce que vous cultivez, là, dans ce <u>champ</u>?
—Ça, c'est des patates. Dans les autres _____, par là-bas, c'est du blé et de l'avoine.
—Vous travaillez avec l'aide d'un <u>cheval</u>?
—De plusieurs… J'ai deux _____ et une jument.
—On dirait que ce cheval-ci a mal au <u>genou</u> droit.
—Oui, il a de l'arthrite dans les _____. C'est un <u>vieux</u>, comme son maître. C'est ça le problème : les jeunes s'en vont et ceux qui restent à la ferme sont les _____.
—Vous avez un <u>fils</u> pour reprendre la ferme après vous?
—J'ai cinq _____, mais aucun d'eux ne veut devenir cultivateur… C'est trop dur, qu'ils disent!

ARTICLES

An article introduces a noun and gives information about it.
● It indicates whether the noun is singular or plural.
● If the noun is singular, it usually indicates its gender (feminine or masculine).

Definite Articles

1. Definite articles (**le / la / les**) introduce specific nouns and are usually equivalent to *the* in English.

	Singular	*Plural*
Masculine	**le** village **l'**arbre	**les** villages **les** arbres
Feminine	**la** ville **l'**étable	**les** villes **les** étables

Notice that the same plural article is used for both masculine and feminine nouns, and that **l'** is used instead of **le / la** before nouns beginning with a vowel sound. Liaison is obligatory with **les** when followed by a noun beginning with a vowel sound: **les‿étables.**

2. **Le** and **les** do not occur in combination with **à** and **de**; instead, the contractions **au /aux** and **du / des** are used.

	Singular			Plural		
Masculine	Je parle	**au** **du**	fermier.	Je parle	**aux** **des**	fermiers.
Feminine	Je parle	**à la** **de la**	fermière.	Je parle	**aux** **des**	fermières.

Liaison is obligatory with **aux** and **des** when followed by a noun beginning with a vowel sound: **aux$\overset{z}{\frown}$habitants, des$\overset{z}{\frown}$habitants.**

3. Remember that French uses definite articles in the following cases:

- with parts of the body, when the possessor is clearly indicated.
  Elle s'est brossé **les dents.** *She brushed her teeth.*

- with names of countries: **la France, l'Angleterre, le Japon, les Etats-Unis.** (**Israël** is an exception.)

- with names of languages (all masculine): **le français, l'anglais,** etc. However, when the name of a language is used directly after the verb **parler,** the article is omitted: **Je parle français.** It is also omitted after the preposition **en: en français, en italien.**

- with dates.
  Elle est arrivée **le 6 septembre.** *She arrived on September 6.*

- with days of the week, to express habitual actions (the singular is used).
  Le dimanche, ils vont à la campagne. *On Sundays, they go to the country.*

- with weights and measures, to express *per.*
  Les pêches coûtent 10 F **le kilo.** *Peaches cost 10 F a (per) kilo.*

Indefinite Articles

1. The articles **un / une / des** introduce nonspecific nouns and are equivalent to *a, an, some,* or *any* in English, or to no word at all.

	Singular	Plural
Masculine	**un** village *a village*	**des** villages *villages*
Feminine	**une** ville *a town*	**des** villes *towns*

Notice that the same plural article is used for both masculine and feminine nouns.

Liaison is obligatory with **un** and **des** when followed by a noun beginning with a vowel sound: **un$\overset{n}{\frown}$explorateur, des$\overset{z}{\frown}$explorateurs.**

2. The articles **du / de la** refer to an unspecified quantity or to part of something. Their English equivalent is *some, any,* or no word at all.

Masculine	**du** blé **de l'**air	Feminine	**de la** salade **de l'**eau

Notice that **de l'** is used instead of **du / de la** before nouns beginning with a vowel sound.

3. De is used instead of **un / une / des / du / de la** in negative constructions.
Il y a une rivière près d'ici? Non, il **n'**y a **pas de** rivière.

However, there are exceptions to this rule. **De** is not used:
- if **être** is the main verb: Ce **n'est pas un** village.
- after **ne…que:** Ils **n'**ont **qu'un** cheval.
- after **ne…ni…ni** when no articles are used: Il **n'**a **ni** cheval, **ni** tracteur.

4. De is also used instead of **des** before a plural noun preceded by a plural adjective: **de beaux paysages.** However, **des** is used when the adjective is considered part of the noun: **des petits pois** *(peas).*

5. Un / une / des are not used with nouns of nationality, religion, or profession, in a subject pronoun + **être** construction.

Il est cultivateur.
BUT
C'est un cultivateur.

Exercices

5 **Racines.** ⊗

EXEMPLE Il y a un pays où vous aimeriez vivre?
Oui, le pays où mes parents sont nés.

1. Il y a une région où vous aimeriez vivre?   3. Il y a un village où vous aimeriez vivre?
2. Il y a un endroit où vous aimeriez vivre?   4. Il y a une ville où vous aimeriez vivre?

6 **Qu'est-ce que tu aimes dans ce pays?**

Décrivez ce pays.

EXEMPLE Ses paysages?
Oui, les paysages sont grandioses / superbes / etc.

1. Ses habitants?   2. Ses villages?   3. Ses forêts?   4. Ses rivières?

7 **Il faut se renseigner avant de retourner à la nature!** ⊗

EXEMPLE La ferme a l'eau et l'électricité?
Oui, par ici, toutes les fermes ont l'eau et l'électricité.

1. Le village a une école?   4. Le lac a des poissons?
2. La route reste ouverte l'hiver?   5. La forêt est protégée?
3. La rivière a de l'eau en été?

8 La ville, non! La campagne, oui! ⊗ 📖

Complétez le paragraphe en utilisant la forme de l'article qui convient.

Mon frère est impossible en ce moment : il ne veut plus habiter (à / la) ville. Il ne parle que (de / la) campagne, (de / le) village de ses vacances, (de / les) chevaux qu'il voudrait avoir. Il rêve (à / la) ferme où il voudrait vivre, (à / le) lac où il irait pêcher, (à / les) arbres qu'il se voit planter.

9 Le village de vos rêves. ⊗ 📖

Décrivez le village où vous aimeriez vivre. Utilisez les mots suivants:
église – château – auberge – pont couvert – école – poste – mairie – moulin

Commencez par : *C'est un tout petit village, mais il y a quand même une église…*

10 Qu'est-ce qui vous est absolument nécessaire? ⊗

EXEMPLE   L'air pur!
            Il me faut de l'air pur!

1. Le soleil!   2. L'espace!   3. Le calme!   4. Le silence!   5. L'oxygène!

11 Tu veux venir t'installer dans mon village? ⊗

EXEMPLE   Moi, je veux bien, mais il faut qu'il y ait…un cinéma.
            Désolé, mais il n'y a pas de cinéma!

1. une piscine.   2. un restaurant.   3. une banque.   4. des boutiques.

12 Tu veux venir t'installer dans ma ville? ⊗ 📖

EXEMPLE   Moi, je veux bien, mais il faut qu'il y ait…une forêt.
            Il y a quelques arbres, mais ce n'est pas une forêt!

1. des prés.   Il y a des parcs, mais ce ne sont pas…
2. un lac.   Il y a une fontaine, mais ce n'est pas…
3. des champs.   Il y a quelques jardins, mais ce ne sont pas…
4. de l'air pur.   Il y a de l'air, mais ce n'est pas…

13 C'est un tout petit village. ⊗ 📖

Complétez les phrases en utilisant *un* ou *une*.

1. Il n'y a qu' _____ rue.   4. Il n'y a qu' _____ artisan.
2. Il n'y a qu' _____ épicier.   5. Il n'y a qu' _____ boulangerie.
3. Il n'y a qu' _____ église.

14 Un citadin heureux!

Récrivez les paragraphes en utilisant l'article qui convient. Faites les changements nécessaires.

Moi, j'aime _____ ville. Je vis dans _____ grande ville et je m'y plais. J'aime _____ diversité de _____ gens, _____ variété de _____ activités, _____ possibilités de travail, _____ facilité de _____ transports.

Je n'aime pas _____ campagne. Je suis allergique à _____ fleurs. Je déteste _____ vaches et _____ cochons. _____ paysans ne parlent pas, ou quand ils parlent, c'est de _____ terre et de _____ temps qu'il fait. Il n'y a ni _____ cinémas, ni _____ théâtres. Enfin, moi, quand je suis à la campagne, je n'ai qu' _____ idée : rentrer en ville!

15 Rêvons un peu…

Lisez les publicités ci-dessous. Choisissez-en une et dites pourquoi vous aimeriez vivre là-bas.

à l'ancienne	old-style	exploiter	to use	poêle à bois m	wood-burning stove
à l'épreuve du feu	fireproof	ferme	fixed	propriétaire m	homeowner
appartement témoin m	model apartment	forfait ski annuel m	one-year season ticket	remise f	shed
définitif, -ive	final	hectare (ha) m	2.47 acres	soin m	care
documentation f	brochures	laiterie f	dairy	tout confort	with all modern conveniences
domaine m	estate	particulier, -ière	private		
enneigement m	snow conditions	parvenir	to arrive, be received at		

Les racines, c'est important... ⊗

Le texte que vous allez lire est extrait de° Maria Chapdelaine, une histoire du Canada français, écrite au début du siècle par un jeune romancier° français en séjour au Canada, Louis Hémon (1880–1913). L'histoire de Maria et de sa famille se passe près de Péribonka, un petit village situé sur la rive nord du lac Saint-Jean. A cette époque, cette région était encore très isolée et les paysans qui y vivaient étaient de véritables pionniers. Samuel Chapdelaine, le père de Maria, est l'un de ces pionniers.

Comme mars venait, Tit'Bé Chapdelaine rapporta un jour de Honfleur la nouvelle qu'il y aurait le soir, chez Ephrem Surprenant, une grande veillée à laquelle tous les Chapdelaine étaient priés°.

Il y avait nombreuse compagnie chez Ephrem Surprenant : plusieurs habitants du village d'abord, puis les trois Français qui avaient acheté la terre de son neveu° Lorenzo, et enfin, à la grande surprise des Chapdelaine, Lorenzo lui-même, revenu encore une fois des Etats-Unis pour quelque affaire se rapportant à° cette vente et à la succession de son père.

Les hommes allumèrent leurs pipes; l'on parla du temps, de l'état des chemins, des nouvelles de la région; mais la conversation languissait° et chacun semblait attendre.

Tous les invités se tournaient instinctivement vers Lorenzo et les trois Français, comme si leur présence simultanée dut naturellement provoquer des récits merveilleux, des descriptions de pays lointains aux coutumes étranges. Les Français, arrivés dans le pays depuis quelques mois seulement, devaient ressentir une curiosité du même ordre, car ils écoutaient et parlaient peu.

Samuel Chapdelaine, qui les rencontrait pour la première fois, se crut autorisé à leur poser des questions selon la candide coutume canadienne.

—Alors, vous voilà rendus icitte pour travailler la terre. Comment aimez-vous le Canada?

—C'est un beau pays, neuf, vaste... Il y

---

extrait, -e de *taken from*
languir *to die down*

neveu m   *nephew*
prié, -e *invited*

se rapporter à   *to relate to*
romancier m   *novelist*

a bien des mouches° en été et les hivers sont durs; mais je suppose que l'on s'y habitue à la longue°.

— Dans votre pays, avant de venir icitte, étiez-vous cultivateurs aussi?

— Non.

— Quel métier donc que vous faisiez?

Le Français hésita un instant avant de répondre, se rendant compte peut-être que ce qu'il allait dire serait étrange et difficile à comprendre.

— Moi, j'étais accordeur, dit-il enfin, accordeur° de pianos; et mes deux fils que voilà étaient employés, Edmond dans un bureau et Pierre dans un magasin.

— Alors vous n'étiez pas capables de vivre comme il faut avec vos métiers, là-bas. Oui... A cause°, donc, que vous êtes venus par icitte?

Il demandait cela sans intention d'offense, en toute simplicité, s'étonnant qu'ils eussent abandonné pour le dur travail de la terre des besognes° qui lui semblaient si plaisantes et si faciles.

Pourquoi ils étaient venus?... Quelques mois plus tôt ils auraient pu l'expliquer avec des phrases venues du cœur : la lassitude° de l'air pauvre des villes; la révolte contre la perspective sans fin d'une existence asservie°; les mots émouvants, entendus par hasard°, d'un conférencier° prêchant sans risque les joies de l'énergie et de l'initiative, de la vie saine° et libre de la terre cultivée. Ils auraient su dire tout cela avec chaleur quelques mois plus tôt...

Maintenant ils ne pouvaient plus que faire un geste évasif, et chercher laquelle de leurs illusions leur restait encore.

— On n'est pas toujours heureux dans les villes, dit le père. Tout est cher, on vit enfermé.°

Cela leur avait semblé si merveilleux, dans leur petit logement parisien, cette idée qu'au Canada ils passeraient presque toutes leurs journées dehors°, dans l'air pur d'un pays neuf, près des grandes forêts. Ils n'avaient pas prévu les mouches noires, ni compris tout à fait ce que serait le froid de l'hiver, ni pensé aux difficultés du travail de la terre.

— Est-ce que vous vous imaginiez ça comme c'est, demanda encore Samuel Chapdelaine, le pays icitte, la vie?

— Pas tout à fait, répondit le Français à voix basse. Non, pas tout à fait...

Quelque chose passa sur son visage°, qui fit dire à Ephrem Surprenant :

— Ah! c'est dur, icitte!

Ils firent « oui » de la tête tous les trois et baissèrent les yeux : trois hommes aux épaules maigres, encore pâles malgré leurs six mois passés sur la terre, qu'une illusion avait arrachés à leurs comptoirs, à leurs bureaux, à leurs tabourets de piano, à la seule vie pour laquelle ils fussent faits. Ils avaient commencé à comprendre leur erreur, et qu'ils étaient trop différents, pour les imiter, des Canadiens qui les entouraient. Ils n'avaient ni leur force, ni leur santé robuste, ni la rudesse° nécessaire, ni l'aptitude à toutes les besognes, qui varient selon la saison et selon l'heure.

Le père hochait° la tête, pensif; un des fils, les coudes sur ses genoux, contemplait avec une sorte d'étonnement les callosités° que le dur travail des champs avait faites à ses mains fines. Tous trois avaient l'air de tourner et de retourner dans leurs têtes l'étendue de leur faillite.° Autour d'eux l'on pensait : « Lorenzo leur a vendu son bien° plus qu'il ne valait°; ils n'ont plus d'argent et les voilà mal partis; car ces gens-là ne sont pas faits pour vivre sur la terre. » La mère Chapdelaine voulut les encourager, un peu par pitié, un peu pour l'honneur de la culture.

à cause why
à la longue in the end
accordeur m tuner
asservi, -e slave-like
besogne f task
bien m property
callosité f callus

conférencier m lecturer
dehors outside
enfermé, -e locked up, shut in
faillite f failure
hasard m chance
hocher to shake
lassitude f weariness

mouche f fly
rudesse f toughness
sain, -e wholesome
valoir to be worth
visage m face

—C'est un peu difficile au commencement quand on n'est pas accoutumé, dit-elle, mais vous verrez que quand votre terre sera pas mal avancée vous ferez une belle vie°.

—C'est drôle, dit Conrad Néron, comme chacun a du mal à être content. En voilà trois qui ont quitté leurs places et qui sont venus de ben loin pour s'établir icitte et cultiver, et moi je suis toujours à me dire qu'il ne doit rien y avoir de plus plaisant que d'être tranquillement assis dans un office toute la journée, à écrire, loin du froid et du gros soleil.

—Chacun a son idée, répondit Lorenzo Surprenant.

—Et ton idée à toi, ça n'était point de rester à Honfleur à travailler sur les « chousses »°, fit Racicot en riant.

—C'est vrai, et je ne m'en cache pas: ça ne m'aurait pas convenu. Ces hommes icitte ont acheté ma terre. C'est une bonne terre, personne ne peut dire le contraire; ils voulaient en acheter une et je leur ai vendu la mienne. Mais pour moi, je me trouve bien où je suis et je n'aurais pas voulu revenir.

La mère Chapdelaine secoua° la tête.

—Il n'y a pas de plus belle vie que la vie d'un habitant° qui a de la santé et point de dettes, dit-elle. On est libre; on n'a point de « boss »; on a ses animaux; quand on travaille, c'est du profit pour soi... Ah! c'est beau!

—Je les entends tous dire ça, répondit Lorenzo. On est libre; on est son maître°. Et vous avez l'air de prendre en pitié ceux qui travaillent dans les manufactures,° parce qu'ils ont un boss à qui il faut obéir. Libre... sur la terre... allons donc°!

Il s'animait et parlait d'un air de défi.

« Il n'y a pas d'homme dans le monde qui soit moins libre qu'un habitant... Quand vous parlez d'hommes qui ont bien réussi, qui ont tout ce qu'il faut sur la terre et qui ont plus de chance que les autres, vous dites : « Ah! ils font une belle vie; ils ont de beaux animaux. »

« Ça n'est pas ça qu'il faudrait dire. La vérité, c'est que ce sont les animaux qui les ont. Il n'y a pas de boss dans le monde qui soit aussi stupide qu'un animal favori. Presque tous les jours ils vous causent de la peine ou ils vous font du mal. C'est un cheval qui a peur de tout et qui envoie les pieds°; c'est une vache pourtant douce, dérangée par les mouches, qui se met à marcher pendant qu'on la tire° et qui vous écrase le pied. Et même quand ils ne vous font pas de mal, il s'en trouve toujours pour gâter° votre vie et vous créer des ennuis...

« Je sais ce que c'est : j'ai été élevé sur une terre; et vous, vous êtes presque tous habitants et vous le savez aussi. On a travaillé dur tout l'après-midi; on rentre à la maison pour dîner et prendre un peu de repos. Et puis avant qu'on soit assis à table, voilà un enfant qui crie : « Les vaches ont sauté la clôture° »; ou bien: « Les moutons sont dans le grain°. » Et tout le monde se lève et part à courir, en pensant à l'avoine ou à l'orge qu'on a eu tant de mal à faire pousser et que ces pauvres fous d'animaux gaspillent.

« Vous êtes les serviteurs° de vos animaux : voilà ce que vous êtes. Vous les soignez, vous les nettoyez; vous ramassez leur fumier° comme les pauvres ramassent les miettes° des riches. Et c'est vous qui les faites vivre à force de travail, parce que la terre est aride et l'été trop court. C'est comme cela et il n'y a pas moyen que cela change, puisque vous ne pouvez pas vous passer d'eux; sans animaux on ne peut pas vivre sur la terre. Mais quand bien même on pourrait... Quand bien même on pourrait... Vous auriez encore d'autres maîtres : l'été qui commence trop tard et qui finit

---

allons donc! *come on!*
chousse f *tree stump*
clôture f *fence*
envoyez les pieds *to kick*
faire une belle vie = *avoir... vie*

fumier m *manure*
gâter *to spoil*
grain m *crops*
habitant m *farmer*
maître m *master*

manufacture f *factory*
miette f *crumb*
secouer *to shake*
serviteur m *servant*
tirer = *traire*

trop tôt, l'hiver qui mange sept mois de l'année sans profit, la sécheresse° et la pluie° qui viennent toujours quand il ne faut pas...

« Dans les villes on se moque de° ces choses-là; mais ici vous ne pouvez rien faire contre elles et elles vous font du mal; sans compter le grand froid, les mauvais chemins, et de vivre seuls, loin de tout, sans aucun moyen de se distraire. C'est de la misère°, de la misère, de la misère du commencement à la fin. On dit souvent qu'il n'y a pour réussir sur la terre que ceux qui sont nés et qui ont été élevés sur la terre; cela va sans dire... Les autres, ceux qui ont habité les villes, pas de danger qu'ils soient assez simples° pour se contenter d'une vie comme ça. »

Il parlait avec chaleur, en citadin qui parle chaque jour avec les gens, lit les journaux, prend part aux discussions. Ceux qui l'écoutaient, étant d'une race sensible à la parole°, se sentaient entraînés° par ce qu'il disait, et la dureté réelle de leur vie leur apparaissait d'une façon nouvelle qui les surprenait eux-mêmes. (...)

Comme Maria Chapdelaine pensait aux merveilles° lointaines des villes, une voix vint lui raconter tout doucement la beauté méconnue° de son pays.

Le miracle de la terre au printemps, après les longs mois d'hiver... La neige redoutable qui fond en petits ruisseaux° sur toutes les pentes; les racines qui apparaissent enfin, et bientôt le sol libéré sur lequel on marche avec des regards de joie. Un peu plus tard les bourgeons° se montraient sur les arbres, les bois se couvraient de fleurs roses, et après le repos forcé° de l'hiver le dur travail de la terre était presque une fête; travailler du matin au soir semblait une permission bénie°...

---

béni, -e *blessed*
bourgeon m *bud*
entraîné, -e *carried away*
forcé, -e *obligatory*
méconnu, -e *unrecognized*

merveille f *marvel*
misère f *problems*
se moquer de *not to care about*
parole f *spoken word*

pluie f *rain*
ruisseau m *brook*
sécheresse f *drought*
simple *simple-minded*

Après cela, c'était l'été : les midis ensoleillés, l'air brûlant qui faisait trembler l'horizon et les mouches tourbillonnant° dans la lumière, et à trois cents pas de la maison les rapides et la chute — écume° blanche sur l'eau noire —, dont la seule vue donnait une fraîcheur° délicieuse. Puis la moisson, le grain s'entassant dans les granges, l'automne, et bientôt l'hiver qui revenait... Mais voici que miraculeusement l'hiver ne paraissait plus si horrible : il apportait tout au moins la chaleur de la maison, et avec le silence de la neige amoncelée, la paix°, une grande paix...

Dans les villes il y aurait des merveilles dont Lorenzo Surprenant avait parlé, et ces autres merveilles qu'elle imaginait elle-même confusément°: les larges rues pleines de lumières, les magasins magnifiques, la vie facile, presque sans peine, emplie° de petits plaisirs. Mais peut-être se fatigait-on de cette vie à la longue, et les soirs où l'on ne désirait rien que le repos et la tranquillité°, où retrouver le calme des champs et des bois, la caresse de la première brise fraîche, venant du nord-ouest après le coucher du soleil, et la paix infinie de la campagne s'endormant dans le silence?

confusément *confusedly*
écume f *foam*
empli, -e *full*

fraîcheur f *coolness*
paix f *peace*

tourbillonner *to swirl*
tranquillité f *quiet*

Exercices

16 Compréhension du texte

1. Qui participe à la veillée chez Ephrem Surprenant?
2. Où habite Lorenzo Surprenant, maintenant?
3. Qu'est-ce qu'il a fait de sa terre?
4. Est-ce que les trois Français étaient cultivateurs en France? Qu'est-ce qu'ils faisaient?
5. Dites pour quelles raisons ils sont venus s'installer au Canada?
6. Qu'est-ce qu'ils n'avaient pas prévu avant de venir? Décrivez.
7. D'après la mère Chapdelaine, quel est le grand avantage de la vie à la campagne?
8. Est-ce que Lorenzo Surprenant est d'accord? D'après lui, qui sont les maîtres des paysans?
9. Quelles autres critiques est-ce qu'il a?
10. Est-ce que la voix intérieure de Maria décrit la vie à la campagne de la même façon que Lorenzo? Comment décrit-elle l'hiver, par exemple?
11. Quelles sont les merveilles des villes qu'imagine Maria?
12. Qu'est-ce qui lui est nécessaire dans la vie à la campagne?

17 Discussion

1. Est-ce que vous croyez que la vie à la campagne est encore aussi dure que celle des paysans du Lac St-Jean vers 1910? Qu'est-ce qui a changé, d'après vous?
2. Quand on s'installe à la campagne aujourd'hui, est-ce qu'on est obligé de devenir cultivateur? Qu'est-ce qu'on peut faire d'autre pour gagner sa vie? Qu'est-ce que vous feriez, vous? Pourquoi?

18 Rédaction

Choisissez l'un des deux sujets suivants.

1. Faites une liste des avantages de la vie à la ville et des désavantages de la vie à la campagne; puis rédigez une défense de la vie à la ville.
2. Faites une liste des avantages de la vie à la campagne et des désavantages de la vie à la ville; puis rédigez une défense de la vie à la campagne.

19 Débat

Suivant le sujet de rédaction que vous avez choisi, vos camarades et vous formez deux groupes : le groupe pro-ville et le groupe pro-campagne. Engagez le débat sur le sujet suivant : quel environnement offre la meilleure qualité de vie, la ville ou la campagne?

20 Projet

Avec vos camarades, faites un sondage *(take a poll)* dans votre école pour déterminer le nombre de gens qui aimeraient vivre à la ville ou à la campagne, et pour quelles raisons.

VOCABULAIRE

Le Rêve des Citadins

▲ **appartenir** *to belong*
ballon d'oxygène m *oxygen tank*
béton m *concrete*

citadin m *city-dweller*
s'établir *to settle*
grandir *to grow*

petit-fils m *grandson*
pousser *to grow*
racine f *root*

Mots Analogues

anonyme *anonymous*
s'automatiser *to become automated*
clan m *clan*

continuité f *continuity*
espace m *space*
important, –e *important*

présence f *presence*
refuge m *refuge*
silence m *silence*

Le Saguenay

fleuve m *river*
grandiose *magnificent*

large *wide*
remonter *to sail up*

royaume m *kingdom*

Mots Analogues

explorateur, –trice *explorer*
fjord m *fiord*

immense *vast*

montagneux, –euse *mountainous*

La Réalité

*****ben = bien** *well*
debout *up*
heureux, –euse *happy*
*****icitte = ici** *here*

jument f *mare*
*****(ne...) point** *not at all*
*****nous autres** *we*
orge f *barley*

*****ouvrage** m *work*
réparation f *repair*
taureau m (pl **–x**) *bull*
terre f *earth*

Mots Analogues

cultivateur, –trice *farmer*

réalité f *reality*

---

* Les mots marqués d'un astérisque sont des canadianismes.
▲ For the conjugation of this verb, see pp. 308–316.

Vive le Sport! 4

INTERVIEW

BERNARD HINAULT Champion du monde de cyclisme ⊛

Rep. : *Qu'estimez-vous le plus chez un adversaire?*

B. Hinault : Sa volonté de se battre, sans dire au départ : « Je suis battu. » Si tout de suite il se dit : « Je pars pour être deuxième », il n'a plus la foi ni la volonté pour se battre et il ne fera pas les efforts qu'il devrait faire pour gagner. Il ne faut jamais s'avouer vaincu même quand on est le plus faible.

Rep. : *Vous arrive-t-il d'avoir peur, en descendant un col, par exemple?*

B. Hinault : Bien sûr, il y a des risques, mais on n'y pense pas, et ce ne serait pas une bonne chose d'y penser. On prendrait moins de risques, car ça descend très très vite! Et puis, il y a les réflexes qui s'acquièrent avec le métier et l'habitude. Quand il y a des chutes dans une arrivée au sprint, il arrive de sauter par-dessus un coureur. C'est parfois à se demander comment ça passe. Quelque fois on se fait très mal, mais on se relève et on repart.

Rep. : *Considérez-vous que le cyclisme soit un sport dur?*

B. Hinault : C'est un sport très dur qui demande beaucoup d'entraînement. Il faut avoir vraiment beaucoup de volonté et de caractère. C'est un sport auquel on sacrifie beaucoup, en particulier la vie de famille. On est parti neuf mois sur douze de la maison. La carrière professionnelle, c'est un choix qui porte sur dix ou douze années de votre vie, et puis après, c'est fini.

Rep. : *Entendez-vous le public qui vous encourage sur le bord de la route?*

B. Hinault : On l'entend mais c'est quelque chose de vague. Quand on est vraiment concentré sur ce qu'on a à faire, on l'oublie pour ainsi dire, on se trouve dans un autre monde. On se concentre tellement, qu'on est un peu dans les nuages.

Rep. : *Ras-le-bol parfois d'être une vedette?*

B. Hinault : Ça dépend! Il y a des moments où l'on accepte tout parce que ça fait partie de notre métier, mais il y a des moments où l'on voudrait être comme Monsieur-Tout-le-Monde, inconnu.

Rep. : *Peut-on dire que le vélo, soit vraiment un sport d'équipe?*

B. Hinault : C'est un sport individuel qui se court par équipe. On est seul à pédaler, mais il faut une équipe pour faire la course. On se dévoue tous pour protéger le leader, essayer de le mettre à l'abri pour qu'il ne prenne pas le vent. On se regarde beaucoup dans un peloton. Il faut connaître parfaitement ses adversaires, les observer énormément.

Rep. : *Bernard Hinault, vous l'avez réalisé, votre rêve?*

B. Hinault : Mon rêve, quand j'ai commencé de courir amateur, c'était déjà de passer professionnel, et arriver où j'en suis actuellement, c'est plus que ce que je pouvais rêver.

INTERVIEW

SYLVIE CHARRIER Championne de natation ⊗

● **Penses-tu te consacrer complètement à la natation?**

Je suis en 1re B. Je n'ai aucune idée de ce que je ferai plus tard, mais je veux finir mes études. La natation reste pour moi un loisir, qui devient prenant, mais un loisir tout de même.

● **Pendant combien de temps t'entraînes-tu?**

3 heures par jour. Nous faisons environ 55 km par semaine.

● **Ça te fatigue?**

Plus maintenant, on a l'habitude. Au début c'était dur. De toute façon l'entraînement... j'ai horreur de ça!

● **Je me doute que faire des longueurs de bassin 3 heures chaque jour...**

Oh mais il y en a qui aiment. Lors des derniers championnats d'Europe, des journalistes nous ont demandé si on aimait l'entraînement. Quand j'ai dit non, les autres nageurs m'ont regardée avec des yeux ronds. Ils m'ont dit : « C'est pas vrai. Pourquoi alors fais-tu de la natation de compétition? »

● **Pour devenir une championne?**

C'est agréable d'avoir un bon niveau, de faire des voyages. Mais je ne suis pas d'accord pour tout sacrifier. Je ne suis pas pour la « championnite ». Devenir une machine à nager, non merci!

● **Conseillerais-tu aux jeunes de pratiquer la natation?**

Bien sûr, si je l'ai choisie c'est bien parce que j'y trouve mon compte. Ils ne sont pas obligés de faire 3 h de bassin par jour... C'est peut-être un sport un peu ingrat, mais il apporte beaucoup sur le plan physique. D'ailleurs tout le monde devrait savoir nager alors qu'en réalité, je sais que 51% des gens ne savent pas et que 3 000 personnes se noient chaque été. C'est impensable! Pourtant, nager, c'est extra. Il y a la mer, la plongée sous-marine... J'ai aussi des amis qui font des matches de water-polo en piscine : c'est très marrant. Et puis c'est sympa de faire partie d'un club, de retrouver des copains, de se stimuler.

● **Tu es une inconditionnelle du sport?**

Absolument. Natation ou pas, je ne comprends pas qu'on ne pratique pas un sport régulièrement. C'est incroyable de voir des jeunes qui ne sont pas sportifs et qui regardent le sport à la TV! Pourtant ça équilibre « vachement » de faire du sport.

● **Trouves-tu qu'il est bien enseigné dans les lycées?**

Non, il n'y en a pas assez. C'est fait trop superficiellement. Les profs s'en fichent. Beaucoup d'élèves aussi, car ça ne compte pas aux examens. D'ailleurs c'est pour cela que la France n'a pas de bons résultats. Les Américains, par exemple, ont cours le matin, et l'après-midi ils pratiquent le sport de leur choix. Ils ne font pas tous de la compétition, mais tous font du sport l'après-midi. Ils ne sont pas pour autant moins intelligents que nous!...

Exercices

1 Questions

1. Qu'est-ce que Bernard Hinault estime le plus chez un adversaire?
2. Arrive-t-il à Hinault d'avoir peur? Pourquoi?
3. Que se passe-t-il parfois quand certains coureurs tombent à l'arrivée au sprint?
4. Pourquoi Hinault n'entend-il pas distinctement le public?
5. Quelle définition donne-t-il du cyclisme?
6. D'après Bernard Hinault, le cyclisme est-il un sport individuel ou un sport d'équipe? Expliquez.
7. Quel était le rêve d'Hinault? L'a-t-il réalisé?
8. Croyez-vous que Sylvie Charrier veuille passer professionnelle? Pourquoi?
9. Décrivez son entraînement.
10. Quels sont les avantages d'être champion ou championne?
11. Pourquoi Sylvie Charrier trouve-t-elle que les jeunes devraient faire de la natation?
12. En France, beaucoup de lycéens ne font pas de sport. Pourquoi?
13. Comment le sport est-il enseigné en France? Et aux Etats-Unis?

2 A vous de répondre!

1. Quel sport pratiquez-vous? Est-ce que vous faites du tennis, du ski…?
2. Pour quelles raisons aimez-vous le sport que vous pratiquez?
3. Croyez-vous qu'il y ait plus d'avantages ou d'inconvénients à être champion?
4. D'après vous, est-ce que tout le monde, sans exception, devrait pratiquer un sport? Pourquoi?
5. Que pensez-vous de l'enseignement des sports aux Etats-Unis?

3 Sports en chaîne.

Donnez chacun(e) à votre tour le nom d'un sport. Vous avez cinq secondes. Si vous n'y arrivez pas, vous êtes éliminé(e). Voici quelques sports. Vous en connaissez beaucoup d'autres.

4 Le jeu des erreurs.

Ces sportifs se sont trompés d'équipement ou d'environnement. Rectifiez en disant, par exemple: *Le joueur de tennis se sert d'une batte. Il devrait avoir une raquette.* Voici quelques mots pour vous aider.

un masque	une luge	une crosse
des palmes	des raquettes	une rondelle
un tuba	des patins à glace	une balle
un maillot de bain	un traîneau	un ballon
une épuisette	une motoneige	un filet

REFLEXIVE CONSTRUCTIONS

1. A verb is called reflexive if it is used with an object pronoun that refers to the same person as the subject.

Je lui fais mal. *I hurt him.* (NONREFLEXIVE)
Je me fais mal. *I hurt myself.* (REFLEXIVE)

A reflexive pronoun can be either the direct object or the indirect object of the verb.

Je **m'**entraîne régulièrement. (**me = moi** → *direct object*)
Je **me** demande pourquoi. (**me = à moi** → *indirect object*)

2. Note that the English equivalent of a French reflexive verb does not necessarily include a reflexive pronoun such as *himself.*

Il s'est fait mal.   *He hurt himself.*
BUT
Il s'entraîne régulièrement.   *He trains regularly.*

3. The following are the forms of the reflexive pronouns, listed with the corresponding subject pronouns.

Subject Pronoun	Reflexive Pronoun	Subject Pronoun	Reflexive Pronoun
je	**me (m')**	nous	**nous**
tu	**te (t')**	vous	**vous**
il / elle / on	**se (s')**	ils / elles	**se (s')**

In a reference list, the infinitive of a reflexive verb includes the reflexive pronoun **se: se faire mal** *to hurt oneself,* **s'entraîner** *to train.*

4. Note the correspondence between the two pronouns in the following sentence:

Il **nous** a dit de **nous** soigner.
He told us to take care of ourselves.

In French, this correspondence is obligatory. Be careful to maintain it, especially in cases in which the English equivalent is not a reflexive verb. For example:

Il **vous** demande de **vous dépêcher.**   *He is asking you to hurry.*

Il	**vous**	demande de	**vous**	**dépêcher.**
	nous		**nous**	
	me		**me**	
	te		**te**	

Here are a few other examples of such a correspondence.

Je veux **me concentrer.**   *I want to concentrate.*
Dépêche-**toi** de **te laver.**   *Hurry up and get washed.*
Vous allez **vous voir** demain?   *Are you going to see each other tomorrow?*
Tu ne peux pas **te taire!**   *Can't you be quiet!*

5. In an affirmative command, the pronoun **toi** is used instead of **te: Relève-toi!**

6. Elision occurs with **me, te,** and **se.** Liaison occurs with **nous** and **vous.**

Il ne faut jamais **s'avouer** vaincu.

Vous **vous énervez** trop facilement.

7. Reflexive pronouns occur in the same position in relation to the verb as other object pronouns.

	Affirmative			Negative		
Nonreflexive	Tu	**les**	entraînes?	Tu ne	**les**	entraînes pas?
Reflexive	Tu	**t'**	entraînes?	Tu ne	**t'**	entraînes pas?
	Tu vas	**t'**	entraîner?	Tu ne vas pas	**t'**	entraîner?
	Tu	**t'**	es entraîné?	Tu ne	**t'**	es pas entraîné?
	Entraîne-	**toi**	!	Ne	**t'**	entraîne pas!

When two object pronouns are used together, the reflexive pronoun comes first.

Je **m'y** consacre complètement.

Il ne **se l'**est pas cassé.

Vous en souvenez-vous?

8. All compound tenses of reflexive verbs use **être** as an auxiliary.

Je me **suis** relevé.

Il s'**est** énervé.

In compound tenses of verbs used reflexively, the past participle agrees in gender and number with the preceding direct object. Remember that the reflexive pronoun may be the direct object of the verb or not. If it is, then there is agreement with the reflexive pronoun.

Elle s'est relevée.

If it is not, there is no agreement with the reflexive pronoun.

Elle s'est **fait** mal.

Note, however, that even though the reflexive pronoun is not the direct object of the verb, there might be agreement with a preceding direct object:

C'est **la voiture** qu'ils se sont **achetée.**

9. There are several types of reflexive constructions:
- Personal reflexives, where the action of the verb is performed on the subject.

Il **s'est fait** mal.	*He hurt himself.*
Je ne **me dis** jamais ça.	*I never tell myself that.*
Elle **se demande** pourquoi.	*She wonders why.*

- Reciprocal reflexives, where each subject is doing the action to the other(s). Of course, this construction occurs only with plural subjects. The plural reflexive pronouns mean *each other* or *one another.*

  Les coureurs **se regardent** beaucoup dans le peloton.

  The cyclists keep track of each other in the pack.

- Structural reflexives, where the reflexive pronoun has lost its reflexive meaning.

  Il **se souvient** de tout.

  He remembers everything.

- Reflexive constructions equivalent to impersonal expressions.

    Ça **se trouve** en France. (On trouve ça en France.)
    It's found in France.
    C'est un sport qui **se pratique** en équipe. (On pratique ce sport en équipe.)
    It's a team sport.

10. The meaning of a verb used reflexively may be quite different from the meaning of the same verb used nonreflexively.

rappeler	*to call back*	**se rappeler**	*to remember*
dérouler	*to unwind*	**se dérouler**	*to take place*
trouver	*to find*	**se trouver**	*to be located*
demander	*to ask*	**se demander**	*to wonder*

11. Reflexive constructions are often used when speaking about parts of the body.

    Il **s'est cassé** la jambe.   *He broke his leg.*
    Je **me suis coupé** le doigt.   *I cut my finger.*

Note that in constructions of this type a definite article is used with the object noun. A demonstrative article could also be used:

    C'est ce doigt-là que je **me suis coupé!**

However, a possessive article is *not* used since the possessor is indicated by the use of the reflexive pronoun.

Exercices

5 **Quiz!**
Posez les questions suivantes en utilisant les verbes entre parenthèses. Essayez ensuite de répondre.
   1. De combien de joueurs (se composer) une équipe de football?
   2. Dans quelle ville (se passer) le championnat de tennis de Roland Garros?
   3. Quelle fameuse course automobile (se dérouler) au Mans chaque année?
   4. De quel équipement est-ce qu'on (se servir) pour faire de la pêche sous-marine?
   5. Sur quelle distance (se courir) un marathon?
   6. Dans quelles régions de France (se pratiquer) le ski?
   7. A quels sports (s'intéresser) surtout les Français?

6 **En pleine forme!** ⊗

   EXEMPLE   Tu es vraiment en pleine forme!
             Il faut dire que tu t'entraînes!

   1. Je suis vraiment en pleine forme!   4. Vous êtes vraiment en pleine forme!
   2. Nous sommes vraiment en pleine forme!   5. Ils sont vraiment en pleine forme!
   3. Elle est vraiment en pleine forme!

7 **Ça me suffit!** ⊗

   EXEMPLE   J'arrête de jouer.
             Je ne me sens pas bien.

   1. Elle aussi, elle arrête de jouer.   3. Eux aussi, ils arrêtent de jouer.
   2. Nous aussi, nous arrêtons de jouer.

8 Ses performances baissent...

EXEMPLE Qu'elle se couche plus tôt!
—Il vous fait dire de vous coucher plus tôt.
—D'accord, je vais me coucher plus tôt.

1. Qu'elle se repose davantage!
2. Qu'elle se détende avant les compétitions!
3. Qu'elle s'achète des vitamines!
4. Qu'elle se concentre!
5. Qu'elle s'entraîne davantage!

9 Peut-on le garder dans l'équipe?

EXEMPLE Est-ce qu'il s'entraîne régulièrement?
Non, il ne s'entraîne pas régulièrement.

1. Est-ce qu'il se concentre avant une course?
2. Est-ce qu'il s'entend avec ses coéquipiers?
3. Est-ce qu'il se dévoue pour que le leader de l'équipe gagne?
4. Est-ce qu'il se rend compte de ses défauts?
5. Est-ce qu'il s'intéresse à sa carrière?

10 Le match va commencer et il manque des joueurs!

EXEMPLE Qu'est-ce qu'on va faire?
On va se débrouiller!

1. Qu'est-ce que tu vas faire?
2. Qu'est-ce que nous allons faire?
3. Qu'est-ce qu'ils vont faire?
4. Qu'est-ce que vous allez faire?

11 Demandez à ce joueur de tennis...

EXEMPLE s'il se prépare pour la Coupe Davis.
Vous préparez-vous pour la Coupe Davis?

1. s'il se sert d'une raquette spéciale.
2. s'il se sent en forme.
3. s'il se considère meilleur que McEnroe.
4. s'il se croit capable de le vaincre.

12 Si tu veux retrouver la forme...

EXEMPLE il faut t'imposer une discipline ferme.
Impose-toi une discipline ferme!

1. il faut t'inscrire à un club de gymnastique.
2. il faut t'arrêter de fumer.
3. il faut te passer de sucreries.
4. il faut te remettre au tennis.
5. il faut te promener beaucoup à pied.

13 Tu veux devenir un vrai sportif? Alors... ⊗

EXEMPLE tu ne dois pas te coucher tard.
Ne te couche pas tard!

1. tu ne dois plus te régaler de bons petits plats.
2. tu ne dois jamais t'énerver.
3. tu ne dois jamais te plaindre d'être fatigué.
4. tu ne dois jamais te décourager.
5. tu ne dois jamais t'avouer vaincu.

14 Quand un sportif rencontre un autre sportif. ⊗

EXEMPLE Alors, vous vous êtes remis au squash?
Oui, je m'y suis remis.

1. Et vous vous êtes de nouveau inscrit à un club?
2. Vous vous souvenez de toutes les parties que nous avons faites ensemble?
3. Et vous vous rappelez votre fameuse victoire contre Lemoine?
4. Vous vous servez toujours des mêmes balles?
5. Pouvez-vous vous occuper de réserver un court pour la semaine prochaine?

15 Avant la course.

Ajoutez un commentaire aux phrases données en vous inspirant de l'exemple.

EXEMPLE Qu'est-ce que tu peux être nerveux!
Calme-toi donc un peu!

Utilisez des verbes réfléchis. En voici quelques-uns pour vous aider. Vous pouvez, bien sûr, en utiliser d'autres.

s'en faire	se débrouiller
s'entraîner	se concentrer
se détendre	s'avouer vaincu
se dépêcher	se rassurer

1. Ne soyez donc pas si nerveux!
2. Tu as oublié ton Ti-shirt!
3. Tu es complètement dans les nuages!
4. Dites-vous bien tous une chose : vous partez pour gagner.
5. Tu es encore en retard!
6. Tu as fait un meilleur temps la semaine dernière.

16 Discours de l'entraîneur. ⊗

Vous redites à un ami ce que l'entraîneur a dit. Commencez : *Si tu veux gagner...*

Si vous voulez gagner, il faut vous battre! Il faut vous dire «Je pars pour gagner!» Il faut vous concentrer au maximum sur la course. Ne vous laissez pas distraire par quoi que ce soit! Il n'y a que la course qui compte, le reste, vous vous en fichez! Si par malheur vous tombez, vous vous relevez et vous repartez! Et dites-vous bien que vous pouvez toujours faire mieux! Et surtout, surtout... il ne faut jamais vous avouer vaincus!

17 **Le sommaire de *Sport Magazine*.**

Récrivez le sommaire ci-dessous en utilisant des verbes réfléchis.

EXEMPLE On a couru le marathon de New York sous la pluie 8
Le marathon de New York s'est couru sous la pluie 8

SOMMAIRE

On a couru le marathon de New York sous la pluie . . 8

Un nouveau chronomètre sur le marché : on mesurera désormais les performances au millième de seconde . . 13

Valbonne-station de ski toutes saisons : on peut maintenant y pratiquer le ski 365 jours par an. 20

Madrid : on prépare dans la fièvre les prochains jeux olympiques 29

Le jogging à la conquête de la France : on a vendu un nombre record de paires de tennis au cours des douze derniers mois 42

Perspectives : on va ouvrir prochainement de nombreuses piscines dans les grandes villes de province . . 48

Tennis : à quoi reconnaît-on un futur champion? . . . 56

18 **Quelques champions.**

Vous interviewez les personnes suivantes :
● un champion ou une championne de ski
● un ou une spécialiste du 100 mètres
● un champion ou une championne de saut en hauteur
● un joueur ou une joueuse de basket-ball professionnel(le)
● un champion ou une championne d'un sport de votre choix

Utilisez les questions ci-dessous en les adaptant à chaque personne et demandez à vos camarades de répondre.

QUESTIONS
1. Pensez-vous vous consacrer entièrement à…?
2. Pendant combien de temps vous entraînez-vous et où?
3. Trouvez-vous que tout le monde devrait faire du (de la)…? Pourquoi?
4. Quels sont les avantages et les inconvénients d'être champion?
5. Peut-on dire que le (la)…, c'est un sport très dur?

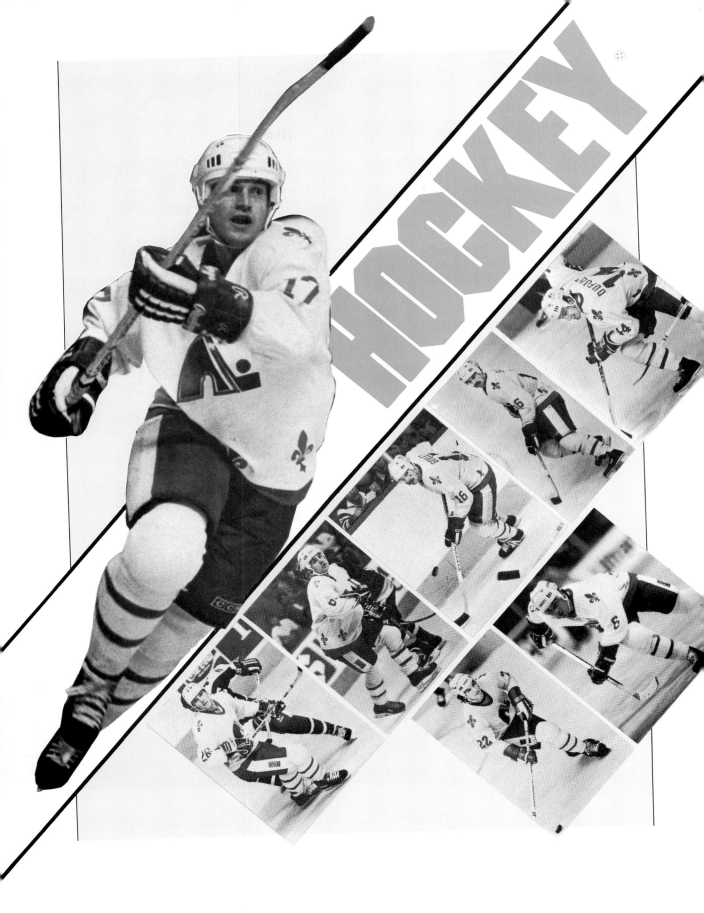

HOCKEY

Sous la lumière blanche, les joueurs de hockey apparaissent. Ils avancent en patins° sur le tapis de caoutchouc qui mène à la patinoire. Gladiateurs et samouraïs à la fois, avec tout leur attirail° *made in Canada* qui les recouvre° des pieds à la tête, les joueurs° ressemblent bien peu aux Hurons du Canada qui ont inventé ce jeu sur les grands lacs gelés. En France, ils sont sept mille joueurs à s'entraîner deux fois par semaine environ, et beaucoup plus dans d'autres pays du monde comme la Finlande, la Suède, la Tchécoslovaquie, l'URSS, les Etats-Unis et le Canada, où le hockey semble être un sport très populaire. Peu connu dans notre pays, le hockey sur glace passe pour être violent alors qu'il ne l'est pas plus que le football ou le rugby. Les gens qui viennent au hockey avec l'intention de se bagarrer° font de très mauvais joueurs. Les bons hockeyeurs doivent être avant tout d'excellents patineurs.

L'AGILITÉ DU RENARD

Les voilà sur la glace. Ils font des rondes rapides. Lorsqu'ils passent devant moi, j'entends le crissement° de leurs patins et je sens une odeur de glace qui flotte autour d'eux. Harnachés° comme ils sont, ils contrastent avec l'air blanc. De chaque côté de la patinoire, les gardiens de but et les joueurs s'échauffent° ensemble : un ballet sur la glace… Derrière la balustrade les pieds gelés, j'admire l'agilité des hockeyeurs.

attirail m *equipment*
se bagarrer *to fight*
crissement m *creaking*

s'échauffer *to warm up*
harnaché, -e *harnessed*
joueur m *player*

patin m *skate*
recouvrir *to cover*

Une équipe est composée de vingt joueurs et de deux gardiens de but. On ne se sert que d'un gardien et de cinq joueurs à la fois. Le jeu est si épuisant qu'on change de joueurs toutes les quarante-cinq secondes. Les règles° sont très strictes : un coup° de crosse dans les patins du voisin, et c'est deux minutes de hors-jeu°.

ENFIN, LE MATCH

Le match commence, les joueurs frappent la glace de leur crosse et lancent leur cri de guerre; c'est la coutume°. Les premiers joueurs se mettent en place sur la patinoire, les autres s'assoient derrière la balustrade. Dès la première seconde, c'est une poursuite folle!

Une seule chose compte : le palet°. Ils taquinent ce palet comme le feraient des chats, le frappent, le balayent et tirent de toute leur force et de toute leur concentration dans les buts. Parfois ils foncent vers le joueur qui a « la rondelle », comme on dit au Canada, et le « mettent en échec° », c'est-à-dire° qu'ils le poussent avec l'épaule ou la hanche° pour lui reprendre le palet. Les équipes ont toutes sortes de tactiques pour marquer des points. Par exemple, elles se mettent en « L » : un joueur sur le côté des buts et deux paires de joueurs l'une derrière l'autre, face au filet. Comme des abeilles, on les voit poursuivre le palet que, parfois, on ne voit même plus. La partie se termine. Les perdants sont aussi épuisés que les gagnants. Tous se serrent la main°, c'est encore la coutume.

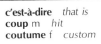

c'est-à-dire *that is*	**hanche** f *hip*	**palet** m *puck*
coup m *hit*	**hors-jeu** *in the penalty box*	**règle** f *rule*
coutume f *custom*	**mettre en échec** *to checkmate*	**se serrer la main** *to shake hands*

Exercices

19 Compréhension du texte

1. A quoi la journaliste compare-t-elle le match de hockey? Trouvez-vous que ce soit une bonne comparaison? Dites pourquoi.
2. Qui a inventé le jeu de hockey?
3. Dans quels pays joue-t-on au hockey?
4. Etes-vous d'accord que le hockey n'est pas plus violent que le football ou le rugby? Dites pourquoi.
5. Quel genre de sport est le hockey?
6. D'après vous, c'est quelqu'un de sportif qui a écrit ce reportage? Justifiez votre réponse par des exemples.

20 Rédaction

Vous faites un reportage sur l'un des sports pratiqués dans votre école pour un journal français.

21 Débat

Le sport et les études? Y a-t-il conflit? La pratique d'un sport empêche-t-elle d'étudier les autres matières comme il le faudrait? Vaut-il mieux étudier ou même lire plutôt que de faire du sport? Peut-on être à la fois un excellent élève et un excellent athlète?

22 Sketch

Vous êtes animateur ou animatrice d'une émission sportive à la télévision. Vos invités font partie du monde des sports : il y a des joueurs professionnels, des entraîneurs, des journalistes, etc. Le débat à l'ordre du jour *(on the agenda)* est: la violence est-elle inévitable dans certains sports?

Vous pouvez commencer la discussion de la façon suivante : *Quand on parle de hockey ou de boxe, on pense tout de suite « violence ». Est-ce justifié?*

23 Projet

Faites des recherches sur votre vedette sportive préférée et présentez votre rapport à la classe sans donner son nom. Les autres élèves devront deviner de qui il s'agit.

VOCABULAIRE

Bernard Hinault

▲ **s'acquérir** to be acquired
arrivée f finish line
bord m side
chez in
chute f fall
col m gorge
coureur m runner
se demander to wonder

se dévouer to devote oneself
estimer to respect
foi f faith
inconnu, –e unknown
▲ **mettre à l'abri** to shelter
par-dessus over
passer professionnel to turn professional

peloton m pack
porter sur to affect
▲ **protéger** to protect
ras-le-bol fed up with
vaincu, –e beaten
vedette f star
volonté f will

Mots Analogues

accepter to accept
cyclisme m cycling
demander to require
énormément a great deal
habitude f habit

interview f interview
leader m leader
pédaler to pedal
réflexe m reflex

risque m risk
sacrifier to sacrifice
sprint m sprint
vague vague

Sylvie Charrier

alors que while
bassin m pool
un bon niveau prestige
"championnite" f "championitis"
équilibrer to make (someone) well-balanced

se ficher de not to care about (slang)
impensable unbelievable
inconditionnel(le) enthusiast
ingrat, -e unrewarding
marrant, –e amusing (slang)

▲ **se noyer** to drown
plan m level
pour autant because of
prenant, –e absorbing
trouver son compte à to suit one
vachement a heck of a lot (slang)

Mots Analogues

Europe f Europe
pratiquer to practice

réalité f reality
stimuler to stimulate

superficiellement superficially
water polo m water polo

▲ For the conjugation of this verb, see pp. 308–316.

Familles 5

La Famille Rivière

L'arbre ci-dessous montre la parenté de Monique — l'un des membres de la famille Rivière avec les autres membres de cette famille.

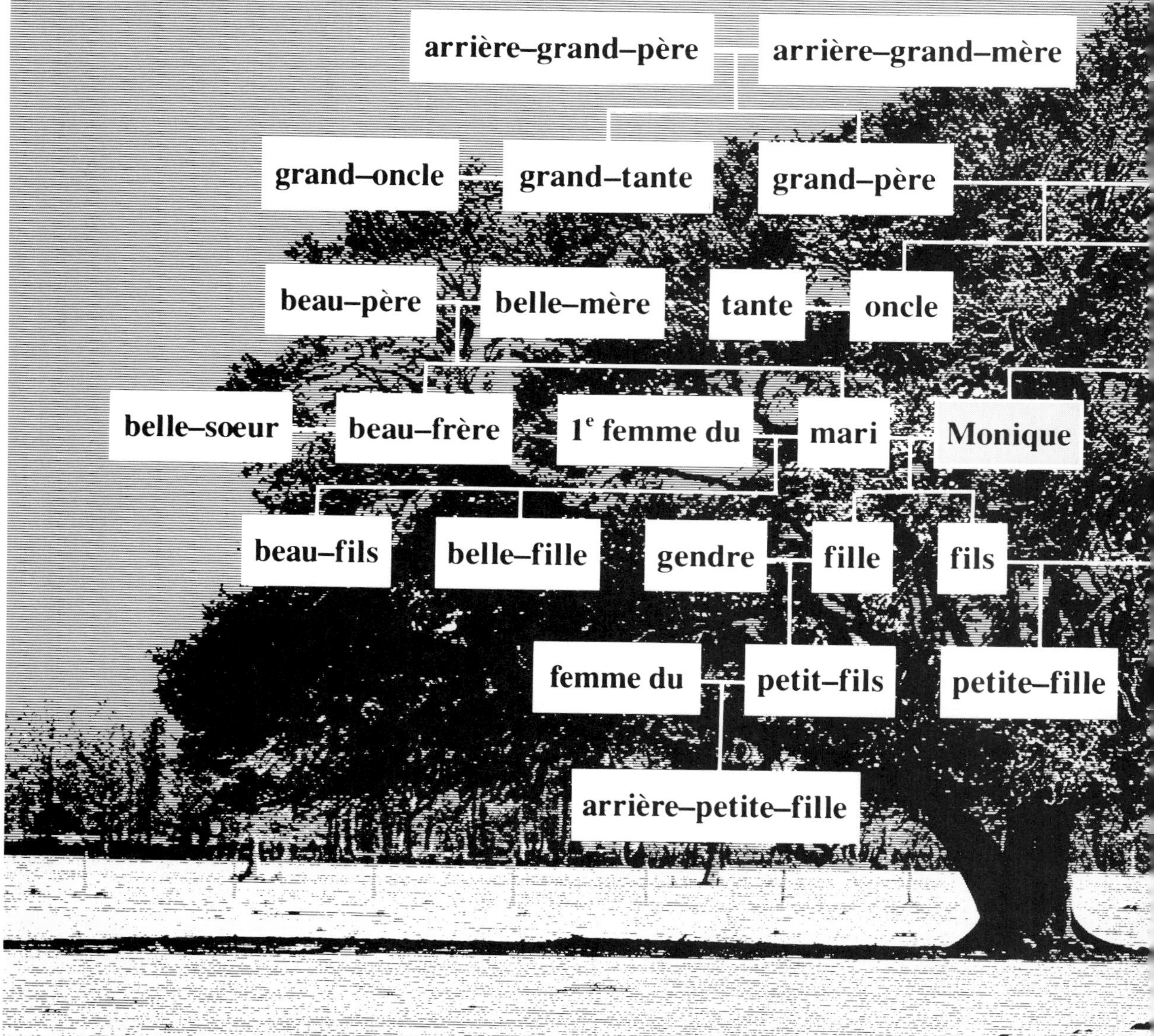

arrière–grand–père   arrière–grand–mère

grand–oncle   grand–tante   grand–père

beau–père   belle–mère   tante   oncle

belle–sœur   beau–frère   1e femme du   mari   Monique

beau–fils   belle–fille   gendre   fille   fils

femme du   petit–fils   petite–fille

arrière–petite–fille

1. Combien de beaux-pères a Monique? Expliquez.
2. Elle a combien de frères et sœurs?
3. Qu'est-ce que c'est qu'un gendre? Et un beau-fils?
4. Combien de belles-filles est-ce qu'elle a? Expliquez.

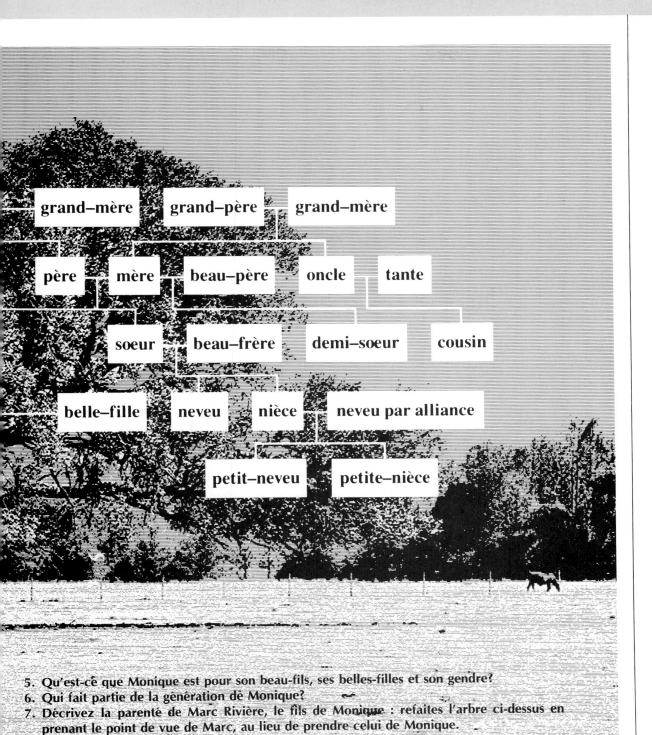

grand–mère · grand–père · grand–mère

père · mère · beau–père · oncle · tante

soeur · beau–frère · demi–soeur · cousin

belle–fille · neveu · nièce · neveu par alliance

petit–neveu · petite–nièce

5. Qu'est-ce que Monique est pour son beau-fils, ses belles-filles et son gendre?
6. Qui fait partie de la génération de Monique?
7. Décrivez la parenté de Marc Rivière, le fils de Monique : refaites l'arbre ci-dessus en prenant le point de vue de Marc, au lieu de prendre celui de Monique.

La Famille Lartigue

Maurice Lartigue

André Lartigue

Huguette Lartigue (née Grenelle)

Germaine Lartigue (née Brault)

Denis Lartigue

Claude Lartigue

Laurent Lartigue

1 Questions

1. Pourquoi la famille Lartigue est-elle réunie?
2. Est-ce que toute la famille est là? Qui est absent?
3. Est-ce que Gérard est marié? Avec qui?
4. Est-ce que c'est son premier mariage? Comment s'appelle sa première femme?
5. Combien d'enfants a-t-il? Comment s'appellent ses enfants? Est-ce qu'ils ont la même mère?
6. Est-ce que Germaine Lartigue est mariée?
7. Et André Lartigue : il est marié? Veuf? Divorcé? Célibataire?
8. Qu'est-ce que Claude Lartigue pense des réunions de famille?
9. Est-ce que Martine est d'accord?

L'arbre généalogique des Lartigue

Identifiez tous les membres de la famille.

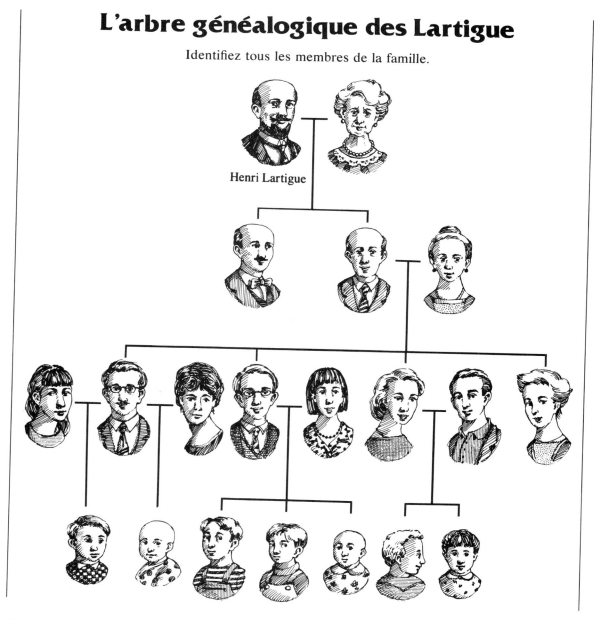

Henri Lartigue

Exercices

2 **Vrai ou faux?**

Etudiez l'arbre généalogique des Lartigue du point de vue de la parenté.

1. Germaine Lartigue est la belle-mère d'André.
2. André est le mari d'Huguette.
3. Huguette a huit enfants.
4. Huguette est la belle-mère d'Alice.
5. Danielle est la belle-fille de Maurice.
6. Martine est la nièce de Séverin.
7. Claude est l'un des deux petits-fils de Germaine.
8. Séverin et Nicolas ont chacun une belle-mère.
9. Gérard a cinq neveux et deux nièces.
10. Nicolas a quatre cousins et deux cousines.

3 **A vous maintenant!**

1. Faites l'arbre généalogique de votre famille.
2. Décrivez votre parenté avec tous les membres de votre famille — avec photos si possible — et donnez quelques renseignements sur chacun : âge, profession, caractère, etc. Par exemple : *Ça c'est ma tante Jacqueline. Elle a 28 ans. Elle est journaliste. Elle est très sympathique et très drôle… Avec elle, on ne s'ennuie pas.*

THE SUBJUNCTIVE

The subjunctive refers to special verb forms used in subordinate clauses after expressions of:
- feelings and opinions (**il faut, j'aime, je veux, je suis content,** etc.),
- uncertainty and disbelief (**je ne crois pas, je doute,** etc.),
- uniqueness (**le seul, le meilleur,** etc.),
- purposes and limits (**jusqu'à ce que, pour que, à moins que,** etc.).

Forms

The subjunctive has four tenses: the present, past, imperfect and pluperfect. However, only two of these tenses are commonly used: the present subjunctive and the past subjunctive.

1. The present subjunctive of all regular and most irregular verbs is formed as follows:

Present Indicative	Present Subjunctive	
ils choisiss -ent	il faut que **je** · il faut que **tu** · il faut qu' **il** · il faut qu' **ils** } choisiss {	-e · -es · -e · -ent
Imparfait		
nous choisiss -ions · vous choisiss -iez	il faut que **nous choisiss** -ions · il faut que **vous choisiss** -iez	

There are only three spoken forms of the present subjunctive:
- one for the singular forms and the **ils** form, usually identical in sound to the **ils** form of the present indicative;
- one for the **nous** form, and one for the **vous** form, both usually identical in sound and spelling to the **nous** and **vous** forms of the imparfait.

A few irregular verbs have irregular subjunctive forms. The most common of these verbs are shown below.

aller	avoir	être	faire
il faut...	il faut...	il faut...	il faut...
que j' **aille**	que j' **aie**	que je **sois**	que je **fasse**
que tu **ailles**	que tu **aies**	que tu **sois**	que tu **fasses**
qu'il / elle **aille**	qu'il / elle **ait**	qu'il / elle **soit**	qu'il / elle **fasse**
que nous **allions**	que nous **ayons**	que nous **soyons**	que nous **fassions**
que vous **alliez**	que vous **ayez**	que vous **soyez**	que vous **fassiez**
qu'ils / elles **aillent**	qu'ils / elles **aient**	qu'ils / elles **soient**	qu'ils / elles **fassent**

pouvoir	savoir	vouloir
il faut...	il faut...	il faut...
que je **puisse**	que je **sache**	que je **veuille**
que tu **puisses**	que tu **saches**	que tu **veuilles**
qu'il / elle **puisse**	qu'il / elle **sache**	qu'il / elle **veuille**
que nous **puissions**	que nous **sachions**	que nous **voulions**
que vous **puissiez**	que vous **sachiez**	que vous **vouliez**
qu'ils / elles **puissent**	qu'ils / elles **sachent**	qu'ils / elles **veuillent**

Falloir, pleuvoir, and **valoir** (to be worth) also have irregular subjunctives.

Ça m'étonne qu'il **faille** y aller aussi tôt.
Je suis contente qu'il **pleuve** : c'est bon pour les plantes.
Je doute que ça **vaille** le voyage.

2. The past subjunctive is a compound tense. It is composed of the present subjunctive of the auxiliary **avoir** or **être** + the past participle of the verb.

Present Subjunctive of **avoir**	Past Participle	Present Subjunctive of **être**	Past Participle
que j'**aie**		que je **sois**	
que tu **aies**	joué	que tu **sois**	sorti(e)
qu'il / elle **ait**	servi	qu'il / elle **soit**	
que nous **ayons**	choisi	que nous **soyons**	
que vous **ayez**	attendu	que vous **soyez**	sorti(e)(s)
qu'ils / elles **aient**		qu'ils / elles **soient**	

In the past subjunctive, the agreement of the past participle functions in the same way as it does in all other compound tenses. When **être** is the auxiliary, the past participle agrees with the subject; when **avoir** is the auxiliary, the past participle agrees with the preceding direct object.

Nous sommes contents qu'**Alice soit venue** avec Gérard.
Alice est ravie que Gérard **l'ait emmenée.**

The past subjunctive is used after the same expressions as the present subjunctive. It indicates that an action is thought of as completed by a certain point in time, which may be either in the past or in the future.

Je suis heureuse Il faut	que vous **soyez allés** chez Grand-mère. que vous **ayez téléphoné** avant dimanche.

Uses

The subjunctive is used in subordinate clauses beginning with **que** after the following expressions.

1. Expressions of feelings and opinions.

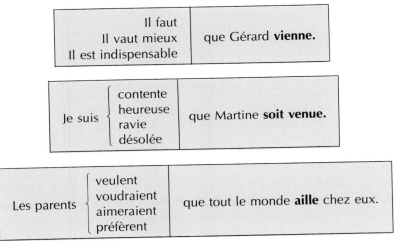

Il faut Il vaut mieux Il est indispensable	que Gérard **vienne.**

Je suis	contente heureuse ravie désolée	que Martine **soit venue.**

Les parents	veulent voudraient aimeraient préfèrent	que tout le monde **aille** chez eux.

Note that when the subject of the subordinate clause is the same as that of the main clause — that is, if there is only one subject — an infinitive construction is used.

Je suis contente **de venir.**   Ils voudraient **aller** chez eux.

2. Expressions of uncertainty and disbelief.

Je doute Il est possible Ça m'étonnerait	que Séverin **soit** content d'avoir un frère.

Elle n'est pas sûre Elle ne pense pas Elle ne croit pas	qu'il **puisse** venir dimanche.

However, when these expressions are in the affirmative, they become expressions of certainty and are not followed by the subjunctive.

Elle est sûre qu'il **peut** venir dimanche.

Even when uncertainty is only implied, the subjunctive is used in the subordinate clause.

> **Elle cherche** une maison qui ne **soit** pas loin de celle de ses parents.
> **Il voudrait** que leur enfant **ait** les yeux verts.

3. Expressions of uniqueness.

   Verbs following superlatives and expressions of uniqueness (**le seul, le premier,** etc.) are in the subjunctive.

C'est	la plus grande la seule la meilleure la dernière la première	réunion	que nous **ayons eu.**

4. Conjunctions that express limits and purposes: **bien que** (*although*), **jusqu'à ce que** (*until*), **pourvu que** (*provided that*), **pour que** (*so that*), **sans que** (*without*), **avant que** (*before*), **à moins que** (*unless*).

	Conjunction + Subjunctive	
Ils viendront dimanche Il restera à la maison Les enfants viendront	**bien que** Laurent **ait** **jusqu'à ce qu**'il **aille** **pourvu que** Denis **soit**	la grippe. mieux. en meilleure forme.
Ils ont téléphoné Gérard est arrivé Ils passeront ici Grand-mère viendra	**pour que** nous **disions** **sans qu**'on **avertisse** **avant qu**'elle **parte** **à moins que** tu **sois**	à André de venir. sa mère. en voyage. occupé.

When the subject of the subordinate clause is the same as the subject of the main clause, **pour que, sans que, avant que,** and **à moins que** + *subjunctive* are normally replaced by the prepositions **pour, sans, avant de,** and **à moins de** + *infinitive*.

	Preposition + Infinitive	
Ils ont téléphoné Gérard est arrivé Ils passeront ici Grand-mère viendra	**pour dire** **sans avertir** **avant de partir** **à moins d'être**	qu'André pouvait venir. sa mère. en voyage. occupée.

Subjunctive Constructions

1. The expletive **ne** with the subjunctive.

   In subjunctive clauses, an expletive (extra) **ne** sometimes precedes the verb. This **ne** does not have a negative meaning. It is used in written French and careful speech, but not in everyday conversation. The most common expressions that require the expletive **ne** are the following: **avoir peur que, craindre que, de peur que, de crainte que** (*for fear that*), **à moins que, avant que.**

   > Martine **a peur qu**'il **n'oublie** de venir.
   > J'amènerai Grand-père, **à moins qu**'il **ne soit** malade.

2. Commands using the subjunctive.

A subjunctive clause used alone expresses a command or a desire.

Qu'ils viennent donc déjeuner avec nous, dimanche!
Let's have them for lunch, Sunday!

In some set phrases, **que** is omitted and the subject and verb are inverted.

Vive la famille! *Long live our family!*
Vive les vacances! *Hurrah for the holidays!*

Exercices

4 Il faut se voir plus souvent. ☺

EXEMPLE Nous ne nous réunissons pas assez.
Il faut que nous nous réunissions plus souvent.

1. Nous ne nous rencontrons pas assez.
2. Nous ne nous invitons pas assez.
3. Nous ne sortons pas assez ensemble.
4. Nous ne nous y rendons pas assez.
5. Nous ne nous recevons pas assez.
6. Nous ne nous parlons pas assez.

5 On fêtera ça au restaurant. ☺

EXEMPLE Où est-ce qu'on va pour l'anniversaire de mariage des grands-parents?
Il faut qu'ils choisissent le restaurant.

1. Et pour l'anniversaire de Paulette?
2. Et pour celui de Robert?
3. Et pour mon anniversaire?
4. Et pour notre anniversaire de mariage?
5. Et pour ton anniversaire?
6. Et pour votre anniversaire de mariage?

6 Ce n'est pas facile de réunir la famille. ☺

EXEMPLE Gérard n'est pas là?
Ça m'étonne qu'il ne soit pas là.

1. Alice ne vient pas?
2. Nicolas ne va pas chez Grand-père?
3. Laurent ne veut pas venir.
4. Christine ne peut pas y aller.
5. Marielle n'a pas le temps de rester.
6. Grand-mère ne fait pas le déjeuner de Noël, cette année.
7. Oncle André ne sait pas s'il pourra venir.

7 Les désirs de Grand-père sont des ordres. ☺

EXEMPLE Je ne peux pas aller au mariage de Nicole.
Il faudra bien… Grand-père veut que tu y ailles.

1. Et toi? Tu ne peux pas y aller non plus.
2. Danielle non plus ne peut pas y aller.
3. Martine et moi, nous ne pouvons absolument pas y aller.
4. Tu sais bien que Papa et toi, vous ne pouvez pas y aller!
5. Et Tante Jeanne et Oncle André ne peuvent pas y aller non plus!

8 C'est la fin d'une réunion de famille chez Grand-mère. ⊗ ▱

Mettez les verbes entre parenthèses au subjonctif passé.

ANDRÉ   Au revoir, Huguette. Je suis enchanté que tu me (inviter).
G.-M.   Au revoir, André. Je suis contente que tu (venir).
GÉRARD   Au revoir, Grand-mère. Nous sommes ravis, Alice et moi, que tu nous (inviter).
G.-M.   Au revoir, mes enfants. Je suis heureuse que vous (venir).
MAMIE   Au revoir, ma fille. Je suis enchantée que tu m' (inviter).
G.-M.   Au revoir, Maman. Je suis ravie que tu (pouvoir) venir.
MAMIE   Tu sais que la cousine Adèle n'est pas contente que tu ne l' (inviter).
G.-M.   Mais je l'ai invitée. Je suis désolée qu'elle n' (recevoir) pas mon invitation.

9 La famille? Claude est pour. ⊗ ▱

Combinez chaque paire de phrases selon le modèle.

EXEMPLE   On se réunit tous les dimanches chez les uns ou chez les autres. J'en suis ravi.
Je suis ravi qu'on se réunisse tous les dimanches chez les uns ou chez les autres.

1. On fait des tas de choses ensemble. J'en suis heureux.
2. On va en vacances tous ensemble au même endroit, chaque année. J'aime ça.
3. Mes enfants savent qu'ils font partie d'une famille unie. C'est ce que je veux.
4. Mon fils Laurent apprend à vivre, non seulement avec ses frères, mais avec ses cousins, cousines, oncles, tantes, et tous les membres de la famille. Je trouve ça important.

10 La famille? Martine est contre. ⊗ ▱

Mettez les verbes entre parenthèses au subjonctif présent.

Il faut toujours qu'on (être) tout le temps ensemble, que toute la famille (savoir) ce que je fais, que Grand-mère (faire) des commentaires sur mes amis, que je (dire) à tout le monde où je vais et avec qui. Il faudrait qu'on (pouvoir) vivre ensemble tout en gardant une certaine liberté.

11 Tante Monique invite tout le monde à dîner pour le Nouvel An. ⊗

EXEMPLE   Pascal et Christine peuvent venir?   (Je doute…)
Je doute qu'ils puissent venir.

1. Gérard vient?   (Il est possible…)
2. Et Martine, elle a l'intention de venir?   (Ça m'étonnerait…)
3. Et Claude, il sait ce qu'il va faire?   (Je ne crois pas…)
4. Et Danielle, est-ce qu'elle y sera?   (Je ne pense pas…)
5. Et Maurice et Huguette, est-ce qu'ils y vont?   (Je ne suis pas sûr…)

12 Pauvre Oncle André, on ne l'a pas invité. ⊗ ▱

Mettez les verbes entre parenthèses au subjonctif présent ou passé.

—Cousine Odile a donné un déjeuner pour l'anniversaire d'Annick.
—Oui, c'est le seul déjeuner qu'elle (donner) cette année.
—C'était bien?
—Oui, c'est le meilleur déjeuner que nous (avoir) ce mois-ci.
—Tout le monde avait été invité?

—Oui, sauf Oncle André. Il est le seul qu'Odile n' (inviter) pas.

—Pourquoi? Oncle André est le meilleur comique que nous (avoir) dans la famille.

—Tu sais bien qu'Odile n'a pas le sens de l'humour. C'est la dernière personne qui (pouvoir) apprécier le comique d'Oncle André.

13 Jean-Claude, le petit-fils de Madeleine, va se marier. ⊗ ▱

Combinez chaque paire de phrases en utilisant les conjonctions entre parenthèses.

EXEMPLE   Jean-Claude et sa fiancée, Florence, ont décidé de se marier. Jean-Claude part au service militaire.   (avant que)
Jean-Claude et sa fiancée, Florence, ont décidé de se marier avant que Jean-Claude ne parte au service militaire.

1. Le mariage aura lieu en juin. On pourra faire la réception dans le parc.   (pour que)
2. Le mariage sera la réunion de la saison. Le baptême de Nicolas aura lieu à ce moment-là. (à moins que)
3. Le père de la mariée a promis de venir. Il vit à Tahiti.   (bien que)
4. L'arrière-grand-mère du marié viendra aussi. Elle est en bonne santé.   (pourvu que)
5. Les jeunes mariés habiteront chez Madeleine. Ils ont trouvé un appartement.   (jusqu'à ce que)

14 Mariage pluvieux, mariage heureux. *(Rainy wedding, happy marriage.)* ⊗ ▱

Complétez le dialogue en utilisant les verbes entre parenthèses.

—Le mariage s'est bien passé?

—Oui, très bien, jusqu'à ce qu'il (pleuvoir) à seaux sur la réception!

—Qu'est-ce que vous avez fait?

—On a tous couru jusqu'à la maison de Madeleine, pour (échapper) au déluge.

—Et Madeleine vous a laissé entrer dans ses salons, pour que vous (pouvoir) dégoutter sur ses tapis persans?

—Ben, à moins de (crier) « Au feu! », elle n'aurait jamais pu nous faire ressortir par le temps qu'il faisait.

—Et les mariés, ils étaient beaux?

—Avant qu'il ne (pleuvoir), oui, superbes. Après, bien sûr, ils l'étaient un peu moins!

15 Qu'ils fassent ce qu'ils veulent... Ils sont libres! ⊗

EXEMPLE   Est-ce que Danielle peut venir, dimanche?
Bien sûr! Qu'elle vienne!

1. Est-ce que Laurent peut aller chez Grand-père, ce weekend?
2. Est-ce que Denis peut faire du vélo dans le jardin?
3. Est-ce que Martine peut sortir demain soir?
4. Est-ce que Pascal peut partir maintenant?
5. Est-ce que Claude peut avertir sa belle-mère?

16 Cherchez le subjonctif.

Après avoir lu l'enquête sur la famille Barrault-Leroi (pp. 86–91), faites une liste des subjonctifs que vous avez trouvés. Dans chaque cas, justifiez l'emploi *(use)* du subjonctif.

La Famille Barrault-Leroi ⊙

**MARTIN, 73 ANS
AGRICULTEUR A LA RETRAITE**
Le grand-père

Aujourd'hui, il a 73 ans. Martin est grand-père et arrière-grand-père, mais il n'a rien perdu de cette stature et de cette autorité de père de famille d'autrefois, qui présidait, tous les jours, des dîners de dix personnes. Maintenant, la table s'est vidée° et Martin reste seul avec sa femme dans la ferme de Corrèze[1], le berceau° familial qui a vu passer les Leroi de père en fils...

« Depuis 1730, les Leroi sont tous nés et ont habité ici, dans cette maison. Après la mort de mon grand-père, mon père est devenu le propriétaire° et l'exploitant° de la ferme. Il a eu trois garçons, dont je suis l'aîné... L'aîné, c'était une tradition... C'étaient les aînés qui restaient. Ce système, c'était bête en un sens, parce que l'aîné, s'il y avait plusieurs frères, devait payer les frères qui partaient : il rachetait° l'exploitation°...»

« Quand j'étais jeune... »

La vie de famille, au temps de l'enfance de Martin, c'est d'abord le travail de tous sur l'exploitation.

« Ah, on vivait sur l'exploitation presque uniquement. Pain, vin, viande. Pommes de terre, bien sûr, tout le monde faisait des pommes de terre... De quoi nourrir la maison pour l'année. On ramassait les châtaignes°, on les pelait le soir à la veillée, les femmes les faisaient cuire le matin et on mangeait les châtaignes jusqu'à ce qu'il n'y en ait plus. Ça évitait de manger du pain... Pour que la famille vive, il fallait que les enfants aident... Nous, on n'était que trois. Maintenant, ce serait une famille nombreuse, mais à cette époque, c'était une famille moyenne°... »

« J'étais sévère... »

1935: Martin rencontre Denise, sa future femme, en allant voir son frère, curé°. Denise est la cousine de la bonne° du curé. Ils ont six enfants, cinq filles et un garçon, qui grandissent à la ferme : c'est le temps de l'autorité sans partage des parents. « Y'avait pas beaucoup de discussions° à ce moment-là, non, non. J'étais sévère, on me l'a dit assez... Les filles faisaient ce que je pensais qu'il fallait qu'elles fassent. On n'admettait° pas qu'elles aillent le dimanche avec les garçons, se promener n'importe où sans qu'on sache où elles étaient. On n'admettait pas. Et elles ne disaient rien. »

---

admettre *to allow*
berceau m *cradle*
bonne f *housekeeper*
châtaigne f *chestnut*

curé m *priest*
discussion f *argument*
exploitant m *cultivator*
exploitation f *farm*

moyen, –enne *average (size)*
propriétaire m *owner*
racheter *to buy back*
vidé, –e *emptied*

---

[1] **La Corrèze** fait partie du Massif Central, une région montagneuse au centre de la France. La Corrèze est un pays essentiellement agricole, avec de petites exploitations où on élève des vaches et des moutons.

DENISE, 70 ANS
AGRICULTRICE A LA RETRAITE
La grand-mère

Pour Denise, la femme de Martin, les souvenirs° de famille commencent aussi à la campagne, dans cette même région de Corrèze. Des parents assez pauvres, et puis cinq frères et sœurs. « Dans la famille, nous étions très proches° les uns des autres. Mes parents n'avaient qu'une petite propriété : la maison, la grange, le hangar et puis peut-être deux hectares° de terrain. Ce n'était pas beaucoup, mais il y avait dans le village deux gros propriétaires qui nous laissaient garder les moutons après la récolte°. Mes parents nous ont toujours trouvé du travail, même très jeunes. Les plus grands allaient à l'école, car ils avaient mis ce point d'honneur à nous faire avoir le certificat d'études. »

« Et puis, je me suis mariée... »

A 18 ans, Denise rencontre son mari et part habiter la maison des « Martin ».

Arrivent les six enfants. Marie-Lise, l'aînée, qui part vite faire ses études, et puis quatre sœurs et un frère. Il faut agrandir° la maison et faire deux nouvelles pièces au rez-de-chaussée. Si on demande à Denise ce qui a le plus changé dans sa vie de famille, elle n'hésite pas : « Il y a eu une transition très marquée entre notre génération et celle d'aujourd'hui sur la cohabitation° avec les parents. Moi, j'ai beaucoup souffert de cette cohabitation. J'ai fait de la dépression nerveuse à ce sujet, parce que les beaux-parents n'auraient pas toléré qu'on fasse ménage° à part. Mais, aujourd'hui, c'est rentré dans les mœurs° et moi, je trouve que c'est une bonne chose... Même ceux qui restent à la campagne se font construire une maison ou font deux ménages à part dans la même maison pour avoir leur indépendance. Ils s'entraident quand même dans les travaux, mais on garde l'intimité du jeune couple, on n'est

pas sous la domination des parents. Moi, je ne me suis pas entendue avec ma belle-mère. Tant que mon beau-père a vécu, ça allait, mais après ça a été des difficultés incroyables ! »

Denise a approuvé le départ de tous les enfants, même de son fils qui n'est pas resté. « C'était de tradition de garder le fils pour maintenir le nom de la famille. Ça, c'était sacré autrefois. Comme on n'avait qu'un fils, c'était lui qui devait rester, mais quand il a été pour se marier, la fille qu'il a rencontrée, c'était une jeune qui avait une bonne situation et qui n'a pas voulu la quitter pour aller dans une petite propriété comme celle que nous avions. »

---

agrandir *to enlarge*	**ménage** m *household*	**récolte** f *harvest*
cohabitation f *living together*	**mœurs** f pl *customs*	**souvenir** m *memory*
hectare m *2.47 acres*	**proche** *close*	

MARIE-LISE, 46 ANS
CHERCHEUR EN AGRONOMIE
La mère

Marie-Lise, c'est la fille aînée de Martin et Denise. La fille partie toute jeune faire ses études à Brive[2], puis à Bordeaux et à Paris. Aujourd'hui, mère d'un garçon, Thierry, et d'une fille, Frédérique, et chercheur en agronomie dans un centre de la région parisienne, on a du mal à l'imaginer petite fille dans la ferme de Corrèze. Et pourtant°. Sa vision de la famille reste marquée par ce passé et ces traditions rurales : « J'aime bien cette vieille notion de le grande famille qu'on trouve à la campagne. Moi, je souffre un peu en ville de la famille trop petite... Chez nous, on était dix à table tous les jours, six enfants et deux couples, parents et grands-parents... Je garde le souvenir d'une espèce de nid° chaleureux°, finalement, bien qu'un peu pesant° pour moi, car j'étais l'aînée et je devais veiller° sur mes sœurs qui étaient juste après moi, et ça, c'était vraiment difficile... »

« Je travaille cinq fois moins que ma mère! »

Assez vite, Marie-Lise s'intéresse aux études et peut continuer jusqu'au lycée et à l'Université, grâce aux allocations familiales[3] et aux bourses.

« Ça aussi, c'est le truc traditionnel à la campagne. L'institutrice° qui dit aux parents: « Ah! il faut qu'elle continue. »... Alors, j'ai été à la petite ville d'à côté, à 5 km. En un sens, j'ai de la chance d'être une fille, parce que si j'avais été un fils aîné, je serais certainement resté travailler avec mon père. Maintenant, je travaille, mais je suis consciente de travailler cinq fois moins que ma mère! Parce qu'elle a eu une vie de travail absolument folle! Quand j'ai gagné ma vie, je lui ai acheté sa première machine à laver. Avec six enfants, elle a lavé à la maison les vêtements de dix personnes pendant des années. Et puis, elle travaillait aux champs et elle faisait de la couture, jusque tard dans la nuit... »

Autre changement d'une génération à l'autre, les relations parents-enfants : « Il est évident qu'on n'obéit plus aujourd'hui comme avant. Mon père, lui, n'avait même pas besoin d'élever° la voix. A l'époque, on obéissait, c'était normal... Moi, je pense que j'avais beaucoup de principes d'éducation en commençant, qui ressemblent probablement à ceux de mes parents, et que j'en suis arrivée à me dire : on fait ce qu'on peut... Nous avons eu des problèmes, bien sûr... En seconde, notre fils s'est mis à détester l'école. Heureusement, mon mari était là. Car seule je n'aurais pu trouver de solution à ce problème. A l'école, j'avais été une petite fille bien sage°. Je n'arrivais pas à me mettre à la place de ce garçon et à comprendre sa réaction.

Maintenant, je crois que mon rôle doit être un dialogue. »

---

chaleureux, –euse *warm*	**nid** m *nest*	**sage** *well-behaved*
élever *to raise*	**pesant, –e** *heavy*	**veiller** *to take care of*
institutrice f *elementary school teacher*	**pourtant** *yet*	

---

[2] **Brive** (Brive-la-Gaillarde) est la plus grande ville de Corrèze (52 000 habitants).

[3] **Les allocations familiales** sont des subsides que le gouvernement donne aux familles qui ont deux enfants ou plus. Ces subsides, qui augmentent avec chaque enfant, doivent encourager les Français à avoir un plus grand nombre d'enfants.

BERNARD, 48 ANS
ÉCONOMISTE
Le père

Au début des années 60, Marie-Lise rencontre Bernard, dans un mouvement de jeunesse chrétienne°. Bernard est de retour de la guerre d'Algérie[4], il veut s'engager° dans la vie politique, se battre pour une cause : politique, syndicale°. Alors, avec la vie professionnelle, les engagements° de tous ordres, la difficulté de tout concilier°, les enfants et les premiers problèmes, Bernard prend peu à peu conscience que la famille, non, ça n'est pas évident. « La famille, au départ, j'y accordais peu d'importance. On s'est marié, bon, parce qu'on s'aimait, et puis on a eu les enfants, enfin pour moi, c'était tout naturel ; la vraie vie était dans l'engagement multiple. Et puis, avec les enfants qui ont grandi, l'équilibre dans le couple, l'équilibre avec les enfants, ce sont des choses qui ne sont pas simples. Pro-gressivement, je me suis rendu compte de l'importance de ma famille et du rôle que j'avais à y jouer pour arriver à quelque chose qui soit relativement harmonieux ou réussi, et cela plus particulièrement en face de problèmes difficiles. A un moment, notre fils est passé par une période très difficile en faisant tout un tas de bêtises° pendant une semaine au lycée. C'était véritablement un appel° au secours. « Occupez-vous de moi, je suis perdu ! »... Alors, je me suis dit : « Mais enfin ton gosse, qu'est-ce qu'il va être dans la vie si tu ne l'aides pas à devenir adulte ? Tu passes ton temps à courir de réunion en réunion et pendant ce temps, ton gosse, tu es en train de le laisser se noyer°, se perdre... » Depuis, j'ai abandonné mes engagements politiques pour essayer d'être un peu plus présent dans la famille... Je voulais construire un monde un peu plus juste, plus humain... Mais si on n'arrive déjà pas à créer chez soi un lieu où il fasse bon vivre, alors ce ne sont que des illusions ! »

---

appel m *call*
bêtise f *foolish, stupid thing*
chrétien, –ienne *Christian*

concilier *to reconcile*
engagement m *commitment*
s'engager *to get involved*

se noyer *to drown*
syndical, –e *union*

---

[4] **La guerre d'Algérie** (1954–1962) est le conflit au terme duquel l'Algérie est devenue indépendante de la France. Ce fut un conflit particulièrement dur pour les Algériens comme pour les Français parce que l'Algérie avait été une colonie française depuis 1830 et qu'une large population française s'y était installée.

THIERRY, 18 ANS
PREMIÈRE ANNÉE DE MÉDECINE
Le fils

Thierry est l'aîné. Avec le début de ses études en fac°, c'est un peu la fin de l'adolescence, le désir d'une nouvelle indépendance. L'an prochain, Thierry pense prendre une chambre à Paris, mettre un peu de distance entre sa famille et sa vie de tous les jours. Evolution toute normale pour lui : « Je pense partir l'an prochain, enfin essayer de trouver une chambre à Paris pour être tout seul... Mes parents sont assez sympas°, ça va, mais c'est surtout que je m'entends assez mal avec ma sœur. Et je pense que, quand on poursuit des études, être tout seul, c'est important pour avoir le calme. Dans une famille, il y a toujours des disputes ou des discussions ou simplement du bruit, ce n'est pas l'idéal. A Paris, je serais tout seul, puis je rentrerais, quand même le week-end parce qu'il faut garder les contacts. Et puis, la famille c'est bien, mais enfin il y a un moment où il faut partir. C'est fait pour préparer un petit peu à la vie, pour former° quelqu'un, et une fois qu'il est formé, il s'en va, c'est normal... » La séparation pour Thierry s'est faite progressivement, d'année en année, de vacances en vacances, quand le « monde des copains » s'est ajouté à celui de la famille.

« Les copains ont commencé à prendre une place assez importante pour moi, quand je suis parti faire des randonnées avec eux en troisième. Pendant quinze jours, je ne voyais plus du tout ma famille, alors qu'avant, j'étais tout le temps avec eux. Là c'était des gens que j'avais choisis, c'était des copains, c'était très chouette... »

« Il est super, mon grand-père... »

Les vacances familiales, pourtant, ne sont pas très loin. Les Noël, les grandes réunions familiales dans la ferme de Corrèze, Thierry apprécie. C'est un autre mode de vie, un autre monde, et puis l'occa-

sion de voir le grand-père : « Il est super, il est solide, j'aime bien mon grand-père... Il aime ce qu'il fait. Il est à la retraite, mais il a gardé un hectare de vigne et c'est « sa » vigne. Quand j'étais petit, j'avais peur de lui. Tandis que° maintenant, ce sont plutôt des relations d'affection... C'est déjà plus sur un pied d'égalité°. »

En matière d'autorité, Thierry se rend bien compte des différences entre son grand-père et ses propres parents : « Chez nous, quand il faut décider quelque chose, on le fait en famille. On est parti en Grèce, par exemple. C'était ça ou les sports d'hiver. Eh bien, on en a discuté assez longtemps. Il y avait les pour et les contre. Quand on a acheté cette maison, c'était la même chose. Mes parents n'ont pas dit: « Bon, eh bien voilà, on va déménager°. » Non, non! on a discuté et puis, on allait tous visiter les maisons... »

Et demain? Malgré ses difficultés avec sa sœur, Thierry pense que la famille, c'est important : « Oui, il me semble que c'est très, très important. D'abord pour l'éducation, et puis pour avoir une descendance°, avoir quelqu'un derrière soi... »

---

déménager *to move*	**former** *to educate*	**sympa(thique)** *nice*
descendance f *descendants*	**sur un pied d'égalité** *on an equal*	**tandis que** *whereas*
fac(ulté) f *university*	*footing*	

FRÉDÉRIQUE, 15 ANS
LYCÉENNE EN SECONDE
La fille

Frédérique parle peu — ce n'est pas facile de parler de sa famille!

« Chez nous, on se retrouve surtout à table, le soir, parce que mes parents travaillent tous les deux... La plupart du temps, ça se passe bien, mais parfois... quand ils sont fatigués, il y a des cris. On parle beaucoup... On discute sur n'importe quel° sujet... Quand le prof nous demande de lire un article, je leur en parle... Par exemple si j'ai quelque chose sur l'histoire, je leur demande pourquoi ça s'est passé comme ça, tout ça... Mais mon père est nerveux, alors pour un rien ça éclate°. Par exemple, quand on a un mot de l'école ou quand je lui demande de m'expliquer quelque chose en maths. Alors lui, il monte sur ses grands chevaux° : « Quoi, tu sais pas ça! »

ça éclate *he blows up*
monter sur ses grands chevaux *to get up on one's high horse*

n'importe quel *any*

Exercices

17 **Compréhension du texte**

   1. Quel âge a le grand-père? Qu'est-ce qu'il fait maintenant, et qu'est-ce qu'il faisait dans le passé?
   2. Pourquoi est-ce qu'il est devenu agriculteur?
   3. Pourquoi est-ce que c'était important pour un agriculteur de son temps d'avoir beaucoup d'enfants?
   4. Décrivez la famille de Denise, la femme de Martin.
   5. Combien d'enfants ont eu Martin et Denise? Est-ce que le fils est devenu agriculteur, comme son père? Pourquoi?
   6. D'après Denise, qu'est-ce qui a le plus changé dans la vie d'une famille paysanne, entre sa génération et celle de ses enfants?
   7. Qui est Marie-Lise? Est-ce qu'elle est restée à la campagne? Comment a-t-elle changé d'orientation?
   8. D'après Marie-Lise, qu'est-ce qui a le plus changé de la génération de ses parents à la sienne? Décrivez.
   9. Quel problème est-ce que Bernard a eu avec son fils? Qu'est-ce qu'il a fait pour y faire face?
   10. Quel âge a Thierry? Qu'est-ce qu'il fait? Est-ce qu'il vit encore chez ses parents? Pourquoi veut-il partir?
   11. Comment se prennent les décisions dans la famille de Thierry?
   12. Est-ce qu'il a de bonnes relations avec sa famille? Quelle importance a la famille pour lui?

18 A vous de répondre!

1. Comment se prennent les décisions dans votre famille?
2. Avec qui vous entendez-vous le mieux et pourquoi?
3. Avec qui vous entendez-vous le moins bien et pourquoi?
4. Qu'est-ce que vous aimez dans la vie de famille? Qu'est-ce que vous n'aimez pas?
5. Est-ce que vous pensez garder des liens étroits (close ties) avec votre famille, plus tard? Pour quelles raisons?

19 Débat

La cohabitation de plusieurs générations d'une même famille : pour ou contre?

20 Votre enquête

Demandez à vos grands-parents de décrire leur enfance, les relations qu'ils avaient avec leurs parents et plus tard, avec leurs enfants.
Posez les mêmes questions à vos parents et à vos frères et sœurs.
Prenez des notes. Ensuite, rédigez ce que chaque membre de la famille a dit.
Est-ce que cette enquête vous a permis d'apprendre quelque chose de nouveau sur votre famille? Expliquez.

————— VOCABULAIRE —————

La Famille Rivière

arrière-grand-mère f great-grandmother
arrière-grand-père m great-grandfather
arrière-petite-fille f great-granddaughter
beau-fils m step-son
beau-frère m brother-in-law
beau-père m father-in-law, step-father

belle-fille f daughter-in-law, step-daughter
belle-mère f mother-in-law, step-mother
belle-sœur f sister-in-law
demi-frère m step-brother
demi-sœur f step-sister
gendre m son-in-law
grand-oncle m great-uncle
grand-tante f great-aunt

mari m husband
neveu m (pl −x) nephew
nièce f niece
par alliance by marriage
parenté f relationship, relatives
petit-fils m grandson
petit-neveu m great-nephew
petite-fille f granddaughter
petite-nièce f great-niece

La Famille Lartigue

arbre généalogique m family tree
s'arracher les cheveux to pull out one's hair
avertir to warn
célibataire single

▲ **craindre** to fear
de quoi enough to make you
dire que... to think that . . .
▲ **en faire à sa tête** to do what one wants

heureux, −euse happy
mortel, −elle deadly, dull
quel dommage what a shame
remarquer to notice
veuve f widow

Mots Analogues

accepter to accept
baptême m baptism
catastrophe f catastrophe
cri m cry

divorce (d'avec) m divorce (from)
mariage m marriage, married life
marié, −e married

remariage m remarriage, second marriage
réunion f reunion

▲ For the conjugation of this verb, see pp. 308–316.

FRANCE-AMÉRIQUE 6

DEVOIR DE FRANÇAIS ⊗

Bien des Français protestent contre ce qu'ils appellent « l'américanisation culturelle » de la France qui se manifesterait à la télévision, à la radio, dans les magazines…
Pensez-vous que cette américanisation pose des problèmes? Lesquels?

Patrick Demay

Le monde de nos jours est de plus en plus petit grâce aux moyens de transport et surtout aux médias : ce sont eux qui diffusent le plus de culture américaine. De la même manière que la guerre a autrefois imposé une culture, le commerce et les médias ont aujourd'hui conquis bien des peuples différents. Cette culture venue du Nouveau Monde est très alléchante, mais elle ne doit pas nous faire oublier que nous avons aussi une culture nationale. Même si elle n'est pas meilleure, elle doit pouvoir exister. Le problème du français et du "franglais" est peut-être le plus commun des problèmes liés à la défense de la culture française. D'emblée, on peut affirmer que l'emploi de ce "franglais" est excessif lorsqu'il se substitue sans raison au français : le langage employé dans beaucoup d'articles économiques en est un exemple constant.

Pascale Colibeau

Il n'y a pas que des aspects négatifs dans « l'américanisation » de la culture française. Ainsi, l'optimisme des Américains qui est resté un trait dominant du caractère national pourrait nous servir de modèle. En effet, les Américains sont convaincus de jouir d'une liberté et d'une indépendance inconnues des autres peuples. (L'Amérique n'ayant subi aucune invasion, se considère comme le bastion ultime du monde libre.) De plus, L'Américain ne se sent rivé ni à un genre de vie, ni à un lieu particulier puisqu'il a le pouvoir de changer, sans risques, de métier ou de logement. Ceci est contraire à la mentalité européenne. L'Européen a tendance à désirer la stabilité, et ne peut se déplacer à son gré puisqu'il est dépendant de son travail.

Alain Schwab

On pourrait considérer l'américanisation de la culture française du point de vue de la complémentarité: prenons l'exemple du cinéma. Les films de science-fiction américains nous submergent, mais les films de science-fiction français sont très rares. Même chose pour les films de violence, ainsi que pour les films d'horreur, les films de catastrophe et les westerns qui sont des films uniquement américains à l'origine. Par contre, il y a, actuellement, beaucoup plus de films comiques français et plus de comédies sentimentales. Ainsi donc, les films américains complètent les films français pour former un marché cinématographique hétérogène.

Nous pouvons donc conclure qu'il y a évidemment une américanisation, mais en fait, cette américanisation n'est pas dangereuse pour la culture française, car elle la complémente: ce qu'ont les Américains, les Français ne l'ont pas. S'il n'y avait pas une certaine incursion de la culture américaine, la culture française serait probablement réduite d'autant. Reste à savoir si ce manque ne l'obligerait pas à se développer par elle-même.

François Boulanger

L'un des facteurs qui favorisent l'américanisation est le snobisme à l'égard de tout ce qui est américain. En effet, dans l'esprit des gens, les États-Unis sont le pays idéal, et on admire tout ce qui en provient. Le cinéma a beaucoup contribué à l'américanisation. Tous les grands classiques d'Hollywood ont influencé notre culture. Cette américanisation marque les gens parce qu'ils n'en sont pas conscients, ils n'ont donc pas de pouvoir sur elle.

Je ne pense pas que l'américanisation sous sa forme actuelle soit dangereuse, en effet elle se contente de juxtaposer les idées américaines à la culture française. Et sous certains aspects technologiques, l'américanisation est positive, car elle apporte une expérience qui peut nous éviter bien des erreurs.

Stéphanie Brulon

L'Américanisation peut avoir des conséquences néfastes. Par exemple, le fait que le marché de la chanson soit monopolisé par des « tubes » américains ne facilite pas le lancement d'artistes français.

Yves Boulmew

Si l'adjectif « américain » est devenu un argument publicitaire fortement utilisé, ce n'est pas un hasard. Depuis la fin de la dernière guerre, il y a une espèce de snobisme à l'égard de ce qui vient d'Amérique. Les jeunes se précipitent dans les surplus américains pour acheter leurs « fringues ». La musique qu'ils écoutent le plus souvent – et qu'ils achètent sous forme de disques et casettes – est de la musique améri- caine. Et quand ils sortent, ils vont dans un « Mac Donald » pour manger un « hamburger » et boire un « Coca ». Il est évident que l'américanisation existe et qu'elle s'intensifie de plus en plus. Il faut donc rester vigilant et surtout savoir faire la part entre ce qui est bon dans la culture américaine et ce qui l'est moins.

Exercices

1 **Questions**

Patrick Demay
1. Pourquoi le monde est-il de plus en plus petit?
2. Comment Patrick décrit-il la culture américaine?
3. Quel est l'un des problèmes les plus communs?

Pascale Colibeau
1. Qu'est-ce qui pourrait servir de modèle aux Français?
2. De quoi les Américains sont-ils convaincus?
3. Pour quelles raisons le croient-ils?
4. En quoi les Américains sont-ils différents des Européens?

Alain Schwab

1. Quels genres de films les Américains font-ils?
2. Quels genres de films les Français font-ils?
3. Quel est l'avantage de l'influence de la culture américaine sur la culture française?
4. Quel désavantage possible y a-t-il?

François Boulanger

1. Qu'est-ce qui a beaucoup contribué à l'américanisation de la vie en France?
2. Pourquoi ce genre d'américanisation marque-t-il plus les gens?
3. Pourquoi cette américanisation n'est-elle pas dangereuse?
4. Sous quel aspect est-elle positive?

Stéphanie Brulon

1. L'américanisation de la culture française est-elle bonne ou mauvaise?
2. Quel en est le résultat?

Yves Boulmen

1. Comment se manifeste le snobisme à l'égard de ce qui est américain?
2. Que doivent faire les Français à l'égard de l'américanisation de leur culture?

2 A vous de répondre!

1. Avec quels devoirs êtes-vous d'accord? Donnez vos raisons.
2. Avec quels devoirs n'êtes-vous pas d'accord? Donnez vos raisons.
3. D'après ces extraits faites le portrait de l'Américain type vu par les jeunes Français. Décrivez, par exemple, les vêtements qu'il porte, la nourriture qu'il mange, comment il vit.
4. Dites quelles sont, d'après vous, les caractéristiques de l'Américain type.
5. Croyez vous que les films que l'on fait à l'heure actuelle à Hollywood et les séries américaines à la télévision donnent une image exacte de la vie aux Etats-Unis? Donnez des exemples pour et contre.
6. Faites maintenant le portrait du jeune Français type tel que vous le concevez (imagine).

3 La chasse au franglais!

Donnez des exemples de « franglais » dans les domaines suivants :

SPORT   basket-ball, football, hockey, rugby, tennis, volley-ball, match, ping-pong

NOURRITURE   sandwich, chips   LOISIRS   break, camping, week-end, western

4 Projet

Donnez des exemples de « francisation » aux Etats-Unis. Vous pouvez, par exemple, faire des recherches dans les domaines suivants : la nourriture, les vêtements, les soins esthétiques (beauty care), la langue anglaise.

5 Débat

Un pays doit-il être ouvert à toutes les influences étrangères quelles qu'elles soient ou non? Quels sont les domaines dans lesquels un pays devrait « s'ouvrir » aux influences étrangères et quels sont ceux dans lesquels il devrait se fermer? Donnez vos raisons.

La statue de la Liberté

La statue de la Liberté a été offerte aux Etats-Unis par la France, à l'occasion du centenaire de l'indépendance des colonies américaines. Intitulée *La Liberté éclairant le monde*, elle est l'œuvre du sculpteur Bartholdi. L'armature *(framework)* a été conçue par l'ingénieur Eiffel, qui plus tard a créé la tour du même nom.

1. La statue de la Liberté est offerte à l'ambassadeur des Etats-Unis à Paris, le 4 juillet 1884.
2. La statue est réassemblée à New York.
3. Bartholdi (deuxième à partir de la droite) examine un plâtre de la main.
4. Inauguration de la statue, le 28 octobre 1886.

Pour tous les immigrants qui arrivaient d'Europe à bord de bateaux, la Statue de la Liberté était le premier contact avec le Nouveau Monde. Elle n'était donc plus seulement le symbole de la liberté, mais l'espoir d'une vie nouvelle.

6 Projet

Recherchez parmi les membres de votre famille ou des habitants de votre ville, des immigrants qui sont arrivés à New York après 1886. Dites:
- qui ils étaient.
- combien ils étaient.
- de quel(s) pays ils venaient.
- combien de temps a pris leur voyage.
- ce qu'ils sont devenus par la suite.

THE NEGATIVE

In French, the negative is formed with **ne** and another negative word or words.

1. In simple tenses, **ne** is placed before the verb (or any object pronouns) and the second negative word follows the verb.

	ne	Verb	Negative Word			
Cette américanisation	n'	est	pas pas encore plus jamais	évidente.		
	n'	est	ni	évidente	ni	dangereuse.
	ne	change	rien. personne.			
			que	peu de gens.		
			aucune	culture.		

2. In compound tenses, **ne** is placed before the auxiliary **avoir** or **être** (or any object pronoun); usually the second part of the negative expression directly follows the auxiliary.

	ne	Auxiliary	Negative Word	Past Participle
Cela	n'	a	pas jamais plus rien	changé.

However, **personne, aucun(e), que,** and **ni...ni** follow the past participle.

	ne	Auxiliary	Past Participle	Negative Word		
Cela	n'	a	changé	personne.		
				aucun	Français.	
				que	peu de gens.	
				ni	les Français	ni	les Américains.

3. With an infinitive, both parts of the negative expression precede it.
Les jeunes doivent s'efforcer de ne pas oublier leur culture.

Both parts of the negative expression precede the auxiliary in the case of the past infinitive.
Ils regrettent de ne pas avoir réagi.

Note, however, that **aucun(e), personne,** and **que** follow the infinitive.
Il regrette de ne voir personne.

In the case of the past infinitive, **aucun(e)** and **personne** follow the past participle.
Il regrette de n'avoir vu personne.

4. Remember that:

- The articles **un / une, des,** and **du / de la** are omitted after **ni...ni,** but any other article is retained.

Je **ne** porte **ni** jeans, **ni** Ti-shirts.

<small>BUT</small>

Je **n'**aime **ni les** jeans, **ni les** Ti-shirts.

- **Du, de la,** and **des** do not become **de** after **ne...que.**

Elle **ne** porte **pas de** jeans.

<small>BUT</small>

Elle **ne** porte **que des** jeans.

- **Aucun(e)** agrees with the noun it modifies.

Je n'aime **aucun disque** américain / **aucune chanson** américaine.

Note that **aucun(e)** is always in the singular.

Je n'ai **aucun souvenir** de mon enfance.   *I have no recollections of my childhood.*

- **Personne, rien,** and **aucun(e)** may be used as subject of a verb.

Rien n'a changé.

- When answering a question in the negative without a verb, **ne** is not used.

—Tu aimes ce Ti-shirt?   —**Non, pas du tout.**
—Il y a quelqu'un?   —**Non, personne.**
—Tu veux quelque chose?   —**Non, rien.**

5. Several secondary negative words may be used in the same negative expression.

Cela **ne** change **plus rien.**

Cela **n'**a **jamais plus** ennuyé **personne.**

- **Pas** occurs only in combination with **que.**

Il n'y a **pas que** notre culture qui est américanisée.

- The following chart shows the relative position of secondary negative words when more than one occurs with a simple verb form.

ne	*simple verb form*	plus plus jamais jamais jamais plus	rien *preposition* + **rien** personne *preposition* + **personne** que aucun(e) ni...ni

Note that **jamais plus** and **plus jamais** have the same meaning and may be used interchangeably.

- When multiple secondary negatives are used with compound verbs and infinitives, each negative word occurs in its normal position, either before or after the past participle or the infinitive.

Cela **n'**a **jamais rien** changé.

Cela **ne** va **jamais plus** changer.

Cela **ne** va **jamais plus rien** changer.

Exercices

7   A chacun son mode de vie. ⊗

EXEMPLE   Ils voyagent souvent.   (jamais)
          Ils ne voyagent jamais.

1. Ils sont très accueillants.   (pas)
2. Ils parlent à tout le monde sans avoir été présentés.   (personne)
3. Ils changent tout le temps de logement.   (jamais)
4. Ils gaspillent beaucoup de choses.   (rien)
5. Ils quittent souvent leur travail pour un autre.   (jamais)
6. Ils sont toujours optimistes.   (jamais)
7. Ils ont beaucoup d'amis.   (aucun)
8. Ils partent souvent en vacances.   (jamais)

8   Comment se passe votre voyage? ⊗

EXEMPLE   Il y a longtemps que vous êtes aux Etats-Unis?   (depuis 3 mois)
          Je ne suis aux Etats-Unis que depuis 3 mois.

1. Vous êtes allé à Washington?   (New York et Boston)
2. Vous avez beaucoup d'amis américains?   (une correspondante)
3. Vous parlez anglais?   (français)
4. Vous allez rester longtemps dans ce pays?   (6 mois)
5. Vous avez de la famille ici?   (des cousins)
6. Est-ce que vous pensez visiter beaucoup d'états?   (la Californie et la Louisiane)

9   Pendant votre séjour en France... ⊗

Vous n'avez pas assez d'argent et vous n'avez pas pu faire tout ce que vous vouliez.

EXEMPLE   Avez-vous visité toute la France?   (ne...que)
          Non, je n'ai visité que Paris.

1. Avez-vous séjourné dans un hôtel quatre étoiles?   (ne...pas)
2. Avez-vous acheté du parfum pour votre mère?   (ne...que)
3. Avez-vous bu souvent du champagne?   (jamais)
4. Avez-vous rapporté beaucoup de cadeaux pour vos amis?   (aucun)
5. Etes-vous allé chez Yves Saint-Laurent et chez Christian Dior?   (ni...ni...)
6. Avez-vous dîné dans de bons restaurants?   (jamais)

10   Lorsque j'étais à New York... ⊗

EXEMPLE   Je n'ai pas acheté trop de gadgets.
          On m'avait conseillé de ne pas acheter trop de gadgets.

1. Je n'ai pas oublié de laisser un pourboire dans les restaurants.
2. Je n'ai pris que des vêtements légers.
3. Je n'ai parlé que l'anglais.
4. Je n'ai manqué aucun des grands musées.
5. Je ne me suis déplacée qu'à pied et en autobus.

11 De quel côté êtes-vous? ⊗

EXEMPLE   Allez-vous voir des films américains ou des films français?
    Je ne vais voir ni films américains ni films français.

1. L'été, portez-vous des tennis (*sneakers*) ou des sandales?
2. Aimez-vous les hamburgers ou les escargots?
3. Lisez-vous le *Washington Post* ou *le Monde*?
4. Avez-vous une Ford ou une Renault?
5. Célébrez-vous le 4 juillet ou le 14 juillet?
6. Connaissez-vous mieux le Vermont ou les Alpes?
7. Jouez-vous au base-ball ou au football?
8. Aimez-vous les chansons de Barry Manilow ou celles de Jacques Brel?

12 Est-il typiquement américain?

EXEMPLE   Boit-il du Coca-Cola?
    Non, il ne boit pas de Coca-Cola, il ne boit que du lait / de la limonade / etc.

1. Fait-il du jogging?
2. Prend-il des vitamines?
3. Porte-t-il des jeans?
4. A-t-il une voiture?
5. Met-il du ketchup sur son hamburger?
6. Fait-il beaucoup de sport?

13 Etes-vous influencé par la culture française? ⊗

Répondez aux questions ci-dessous en utilisant une des négations suivantes : **aucun, rien, jamais, personne.**

EXEMPLE   Vous achetez quelquefois des vêtements français?
    Non, jamais.

1. Vous avez vu beaucoup de films français?
2. Vous employez quelquefois le franglais?
3. Vous achetez des choses dans des magasins français?
4. Est-ce que vous êtes déjà allé en France?
5. Est-ce que vous avez beaucoup d'amis français?
6. Est-ce que quelqu'un parle français dans votre famille?

14 Sont-ils américains? ⊗ 📖

EXEMPLE   Je suis née à Paris. Catherine et François sont nés à Rouen.
    Je ne suis pas américaine et eux non plus.

1. Il est né à Houston. Vous êtes nés à Strasbourg.
2. Tu es né à Boston. Nous sommes nés à New York.
3. Nous sommes nés à Nice. Tu es né à Lille.
4. Vous êtes nés à Dijon. Il est né à Toulouse.
5. Ils sont nés à Chicago. Je suis née à Nîmes.
6. Je suis née à Nantes. Sylvie et Chantal sont nées à Reims.
7. Tu es né à Washington. Pierre et Nicolas sont nés à Limoges.

15 Connaissez-vous bien votre pays?

1. Quel a été le premier président des Etats-Unis?
2. Quelle est la capitale de la Californie?
3. Quelle est la capitale de la Louisiane?
4. Est-ce que qu'on parle encore français à la Nouvelle-Orléans?
5. Est-ce que les Etats-Unis sont plus grands que le Canada?
6. Est-ce que les Français ont jamais occupé le sud des Etats-Unis?

16 La prendrez-vous comme jeune fille au pair? ⊗

EXEMPLE   Je croyais que vous parliez français.
Vous ne parlez pas français?

1. Je croyais que vous étiez née à Boston.
2. Je croyais que vous habitiez toujours chez vos parents.
3. Je croyais que vous aviez souvent visité la France.
4. Je croyais que vous aviez beaucoup d'expérience avec les enfants.
5. Je croyais que vous aviez des frères et sœurs.

17 L'Amérique et la France.

Rédigez les paragraphes suivants avec les verbes et les expressions donnés.

1. Il / ne...pas / y avoir / que / en / France / que / on / boire / Coca-Cola / et / manger / hamburgers. Aucun...ne / pays / échapper / influence / américain.
2. Amérique / ne...jamais / subir / aucun / invasion. C'est pourquoi / elle / se considérer / comme / pays / de / liberté / que / personne...ne / pouvoir / conquérir.
3. Nous / ne...pas / pouvoir / ne...pas / conclure / que / il / y avoir / américanisation / de / culture / français. Mais / ce / américanisation / ne...pas / être / dangereux.
4. A / Etats-Unis / personne...ne / garder / voiture / plus de / cinq / an. D'ailleurs / aucun...ne / voiture / être / fait / pour / durer / si / longtemps.
5. Les / Français / ne...jamais / boire / lait / aux / repas / et / ils / ne...que / manger / hamburgers / très / rarement.

L'Amérique—hier et aujourd 'hui ⊗

Voici quelques réflexions d'auteurs° et de journalistes français sur l'Amérique.

Le prestige qui s'attachait aux choses anciennes° ayant disparu, la naissance, l'état, la profession ne distinguent° plus les hommes, ou les distinguent à peine; il ne reste plus que l'argent qui crée° des différences très visibles entre eux. On retrouve donc le plus souvent l'amour des richesses, comme principal ou accessoire, au fond de l'attitude des Américains…

Je rencontre un matelot° américain, et je lui demande pourquoi les bateaux de son pays sont construits° de manière à durer peu, et il me répond immédiatement que l'art de la navigation fait chaque jour des progrès si rapides, que le plus beau navire deviendrait bientôt presque inutile s'il durait plus de quelques années.

J'ai montré comment les Américains étaient poussés irrésistiblement vers le commerce et l'industrie. Leur origine, leur état social, les institutions politiques, le lieu même qu'ils habitent les entraîne inévitablement vers ce côté. Ils forment donc une association presque exclusivement industrielle et commerçante°, placée° dans un pays nouveau et immense qu'elle a pour principal objet d'exploiter. Tel est le trait caractéristique qui, de nos jours, distingue le plus particulièrement le peuple américain de tous les autres.

Alexis de Tocqueville:
De la démocratie en Amérique (1835–1840)

---

ancien, –ienne *old*
auteur m *author*
commerçant, –e *commercial*

construit, –e *built*
créer *to create*
distinguer *to set apart*

matelot m *sailor*
placé, –e *situated*

Tout ce qui a été créé ou développé depuis l'autre guerre compte avec l'Amérique : le décor de la rue, l'architecture des maisons, l'auto, le cinéma surtout, bien entendu. C'est tout de même la première fois qu'un pays exporte ses mythes sentimentaux dans le monde entier, son univers secret, ses amoureuses, ses voleurs° et ses assassins. Et son comique°. Savions-nous que le monde entier peut rire du même homme, avant Chaplin?

André Malraux:
Lignes de Forces (1955)

comique *comedy*   voleur m *thief*

Dès le début des temps modernes les peuples européens ont rêvé de l'Amérique comme de la terre° de promesse.° L'Amérique peut leur donner richesse, nourriture, équipement industriel. Ils prendront tout cela, bien entendu, mais cela ne leur suffira jamais, et ils n'en auront jamais de gratitude envers l'Amérique.

Ce qu'ils attendent de l'Amérique, c'est l'Espérance°. Pourvu que l'Amérique n'oublie jamais ce fait crucial.

Il est possible d'être plus explicite, et de dire : ce que le monde attend de l'Amérique, c'est qu'elle garde vivante, dans l'histoire humaine, la reconnaissance° de la dignité de l'homme.

Jacques Maritain:
Réflexions sur l'Amérique (1958)

Il est rare que l'on attende de connaître l'Amérique pour en parler. Ou de connaître les Américains pour les juger°. Cela s'applique même aux touristes qui ont fait le voyage, et aux journalistes qui se vantent d'avoir passé cinq jours à Harlem. Beaucoup de voyageurs°, parmi lesquels nombre de journalistes, ne sont allés aux Etats-Unis que pour chercher la confirmation de ce qu'ils étaient sûr de savoir déjà. Ils l'ont trouvée car on trouve de tout aux Etats-Unis, y compris ce à quoi l'on s'attendait. Ils n'ont rien découvert car pour découvrir quelque chose d'inattendu°, il faut être prêt à se laisser surprendre.

Dans beaucoup de familles américaines, les repas continuent à être assurés° par le

---

assuré, –e *supplied*
espérance f *hope*
inattendu, –e *unexpected*

juger *to judge*
promesse f *promise*
reconnaissance f *recognition*

terre f *land*
voyageur m *traveler*

supermarché. Au supermarché on peut acheter les plats qu'il suffit de dégeler°, les boîtes qu'il suffit d'ouvrir, les tubes qu'il suffit de presser. Faire la cuisine, dans ce cas, consiste à° mettre de l'eau ou du lait, ou éventuellement, quand on a de l'imagination à combiner les boîtes.

Personne ne se plaindra, tous ces produits ayant un nom et un aspect rendus populaires par la télévision.

Malgré l'expression « Coca-colonisation » qui, possible dans toutes les langues, constitue un slogan idéal pour la propagande anti-américaine, le Coca-Cola n'est plus, depuis longtemps, une boisson spécifique aux° Etats-Unis. Les Américains, bien sûr, continuent à consommer d'énormes quantités de cette boisson brune et sucrée, et cela à toute heure, en plus de l'eau glacée°, pour accompagner le hamburger et même le steak. Mais grâce à une publicité° massive et à son efficacité le Coca-Cola, sous ce nom qui est celui d'une marque bien précise ou sous d'autres, est aujourd'hui une boisson commune à toutes les parties du monde.

Léo Sauvage:
Les Américains (1983)

consister à *to consist in*	**glacé, –e** *ice*	**spécifique à** *limited to*
dégeler *to defrost*	**publicité** f *advertising campaign*	

Exercices

18 Compréhension du texte

1. Quels sont dans les extraits que vous venez de lire les critiques contre les Etats-Unis?
2. Quels sont les compliments?
3. Quels commentaires semblent revenir le plus souvent?
4. Les idées de Tocqueville vous paraissent-elles vieillies par rapport à celles des écrivains modernes?
5. Quelles sont les idées qui sont communes aux élèves du début du chapitre et aux écrivains que vous venez de lire?

19 Débats

1. Influence du cinéma sur la vie de tous les jours.
2. Le travail et les loisirs.
3. En quoi pensez-vous que l'Amérique ait changé depuis le voyage d'Alexis de Tocqueville?

VOCABULAIRE

Devoir de Français

à l'égard de *with regard to*
à son gré *at will, as he likes*
à travers *through*
alléchant, –e *attractive*
bouleverser *to turn upside down*
ceci *this*
cependant *however*
cinématographique adj *film*
commerce m *trade*
conquis, –e *conquered*
conscient, –e *aware*
se contenter de *not to go beyond*
d'autant *accordingly*
d'emblée *right off*
de plus *moreover*
dès lors *for that reason, therefore*
devoir m *composition*
diffuser *to broadcast*
emploi m *use*
en moyenne *on the average*
espèce f *kind*
esprit m *mind*

▲ **être réputé, –e pour** *to have a reputation for*
▲ **faire la part de** *to distinguish*
fait m *fact*
franglais m *English words used in the French language*
fringues f pl *clothes, outfits (colloquial)*
hasard m *accident*
hétérogène *varied*
immeuble m *building*
inconnu, –e *unknown*
incursion f *influence*
jouir *to enjoy*
lancement m *launching*
lier *to relate*
manière f *way*
se manifester *to appear, show up*
manque m *gap, lack*
marquer *to influence*
médias f pl *mass media*
métier m *job*

mode m *way*
néfaste *harmful*
notamment *in particular*
oublier *to forget*
par contre *on the other hand*
point de vue m *point of view*
pouvoir m *power*
se précipiter dans *to flock to*
▲ **provenir** *to come from*
publicitaire adj *propaganda*
réagir *to react*
reste à savoir *it remains to be seen*
rivé, –e *attached*
sentimental, –e (m pl **–aux**) *romantic*
snobisme m *snobbery*
société de consommation f *consumer society*
subir *to experience*
▲ **submerger** *to flood the market*
tube m *top twenty*
ultime *last*

Mots Analogues

adjectif m *adjective*
affirmer *to affirm*
américanisation f *Americanization*
argument m *argument*
article m *article*
aspect m *aspect*
bastion m *bastion*
catastrophe f *catastrophe*
classique m *classic*
commun, –e *common*
complémentarité f *complementarity*
complémenter *to complement*
▲ **conclure** *to conclude*
conséquence f *consequence*
constant, –e *constant*
contraire *contrary*
contribuer *to contribute*
culture f *culture*
défense f *defense*
dépendant, –e *dependent*
développer *to develop*

dominant, –e *dominant*
économique *economic*
européen, –éenne *European*
évident, –e *obvious*
excessif, –ive *excessive*
exister *to exist*
exposer *to expose*
faciliter *to facilitate*
facteur m *factor*
favoriser *to favor*
former *to form*
horreur f *horror*
idéal, –e (m pl **–aux**) *ideal*
imposer *to impose*
indépendance f *independence*
▲ **influencer** *to influence*
intensifier *to intensify*
invasion f *invasion*
juxtaposer *to juxtapose*
langage m *language*
liberté f *freedom*
magazine m *magazine*

mentalité f *mentality*
monopoliser *to monopolize*
négatif, –ive *negative*
▲ **obliger** *to oblige*
optimisme m *optimism*
origine f *origin*
particulier, –ière *particular*
passif, –ive *passive*
peuple m *people*
positif, –ive *positive*
protester *to protest*
risque m *risk*
société f *society*
stabilité f *stability*
stock m *stock, supply*
substituer *to substitute*
technologique *technological*
tendance f *tendency*
trait m *trait*
uniquement *uniquely*
vigilant, –e *vigilant, watchful*
violence f *violence*

▲ For the conjugation of this verb, see pp. 308–316.

ÉTUDES ET CHANTIERS

Chantiers de travaux et d'études pour participer en groupe à l'aménagement des espaces de vie en France et à l'étranger.

Inde

Vous aurez toujours de nouvelles splendeurs à découvrir dans ce pays aux merveilles inépuisables

L'Inde est plus qu'un pays. C'est un kaléidoscope étonnant de sites, de peuples et de cultures différents.

C'est un immense territoire, peuplé de villes fascinantes, traversé par des fleuves qui comptent parmi les plus longs du monde et bordé d'un littoral égal à la moitié du diamètre du globe!

Plus vous visiterez l'Inde, plus vous découvrirez que ses merveilles sont intarissables!

Avec sa civilisation étonnante aux multiples facettes culturelles et religieuses, ethniques et linguistiques, l'Inde vous livrera constamment des impressions étranges, vraiment nouvelles et vous accumulerez un trésor de souvenirs impérissables.

Longtemps après, lorsque le souvenir des monuments, bazars parfumés, sites de montagnes et bords de mer se sera estompé, vous aurez encore présent à l'esprit l'excellent accueil reçu en Inde.

Réception toute chaleureuse et empreinte de la grande hospitalité de vos vacances indiennes, qui seront pour vous une expérience inoubliable.

COUPON Veuillez me faire parvenir des informations détaillées sur "les vacances en Inde"

Nom
Adresse
Profession

OFFICE NATIONAL INDIEN DE TOURISME
8, bd de la Madeleine, 75009 PARIS 265 83 86

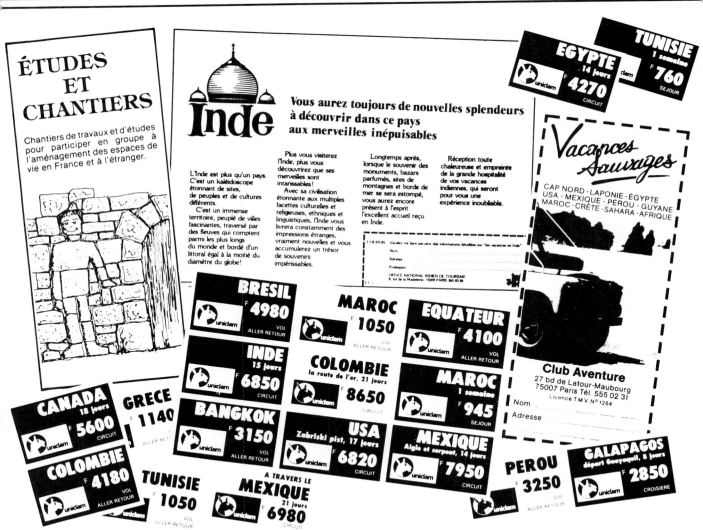

La liste des mots nouveaux pour cette page et la suivante se trouve p. 132.

Le Choix ⊗

Les vacances approchent. Deux amies étudiantes, Gabrielle et Julie, rêvent de voyages exotiques en feuilletant brochures et catalogues touristiques.

G. Qu'est-ce qui te tente le plus, dans tout ça?

J. L'Inde, je crois. Regarde là, un circuit de 15 jours pour 6 850 F.

G. Oh là! C'est donné!... Ecoute, je regrette, mais moi, je ne peux pas me payer ça. Et puis de toute façon, l'été c'est la mauvaise période pour aller en Inde : il y pleut tout le temps.

J. Tiens! Une croisière aux Galapagos... Ça ça doit être fascinant... Toi qui aimes les animaux, ça te plairait... Et puis, ça n'est pas cher : 2 850 F seulement!

G. Oui, mais je ne pense pas que le prix du vol soit compris dedans. Alors si tu ajoutes 4 100 F pour aller à Guayaquil, en Equateur, et en revenir...

J. Bon, bon... Si on allait en Tunisie? Ce n'est pas cher du tout : 1 050 F d'avion et 760 F pour un séjour d'une semaine. Des vacances comme ça, tu peux quand même te les payer sans problèmes!

G. Oui, mais la Tunisie, j'y suis déjà allée. Si on va en Afrique du Nord, je préférerais aller au Maroc.

J. Ouf! On l'a échappé belle! Je nous voyais déjà passer deux semaines exotiques à Trifouillis-les-Oies!

Les Préparatifs

Ah! J'oubliais…
Il y a peut-être des vaccins obligatoires ou recommandés.
Il va falloir que je me renseigne.

Le passeport?
Je l'ai.
Mais, est-ce qu'il est valide?
Non! Il va falloir que je passe au commissariat pour le faire renouveler.

Au fait… Est-ce qu'il me faut un visa pour le Maroc?
Il faudra que j'appelle le consulat pour leur demander.

Il y a aussi la carte d'étudiant internationale qui peut servir…
Il faut que je me la procure.

Le permis? Je l'ai.
Mais, je devrais peut-être me procurer le permis international.

Et du côté « bagages »?
Le sac à dos, bien sûr!
Je prendrai aussi mon sac de couchage… On ne sait jamais!

L'argent?
J'achèterai des chèques de voyage.
J'en prendrai, disons, pour 3 000 F. Ça devrait suffire. Puis, je changerai là-bas.

Des guides?
J'en ai deux : le Michelin et le Routard.

Des cartes?
J'en ai une : la carte Michelin. Ça devrait être suffisant.

Un dictionnaire?
Non! On parle français au Maroc!

Qu'est-ce qu'il me faut encore?
Une gourde?… Je n'en ai pas… Un adaptateur de prise électrique?…
Non plus… Il faut que je me fasse une liste de choses à acheter.

Exercices

1 **Vous travaillez dans une agence de voyages pour jeunes…**

Suggérez à vos clients des vacances qui correspondent à leurs désirs et leurs goûts… et à leur porte-feuille.

1. Serge, 18 ans, étudiant en maths, sérieux, voudrait se perfectionner en allemand pendant ses vacances.
2. Elvire, 18 ans, vendeuse dans une boutique, cherche le repos, le soleil et l'exotisme.
3. Gonzague, 16 ans (donc pas de permis), lycéen, veut faire un tour d'Europe.
4. Nadine, 19 ans, secrétaire, passionnée par l'Orient, a déjà visité l'Inde et la Thaïlande.
5. Sébastien, 17 ans, veut aller voir des cousins à Montréal, puis faire le tour du Canada.
6. Sophie, 15 ans, lycéenne, adore l'archéologie; elle est aussi idéaliste et veut passer des vacances utiles.

2 **Et vous?**

1. Qu'est-ce qui vous tente le plus dans les vacances proposées, pp. 113–114?
2. Donnez vos raisons.
3. Préparez votre voyage : de quoi avez-vous besoin? Renseignez-vous et faites une liste.

PRONOUNS

A pronoun is a word that stands for a noun. It may refer to a person, a place, a thing, or an idea. In French, the pronoun must always have the same gender and number as the noun that it stands for. The following charts include the pronouns to be discussed in this chapter.

Subject Pronouns	Direct-Object Pronouns	Indirect-Object Pronouns	Reflexive Pronouns	Independent Pronouns
je (j')	**me** (m') or **moi**	**me** (m') or **moi**	**me** (m')	**moi**
tu	**te** (t')	**te** (t')	**te** (t') or **toi**	**toi**
il	**le** (l')	**lui**	**se** (s')	**lui**
elle	**la** (l')	**lui**	**se** (s')	**elle**
nous (nous^z)	**nous** (nous^z)	**nous** (nous^z)	**nous** (nous^z)	**nous**
vous (vous^z)	**vous** (vous^z)	**vous** (vous^z)	**vous** (vous^z)	**vous**
ils (ils^z)	**les** (les^z)	**leur**	**se** (s')	**eux**
elles (elles^z)	**les** (les^z)	**leur**	**se** (s')	**elles**

Pronoun replacing **de** + *noun phrase*	**en**(en^n)
Pronoun replacing **à, dans, sur**… + *noun phrase*	**y**

Subject Pronouns

Singular		Plural	
je	voyagerai	**nous**	voyagerons
tu	voyageras	**vous**	voyagerez
il / elle / on	voyagera	**ils / elles**	voyageront

1. Note that **on** is an indefinite pronoun that refers to a collective *we, you, they (people in general),* or *one.*

    On part au mois d'août.   *We're going away the month of August.*
    On parle français au Maroc.   *People speak French in Morocco.*
    On ne sait jamais.   *One never knows.*

2. Remember that **tu** and **vous** both mean *you,* but they are used in different ways.
Vous is used:
    - to speak to a group of people.
        Dites donc, **les enfants,** où est-ce que **vous** voulez aller en vacances?
    - to address an adult who is not a family member.
        Et vous, **Madame,** où allez-**vous** en vacances, cette année?

    Tu is used to talk to a friend, a family member or anyone you know well.
        Et toi, Michèle, où est-ce que **tu** vas en vacances?

3. **Ils** may refer to a group of males or a mixed group of males and females, whereas **elles** refers only to a group of females.

    Tes sœurs seront là?   Non, **elles** seront en France.
    Et **tes frères?**   Non, **ils** seront au Canada.
    Et **tes cousins et cousines?**   Non, **ils** seront en Algérie.

4. Subject pronouns normally precede the verb. However, there are some exceptions. Subject pronouns follow the verb in the following kinds of sentences.
    - In interrogative sentences where inversion is used:
        Où vas-tu?
    - In sentences beginning with adverbs such as **peut-être, sans doute, encore, toujours, aussi, à peine:**
        Sans doute **est-il** déjà parti.
    - In sentences beginning with quoted dialogue:
        « Jean-Pierre est au Mexique » **dit-elle.**

5. In compound tenses of verbs using **être** as an auxiliary, the past participle agrees in gender and number with the subject pronoun.

    Ta sœur a visité Paris?   Non, **elle** est resté**e** ici.
    Tes parents sont partis?   Oui, **ils** sont parti**s** hier.

Object Pronouns

1. The following chart shows direct-object pronouns, indirect-object pronouns, and reflexive pronouns (which may be either direct or indirect objects of the verb).

Direct-Object Pronouns			Indirect-Object Pronouns			Reflexive Pronouns		
Ce voyage	**me** **te** **le/la** **nous** **vous** **les**	tente.	L'agence	**me** **te** **lui** **nous** **vous** **leur**	donnera ça.	Je Tu Il/Elle Nous Vous Ils/Elles	**me** **te** **se** **nous** **vous** **se**	prépare. prépares. prépare. préparons. préparez. préparent.

a. Direct-object pronouns stand for direct-object noun phrases referring to people or things.

Voyager ne tente pas **tes parents?**   Non, ça ne **les** tente pas du tout.

Tu as **ton passeport?**   Je ne **le** trouve plus!

Sometimes **le** may be used impersonally, to replace an adjective, an infinitive, or an entire clause.

Tu sais **qu'il part en vacances?**   Oui, je **le** sais.

b. Indirect-object pronouns stand for **à** or **pour** + a noun phrase referring to people or other living things.

—Quand va-t-on donner son passeport **à Michel?**

—On **lui** donnera le 18 juillet.

c. Reflexive pronouns indicate that the subject and the object of the verb refer to the same person. Reflexive pronouns may be either direct or indirect objects of the verb.

Nous **nous** sommes préparé**s.**   *(Direct object)*

Nous **nous** sommes prépar**é** un itinéraire.   *(Indirect object)*

2. The pronouns **en** and **y.**

a. **En** is an object pronoun that stands for **de** + a noun phrase referring to things.

Tu as assez **de francs?**   Oui, j'**en** ai assez, merci.

With numbers, **en** stands only for the noun and may refer to people as well as things.

Tu as **des cartes?**   Oui, j'**en** ai **deux.**

Il faudra **des guides?**   Il **en** faudra **un.**

b. The pronoun **y** stands for phrases beginning with **à, en, dans,** etc., which frequently refer to locations.

Quand vas-tu **à Alger?**   J'**y** vais au mois de mai.

Comment vont-ils **en Espagne?**   Ils **y** vont en voiture.

On fait du ski **dans les Pyrénées?**   Bien sûr, on **y** fait du ski.

c. **Y,** as well as **en,** may be used as the object of a verb followed by a preposition (**penser à, s'intéresser à, se souvenir de, rêver de,** etc.) when it refers to a thing or an idea.

Les vacances? J'**y** pense souvent.

Notre **voyage?** J'**en** rêve déjà.

3. The object pronouns precede the verb.

a. Object pronouns immediately precede the verb to which their meaning is tied, unless the verb is in the affirmative command.

Ma réservation? Je **la ferai** à l'arrivée.

Le consulat va **me donner** un visa.

En Algérie? Nous **y allons** tous les ans.

b. In the passé composé and other compound tenses, the object pronouns are placed before the auxiliary.

Les cartes? Je ne **les ai** pas **trouvées.**

Ils **m'ont donné** un visa pour trois semaines.

Laurent **s'est procuré** un guide parlant anglais.

Ma sœur **y est allée** l'année dernière.

When the auxiliary of a verb is **avoir,** its past participle agrees in gender and number with the direct-object pronoun:

Les brochures? Oui, il **les a laissées.**

But it does not agree with the indirect-object pronoun or with **en** and **y:**

Il nous a **laissé les brochures.**

Des brochures? Il **en** a **laissé.**

A reflexive verb behaves in the same way, although its compound tenses are formed with **être.** Its past participle agrees in gender and number with the reflexive pronoun when the pronoun is a direct object:

Elle s'est préparé**e.**

But it does not agree with the reflexive pronoun when it is an indirect object:

Elle s'est préparé un itinéraire.

c. When two or more object pronouns are used, the order is always the following:

me te se nous vous	le la les	lui leur	y	en	Verb

Tu as obtenu la carte Interail? Oui, je **me la** suis procurée.

Julie leur a parlé de ses projets? Oui, elle **leur en** a parlé.

4. a. When the verb is in the affirmative command, the object pronouns immediately follow it. In writing, the pronouns are linked to the verb by a hyphen.

Montre-moi les brochures.   **Passe-les** à Julie.

Renseigne-toi!   **Prends-en** une.

Notice that in the affirmative command **me** becomes **moi** and **te** becomes **toi.**

b. When two or more pronouns are used with affirmative commands, the order is the following:

Verb	le la les	moi/m' toi/t' lui nous vous leur	y	en

Tu lui a donné son billet?   Non, donne-**le-lui.**

Vous avez assez d'argent?   Non, donne-**nous-en.**

Independent Pronouns

1. The following are the independent pronouns used in French.

C'est pour	moi toi lui/elle	ces billets.	C'est pour	nous vous eux/elles	ces billets.

There is also an indefinite pronoun **soi,** used with the indefinite subject pronouns **on** or **chacun.**

> Chacun pour **soi.** *Each person for himself (herself).*

2. Independent pronouns are used:

- as the object of a preposition.
  > Elle ira en Italie **avec eux.**
  > Le train va partir **sans toi.**

- for the objects of verbs followed by a preposition (**penser à, se souvenir de, s'intéresser à, rêver de,** etc.), when they refer to persons.
  > **Mes amis** marocains? Je pense souvent **à eux.**
  > **Notre guide** à Alger? Je ne me souviens pas **de lui.**

- with a subject pronoun, for emphasis. In this case, the independent pronoun may be combined with **-même.**
  > **Moi,** je préfère voyager seul.
  > Il peut très bien prendre son billet **lui-même.**

- after **ce + être.**
  > **C'est eux** qui ont les brochures.
  > **C'est moi** qui prendrai les billets.

- alone, in answer to a question.
  > Qui va les guider?   **Moi!**
  > Qui paie le guide?   **Vous!**

Exercices

3 Les vacances approchent. ☺

EXEMPLE   Qu'est-ce que tu vas faire?
Je n'ai pas de projets.

1. Et Julie?
2. Et Arnaud?
3. Et Catherine et Philippe?
4. Et tes cousines?

4 Toi qui es algérienne, dis-moi… ☺

EXEMPLE   Vous parlez français en Algérie?
Mais oui, on parle français.

1. Vous acceptez les dollars?
2. Vous prenez les chèques de voyage?
3. Vous vendez des guides?
4. Vous louez des voitures?

5 Conseils aux voyageurs.

Vous allez partir en vacances dans un pays exotique où votre frère aîné est déjà allé. Il vous donne les conseils suivants:

Tu as un passeport valide, mais tu dois obtenir un visa. N'oublie pas que tu es obligée de te faire faire un vaccin contre la variole *(smallpox)* avant de partir. Et puis, si tu ne veux pas risquer de perdre ton argent, tu achèteras des chèques de voyage que tu changeras là-bas, quand tu auras besoin d'argent liquide *(cash)*.

Et maintenant, vous travaillez dans une agence de voyage; vous donnez les mêmes conseils à un de vos clients, Monsieur Delpech.

6 Pas de panique! ☺

EXEMPLE   Tu as ton passeport?
            Je ne le trouve plus!

1. Tes billets?
2. Ta carte d'étudiant?
3. Ton permis de conduire?

4. Tes chèques de voyage?
5. Ton guide du Maroc?

7 Voyager? Quelle horreur! ☺

EXEMPLE   Aller en Suède ne tente pas Patrick?
            Non, ça ne le tente pas du tout!

1. Prendre l'avion ne tente pas Annabelle?
2. Faire une croisière ne tente pas tes parents?
3. Un séjour au Japon ne vous tente pas, toi et Marc?
4. Un safari au Kenya ne te tente pas?
5. Cette expédition au Sahara ne tente pas tes amies?
6. Un circuit en Inde ne tente pas ton frère?

8 C'est le consulat qui donne les visas. ☺

EXEMPLE   Quand donneront-ils son visa à Julien?
            Ils lui donneront son visa dans une semaine.

1. Quand donneront-ils son visa à Lucie?
2. Quand me donneront-ils mon visa?

3. Quand te donneront-ils ton visa?
4. Quand vous donneront-ils votre visa?

9 Tu as tout ce qu'il te faut pour partir? ☺

Complétez le dialogue en utilisant les mots entre parenthèses.

EXEMPLE   —Tu as pris des chèques de voyage?
            —(pour 2 000 F)   *J'en ai pris pour 2 000 F.*

1. —Tu as des guides?
   —(deux) …
2. —Tu as du matériel de camping?
   —(ne...pas) …
3. —Tu as pris des gros pulls?
   —(un) …
4. —Tu as fait des réservations?
   —(ne...aucune) …
5. —Tu as des adresses, là-bas?
   —(plusieurs) …
6. —Tu as de l'énergie et de l'humour?
   —(beaucoup) …

10 Tu sais que Geoffroi va en vacances en Algérie? ⊗ 🕮

Complétez le dialogue en utilisant **y** ou **en**.

—Alors, c'est sûr maintenant : Geoffroi va passer un mois en Algérie? (Voir la carte, p. 206.)
—Oui, c'est décidé : il _____ va en octobre.
—Il a des amis à Alger?
—Oui, il _____ a plusieurs. Mais, il ne va pas rester longtemps à Alger. Lui et ses amis vont descendre dans le sud, explorer le Hoggar.
—Ah! Formidable! Ils _____ vont comment?
—Je crois qu'ils vont prendre l'avion jusqu'à Tamanrasset; là, ils loueront des jeeps, s'ils _____ trouvent.
—Est-ce qu'ils iront jusqu'au Niger?
—Ils aimeraient _____ aller, mais ils n'auront peut-être pas assez de temps et d'argent.
—Ah, moi, si j'_____ avais, je partirais là-bas, aujourd'hui!

11 Pour aller dans certains pays étrangers, il faut un passeport valide.

Récrivez chacune des phrases suivantes, en remplaçant les mots soulignés par le pronom qui convient, à la place qui convient.

EXEMPLE   Il faut que Patrick fasse renouveler son passeport avant de partir.
          Il faut que Patrick le fasse renouveler avant de partir.

1. Il doit aller au commissariat, demain.
2. Ils ne rendront son passeport à Patrick que dans six semaines.
3. Patrick n'a pas pu avoir de renseignements par téléphone.
4. On a dit à ses copains qu'il fallait obtenir un visa.
5. Patrick est allé chez le photographe pour se faire faire des photos d'identité.

12 C'est Maxime qui organise le voyage au Maroc. ⊗ 🕮

Complétez le dialogue en remplaçant les mots soulignés, selon le modèle.

—Maxime est passé à Royal Air Maroc?
—*Oui, il y est passé.*
—Il a fait les réservations?
—Oui,…
—Il a pris des places pour Gonzague et Céline?
—Oui,…
—Il a donné les billets à Agathe?
—Oui,…
—Il a gardé mes brochures sur le Maroc?
—Oui,…

13   Il faut se procurer beaucoup de choses avant de partir. ⊗

EXEMPLE   Tu t'es procuré le permis de conduire international?
Oui, je me le suis procuré la semaine dernière.

1. Tu t'es procuré la carte d'étudiant internationale?
2. Tu t'es procuré les guides?
3. Et vous deux, vous vous êtes procuré le visa?
4. Vous vous êtes procuré des dirhams?
5. Vous vous êtes procuré les cartes?

14   Après ça, tu pourras ouvrir une agence de voyage! ⊗ 📖

EXEMPLE   —Tu as obtenu le visa pour Julien?
—*Oui, je le lui ai obtenu.*

1. —Tu as pris les billets pour Alice?
   —Oui,…
2. —Tu as réservé la chambre pour les parents?
   —Oui,…
3. —Tu as sorti le matériel de camping pour tes sœurs?
   —Oui,…
4. —Tu as prêté les cartes de Tunisie à ton oncle et ta tante?
   —Oui,…
5. —Tu as donné de l'argent marocain à Marielle?
   —Oui,…
6. —Tu as envoyé le télégramme à l'hôtel?
   —Oui,…

15   Je viens d'acheter des guides. ⊗

EXEMPLE   Tu veux voir le guide de l'Algérie?
Oui, montre-le-moi, s'il te plaît.

1. Evelyne veut voir le guide du Maroc?
2. Julien veut voir le guide du Sénégal?
3. Les parents veulent voir le guide de la Côte d'Ivoire?
4. Marielle et Danielle veulent voir le guide de la Tunisie?
5. Tu veux voir le guide de l'Egypte?
6. Vous voulez voir le guide du Cameroun, vous deux?

16   Tu ne vas pas partir sans moi! ⊗ 📖

—J'aime bien voyager seul.
—___Moi___, je préfère voyager avec des amis.
—L'année dernière, j'ai voyagé avec Adrien, c'était horrible!
—C'est parce qu'Adrien a un caractère impossible… _____ non plus, je ne pourrais jamais
   voyager avec _____.
—L'année d'avant, j'avais voyagé avec mes frères, et ça n'avait pas été formidable non plus.
—Tu ne t'entends pas avec _____ normalement, alors ça n'est pas surprenant.
—Enfin, cette année, je pars seul. Ouf!
—C'est ce que tu crois! _____, j'ai décidé de partir avec _____!

17 Souvenirs de vacances. ⊗

EXEMPLE   Tu te souviens de nos vacances au Maroc?
Oui, je m'en souviens très bien.

1. De notre séjour à Casablanca?
2. Des artisans de Fès?
3. Du jeune garçon qui nous a guidé à Meknès?

4. De l'oasis de Boulmane?
5. Des jeunes filles berbères?
6. De la médina de Marrakech?
7. Des nomades du désert?

Petit Lexique et Recettes de Vacances

A – GÉNÉRALITÉS

Epoque Du Voyage. — On hésite souvent avant de faire un voyage : à quelle époque vaut-il mieux partir? Hésitation inutile : la meilleure époque pour la visite d'un pays se situe° un peu avant, ou immédiatement après, celle que vous avez choisie. « Il faut venir, vous dit-on, quand les mimosas (les tulipes) sont en fleurs. Vous ne pouvez pas savoir comme c'est beau ! » Quelquefois on essaie de savoir°, mais le mimosa est en retard. Il ne vous reste plus qu'à vous contenter des cartes postales.

Cartes Postales. — Représentation idéale des lieux destinée à impressionner le touriste.

Langue (du pays). — La plupart des guides sont d'accord : le touriste aura tout intérêt° avant un voyage à l'étranger°, à se familiariser avec la langue du pays. Pour cela rien de tel que ces petits lexiques de conversation courante° qui, en vous apprenant à dire *le bougainvillier, le chenal°, le vampire,* vous permettent de connaître toutes les expressions courantes — sauf celles dont on se sert couramment° dans le pays et même dans les autres (cf. *Mémentos*).

« *On aura tout intérêt à se familiariser avec la langue du pays.* »

à l'étranger *abroad*
avoir intérêt *to be well advised*
chenal m *channel*

couramment *normally*
courant, –e *everyday*
recette f *recipe*

savoir *to find out*
se situer *to take place*

Plan De Visite. — Pour la visite des villes d'art, si l'on n'a que peu de temps, on aura tout intérêt (suivant une formule° utilisée par les guides, qui se préoccupent de l'intérêt du touriste) à suivre un emploi du temps précis. Pour y satisfaire, éviter de prendre, en se rendant aux musées, des rues commerçantes où la visite des magasins de chaussures (Espagne) et d'articles de voyage (Italie) risque d'apporter des retards° préjudiciables à celle des œuvres° d'art. Pour éviter de perdre du temps, suivre méthodiquement les indications de votre guide, en vous servant du plan de la ville. Il suffit de lire, par exemple : « De l'angle S.-E. de la Plaza de Bibarrambla (Pl. zh 3) part, du côté E., une petite rue, le Zacatin (Pl. Hb 36), que l'on aura avantage à prendre par le S. », pour perdre immédiatement le nord°. Le mieux est, alors, de louer une voiture, non sans avoir fait son prix, qui ne modifie généralement pas celui que le chauffeur voulait vous faire payer.

Tranquillité. — Pour obtenir le maximum de tranquillité pendant ses vacances, on aura tout intérêt à fuir la foule des périodes de pointe°. Il suffira pour cela d'éviter les mois de juillet-août-septembre, ainsi que les mois de janvier (fêtes du Nouvel An), février (Mardi gras), mars (pluies°), avril (Pâques°), novembre (brouillard) et décembre (Noël°). A noter qu'en mai beaucoup de cols° sont encore fermés à la circulation à cause de la neige et qu'en juin de nombreux établissements ne sont qu'à moitié ouverts seulement. La nuit, l'on est à peu près sûr d'être tranquille dans les hôtels. Le jour on pourra déplorer d'incessants coups de marteau, bruits de scie et divers causés par la présence de menuisiers, plombiers et maçons. Mais on ne saurait reprocher aux hôteliers° de profiter des périodes calmes pour faire faire les travaux qui s'imposent.

A noter que le silence total est parfois le plus sûr moyen d'être dérangé par le plus petit bruit. Le tintement° irrégulier mais fréquent d'une cloche° de vache, le matin très tôt, en mai, exaspérera plus sûrement le client d'un hôtel de montagne isolé, à 2 700 mètres d'altitude, que le passage d'une locomotive. Si ce tintement était couvert par celui de cinquante autres cloches et de la mer, on y ferait moins attention. La meilleure façon d'obtenir la tranquillité idéale n'est donc pas de choisir le silence, mais d'apporter soi-même son bruit (petit moteur auxiliaire, radio, chien, etc.) dans lequel tous les autres se fondront°.

B — PARTICULARITÉS°

Arrivée (à l'hôtel). — On vous avait promis le 32, vous avez le 406. Toutefois°, il est possible que le 32 s'en aille. Surtout, ne pas garder vos valises faites. Sortez vos affaires, installez-vous, mettez même quelques tableaux sur les murs, donnez des choses à laver, à nettoyer, etc. Dès que vous vous êtes habitué à la chambre et que vous n'avez plus envie de partir, le 32 s'en va et quelqu'un monte déjà chez vous. Bien entendu, vous aviez demandé une chambre tranquille avec vue sur le lac. C'est une erreur. Mieux vaut réserver longtemps d'avance une chambre bruyante, de façon à avoir autre chose à l'arrivée.

Caméra°. — Merveilleux instrument de tourisme auquel le voyageur fait voir le pays avant de le voir lui-même. Généralement vide° quand il y a quelque chose d'exceptionnel à filmer.

Chaussures (cloutées°). — Ce que je redoute° le plus dans les vacances à la montagne. Non qu'elles soient trop petites et me fassent mal aux pieds. Elles me font

caméra f *movie camera*	**Noël** m *Christmas*	**pluie** f *rain*
cloche f *bell*	**œuvre** f *work*	**redouter** *to dread*
cloué, –e *hob-nailed*	**Pâques** m *Easter*	**retard** m *delay*
col m *pass*	**particularité** f *particularity*	**tintement** m *ringing*
se fondre *to merge*	**perdre le nord** *to lose one's way*	**toutefois** *however*
formule f *method*	**période de pointe** f *high season*	**vide** *empty*
hôtelier, –ière *hotel owner*		

mal à la tête. Il suffit en effet que je désire passer une longue nuit de repos dans un hôtel de montagne pour que cela réveille tous mes voisins et déclenche° très tôt au dessus de ma chambre un concert de chaussures cloutées. L'heure des sommets a sonné. Il y aura donc tout avantage à demander une chambre au dernier étage, pour pouvoir marcher sur la tête des autres.

Douane°. — Formalité indispensable permettant : 1° à un monsieur que vous ne connaissez pas de plonger la main dans votre linge° sale° en vous laissant le soin° de le remettre en ordre devant cinquante personnes; 2° aux bavards° de mettre tout le monde en retard en expliquant : « Ah, ça! monsieur... absolument pas... Je n'ai que des effets personnels... Nous n'avons rien acheté, n'est-ce pas, Henri?... Ce n'est pas l'envie qui nous manquait, mais nous n'aurions pas pu... avec le change! » — alors qu'il serait si simple de dire si, oui ou non, ils ont quelque chose à déclarer.

Garages. — Etablissements devant lesquels l'automobiliste passe quand il roule° et loin desquels il se trouve lorsqu'il est en panne°. On notera : 1° que le bruit qui vous persécute sur la route cesse au moment précis où l'on veut que le garagiste l'entende aussi. Il faut croire qu'il y a un pacte secret entre les bruits et les garagistes qui, en vous disant : « Je n'entends rien », commencent par vous regarder d'un air bizarre et finissent, comme des médecins, par entendre quelque chose que vous n'aviez jamais entendu; 2° que les garagistes disposent° d'une grande quantité de pièces de rechange° toutes neuves, suspendues aux murs de leur atelier, sauf de celle dont on a besoin. Ou ils l'attendent, ou quelqu'un vient d'acheter la dernière. C'est ainsi que se fait la fortune des garagistes.

Gens Du Pays. — En France, Français qui considèrent leurs compatriotes comme des étrangers° du 1er juillet au 30 septembre, date à laquelle, n'ayant plus besoin de parler patois pour ne pas être compris par le touriste, ils recommencent à parler comme tout le monde.

Gens De Connaissance. — Gens dont on note l'adresse et le numéro de téléphone en les quittant, le dernier jour, mais à qui l'on est sûr de ne jamais faire signe°. On ajoutera toujours : « Et surtout gardons le contact! » Si l'on devait rester en contact avec toutes les personnes que l'on a connues quinze jours en août, on n'aurait plus une minute à soi. Il est vrai qu'en général, dès que l'on a une minute à soi, c'est pour la donner à quelqu'un.

Hôtels. — Habitations° dont les avantages se font particulièrement sentir au bout de° trois jours de villa.

Villas. — Habitations dont tout le charme vous apparaît au bout de trois jours d'hôtel.

Marche. — On ne saurait° trop recommander les longues marches comme un bon exercice : elles ont pour effet de vider les hôtels de tous les gens qui, en y séjournant, les rendent° invivables°. On aura donc intérêt à conseiller les longues marches, tout en n'en faisant jamais soi-même.

Mémentos°. — Petits livres extrêmement bien faits et qui vous donnent un avant-goût° de tourisme. Avant de faire une promenade en mer, un jour, à Santander, j'ai lu la page 23 de mon *Manuel de conversation franco-espagnol* : « Comme la mer est calme... La mer est agitée... Les vagues sont fortes... Je vais être malade... Cela ne va pas, il me faut vite aller à ma cabine... Apportez-moi une cuvette° (un sac de papier)... Dites au médecin de venir... Un

---

au bout de *after*
avant-goût m *foretaste*
bavard, –e *loudmouth*
cuvette f *basin*
déclencher *to unleash*
disposer *to have at one's disposal*

douane f *customs*
étranger, –ère *foreigner*
être en panne *to break down*
faire signe *to look up*
habitation f *lodging*
invivable *unlivable*
laisser le soin *to leave it up to*

linge m *laundry*
mémento m *phrase book*
on ne saurait *one could not*
pièce de rechange f *spare part*
rendre *to make*
rouler *to drive*
sale *dirty*

cordial° (des sels°)... » J'ai renoncé à prendre le bateau, mais j'ai eu le mal de mer° en voiture. Pour ceux qui aiment les courses de montagne, mon mémento de poche en cinq langues n'est pas moins intéressant. Cela commence par : « Croyez-vous que la visite des moraines latérales (medianes) nécessite l'emploi d'un guide professionnel? » et finit par « Au secours! (à l'aide!) Je gis au fond d'une crevasse. » A noter que le fait de pouvoir dire « Je gis° au fond d'une crevasse » prouve que l'excursionniste est tombé correctement et que ça n'est pas bien grave. A moins qu'il ne s'agisse° d'un sujet exceptionnel qui, suivant le mémento à la lettre, mourra° dans les dernières pages chez le médecin.

Pêcheurs. — Gens que les touristes prennent pour des baromètres et auxquels ils demandent sans cesse le temps qu'il va faire.

Pique-Niques. — Déjeuners sur l'herbe tendre, partagés par les insectes, dispersés par le vent et recueillis° par les peintres. L'endroit idéal pour le pique-nique se situe généralement un peu plus loin. Il y a toujours dans la voiture quelqu'un qui connaît un endroit merveilleux un peu plus loin. L'heure du pique-nique se passera donc à s'éloigner° du lieu où l'on aurait pu le faire. Dès qu'on s'installe, il y a du vent. Ceci est bien connu des météorologistes : il suffit d'ouvrir un paquet de sel pour le recevoir dans la figure° de cette façon simple et directe qui fait le charme de la vie au grand air°.

Réservations. — Mot barbare forgé par les agences de tourisme : pour parler leur langage, on aura tout intérêt à bloquer° ses réservations d'une année sur l'autre. Pour cela, il faut savoir le 1er janvier ce que l'on fera le 20 août. Mais à quoi bon?° Il y a toujours du monde partout. On se demande parfois qui d'autre que soi-même peut avoir

« Il fallait vous y prendre plus tôt. »

l'idée d'aller à Sioux City (Iowa) ou à Zanzibar, mais on apprend bientôt que tous les hôtels de Sioux City ou de Zanzibar sont complets°. Rien de tel que d'aller au bout du monde pour trouver des gens qui vont encore plus loin. L'univers est plein. Les compagnies d'aviation sont les premières à déclarer que, s'il y avait de la place là où les gens veulent aller, leur chiffre d'affaires° doublerait. Il m'est arrivé d'avoir à demander en un mois des places pour l'avion Genève-Rome, la Scala de Milan, l'hôtel St. Regis à New York, le match Yale-Princeton à Harvard — tout était plein. Partout on m'a dit : « Vous auriez dû réserver plus tôt. » Il est clair que le monde d'aujourd'hui est pris d'une énorme envie de déplacement°. Si je ne suis jamais monté sur l'Everest, c'est parce que j'ai toujours pensé qu'il y aurait quelqu'un dessus avant moi.

à quoi bon? *what's the use?*	**complet, -ète** *full*	**gésir** *to lie*
au grand air *in the open air*	**cordial** m *stimulant*	**il s'agit** *it is*
avoir le mal de mer *to be seasick*	**déplacement** m *traveling*	**mourir** *to die*
bloquer *to secure*	**s'éloigner** *to move away*	**recueilli, -e** *recorded, depicted*
chiffre d'affaires m *profits*	**figure** f *face*	**sels** m pl *smelling salts*

Tiroirs°. — Regarder en partant si l'on n'oublie rien dans les tiroirs dont on ne s'est jamais servi est une des règles du voyage. Oublier sa brosse à dents dans le verre dont on s'est servi tous les jours est un corollaire.

Touriste. — Terme employé avec une nuance de dédain° par le touriste pour désigner d'autres touristes : « C'étaient des touristes... »

Trou. — Endroit tranquille et isolé dont° on rêve à Paris et d'où l'on fait tout ce qu'on peut pour sortir dès que l'on y est arrivé.

Valises. — Ennemies n° 1 des vacances. Deviennent systématiquement plus petites pendant le voyage. Il est, en effet, difficile, d'accepter le fait° que la valise est déjà pleine, alors que la moitié des affaires est encore sur le lit. Là, le match commence entre la valise et vous. Tu fermeras, valise, tu fermeras! Là! Crac! On ne saurait trop conseiller, en prévision de° ce genre d'ennui, d'emporter toujours avec soi une corde. On notera en effet qu'il est à peu près° impossible d'obtenir une corde dans un hôtel, surtout quand on est pressé. C'est d'ailleurs à l'instant même où le voyageur aura enfin réussi à fermer sa valise en consolidant, par la corde, la fermeture forcée, qu'il s'apercevra° qu'il a oublié dans la salle de bain ses affaires de toilette.

Pierre Daninos: Extrait de *Vacances à tous prix*
Dessins de Jacques Charmoz

à peu près *almost*	**dont** *of which*	**fait** m *fact*
s'apercevoir *to notice*	**en prévision de** *in preparation*	**tiroir** m *drawer*
dédain m *contempt*	*for*	

Exercices

18 Compréhension du texte

1. Quelle est toujours la meilleure époque pour visiter un pays?
2. Que se passe-t-il si on essaie d'éviter de perdre du temps en suivant méthodiquement les indications d'un guide?
3. D'après Daninos, quelle est la meilleure façon d'obtenir la tranquillité idéale en vacances?
4. Et quelle est la meilleure façon de retenir une bonne chambre dans un hôtel?
5. Qu'est-ce que Daninos redoute le plus dans les vacances à la montagne?
6. Que font les paysans français du 1er juillet au 30 septembre? Pourquoi?
7. D'après Daninos, pourquoi les longues marches sont-elles un exercice sain?
8. Qu'est-ce qui lui est arrivé après avoir lu son manuel de conversation franco-espagnol à la page 23? Est-ce qu'il a fait la promenade en mer qu'il voulait faire?
9. Qu'est-ce qu'il faut faire pour avoir de la place dans les hôtels, les avions, les trains, etc.?
10. Comment Daninos décrit-il les valises? Pourquoi?

19 Discussion

Parmi les recettes que donne Daninos, choisissez celle qui vous semble la plus vraie. Dites pourquoi et discutez-en avec vos camarades.

20 Rédaction

Racontez une histoire de vacances qui vous est arrivée à vous ou à quelqu'un de votre famille. Rédigez-la « à la Daninos », pour faire rire vos camarades.

21 Projet

Vos camarades et vous, rédigez votre propre « Petit Lexique et Recettes de Vacances ». Illustrez avec des dessins humoristiques.

VOCABULAIRE

Le Choix

ajouter to add
approcher to come
c'est donné it's a steal
circuit m tour

compris, –e included
croisière f cruise
dedans in it
feuilleter to leaf through

l'échapper belle to have a narrow escape
▲ **se payer** to afford
période f season

Mots Analogues

brochure f brochure

catalogue m catalog

regretter to regret

Termes Géographiques

Equateur m Ecuador
Galapagos f pl Galápagos Islands
Inde f India

Trifouillis-les-Oies out in the boondocks

Les Préparatifs

chèque de voyage m traveler's check
commissariat m police station
du côté as for
▲ **faire le change** to exchange (money)

gourde f water bottle, flask
non plus neither
passer à to drop by
prise f electric outlet
se procurer to obtain

▲ **servir** to be useful
▲ **suffire** to be sufficient
suffisant, –e enough
vaccin m vaccination, shot

Mots Analogues

adapteur m adapter
chèque m check
consulat m consulate

dictionnaire m dictionary
international, –e international
passeport m passport

valide valid
visa m visa

Vocabulaire de la page 113

à l'étranger abroad
accueil m reception
aménagement m organization, preparation
chaleureux, –euse warm
circuit m tour

empreint, –e characterized, marked
esprit m mind
s'estomper to fade
impérissable imperishable
inépuisable inexhaustible
inoubliable unforgettable

intarissable inexhaustible
littoral m coast
livrer to supply with
souvenir m memory
trésor m treasure

Vocabulaire de la page 114

accueil m stay; room and board
ainsi que as well as
autostoppeur, –euse hitchhiker
se briser to break
choyé, –e spoiled
contre in exchange for
découverte f discovery
droit m right
en sus in addition
équitation f horseback riding

escalade f climbing
évasion f escape
hébergement m lodging
kilométrage m mileage
loup m wolf
nabab m dignitary
Noël m Christmas
ouvrage de consultation m reference work

Pâques m Easter
paroi f cliff, wall
profondeur f depth
restauration f food, refreshments
sans contraintes freely
sur le pouce hitchhiking
tel quel as is
vente f sale

▲ For conjugation of this verb, see pp. 308-316.

LES FÊTES 8

LES FÊTES EN FRANCE

Outre les fêtes catholiques et patriotiques célébrées dans toute la France, il y a des fêtes locales en l'honneur de personnages ou de produits de la région: la fête Jeanne d'Arc à Orléans, le fête du vin en Bourgogne, du cidre en Normandie, de la choucroute en Alsace, etc. Chaque ville ou village a sa «fête» qui a lieu en général pendant l'été. Sur le plan personnel, on célèbre évidemment son anniversaire, mais aussi sa fête, le jour de la fête du saint dont on porte le nom. Voici les principales fêtes que l'on célèbre en France. Celles qui sont suivies d'un astérisque (*) sont des jour fériés, c'est-à-dire des jours où l'on ne travaille pas.

1er janvier – le jour de l'an* C'est le premier jour de la nouvelle année. On se souhaite une bonne et heureuse année; on envoie ses vœux à ses amis et connaissances, en général sur une carte de visite; on donne des étrennes à la concierge, au facteur, aux boueux et aux pompiers...Et surtout! on prend de bonnes résolutions: ne jamais faire ses devoirs à la dernière minute, être aimable avec tout le monde, maigrir, etc.

1er dimanche après le 1er janvier – l'Epiphanie ou la fête des Rois. Commémore l'arrivée des Rois Mages à la crèche. On mange un gâteau plat appelé «la galette des Rois» dans lequel on a caché un petit objet en porcelaine appelé «la fève». Celui ou celle qui trouve la fève devient roi ou reine d'un jour.

2 février – la Chandeleur. On mange des crêpes. La coutume veut qu'on les fasse «sauter» pour les retourner, en tenant dans la main une pièce de monnaie pour avoir de l'argent toute l'année.

14 février – la Saint-Valentin. C'est la fête des amoureux.

février-mars – le carnaval. Période précédant le Carême. A Mardi Gras (et à la mi-Carême), il y a des bals costumés, des défilés, des concours de chars fleuris. On se déguise et on met des masques grotesques. En particulier les lycéens et les étudiants qui se font une joie de faire des blagues à tout le monde.

avril – Pâques* Le lundi de Pâques est aussi un jour férié. Le dimanche de Pâques, les cloches sonnent partout. La tradition veut qu'elles reviennent d'un voyage à Rome. Ce sont elles qui apportent aux enfants des œufs et des animaux en sucre et en chocolat.

1er mai – la fête du travail* On offre du muguet à ses parents et à ses amis. Les syndicats organisent de grands défilés.

mai – l'Ascension* Le sixième jeudi après Pâques. Commémore l'ascension du Christ au ciel après sa résurrection.

mai/juin – la Pentecôte* Septième dimanche après Pâques. Le lundi de Pentecôte est aussi un jour férié. Traditionnellement, toutes les villes sont vides car les citadins partent à la campagne. Les routes sont donc très encombrées et il faut être prudent.

14 juillet – la Fête Nationale* Commémore un événement historique important: la prise de la Bastille, le 14 juillet 1789. Ce jour-là, les Parisiens s'emparèrent de cette forteresse qui était aussi une prison. Ce fut le début de la Révolution qui provoqua la chute de la monarchie en France.

Partout en France, il y a des défilés, des feux d'artifices et des bals populaires qui se prolongent tard dans la nuit. L'hymne national, «la Marseillaise», est évidemment à l'ordre du jour!

15 août – l'Assomption* C'est la grande fête de l'été, la fête de la Vierge Marie. Un peu partout en France, il y a des processions religieuses, des festivals folkloriques et des feux d'artifices.

1er novembre – la Toussaint* C'est la fête de tous les saints et des morts. On va au cimetière fleurir la tombe des parents disparus. Les fleurs que l'on met sur les tombes à cette époque sont en général des chrysanthèmes. D'où l'association d'idées bien française: chrysanthèmes = cimetière – qui fait qu'on n'offre jamais de chrysanthèmes aux gens.

11 novembre* Anniversaire de l'armistice de la première guerre mondiale. Les anciens combattants vont fleurir les monuments aux morts. Il y a de nombreux défilés et manifestations officiels.

25 novembre – la Sainte Catherine. Les jeunes filles de plus de 25 ans qui sont célibataires «coiffent Sainte-Catherine», c'est-à-dire qu'elles mettent un chapeau assez volumineux et excentrique qu'elles ont fabriqué elles-mêmes. Cette tradition se trouve dans les métiers de la mode et de la haute couture.

25 décembre – Noël* C'est la grande fête familiale de l'année. Dans la nuit du 24 au 25 décembre, on va à la messe de minuit si on est catholique. Au retour, c'est le réveillon, un repas traditionnel au cours duquel on mange des huîtres, du foie gras, de la dinde aux marrons, et on finit par une bûche de Noël. On boit du champagne. Les enfants ont mis leurs souliers devant la cheminée et le Père Noël y déposera des cadeaux pendant la nuit.

31 décembre – la Saint Sylvestre* Dans la dernière nuit de l'année, on réveillonne entre amis. A minuit, on s'embrasse (sur les deux joues) sous une branche de gui pour célébrer le début de la nouvelle année.

Exercices

1 Le Jeu des photos

1. Vous avez cinq minutes pour identifier les fêtes dont il s'agit.
2. Choisissez une photo et dites tout ce que vous savez sur la fête qu'elle représente.

2 De quelle fête s'agit-il?

Les photos ci-dessous suggèrent une fête bien déterminée. Laquelle? Choisissez.

EXEMPLE   *La galette des Rois suggère l'Epiphanie.*

le Jour de l'An   Noël   le 11 Novembre
la Chandeleur   l'Epiphanie la Toussaint
le 14 Juillet   Pâques   Mardi Gras
la Sainte-Catherine le 1er Mai   la Saint-Valentin

3 A vous de répondre!

1. Quels cadeaux avez-vous donné aux membres de votre famille et à vos amis pour Noël ou Hanouccah?
2. Comment célébrez-vous le Nouvel An?
3. Comment vous êtes-vous déguisé(e) le 31 octobre dernier?
4. Que fait-on dans votre ville pour célébrer le 4 Juillet?
5. Quelle est votre fête préférée? Pour quelles raisons?

4 Discussions

1. Vous parlez de ce que vous mangez habituellement à Noël, ou à Thanksgiving, ou à Pâque(s), ou à un repas de fête tel que votre anniversaire, la fête des Mères, etc. Dites ce que vous avez servi pour l'apéritif; ce qu'il y avait comme hors-d'œuvre, plat principal, dessert, boisson. Voici quelques mots pour vous aider.

Apéritif	Viande
des petits gâteaux au fromage	un poulet / un canard
des noix salées	une dinde farcie (stuffed)
des biscuits salés	un rôti de bœuf / porc / veau
des chips	un gigot d'agneau

Légumes
des pommes de terre
des patates douces (sweet potatoes)
des haricots verts
des haricots secs
des courgettes (zucchini)
des épinards (spinach)
des navets (turnips)

Desserts
un gâteau à l'ananas
une tarte à la citrouille (pumpkin)
une crème caramel
une mousse au chocolat
des fraises à la crème
de la tarte aux pécanes

Divers
de la sauce aux canneberges (cranberry)
des guimauves (marshmallows)

2. Vous parlez de ce que vous allez acheter aux divers membres de votre famille pour Noël ou Hanouccah. Voici quelques idées.
   - Des vêtements :
     un pull-over, un foulard, des chaussettes, une cravate, une écharpe, des gants, une ceinture
   - Des bijoux :
     un bracelet, une montre, un collier, des boucles d'oreilles
   - Du matériel de camping :
     un canif, une lampe de poche, un sac à dos
   - De l'équipement sportif :
     une raquette de tennis, des patins à glace
   - Divers:
     du parfum, une boîte de chocolats, des fleurs, un sac, un portefeuille, un porte-monnaie, du papier à lettres, des mouchoirs, un porte-clés, un rasoir électrique, un porte-documents, un livre, un disque

3. Vous préparez une surprise-partie costumée.
   - Décidez ce que vous allez servir comme nourriture et boisson.
   - Choisissez les disques ou cassettes que vous allez jouer.
   - Parlez des costumes que vous allez porter.

5 Projet

1. Voici le calendrier publié par les PTT tous les ans et que les facteurs vendent de porte à porte au début de l'année. Déterminez la date de votre fête et celle de vos amis.

JANVIER
Les jours augmentent de 1 h 07

1	L	J. de L'AN 01
2	M	s Basile
3	M	s^e Geneviève
4	J	s Odilon
5	V	s Édouard
6	S	s Mélaine
7	D	Épiphanie
8	L	s Lucien 02
9	M	s^e Alix
10	M	s Guillaume
11	J	s Paulin
12	V	s^e Tatiana
13	S	s^e Yvette
14	D	s^e Nina
15	L	s Rémi 03
16	M	s Marcel
17	M	s^e Roseline
18	J	s^e Prisca
19	V	s Marius
20	S	s Sébastien
21	D	s^e Agnès
22	L	s Vincent 04
23	M	s Barnard
24	M	s Franc. Sales
25	J	Conv. s. Paul
26	V	s^e Paule
27	S	s^e Angèle
28	D	s Th. d'Aquin
29	L	s Gildas 05
30	M	s^e Martine
31	M	s^e Marcelle

FÉVRIER
Les jours augmentent de 1 h 32

1	J	s^e Ella
2	V	Présentation
3	S	s Blaise
4	D	s^e Véronique
5	L	s^e Agathe 06
6	M	s Gaston
7	M	s^e Eugénie
8	J	s^e Jacqueline
9	V	s^e Apolline
10	S	s Arnaud
11	D	N.-D. Lourdes
12	L	s Félix 07
13	M	s^e Béatrice
14	M	s Valentin
15	J	s Claude
16	V	s^e Julienne
17	S	s Alexis
18	D	s^e Bernadette
19	L	s Gabin 08
20	M	s^e Aimée
21	M	s P. Damien
22	J	s^e Isabelle
23	V	s Lazare
24	S	s Modeste
25	D	s Roméo
26	L	s Nestor 09
27	M	Mardi gras
28	M	Cendres

Nombre d'or 4. Cycle solaire 28
Épacte 2. Lettre dominicale G

MARS
Les jours augmentent de 1 h 52

1	J	s Aubin
2	V	s Ch. le Bon
3	S	s Guénolé
4	D	Carême
5	L	s^e Olive 10
6	M	s^e Colette
7	M	s^e Félicité QT
8	J	s Jean de D.
9	V	s Franc. R.
10	S	s Vivien
11	D	s^e Rosine
12	L	s^e Justine 11
13	M	s Rodrigue
14	M	s^e Mathilde
15	J	s^e Louise M.
16	V	s^e Bénédicte
17	S	s Patrice
18	D	s Cyrille
19	L	s Joseph 12
20	M	s Herbert
21	M	s^e Clémence
22	J	Mi-Carême
23	V	s Victorien
24	S	Annonciat.
25	D	s Humbert
26	L	s^e Larissa 13
27	M	s Habib
28	M	s Gontran
29	J	s Gwladys
30	V	s Amédée
31	S	s Benjamin

Printemps 21 mars à 5 h 22 mn

AVRIL
Les jours augmentent de 1 h 42

1	D	s Hugues
2	L	s^e Sandrine 14
3	M	s Richard
4	M	s Isidore
5	J	s^e Irène
6	V	s Marcellin
7	S	s J.B. de la S.
8	D	Rameaux
9	L	s Gautier 15
10	M	s Fulbert
11	M	s Stanislas
12	J	s Jules
13	V	Vend. Saint
14	S	s Maxime
15	D	PÂQUES
16	L	s Ben. J.L. 16
17	M	s Anicet
18	M	s Parfait
19	J	s^e Emma
20	V	s^e Odette
21	S	s Anselme
22	D	s Alexandre
23	L	s Georges 17
24	M	s Fidèle
25	M	s Marc
26	J	s^e Alida
27	V	s^e Zita
28	S	s^e Valérie
29	D	Souvenir Dép
30	L	s Robert 18

MAI
Les jours augmentent de 1 h 19

1	M	F. TRAVAIL
2	M	s Boris
3	J	ss Phil./Jacq.
4	V	s Sylvain
5	S	s^e Judith
6	D	s^e Prudence
7	L	s^e Gisèle 19
8	M	Victoire 1945
9	M	s Pacôme
10	J	s^e Solange
11	V	s^e Estelle
12	S	s Achille
13	D	Fête J. d'Arc
14	L	s Matthias 20
15	M	s^e Denise
16	M	s Honoré
17	J	s Pascal
18	V	s Éric
19	S	s Yves
20	D	s Bernardin
21	L	s Constant. 21
22	M	s Émile
23	M	s Didier
24	J	ASCENSION
25	V	s^e Sophie
26	S	s Bérenger
27	D	F. des Mères
28	L	s Germain 22
29	M	s Aymar
30	M	s Ferdinand
31	J	Visitation

JUIN
Les jours augmentent de 14 mn

1	V	s Justin
2	S	s^e Blandine
3	D	PENTECÔTE
4	L	s^e Clotilde 23
5	M	s Igor
6	M	s Norbert QT
7	J	s Gilbert
8	V	s Médard
9	S	s^e Diane
10	D	s Landry
11	L	s Barnabé 24
12	M	s Guy
13	M	s Ant. de Pa.
14	J	s Élisée
15	V	s^e Germaine
16	S	s J.F. Régis
17	D	F. Dieu/Pères
18	L	s Léonce 25
19	M	s Romuald
20	M	s Silvère
21	J	s Rodolphe
22	V	Sacré-Cœur
23	S	s^e Audrey
24	D	s Jean-Bapt.
25	L	s Prosper 26
26	M	s Anthelme
27	M	s Fernand
28	J	s Irénée
29	V	ss Pierre/Paul
30	S	s Martial

Été 21 juin à 23 h 56 mn

JUILLET
Les jours diminuent de 1 h 00

1	D	s Thierry
2	L	s Martin. 27
3	M	s Thomas
4	M	s Florent
5	J	s Ant.-Marie
6	V	s^e Mariette G.
7	S	s Raoul
8	D	s Thibaut
9	L	s^e Amand. 28
10	M	s Ulrich
11	M	s Benoît
12	J	s Olivier
13	V	ss Henri/Joel
14	S	FÊTE NAT.
15	D	s Donald
16	L	ND Mt Car. 29
17	M	s^e Charlotte
18	M	s Frédéric
19	J	s Arsène
20	V	s^e Marina
21	S	s Victor
22	D	s^e Marie-Mad.
23	L	s^e Brigitte 30
24	M	s^e Christine
25	M	s Jac. le Maj.
26	J	s^e Anne
27	V	s^e Nathalie
28	S	s Samson
29	D	s^e Marthe
30	L	s^e Juliette 31
31	M	s Ignace de L.

AOÛT
Les jours diminuent de 1 h 38

1	M	s Alphonse
2	J	s Julien
3	V	s^e Lydie
4	S	s JM Vianney
5	D	s Abel
6	L	Transfig. 32
7	M	s Gaétan
8	M	s Dominique
9	J	s Amour
10	V	s Laurent
11	S	s^e Claire
12	D	s^e Clarisse
13	L	s Hippol. 33
14	M	s Évrard
15	M	ASSOMPT.
16	J	s Armel
17	V	s Hyacinthe
18	S	s^e Hélène
19	D	s Jean Eudes
20	L	s Bernard 34
21	M	s Christophe
22	M	s Fabrice
23	J	s^e Rose
24	V	s Barthélemy
25	S	s Louis
26	D	s^e Natacha
27	L	s^e Monique 35
28	M	s Augustin
29	M	s^e Sabine
30	J	s Fiacre
31	V	s Aristide

SEPTEMBRE
Les jours diminuent de 1 h 47

1	S	s Gilles
2	D	s^e Ingrid
3	L	s Grégoire 36
4	M	s^e Rosalie
5	M	s^e Raïssa
6	J	s Bertrand
7	V	s^e Reine
8	S	Nativité N-D
9	D	s Alain
10	L	s^e Inès 37
11	M	s Adelphe
12	M	s Apollinaire
13	J	s Aimé
14	V	Sainte Croix
15	S	s Roland
16	D	s^e Édith
17	L	s Renaud 38
18	M	s^e Nadège
19	M	s^e Émilie QT
20	J	s Davy
21	V	s Matthieu
22	S	s Maurice
23	D	s Constant
24	L	s^e Thècle 39
25	M	s Hermann
26	M	ss Côme/Dam.
27	J	s Vinc. de P.
28	V	s Venceslas
29	S	s Michel
30	D	s Jérôme

Automne 23 septembre 15 h 16

OCTOBRE
Les jours diminuent de 1 h 46

1	L	s^e Ther. EJ 40
2	M	s Léger
3	M	s Gérard
4	J	s Franc. d'As.
5	V	s Fleur
6	S	s Bruno
7	D	s Serge
8	L	s^e Pélagie 41
9	M	s Denis
10	M	s Ghislain
11	J	s Firmin
12	V	s Wilfried
13	S	s Géraud
14	D	s Juste
15	L	s^e Ther. A 42
16	M	s^e Edwige
17	M	s Baudouin
18	J	s Luc
19	V	s René
20	S	s^e Adeline
21	D	s^e Céline
22	L	s^e Salomé 43
23	M	s Jean de Ca.
24	M	s Florentin
25	J	s Crépin
26	V	s Dimitri
27	S	s^e Émeline
28	D	s Simon
29	L	s Narcisse 44
30	M	s Bienvenue
31	M	s Quentin

NOVEMBRE
Les jours diminuent de 1 h 21

1	J	TOUSSAINT
2	V	Défunts
3	S	s Hubert
4	D	s Charles Bo.
5	L	s^e Sylvie 45
6	M	s^e Bertille
7	M	s^e Carine
8	J	s Geoffroy
9	V	s Théodore
10	S	s Léon
11	D	Vict. 1918
12	L	s Christian 46
13	M	s Brice
14	M	s Sidoine
15	J	s Albert
16	V	s^e Marguerite
17	S	s^e Élisabeth
18	D	s^e Aude
19	L	s Tanguy 47
20	M	s Edmond
21	M	Présent. N-D
22	J	s^e Cécile
23	V	s Clément
24	S	s^e Flora
25	D	s^e Cath. Lab.
26	L	s^e Delphine 48
27	M	s Séverin
28	M	s Jacq. de M.
29	J	s Saturnin
30	V	s André

Hiver 22 décembre à 11 h 10 mn

DÉCEMBRE
Les jours diminuent de 15 mn

1	S	s^e Florence
2	D	Avent
3	L	s Fr.-Xavier 49
4	M	s^e Barbara
5	M	s Gérald
6	J	s Nicolas
7	V	s Ambroise
8	S	Imm. Conc.
9	D	s P. Fourier
10	L	s Romaric 50
11	M	s Daniel
12	M	s JF de Chant.
13	J	s^e Lucie
14	V	s^e Odile
15	S	s Ninon
16	D	s^e Alice
17	L	s Judicael 51
18	M	s Gatien
19	M	s Urbain QT
20	J	s Théophile
21	V	s P. Canisius
22	S	s^e Fr.-Xavière
23	D	s Armand
24	L	s^e Adèle 52
25	M	NOËL
26	M	s Étienne
27	J	s Jean Apôt.
28	V	ss Innocents
29	S	s David
30	D	Ste Famille
31	L	s Sylvestre 01

2. Faites ensuite des cartes de vœux que vous enverrez à vos amis à l'occasion de leur fête.

3. Faites des cartes de vœux pour les occasions suivantes : Noël, la Saint-Valentin, la fête des Mères, la fête des Pères, l'anniversaire de votre meilleur(e) ami(e), etc.

ADJECTIVES

Adjectives in French agree in gender and number with the noun or pronoun they modify. In other words, the form of the adjective is masculine or feminine, singular or plural, depending on the word it refers to.

1. Most adjectives belong to one of three categories, as shown in the following chart.

	Singular		Plural	
	Masculine	Feminine	Masculine	Feminine
Different Sound } *Different Spelling* }	important	important**e**	important**s**	important**es**
Same Sound } *Different Spelling* }	déguisé	déguisé**e**	déguisé**s**	déguisé**es**
Same Sound } *Same Spelling* }	folklorique	folklorique	folklorique**s**	folklorique**s**

Note that the plural form of an adjective usually sounds exactly like its singular form.

2. Adjectives change from the masculine singular form to the feminine singular form in the following ways.

	Masculine	Feminine
MOST ADJECTIVES (*add* **-e**)	un jour important	une fête important**e**
MOST ADJECTIVES ENDING IN **-é** (*add* **-e**)	un bal costum**é**	une fête costum**ée**
ALL ADJECTIVES ENDING IN AN UNACCENTED **-e** (*no change*)	un événement historiqu**e**	une date historiqu**e**
MOST ADJECTIVES ENDING IN **-eux** (**-eux** → **-euse**)	un chant religi**eux**	une procession religi**euse**
ALL ADJECTIVES ENDING IN **-el** (**-el** → **-elle**)	un repas traditionn**el**	une fête traditionn**elle**
ALL ADJECTIVES ENDING IN **-ien** (**-ien** → **-ienne**)	un art anc**ien**	une tradition anc**ienne**
ALL ADJECTIVES ENDING IN **-er** (**-er** → **ère**)	un musicien étrang**er**	une troupe étrang**ère**
ALL ADJECTIVES ENDING IN **-f** (**-f** → **-ve**)	un événement sporti**f**	une fête sporti**ve**

3. Adjectives change from the singular form to the plural form in the following ways.

		Masculine	Feminine
MOST ADJECTIVES (add -s)	sing pl	un jour important des jours important**s**	une fête importante des fêtes importante**s**
MOST MASCULINE ADJECTIVES ENDING IN **-al** (-al → **aux**)	sing pl	un festival local des festivals loc**aux**	une fête locale des fêtes locales
ALL MASCULINE ADJECTIVES ENDING IN **-eau** (add **-x**)	sing pl	un nouv**eau** chapeau de nouv**eaux** chapeaux	une nouvelle robe de nouvelles robes
ALL MASCULINE ADJECTIVES ENDING IN **-s** (no change)	sing pl	un gros gâteau de gros gâteaux	une grosse galette de grosses galettes
ALL MASCULINE ADJECTIVES ENDING IN **-x** (no change)	sing pl	un chant religieu**x** des chants religieu**x**	une procession religieuse des processions religieuses

4. Most adjectives follow the noun they refer to—for instance,
- adjectives that express colors: un costume **rouge**
- adjectives that show form: un chapeau **pointu**
- adjectives that indicate origin or nationality: une coutume **française**
- adjectives formed from past participles: une fête **célébrée** partout.

5. However, some adjectives usually precede the noun they refer to: c'est une **belle** cérémonie. Such adjectives are **grand, petit, bon, mauvais, jeune, vieux, beau, joli, nouveau, haut** and **autre.** Ordinal numbers behave in the same way.

    a. Liaison is obligatory between an adjective and the noun that follows: un **petit ̆ œuf.**
    b. For liaison purposes, **beau, nouveau,** and **vieux** become **bel, nouvel,** and **vieil** before a masculine noun beginning with a vowel sound: un **bel œuf** de Pâques.
    c. If modified by an adverb, the adjective often follows the noun:
une belle femme,
BUT
une femme très belle.

    d. **De,** not **des,** is usually used before an adjective preceding a plural noun: On prend **de bonnes résolutions.** However, in everyday speech this rule is not followed.

6. Certain adjectives have different meanings when placed before or after the noun: **un grand homme** (a great man) but **un homme grand** (a tall man).

7. For reasons of style, some adjectives that normally follow the noun may precede it:
Ce sont des cérémonies importantes.
OR
Ce sont d'importantes cérémonies.

Analysis procedure for series RL circuits:

"Calculate the inductive reactance $X_L = 2\pi f L$.

6 Au défilé du carnaval. ⊗ 📖

Vous faites un reportage sur le défilé du carnaval pour une station de radio. Décrivez en détail comment sont déguisés les gens qui passent devant vous. Utilisez les adjectifs suggérés.

EXEMPLE   frisé
Le clown a une perruque frisée.

frisé
ovale
rond
gros
minuscule

crochu
pointu
noir
maigre
raide

court
redoutable
perché
noir

long
gros
grand
vieux

faux
habillé
cruel
énorme

Exercices

7 Cherchez l'erreur.

Utilisez les adjectifs suivants pour rendre le sens des phrases correct.

premier — religieux — joyeux — sportif — traditionnel — dangereux — local

1. L'Ascension est une fête patriotique qui a toujours lieu un jeudi.
2. Le 11 Novembre, les Français commémorent l'armistice de la deuxième guerre mondiale.
3. Pendant le week-end de la Pentecôte, de nombreux Français partent à la campagne et la circulation sur les routes est tranquille.
4. Le Carnaval est la fête la plus triste du calendrier.
5. Le chrysanthème est une fleur peu utilisée dans les cimetières.
6. A Québec, le Carnaval est marqué par diverses compétitions : hockey, ski, course de canots. C'est donc surtout une fête religieuse.
7. La Fête du Cidre en Normandie est une fête catholique.

8 Comment s'est passé le mariage de Nicole et François? ⊗

EXEMPLE   Nicole était un peu nerveuse. Et François?
François était un peu nerveux aussi.

1. La mère de Nicole avait l'air joyeuse. Et son père?
2. Nicole semblait très heureuse. Et François?
3. La cuisine était excellente. Et le champagne?
4. L'ambiance était charmante. Et le décor?
5. En somme, vous êtes enchantée de votre journée. Et votre frère?

9 De quel signe sont-ils?

Complétez les phrases avec la forme de l'adjectif qui convient.

1. Son anniversaire est le 12 juin? Il est Gémeaux. Les Gémeaux sont (curieux, drôle, charmant) mais (distrait).
2. Son anniversaire est le 3 janvier? Il est Capricorne. Les Capricornes sont (stable, sérieux, intelligent) mais (snob).
3. Son anniversaire est le 17 juillet? Il est Cancer. Les Cancers sont (doux, sensible, original) mais (timide).
4. Son anniversaire est le 20 décembre? Il est Sagittaire. Les Sagittaires sont (joyeux, sportif, naturel) mais (bavard).

10 Qu'allez-vous mettre pour sortir? ⊗

EXEMPLE   Quel chemisier vas-tu mettre? Le vieux?
Non, je vais mettre mon nouveau chemisier.

1. Quel ensemble vas-tu mettre? Le vieux?
2. Quels bijoux vas-tu mettre? Les vieux?
3. Et ton frère, quelle chemise va-t-il mettre? La vieille?
4. Quel pantalon va-t-il mettre? Le vieux?
5. Quelles chaussures va-t-il mettre? Les vieilles?

11 Pour vous, qu'est-ce que c'est la fête?

Récrivez les phrases suivantes en utilisant les adjectifs entre parenthèses. Faites les accords nécessaires.

1. Pour moi, ce sont des paquets (posé) au pied de l'arbre, une maison (plein) de personnes (cher), une table (couvert) de nourritures (délicieux), une ambiance (détendu).
2. Pour moi, ce sont des bals (populaire), des feux d'artifice (coloré), des costumes (extra-ordinaire), une foule (joyeux) et (passionné).

12 Attribuez à chacun le cadeau qui lui est destiné.

EXEMPLE *Pour Cécile, de nouveaux patins à glace.*

| Papa | Grand-mère | mon grand frère Emmanuel | Tante Emilie |
| Maman | ma petite sœur Cécile | Oncle Antoine | |

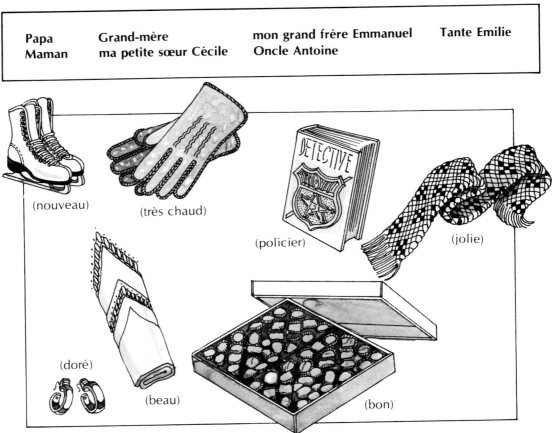

(nouveau)

(très chaud)

(policier)

(jolie)

(doré)

(beau)

(bon)

13 Surprise-partie pour Maman.

Récrivez le paragraphe suivant en plaçant les adjectifs correctement. Faites les accords nécessaires.

Sur la table (grand, rond), nous avons placé verres et couverts et un bouquet (gros) de ses fleurs (préféré). Les invités (premier) arrivent. Les cadeaux s'entassent : paquets (petit), paquets (gros), paquets (carré), paquets (rond), paquets aux couleurs (brillant), signes de l'affection (grand) que ses amis (vieux) ont pour Maman. Enfin, la voilà. « Anniversaire (bon) » crions-nous tous ensemble. Un sourire (joli) apparaît sur son visage.

ADVERBS

Formation

1. Words such as **tard** (*late*), **très** (*very*), **assez** (*enough*), and **traditionnellement** (*traditionally*), are adverbs. Many adverbs are formed by adding **-ment** to the feminine form of the adjective.

heureuse → heureuse**ment**
traditionnelle → traditionnelle**ment**
ancienne → ancienne**ment**

However, if the masculine written form of the adjective ends in a vowel, **-ment** is added instead to the masculine form.

vrai → vrai**ment**

2. Some adverbs have an acute accent that is not present in the adjective they are formed from.

énorme → énorm**é**ment
précise → précis**é**ment

3. When the masculine singular form of an adjective ends in **-ent** or **-ant,** the adverb endings are **-emment** or **-amment.**

évid**ent** → évid**emment**
brill**ant** → brill**amment**

Note that **lent** is an exception to this rule and that it follows the basic pattern.

lente → lente**ment**

Position

1. When the verb form is in a simple tense, the adverb usually follows the verb.

Les cloches sonnent **partout.**
On mangera **bien.**
On célèbre **évidemment** son anniversaire.

2. When the verb form is in a compound tense (passé composé, past conditional, etc.), most adverbs may occur either before or after the past participle, depending on what the speaker wishes to stress.

On a célébré **évidemment** son anniversaire.
On a **évidemment** célébré son anniversaire.

3. However, some adverbs, like adverbs of place and time, occur only after the past participle, not before.

On a **mangé**	**ici.** **là-bas.** **en haut.** **en bas.** **en avance.** **de bonne heure.** **tôt.** **tard.**

4. Other adverbs, like the ones listed below, occur most often before the past participle.

1.	On a	**bien** **trop** **assez** **beaucoup** **déjà** **encore** **souvent**	**mangé.**
2.	Ils ont	**presque** **peut-être** **sûrement** **probablement** **certainement** **vraiment**	**fini.**

Note that in a negative construction (in any tense, compound or simple), the adverbs in Part 1 of the above chart are placed *after* the second negative word (**pas, plus, jamais, rien**).

On n'a	**pas**	**assez**	mangé.
Ne mangez	**jamais**	**trop!**	

Whereas the adverbs in Part 2 of that chart are placed *before* the second negative word.

Ils n'ont	**sûrement**	**pas**	fini.
On ne va	**probablement**	**rien**	manger.

Exercices

14 **Les bonnes résolutions du 1er janvier.** ☺

EXEMPLE   Faire du jogging d'une façon régulière.
   Faire du jogging régulièrement.

1. Ecrire d'une façon fréquente à mes parents.
2. Faire d'une façon parfaite mes devoirs.
3. Surveiller mon poids d'une façon consciencieuse.
4. Réfléchir d'une façon profonde avant de prendre une décision.
5. Répondre d'une façon polie à mes parents.
6. Me lever d'une façon immédiate quand le réveil sonne.
7. Tenir d'une façon ferme toutes ces bonnes résolutions!

15 **Le 14 Juillet.** ☺ 📖

Mettez le texte au passé.

Nous arrivons de bonne heure sur les Champs-Elysées pour voir le défilé. Nous attendons longtemps, car le défilé commence en retard. La pluie se met soudain à tomber. Les spectateurs quittent progressivement leur place. Nous pouvons enfin bien voir le défilé. Nous restons longtemps à admirer la discipline des soldats, mais la pluie nous oblige finalement à partir.

16 Noël. ⊙ 📖

Incorporez les adverbes dans les phrases.

1. C'est la plus grande fête familiale de l'année.   (sans doute)
2. On la célèbre en France.   (partout)
3. Après la messe de minuit, tous les membres de la famille font le réveillon.   (ensemble)
4. On y mange du foie gras et de la dinde aux marrons.   (traditionnellement)
5. Le repas se termine par une bûche de Noël.   (toujours)
6. On boit du champagne.   (généralement)
7. Avant de se coucher, les enfants déposent leurs souliers devant la cheminée.   (joyeusement)
8. Ils attendent le matin pour trouver les cadeaux déposés par le Père Noël.   (impatiemment)

17 La fête était ratée. ⊙

Une fête est réussie…

EXEMPLE   …quand on mange bien.
          Mais on n'a pas bien mangé!

1. …quand on s'amuse beaucoup.
2. …quand on rit souvent.
3. …quand on a vraiment envie de revoir les mêmes personnes.
4. …quand on reste tard.
5. …quand on garde réellement un bon souvenir de la soirée.

Un Conte de Noël Saintongeais[1] ⊗

Il existait, dans la commune de Geay, un beau dolmen que l'on appelait le dolmen de Civrac, ou Pierre-qui-Vire.

Le nom de Pierre-qui-Vire vient d'une ancienne légende, ou plutôt de deux légendes, qui racontent que l'énorme pierre se mettait en mouvement, soit au chant du coq°, soit au premier coup de cloche de la messe de minuit.

On prétendait° aussi que le dolmen cachait l'entrée d'un souterrain° et que les couloirs° de celui-ci menaient à une salle profonde où se trouvait un veau d'or. Mais personne n'avait été assez courageux pour tenter l'aventure d'aller voir si la légende avait dit vrai.

Il y avait à Geay deux jeunes seigneurs° qui s'appelaient Thibaut et Benoît. Thibaut avait de grands besoins d'argent car il était couvert de dettes et il devait payer au plus tôt ses mercenaires avec lesquels il terrorisait le pays. Sinon, ils menaçaient de se révolter. Benoît lui aussi rêvait du trésor, mais pour pouvoir se marier avec la fille du sire° de Romegoux. Mais ce dernier ne voulait pas donner sa fille à un gueux°, aussi noble soit-il.

Les deux jeunes gens, qui se connaissaient de longue date, décidèrent de tenter le coup° ensemble. Ils prirent des cordes et des torches, sans rien dire à personne, ils se rendirent, la nuit de Noël, dans le champ du dolmen et se postèrent derrière une haie°. La pierre blanche brillait sinistrement sous la lune° et ils auraient bien abandonné mais aucun des deux ne voulut parler le premier de revenir au village; c'est ainsi que minuit arriva.

conte m *story*	**haie** f *hedge*	**sire** m *lord*
coq m *rooster*	**lune** f *moon*	**souterrain** m *underground*
couloir m *passageway*	**prétendre** *to claim*	*passage*
gueux m *beggar*	**seigneur** m *nobleman*	**tenter le coup** *to try one's luck*

[1] Saintongeais, de Saintonge, une région située au sud de la Loire, sur l'Océan Atlantique.

Tous deux claquaient des dents°, sans vraiment savoir si c'était de peur° ou de froid, car la nuit était glaciale.

Au moment où la cloche de l'église de Geay sonna le premier coup de minuit, l'énorme pierre du dolmen se mit, effectivement°, comme on l'avait annoncé, à tourner lentement sur elle-même, dévoilant l'entrée d'un souterrain. Aucun des deux ne voulant avoir l'air d'un lâche°, Benoît et Thibaut s'avancèrent et ayant attachée la corde au tronc d'un arbre, se laissèrent glisser dans le trou noir. Ils allumèrent leurs torches.

Plusieurs couloirs se présentent, ils en prirent un au hasard° et arrivèrent à une chatière° si étroite° qu'il fallut plonger les bras en avant, en expirant au maximum, pour que la poitrine ne reste pas coincée. Un peu plus loin, Thibaut, qui marchait le premier, tomba dans un trou d'eau glacée, invisible, car, sous terre°, l'eau est limpide et sa surface n'est troublée par aucun vent. Benoît, à son tour, traversa l'eau glacée.

Ensuite commencèrent les mirages, les deux jeunes gens entendaient des bruits furtifs dans les ténèbres°, ils croyaient voir scintiller devant eux des yeux de braise, des frôlements° passaient sur eux, chauve-souris°, rats. Rien peut-être, car, si tous deux avaient des hallucinations, ce n'étaient jamais les mêmes.

Celles de Thibaut, peut-être parce que son but était moins honnête° que celui de Benoît et parce que les démons qui nous entourent, c'est nous-mêmes qui les forgeons°, étaient particulièrement horribles. Il était partagé entre la cupidité, la peur, et la tentation de se débarrasser de° son compagnon pour ne pas avoir à partager le trésor.

Benoît, plus honnête et moins compliqué, se contentait d'avoir très peur des ténèbres et de l'ensevelissement°, ce qui lui suffisait. Il fallait faire vite car, à la fin de la messe de minuit, la pierre du dolmen reprendrait sa place et les enterrerait° vivants.

Ils arrivèrent enfin dans une salle souterraine : la voûte° basse tournait autour d'un pilier central et, au fond, il y avait un coffre° de bois pourri° qui laissait couler un flot° de pièces d'or. Ainsi, la légende du veau d'or était en partie vraie. Les deux jeunes gens se hâtèrent d'en prendre autant qu'ils pouvaient et repartirent vers l'entrée. Le retour fut encore plus difficile que l'aller car leur chargement précieux les alourdissait°. Le passage de la chatière, en particulier, leur fit perdre plusieurs minutes. Ils n'avaient aucune idée du temps qui leur restait avant que la pierre tombale ne se referme au-dessus de leurs têtes.

---

alourdir *to weigh down*
au hasard *at random*
chatière f *narrow opening*
chauve-souris f *bat*
claquaient des dents *their teeth were chattering*
coffre m *chest*
se débarrasser de *to get rid of*

effectivement *in fact*
ensevelissement m *being buried*
enterrer *to bury*
étroit, –e *narrow*
flot m *stream*
forger *to create*
frôlement m *rustling noises*

honnête *honest*
lâche m *coward*
peur f *fear*
pourri, –e *decayed*
ténèbres f pl *dark*
terre f *earth*
voûte f *vault*

Mais Thibaut pensait que, si Benoît ne rentrait pas, il serait seul à connaître le secret du trésor et qu'il pourrait revenir l'année suivante, seul cette fois. Si bien que, lorsqu'ils arrivèrent à un embranchement°, persuadé qu'il fallait tourner à droite, il conseilla à son camarade de prendre à gauche. Il feignit° de le suivre, puis revint en arrière et partit vers la droite.

Benoît rampait° aussi vite qu'il pouvait, si bien qu'il ne se rendit compte de la disparition de Thibaut que pas mal de temps plus tard. Il comprit ce qui s'était passé, mais il était trop tard pour revenir en arrière, aussi° décida-t-il de faire confiance à la Providence et de continuer dans le couloir qu'il avait pris. Il parvint° à l'entrée du souterrain au moment précis où les cloches annonçaient la fin de la messe de minuit. La lourde° pierre commençait à bouger et il eut tout juste le temps de sortir. Mais, dans le mouvement violent qu'il fit, ses vêtements se déchirèrent° et les pièces d'or tombèrent dans le souterrain.

Encore s'en tira-t-il à bon compte° car, de Thibaut, on n'entendit jamais plus parler et personne ne fut assez audacieux pour tenter de nouveau la terrible aventure.

aussi *so*	**s'en tirer à bon compte** *to get off easy*	**lourd, –e** *heavy*
se déchirer *to tear*	**feindre** *to pretend*	**parvenir** *to reach*
embranchement m *junction*		**ramper** *to crawl*

Exercices

18 Compréhension du texte

1. Qu'est-ce qu'un dolmen?
2. Selon la légende, que cachait le dolmen de la Pierre-qui-Vire?
3. Pourquoi Thibault avait-il besoin d'argent?
4. Et Benoît, pourquoi voulait-il de l'argent?
5. Où se rendent les deux amis la nuit de Noël?
6. Que se passa-t-il au premier coup de minuit?
7. Quelle est la première épreuve que Thibault et Benoît doivent surmonter?
8. Qu'est-ce que les démons de Thibault lui disaient de faire?
9. De quoi Benoît avait-il peur?
10. Pourquoi la légende du veau d'or était-elle en partie vraie?
11. Que fait Thibault pour se débarrasser de Benoît?
12. Comment finit l'histoire?

19 Rédaction

1. Récrivez l'histoire en imaginant que Benoît et Thibault sortent tous les deux du souterrain et chacun avec beaucoup d'argent.
2. Ecrivez un conte de Thanksgiving.

20 Débats

1. Les fêtes de fin d'année sont-elles trop superficielles et excessives? Trop d'argent est-il dépensé en cadeaux et réceptions?
2. Que pensez-vous de ce que dit Catherine, une lycéenne de 17 ans, à propos de ce que représente une fête pour elle? « Pendant une fête, on oublie la vie de tous les jours. On a l'impression de se dépayser et on n'agit plus comme d'habitude. On se surpasse… On joue peut-être plus facilement un autre personnage. »

VOCABULAIRE

Les Fêtes en France

aimable *friendly*
ancien, –ienne *former*
blague f *joke*
boueux m *garbage collector*
Bourgogne f *Burgundy*
branche f *sprig*
bûche f *log*
Carême m *Lent*
célibataire *single*
Chandeleur f *Candlemas*
choucroute f *sauerkraut*
ciel m *heaven*
citadin, –e *city dweller*
cloche f *bell*
coiffer *to put on (a headdress)*
concierge m, f *superintendent*
concours m *contest*
coutume f *custom*
crèche f *manger*
dinde f *turkey*
disparu, –e *dead*
dont *whose*
d'où *hence*
s'emparer *to take over*
encombré, –e *crowded*
étrennes f pl *New Year's gifts*
événement m *event*

facteur m *mailman*
▲ **faire sauter** *to flip*
fête f *holiday; saint's day*
Fête du Travail f *Labor Day*
Fête Nationale f *Independence Day*
fève f *bean*
fleuri, –e *decorated with flowers*
fleurir une tombe *to put flowers on a grave*
foie gras m *liver pâté*
galette f *cake*
gui m *mistletoe*
haute couture f *fashion design*
heureux, –euse *happy*
huître f *oyster*
joue f *cheek*
Jour de l'An m *New Year's Day*
jour férié m *paid holiday, day off*
manifestation f *demonstration*
marron m *chestnut*
messe f *Mass*
mondial, –e (m pl **–aux**) *world*
montée f *ascent, going up*
mort, –e *dead*
Noël m *Christmas*
nombreux, –euse *numerous*

outre *besides*
Pâques m *Easter*
particulier, –ière *particular*
Père Noël m *Santa Claus*
plan m *level*
pompier m *fireman*
▲ **précéder** *to precede*
prise f *taking*
▲ **se prolonger** *to last*
provoquer *to cause*
reine f *queen*
retourner *to turn over*
réveillon m *New Year's Eve dinner*
réveillonner *to celebrate the New Year*
Rois Mages m pl *Wise Men, Magi*
souhaiter *to wish*
soulier m *shoe*
syndicat m *union*
tombe f *grave*
Toussaint f *All Saints' Day*
veille f *eve*
vide *empty*
Vierge f *Virgin*
vœu m (pl **–x**) *wish*
▲ **vouloir** *to demand*

Mots Analogues

anniversaire m *anniversary*
armistice m *armistice*
Ascension f *Ascension Thursday*
association f *association*
Assomption f *the Assumption*
astérisque m *asterisk*
bal costumé m *fancy dress ball*
catholique *Catholic*
champagne m *champagne*
cheminée f *chimney*
chrysanthème m *chrysanthemum*
cidre m *cider*
cimetière m *cemetery*
combattant(e) *combatant*
commémorer *to commemorate*

crêpe f *crepe, pancake*
Epiphanie f *Epiphany*
familial, –e *family*
festival m *festival*
folklorique *folk*
historique *historic*
honneur m *honor*
hymne m *hymn*
marquer *to mark*
miraculeux, –euse *miraculous*
monarchie f *monarchy*
▲ **offrir** *to offer*
parents m pl *parents*
Parisien, –ienne *Parisian*
patriotique *patriotic*

Pentecôte f *Pentecost*
période f *period*
personnage m *important person*
populaire *popular*
porcelaine f *porcelain, china*
prison f *prison*
procession f *procession*
protestant(e) *Protestant*
religieux, –euse *religious*
résolution f *resolution*
résurrection f *resurrection*
révolution f *revolution*
saint, –e *saint*
tradition f *tradition*
volumineux, –euse *big, bulky*

▲ For the conjugation of this verb, see pp. 308–316.

L'ArGENT

L'ARGENT

Exercices

1 Compréhension du texte

1. Par quels moyens peut-on obtenir de l'argent?
2. Qu'est-ce qu'on met sur un livret de caisse d'épargne? Dans quel but?
3. Répondez à la question posée par le professeur à ses élèves à propos de l'argent placé à la caisse d'épargne.
4. Quand une banque prête de l'argent, est-ce qu'elle le fait gratuitement? Qu'est-ce qu'elle fait?
5. Quand le gouvernement veut obtenir plus d'argent, qu'est-ce qu'il fait?
6. Votre père s'achète un magnétoscope. Quels moyens de paiement peut-il utiliser?
7. Quel est le moyen de transport le plus économique?
8. Quand on pense qu'on ne gagne pas assez, qu'est-ce qu'on demande à son patron?
9. Qu'est-ce qu'il faut faire pour savoir comment on va dépenser son argent?
10. A quelles augmentations les gens sont-ils le plus sensibles?

2 Le mot juste ⊗ ▢

Complétez chaque phrase avec le mot qui convient, à la forme qui convient.

un livret de caisse d'épargne — une addition — un impôt — une facture — l'argent de poche — une augmentation — un pourboire — une traite — une contravention

1. Parce qu'il achète beaucoup de choses à crédit, il a de nombreuses _dans_ à payer chaque mois.
2. Parce que je m'étais garé à un arrêt d'autobus, j'ai eu _une_.
3. Le repas était délicieux, mais _devant_ était trop élevée.
4. Plus on gagne d'argent, plus on paie _plus_.
5. Beaucoup d'étudiants prennent un petit job pour gagner de _poal_.
6. En France, comme aux Etats-Unis, il faut toujours donner _derrie_ au chauffeur de taxi.
7. Je viens de recevoir _des_ du garagiste. Tu sais combien il prend pour sa réparation de l'embrayage? 2 000 F!
8. Il fait des économies : il met tout son argent sur son _de_.
9. Avec ton _dix_, tu vas pouvoir nous payer à déjeuner, j'espère!

3 Synonymes

Donnez un ou plusieurs synonymes pour les expressions ou mots suivants.

1. Je n'ai plus d'argent.
2. un travail
3. 20 Francs

4. faire des économies
5. gaspiller l'argent
6. se payer quelque chose

4 Vrai ou faux?

Remplacez le mot qui ne convient pas.

1. Et voilà! Les impôts vont encore baisser!
2. Comme je n'avais plus d'argent pour finir la semaine, j'en ai prêté à mon frère.
3. Je dépense mon argent de poche sou à sou car je voudrais faire un voyage en Egypte cet été.
4. Les pommes de terre et le riz sont des aliments (food) chers.
5. Les étudiants sont généralement aisés. C'est pourquoi ils sont souvent à la recherche d'un travail pendant le week-end ou l'été.

5 Définitions

Quelle est la différence entre:

1. un portefeuille et un porte-monnaie?
2. le service et le pourboire?
3. un ticket et une contravention?
4. l'essence et le gaz?
5. un magnétoscope et un magnétophone?

6 Qu'est-ce que ça veut dire?

1. L'argent lui file (*slips*) entre les doigts.
2. C'est un panier percé.
3. L'argent n'a pas d'odeur.
4. Il est sur la paille.
5. Le temps, c'est de l'argent.
6. Une robe Yves Saint-Laurent coûte les yeux de la tête.
7. J'ai du mal à joindre les deux bouts.
8. Il ne faut pas mettre tous ses œufs dans le même panier.
9. On ne prête qu'aux riches.

7 Rédaction

1. Qu'est-ce que vous faites de votre argent? Est-ce que vous le dépensez rapidement ou est-ce que vous l'économisez pour réaliser un projet déterminé? Expliquez les raisons de votre choix.
2. Imaginez une journée de la vie d'un(e) milliardaire.

8 Sketch

Vous demandez à vos parents de vous donner plus d'argent de poche. Ils voudraient que vous leur expliquiez comment vous dépensez votre argent. Vous le leur dites.

9 Le Jeu des monnaies

Faites des recherches sur les diverses monnaies utilisées dans les pays francophones et posez des colles à vos camarades.

INTERROGATIVES

Interrogative Words

Question words can be:

1. Interrogative adverbs.

Pourquoi **Combien** **Comment** **Quand** **Où**	est-ce que vous économisez? économisez vous?

2. Interrogative adjectives and pronouns.

Quel taux **Quelle** facture **Quels** impôts **Quelles** traites	est-ce qu'il faut payer? faut-il payer?
Lequel **Laquelle** **Lesquels** **Lesquelles**	est-ce qu'il faut payer? faut-il payer?

Note that when **lequel, lesquels,** and **lesquelles** are the object of a preposition, the following contractions occur.

à + lequel = **auquel** de + lequel = **duquel**
à + lesquels = **auxquels** de + lesquels = **desquels**
à + lesquelles = **auxquelles** de + lesquelles = **desquelles**

Je pense à nos économies. **Auxquelles?** Nous n'en avons plus depuis longtemps.

Il parle de son job. **Duquel?** Il ne travaille pas!

3. Indefinite interrogative pronouns — subject and object.

	Subject		Object	
Persons	**Qui**	est-ce qui économise? économise?	**Qui** **A qui**	est-ce que vous payez? payez-vous?
Things	**Qu'**	est-ce qui augmente?	**Que (Qu')** **Avec quoi**	

Note that in the case of subject pronouns, **est-ce qui** is used.

Interrogative Constructions

1. In spoken French, the most common way of asking a question is by using intonation—that is, by raising one's voice at the end of a statement.

> Tu me prends pour un millionnaire?
>
> Ça t'intéresserait d'être serveur dans un restaurant?
>
> Tu n'aurais pas 50 Francs à me prêter?

Note that in everyday speech, question words such as **quand, où, pourquoi, comment, qui,** etc., are also used in questions formed by intonation. They usually follow the verb.

> Ça coûte **combien?**
>
> Vous allez **où?**
>
> Tu pars avec **qui?**
>
> Vous allez visiter **quel** pays?

2. Another way to ask a question is by using **est-ce que.**

> **Est-ce que** tu peux me prêter de l'argent?
>
> Combien **est-ce que** ça coûte?
>
> Avec qui **est-ce que** tu pars?
>
> Quelle télé **est-ce qu'**on va acheter?
>
> Laquelle **est-ce qu'**on va acheter?
>
> Qu'**est-ce qu'**on va prendre?

3. A third way to ask a question is by using inversion—that is, by reversing the order of the subject and the verb.

> Combien **coûte la baguette** de pain?
>
> Pourquoi **se sert-il** de ta voiture?
>
> Où **prend-elle** de l'essence?
>
> Avec quoi **va-t-on** payer?
>
> A qui **pourrais-je** emprunter de l'argent?
>
> Quelle télévision **voulez-vous?**

Note that when **il/elle, ils/elles,** and **on** are inverted, there is always a **t**-sound between the verb and the subject. This **t**-sound is represented in writing by a **t** or a **d.** For verb forms ending in a vowel, a **t** is added in writing:

> Où **va-t-il?** Où **va-t-on?**

- If the verb is in a compound tense such as the passé composé, the subject comes right after the auxiliary if it is a pronoun, and after the auxiliary and the past participle if it is a noun.

> **Qu'a-t-il fait** de son argent?
>
> BUT
>
> **Qu'a fait Daniel** de son argent?

- The same rule applies when the main verb is followed by an infinitive.

> **Que veut-il faire** de son argent?
>
> BUT
>
> **Que veut faire Daniel** de son argent?

- An inversion question can have both a noun and a pronoun subject at the same time.

> **Les impôts vont-ils** encore augmenter?

This type of inversion question is used mostly in written French.

Exercices

10 On a volé votre portefeuille. ⊙

Le commissaire de police vous interroge tandis qu'un agent de police transcrit les questions.

EXEMPLE   Quand est-ce qu'on vous a volé votre portefeuille?
Quand vous a-t-on volé votre portefeuille?

1. Où est-ce que vous étiez?
2. Comment est-ce que cela s'est passé?
3. Est-ce que vous avez vu le voleur?
4. Est-ce que vous pourriez le décrire?
5. Est-ce qu'il y avait beaucoup d'argent dans votre portefeuille?
6. Est-ce que vous aviez un carnet de chèques et des cartes de crédit?

11 Un de vos amis a gagné dix millions au Loto. ⊙

EXEMPLE   Vous vous demandez comment il va réagir.
Comment va-t-il réagir?
Comment est-ce qu'il va réagir?

Vous vous demandez...
1. ce qu'il va faire de son argent.
2. qui l'accompagnera dans ses voyages.
3. s'il va devenir snob.
4. ce qui va changer dans sa vie.
5. s'il va acheter un château.
6. quelle voiture il va choisir.

12 L'argent de poche.

Imaginez les questions qui ont provoqué les réponses suivantes.

EXEMPLE   —Combien d'argent de poche est-ce que tes parents te donnent?
—Ils me donnent 100 Francs par semaine.

1. —Non. Certains reçoivent plus. D'autres ne reçoivent rien du tout.
2. —J'achète surtout des disques et des magazines.
3. —Non, je suis souvent fauché.
4. —J'essaie de gagner un peu d'argent.
5. —En gardant des enfants, en donnant des leçons de maths.
6. —J'achèterais une moto.

13 Il est encore question d'argent!

Trouvez une réplique aux phrases suivantes. Employez un temps composé.

EXEMPLE   —J'ai dépensé tout mon argent de poche.
—*Qu'est-ce que tu as acheté? / Comment est-ce que tu as fait?*

1. Son patron lui a donné une augmentation.
2. Il a gagné pas mal d'argent à la loterie.
3. Il m'a encore emprunté de l'argent.
4. J'ai mis mes économies à la Caisse d'Epargne.
5. Nous avons payé toutes nos factures.
6. Elle a demandé plus d'argent de poche à ses parents.

14 Ah! Si j'étais milliardaire...

EXEMPLE —Je ferais des voyages.
          — *Quels voyages ferais-tu? / Lesquels ferais-tu?*

1. J'achèterais une voiture de course.
2. Je visiterais un tas de pays.
3. Je boirais du champagne tous les jours.
4. Je collectionnerais des tableaux.
5. J'offrirais beaucoup de cadeaux.
6. J'achèterais des bijoux.

15 Je serai riche et célèbre! ⊗ 📖

Remplacez les mots soulignés par le pronom interrogatif qui convient.

EXEMPLE —Je vais créer une entreprise.
          —*Oui, mais laquelle?*

1. Pour cela, j'emprunterai de l'argent à mes amis.
2. Je trouverai une idée originale.
3. Je fabriquerai un produit extraordinaire.
4. Je vendrai mon produit dans les grands magasins.
5. Les journaux parleront de moi.

16 Exercice écrit

Complétez les questions suivantes avec l'expression interrogative qui convient.
qui est-ce qui — qui est-ce que — qu'est-ce qui — qu'est-ce que — à qui — avec quoi

EXEMPLE _____ vous payez avec une carte de crédit?
          Qu'est-ce que vous payez avec une carte de crédit?

1. _____ est-ce que vous achetez vos vêtements?
2. _____ vous donne votre argent de poche?
3. _____ coûte le plus cher : une place de cinéma ou un disque?
4. _____ empruntez-vous de l'argent lorsque vous êtes fauché?
5. _____ vous connaissez que l'argent n'intéresse pas?

DEMONSTRATIVES

1. The demonstrative articles **ce, cette,** and **ces** are equivalent to *this* or *that, these* or *those* in English. The demonstrative pronouns **celui, celle, ceux,** and **celles** are equivalent to *this one* or *that one, these* or *those.*

	Articles		Pronouns	
Singular	ce salaire	celui		que j'ai reçu(e)(s) de l'année dernière -là
	cet argent			
	cette augmentation	celle		
Plural	ces impôts	ceux		
	ces traites	celles		

Note that the special form **cet** is used before a masculine noun beginning with a vowel. Also, when used alone, the pronouns must be followed by **-là.**

2. Là is sometimes used to emphasize the idea of *that particular one*.
Là immediately follows the noun or the demonstrative pronoun and is linked to it by a hyphen : **cette fracture-là, celle-là.**

In speech, when the speaker is confronted with a choice or an alternative, **-là** is used in contrast with **-ci**:

Cette facture-ci ou **cette facture-là?** *This bill or that bill?*

Exercices

17 L'un de vos amis va s'installer. ⊗

Vous l'accompagnez aux Galeries Lafayette pour l'aider à choisir.

EXEMPLE   *Ces serviettes coûtent 135 F. Celles-là coûtent 185 F. Lesquelles vas-tu acheter?*

18 Comme elle est toujours fauchée, elle emprunte! ⊗

EXEMPLE   Si elle a besoin d'un stylo...
Si elle a besoin d'un stylo, elle emprunte celui de sa sœur.

1. Si elle a besoin de chaussures...
2. Si elle a besoin d'un sac...
3. Si elle a besoin de disques...
4. Si elle a besoin d'une carte de crédit...
5. Si elle a besoin d'une voiture...
6. Si elle a besoin d'un magnétophone...

Les bons comptes font les bons amis (proverbe)

appoint m the right change	**en trop** left over	**regarder** to concern
compte m account	**givré –e** spaced out (slang)	**règle de trois** f proportions
croyable believable	**obtus, –e** thick	**retenir** to carry
devoir to owe	**pareil, –eille** the same	**sale** filthy

19 Bande dessinée (comic strip).

Lisez les proverbes suivants, choisissez-en un et faites une bande dessinée pour l'illustrer. Vous pouvez vous inspirer de la bande dessinée que vous venez de lire sur « Les bons comptes font les bons amis. »

PROVERBES SUR L'ARGENT ⊗

Les bons comptes font les bons amis.
Régler° ses dettes entretient° l'amitié.
Employé par celui qui est remboursé d'une dette ou en rembourse une. Marque la satisfaction d'un acquittement°.

L'argent ne fait pas le bonheur mais contribue à la bonne humeur.
La plupart du temps, seule la première partie de cette maxime est utilisée. En réponse à celui qui dit que : « L'argent ne fait pas le bonheur », on répliquera° aussi, souvent : « Mais ça ne fait pas le malheur° non plus. »

Avec les sous on fait les piastres.
Les petites économies mènent aux grosses.
Variante : « Avec les cents on fait les piastres°. » Incitation à l'économie, même minime.

Il faut se garder une poire pour la soif.
Il faut se constituer° une réserve° en prévision° des difficultés.
Se dit notamment° d'une partie du salaire qu'il faut mettre de côté pour les imprévus°.

L'argent n'a pas d'odeur°.
L'argent n'a que faire de la morale°.
Variante : « L'or n'a pas d'odeur. » Dans le commerce°, souvent.

Les affaires sont les affaires.
En affaires, aucun passe-droit°. *Business is business.*
En affaires, on doit faire abstraction de° toute morale. Dit habituellement° par celui qui est dans le commerce.

Perte° d'argent n'est pas mortelle°.
Formule° de consolation adressée à celui qui subit° une perte financière. Employé aussi par celui-là même qui subit des revers de fortune.

---

acquittement m *payment*	**imprévu** m *unforeseen event*	**perte** f *loss*
commerce m *business*	**malheur** m *misfortune*	**piastre** f *dollar (Canadianism)*
constituer *to set aside*	**morale** f *morality*	**prévision** f *anticipation*
entretenir *to keep up*	**mortel –elle** *fatal*	**régler** *to pay*
faire abstraction de *to put aside*	**notamment** *in particular*	**répliquer** *to reply*
formule f *expression*	**odeur** f *smell*	**réserve** f *something extra*
habituellement *usually*	**passe-droit** m *special favor*	**subir** *to suffer*

Qui paie ses dettes s'enrichit.
Qui paie ses dettes gagne en réputation.
Utilisé par le débiteur pour encourager le paiement de ce qui lui est dû. Dit notamment par le marchand° au client qui lui doit une somme. Aussi en boutade°: « Qui paye mes dettes m'enrichit. »

Payez et vous serez considéré°.
Utilisé dans le commerce.

Où commence l'emprunt° finit l'amitié.
Employé par celui qui est réticent° à prêter une somme. En affaires.

Plus le diable° en a, plus il veut en avoir.
« On n'est jamais assez riche. »

C'est l'argent qui mène° le monde.
Descriptif. Pour dire que l'argent exerce une influence omni-présente.

boutade f   *wisecrack*
considérer   *to respect*
diable m   *devil*

emprunt m   *loan*
marchand m   *shopkeeper*

mener   *to rule*
réticent, –e   *reluctant*

Le premier billet de mille

Le texte suivant est un extrait° d'un roman, Vue de la Terre° Promise, *de Georges Duhamel (1884–1966). Le jeune héros, Laurent Pasquier, et son frère Joseph viennent de recevoir de l'argent en héritage°. Joseph a reçu 5 000 F et Laurent 1 000 F (cette dernière somme représentant environ $500 actuels). Joseph, en futur homme d'affaires°, s'intéresse à ce que Laurent — qui lui ne s'intéresse qu'à la biologie — va faire avec ses 1 000 F.*

Joseph prit une cigarette et me dit, d'une voix° calme :

—Qu'est-ce que tu penses en faire, Laurent, de ces mille balles?

—Je te promets que tu le sauras.

—Parce que, vois-tu, Laurent... Mais laisse-moi t'expliquer d'abord. L'argent, il faut l'attraper quand il y en a. Et chez nous, c'est plutôt rare. Celui-là de tante Mathilde, nous l'attendons depuis... avant d'être nés. Bon. Mais ce n'est pas tout de l'avoir. Il reste° à le garder. Ça c'est extrêmement difficile. Tous les gens sérieux te le diront.

La voix de Joseph, dans l'ombre°, prit une inflexion presque caressante. Il continua d'une voix suave.

—Si tu ne l'emploies pas tout de suite, le billet, tu peux me le donner, Laurent. On trouve de bons, de très bons placements°, quand on a l'expérience. Je dis du six, du vrai six et même du sept pour cent. Et pas des placements comme papa!

Joseph se mit à rire, presque sans bruit, sobrement°.

—Non, poursuivit-il°, pas des placements de rêveur°. Car, au fond, nous avons bien fait de demander les sommes tout de suite, pendant que l'argent était là. C'est toujours ça de sauvé°. Le reste, papa va le gaspiller, pas l'ombre d'un doute. Quel dommage! Non, quel dommage! Et il n'y a rien à faire. Je peux tout lui proposer, le meilleur et le plus sûr. Il ne suivra que son idée. Allons, où vas-tu maintenant?

ça de sauvé *that much saved*	**il reste** *it remains*	**rêveur** m *dreamer*
extrait m *excerpt*	**ombre** f *shadows*	**sobrement** *with restraint*
héritage m *inheritance*	**placement** m *investment*	**terre** f *land*
homme d'affaires m *businessman*	**poursuivre** *to continue*	**voix** f *voice*

Nous arrivions au pont de Saint-Maur. Il était faiblement éclairé par deux ou trois réverbères°. A leur pâle lumière, on apercevait la Marne, ses rives par endroit sans arbres et les bateaux des pêcheurs. Un petit escalier de pierre descendait vers l'eau. Je pris sans hâte l'escalier. Joseph, tout à° ses calculs, me suivait docilement.

—Si tu me le prêtes pour un an, je pourrai te donner six. Tu comprends : soixante francs. Si tu me le prêtes pour six mois, je ne donnerai que quatre et ça ne fera que vingt francs. Maintenant, si tu désires participer à une affaire°, une véritable affaire avec des risques à partager…

Nous étions sur le bord de l'eau. On entendait le bruit léger de la rivière. Devant nous, éclairé par la lumière d'un réverbère, un ponton° de bois, amarré° pour les pêcheurs, dansait doucement à deux ou trois mètres de la rive. J'étais excellent sauteur. Je pris soudain mon élan et retombai° sur le ponton. Joseph s'arrêta au milieu d'une phrase. Je le voyais maintenant, sur la rive. Il criait en gesticulant.

—Voilà! C'est du Laurent tout pur°! Et pourquoi! Je te le demande.

—Alors, lui dis-je en me penchant° un peu, tu ne viens pas?

—Non, moi, je ne suis pas fou. D'ailleurs, si tu restes sur ce ponton, je m'en vais…

—Pas tout de suite, Joseph, écoute. J'ai quelque chose à te dire.

—Tu choisis bien ton endroit!

—Je le choisis mieux que tu ne le crois.

—Tu as des idées de suicide?

—Non, tout le contraire, des idées de vie, Joseph. Ecoute-moi bien. Tu ne te souviens peut-être pas qu'un jour… oh! c'est vieux, tu faisais ton service militaire… un jour, nous nous sommes disputés, toujours au sujet de l'argent. Tu disais des choses dégoûtantes°, des choses horribles.

Enfin, tu salissais° tout ce que je respecte au monde. Alors j'ai juré°, devant toi, que mon premier billet de mille francs…

J'entendis la voix de Joseph. Une voix furieuse. Il était penché sur l'eau. Il criait plein de rage.

—Toi, tu vas faire une folie°. Toi, Laurent, tu vas faire une mauvaise action.

—…Alors, Joseph, j'ai juré que mon premier billet de mille francs, je le jetterais dans le feu, pour expier tout ce que tu disais du désintéressement°, des idées pour lesquelles on peut vivre et même mourir°.

Joseph se mit à crier. Il s'agitait°, sur la rive. Mais il était assez lourd° et ne pouvait pas sauter. Il prit un caillou et me le jeta sans me toucher. Il criait :

—Imbécile! Imbécile! Je te donnerai des claques°.

Je continuai de parler. J'étais soulevé° par une émotion intense.

—Mon premier billet, Joseph! Le voilà. Regarde-le bien. Je ne le jetterai pas dans le feu. J'y ai pensé; mais je ne veux pas que tu te brûles les mains. Alors, regarde, Joseph! Je le déchire° en deux. Et maintenant, en quatre. Et maintenant, en huit. Et encore et encore. Qu'est-ce qu'il y a? Tu ris, Joseph?

Joseph s'était mis à rire. Il dit entre deux hoquets° :

—Ça ne prend pas°. Ça ne prend pas. Ce n'est pas le vrai billet.

—Pas le vrai? Bien! mon vieux. J'en garde un tout petit bout°. Tu pourras vérifier. Et quant au reste, à la rivière! Maintenant, va-t-en de là, je vais sauter sur le bord.

Joseph semblait calmé. Il était debout, les mains aux poches°, respirant fort. Je ne voyais pas son visage, mais l'imaginais assez bien. Il dit :

—Tu mériterais que je te pousse à

affaire f *business*	**dégoûtant, –e** *disgusting*	**poche** f *pocket*
s'agiter *to move about*	**désintéressement** m *altruism*	**ponton** m *float*
amarrer *to anchor*	**folie** f *something foolish*	**retomber** *to land*
bout m *piece*	**hoquet** m *hiccup*	**réverbère** m *street light*
ça ne prend pas *you can't fool me*	**jurer** *to swear*	**salir** *to drag in the mud*
claque f *slap*	**lourd, –e** *heavy*	**soulever** *to carry away, to lift*
déchirer *to tear*	**mourir** *to die*	**tout à** *absorbed in*
	se pencher *to lean*	**tout pur** *vintage*

l'eau. Ah! ne saute pas tout de suite, ça vaut mieux.

J'avais pris déjà mon élan. Je vins tomber dans l'herbe, à deux pas de lui. Tout de suite, il fut sur moi. Il m'avait attrapé par le bras et me secouait° avec fureur. Je ne l'avais jamais vu si peu maître de lui. J'étais moi-même prêt à la violence.

— Mille francs! disait-il. Sais-tu que c'est presque un crime. Tu n'as donc pas assez d'imagination pour te représenter° tout ce qu'on peut avoir avec mille francs?

— Je me demande, répondis-je en m'éloignant° un peu, je me demande ce que j'aurais pu acheter pour être, seulement de moitié, aussi content que je le suis.

— Alors, c'est tout, tu t'en retournes?

— C'est tout, c'est parfaitement° tout. Je m'en vais à la maison.

— Mais, dit-il, plein de rage, et l'argent?

— Ah! dis-je en revenant vers lui, tu as la berlue°, Joseph. L'argent, il est dans l'eau, dans l'eau. On dirait que tu n'as pas encore compris.

---

avoir la berlue *to be seeing things*	**s'éloigner** *to move away* **parfaitement** *quite*	**se représenter** *to imagine* **secouer** *to shake*

Exercices

20 Compréhension du texte

1. Qu'est-ce que Joseph veut faire de l'argent de Laurent?
2. Est-ce que le père de Joseph et Laurent est un bon homme d'affaires? Lequel des deux fils ressemble le plus à son père?
3. Où se passe la scène?
4. Que fait Laurent pendant que Joseph lui parle des placements possibles? Pourquoi?
5. Qu'est-ce que Laurent avait juré de faire lorsqu'il aurait son premier billet de 1 000 francs?
6. Qu'est-ce qu'il en fait finalement?
7. Est-ce que Joseph le prend au sérieux?
8. Comment réagit-il lorsqu'il comprend que Laurent a vraiment jeté le billet?
9. Est-ce que Laurent regrette ce qu'il a fait?
10. Voici une liste d'adjectifs. Choisissez ceux qui vous paraissent qualifier Laurent et ceux qui vous paraissent qualifier Joseph : pratique—désintéressé—idéaliste—cupide—passionné—matérialiste.

21 Discussion

Que pensez-vous du geste de Laurent Pasquier : le trouvez-vous admirable ou absurde? Donnez vos raisons.

22 Enquête

Vous voulez déterminer le pourcentage de matérialistes et d'idéalistes parmi vos camarades de classe. Etablissez un questionnaire qui pourrait, par exemple, commencer ainsi :

Vous avez hérité d'une somme de 3 000 dollars.

	oui	non	
1. Vous les mettez sur votre livret de caisse d'épargne.	☐	☐	
2. Vous les donnez à une œuvre de charité.	☐	☐	Etc.

L'Héritage

Cette chanson est de Félix Leclerc, poète et chanteur-compositeur québécois.

1. A la mort° de leur mère
   Tous les fils sont venus
   Pour parler au notaire°
   Afin d'avoir des écus°.

Refrain : Chapeaux noirs
   les yeux dans l'eau
   Les mouchoirs
   les gros sanglots°
   Rage au cœur
   couteaux tirés°
   Gerbes° de fleurs
   Miserere…

2. Les bons° de la victoire
   Disparurent en premier
   Et les fonds° de tiroirs°
   Etalés sur le plancher°.

   (Refrain)

3. — « Moi, je prends la maison
   Je suis l'aîné des garçons. »
   — « Non toi, ce s'ra l'piano
   Emporte-le donc sur ton dos. »

   (Refrain)

4. — « La terre, voyons, notaire,
   On s'la divise en lopins°. »
   — « Non, c'est pas nécessaire
   Elle l'a donnée aux voisins. »

   (Refrain)

5. — « Dites-nous donc, les bâtiments
   Qui c'est qui va'n'hériter°? »
   — « C'est écrit dans l'testament°
   Qu'ça va aux œuvres de charité°. »

   (Refrain)

6. Le fils qui est méd'cin
   Hérite du râteau° à foin,
   Celui qui est aviateur
   D'une paire de bœufs° sans valeur°.

   (Refrain)

7. L'engagé° d'la maison
   Reste collé° avec l'horloge°
   Dans l'tic-tac° de l'horloge
   Etait roulé un million…

8. Chapeaux noirs
   les yeux dans l'eau
   Les mouchoirs
   les gros sanglots
   Rage au cœur
   couteaux tirés
   C'est la vieille qui a gagné…

bon m   *bond*
écus m pl   *money*
engagé m   *farm hand*
fond m   *bottom*
gerbe f   *sheaf (of flowers)*
hériter   *to inherit*
horloge f   *clock*

lopin m   *plot (of land)*
mort f   *death*
notaire m   *lawyer*
œuvre de charité f   *charity*
paire de bœufs f   *yoke of oxen*
plancher m   *floor*
râteau m   *rake*

rester collé   *to get stuck*
sanglot m   *sob*
sans valeur   *worthless*
testament m   *will*
tic-tac m   *pendulum case*
tirer   *to draw*
tiroir m   *drawer*

23 Projet

La chanson de Félix Leclerc, « L'Héritage », est très théâtrale. Prenez-la comme point de départ pour écrire un sketch que, par la suite, vous mettrez en scène avec des camarades. Le groupe qui aura produit le meilleur sketch gagnera, bien sûr… une horloge!

——————————— VOCABULAIRE ———————————

L'Argent

à quand when (will they develop)
▲ **apprendre** to teach
augmentation f raise
balles f pl = francs (slang)
betterave f beet
blindé, –e armored
boulot m job (familiar)
caisse d'épargne f savings bank
carnet de chèques m checkbook
carte de crédit f credit card
contravention f ticket
▲ **devoir** to owe
Et allez donc! Ça recommence!
  Here we go again!
facture f bill

▲ **faire le plein** to fill it up
fauché, –e broke
fric m dough (money)
impôt m tax
interdit, –e prohibited, not permitted
jour de paye m payday
justement just now
livret m book
magnétoscope m videotape
  machine
maître m master
▲ **mener** to rule
milliardaire m, f multimillionaire
▲ **s'offrir** to buy oneself

ordinaire regular
ouais yeah
passer to lend
▲ **se payer** to afford
▲ **payer comptant** to pay cash
peine f effort, trouble
rembourser to pay back
rond m penny (slang)
serviteur m servant
sou m cent
stationnement m parking
taux m rate
télé f TV
traite f payment
voler to rob

Mots Analogues

à crédit on credit
▲ **acquérir** to acquire
attaquer to attack
budget m budget
chèque m check

gangster m gangster
gouvernement m government
intérêt m interest
moteur m motor

paye f pay
refuser to refuse
revolver m gun
ticket m ticket

——————————

▲ For the conjugation of this verb, see pp. 308–316.

La Chanson 10

Melissa Hebert

Festival de Musique Acadienne

de notre envoyé spécial en louisiane

La Fayette, les 18 et 19 septembre – « Oh, la jolie blonde! Tu m'as quitté pour t'en aller, Pour t'en aller avec un autre mieux que moi, jolie blonde…» Portée par les haut-parleurs, la voix rauque du vieux chanteur cajun, Dennis McGee, résonne dans l'air chaud et humide de Girard Park. Autour du podium, où McGee et ses musiciens chantent et jouent des instruments traditionnels – violon, accordéon, guitare et triangle –, se pressent quelques milliers de gens qui se balancent au rythme de cette vieille « toune » acadienne et « laissent le bon temps rouler ».

Pourquoi sont-ils venus au festival?

« Parce que nous autres, nous sommes cajuns, et que cette musique-là, elle est à nous. C'est la musique de nos pères; c'est notre héritage. On l'aime, on en est fiers.

– Notre musique, elle est comme Dennis McGee, qui à 90 ans joue comme un jeune bougre de 20 ans: elle a survécu à toutes les épreuves et asteur elle est plus vivante et vaillante que jamais.

– Nos musiciens sont connus partout dans le monde, asteur. Zachary Richard, qu'on a entendu icitte, hier soir, part bientôt en tournée dans votre pays, en France, et puis après ça, il ira chanter au Québec et

dans le nord-est des Etats.

– On apprécie aussi le festival parce que ça nous fait connaître les musiques des autres pays francophones. Hier, par exemple, on a entendu un très bon groupe venu du Nouveau-Brunswick, au Canada.

– Ouai, et on s'aperçoit que leur musique et la nôtre sont ben, ben semblables, et que malgré la distance et les années de séparation, on est resté liés.

– Ce festival-là nous montre, à nous autres Cajuns, que nous ne sommes pas tout seuls, perdus dans une mer anglophone; il nous montre que nous appartenons à une grande famille : celle des Français d'Amérique. »

La Musique Acadienne

La musique acadienne, c'est d'abord la musique traditionnelle des Acadiens d'aujourd'hui, ceux qui ont pu rester ou qui sont retournés vivre en Acadie (Nouvelle-Ecosse) ou dans les régions voisines du Nouveau-Brunswick et de la Gaspésie. Cette musique est représentée par des groupes, comme *1755*, ou par des chanteurs ou chanteuses, comme Edith Butler. Et puis, c'est la musique cadienne ou cajun de Louisiane, qui se joue dans différents styles:

- style « classique », comme celui de Dennis McGee ou du groupe Cush Cush,
- style « zydeco » (sorte de *blues* cajun), comme celui des frères Ardouin,

Dennis McGee

Les Frères Ardouin

Cush Cush

Zachary Richard

- style « rock », comme celui de Zachary Richard.

Qu'elle soit du Canada ou de Louisiane, la musique acadienne / cadienne se joue principalement avec le violon, l'accordéon, la guitare, le triangle et... les pieds! Car c'est une musique qui est faite pour danser cotillon, quadrille, gigue et rigaudon dans les bals du samedi soir qu'on appelle « fais do-do » (parce que traditionnellement, les enfants dormaient dans une pièce pendant que les adultes dansaient dans une autre).

LES CAJUNS

Qui sont les Cadiens ou Cajuns?

A l'origine, ce sont les descendants des Acadiens, ces fermiers, français qui, établis en Acadie (aujourd'hui la Nouvelle-Ecosse) au début du 17ᵉ siècle, en furent chassés par les Anglais en 1755. Après des années d'errance, un grand nombre d'entre eux s'installèrent en Louisiane, alors colonie française, où ils purent préserver leur langue, leur religion et leurs coutumes.

Au cours des siècles, des gens de très diverses origines se sont mélangés aux Cajuns, si bien qu'aujourd'hui, beaucoup de gens d'ascendance créole (blancs ou noirs chassés de St-Domingue, aujourd'hui Haïti), espagnole, italienne, allemande ou anglo-américaine, se disent « Cajuns ».

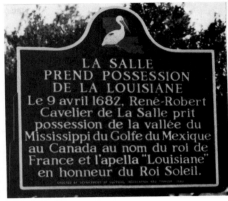

LA SALLE
PREND POSSESSION
DE LA LOUISIANE
Le 9 avril 1682, René-Robert Cavelier de La Salle prit possession de la vallée du Mississippi du Golfe du Mexique au Canada au nom du roi de France et l'apella "Louisiane" en honneur du Roi Soleil.

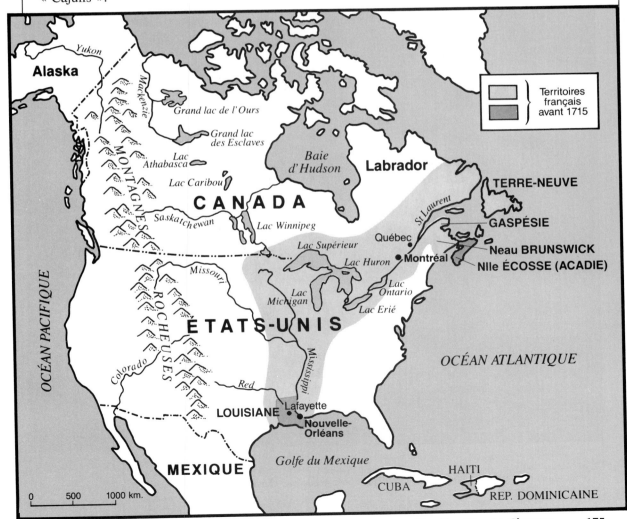

Travailler, c'est trop dur

C'est une chanson cadienne traditionnelle, avec des paroles° additionnelles de Zachary Richard.

Refrain
Travailler, c'est trop dur.
Et voler°, c'est pas beau.
D'mander la charité,
C'est queque° chose j'peux pas faire.
Chaque jour que moi j'vis,
On m'demande de quoi j'vis.
J'dis que j'vis sur l'amour
Et j'espère de vivre vieux.

1er couplet
Et je prends mon vieux cheval,
Et j'attrape ma vieille selle°,
Et je selle mon vieux cheval,
Pour aller chercher ma belle.
Tu connais, c'est loin d'un grand bout de d'là°,
D'St-Antoine à Beaumont,
Mais le long du grand Texas,
J't'ai cherchée bien longtemps.

2e couplet
Et je prends mon violon,
Et j'attrape mon archet°,
Et je joue ma vieille valse°,
Pour faire le monde° danser.
Vous connaissez, mes chers amis,
La vie est bien, bien, bien trop courte,
Pour se faire des soucis°,
Alors ce soir allons danser.

archet m *bow*	**parole** f *word*	**souci** m *worry*
d'un grand bout de d'là *very*	**queque chose = quelque chose**	**valse** f *waltze*
monde m *people*	**selle** f *saddle*	**voler** *to steal*

Des goûts et des sons

avoir une poussée de   to break
out in
bouton m   pimple
ça te dit   you like it

claquement m   clatter
génial, –e   fantastic
mouais   yes (very reticent)

sabot m   clog
urticaire f   hives
vomir   to vomit

Exercices

1 Questions

1. Où a lieu le Festival de Musique acadienne?
2. En quelle saison a-t-il lieu? Quel temps fait-il?
3. Qui est Dennis McGee? Quel âge a-t-il?
4. De quels instruments jouent Dennis McGee et ses musiciens?
5. Donnez une des raisons pour lesquelles les gens sont venus à ce festival?
6. A quelle musique ressemble la musique cajun?
7. Pourquoi est-ce que ces musiques se ressemblent?
8. Qu'est-ce que vous connaissez comme « toune » cajun / acadienne ou québécoise?
9. Quand on est en Louisiane, où peut-on entendre de la musique cajun, ordinairement?
10. Quelle expression utilisent les Cajuns quand ils veulent dire « Amusez-vous! »?

2 Instruments en tous genres.

Donnez trois exemples :

1. d'instruments à vent.
2. d'instruments à cordes *(string)*.
3. d'instruments à percussion.

3 Cherchez le mot!

Trouvez dans le texte les mots qui correspondent aux définitions suivantes.

1. appareil qui produit un son en l'augmentant
2. voyage d'un artiste qui donne des représentations en province ou dans un pays étranger
3. qui parle habituellement le français
4. lorsque vous avez mal à la gorge, votre voix peut être ainsi
5. bouger d'un pied sur l'autre de façon rythmique

4 Trouvez un synonyme!

1. J'aime beaucoup les <u>chansons</u> folkloriques.
2. Le dernier <u>disque</u> de Sunny King est fantastique.
3. Dès qu'ils ont quitté le <u>podium</u>, le foule s'est dispersée.
4. Est-ce que tu as apporté une <u>cassette</u> pour enregistrer le concert?
5. La fanfare a joué plusieurs fois pendant la <u>fête</u> du village.

5 Rédaction

Vous avez assisté à un concert. Décrivez la salle, le spectacle, les spectateurs et vos propres réactions.

6 Sketch

Vous discutez avec un(e) de vos amis. L'un de vous préfère un genre de musique, l'autre un autre genre. Chacun essaie de persuader l'autre.

7 Discussion

Quel est votre chanteur (chanteuse) ou votre groupe préféré? Présentez-les et essayez d'expliquer les raisons de votre préférence.

POSSESSION

Possession may be expressed several ways in French. One can use:
- **appartenir à** and **être à,**
- the **de** construction,
- possessive articles,
- possessive pronouns.

1. **Appartenir (à)** and **être à** both mean *to belong to.* However, in everyday speech, **être à** is used, rather than **appartenir,** to express ownership. Also note that **appartenir** takes an indirect object pronoun, whereas **être à** is followed by an independent pronoun.

   Cette guitare appartient à Richard. Elle **lui appartient.**
   Cette guitare est à Richard. Elle **est à lui.**

2. A **de** construction can be used when the possessor is expressed by a noun. It may be a person or a thing.

la guitare **de** Richard	*Richard's guitar*
la corde **de** la guitare	*the guitar string*
le son **du** banjo	*the sound of the banjo*

   Note that a demonstrative pronoun + **de** is the only way in French to express the English construction **'s** when the object is not specified.

   Ce n'est pas **la guitare de** Richard. C'est **celle de** Robert.
   It isn't Richard's guitar. It's Robert's.

3. Possessive articles indicate ownership or relationship. They mark the number of the noun that follows. Some also mark the gender.

	SINGULAR		PLURAL
	Masculine	Feminine	
(je) (tu) (il / elle)	**mon** **ton** } violon **son**	**ma** **ta** } guitare **sa**	**mes** **tes** } instruments **ses** } chansons
(nous) (vous) (ils / elles)	**notre** **votre** } piano **leur** } batterie		**nos** **vos** **leurs**

   - Note that **son / sa / ses** means either *his* or *her,* depending on the context: contrary to English usage, the possessive article agrees in gender with the object possessed (rather than the possessor).

     sa guitare (la guitare **de Richard**)   *his guitar*
     sa guitare (la guitare **d'Emilie**)   *her guitar*

   - **Mon, ton,** and **son** are used before any singular word (noun, adjective, etc.) beginning with a vowel.

     mon accordéon   **mon a**ncienne guitare

   - Liaison is obligatory with **mon, ton, son,** and all plural markers.

     son͜ accordéon   mes͜ instruments

- **À** + an independent pronoun is sometimes used in conjunction with a possessive article for emphasis.

  C'est **ma** guitare **à moi!**   *It's my guitar!*

4. Possessive pronouns also indicate ownership or relationship. They agree in gender and number with the noun they stand for.

	SINGULAR		PLURAL	
Masc.	mon violon	**le mien**	mes instruments	**les miens**
Fem.	ma guitare	**la mienne**	mes chansons	**les miennes**
Masc.	ton violon	**le tien**	tes instruments	**les tiens**
Fem.	ta guitare	**la tienne**	tes chansons	**les tiennes**
Masc.	son violon	**le sien**	ses instruments	**les siens**
Fem.	sa guitare	**la sienne**	ses chansons	**les siennes**
Masc.	notre piano	**le nôtre**	nos instruments	**les nôtres**
Fem.	notre batterie	**la nôtre**	nos chansons	**les nôtres**
Masc.	votre piano	**le vôtre**	vos instruments	**les vôtres**
Fem.	votre batterie	**la vôtre**	vos chansons	**les vôtres**
Masc.	leur piano	**le leur**	leurs instruments	**les leurs**
Fem.	leur batterie	**la leur**	leurs chansons	**les leurs**

- Note that **le sien / la sienne / les siens / les siennes** means either *his* or *hers,* depending on the context: contrary to English usage, the possessive pronoun agrees in gender with the object possessed (rather than the possessor).

  la sienne (la guitare **de Richard**)   *his*
  la sienne (la guitare **d'Emilie**)   *hers*

Exercices

8 On va au concert. ☺

Vous allez à un concert avec un groupe d'amis. Chacun va amener quelqu'un.

EXEMPLE   Avec qui est-ce que Catherine viendra?   (cousine)
          Catherine viendra avec sa cousine.

1. Et Frédéric? (sœur)
2. Et toi, Isabelle? (amie)
3. Et vous Michel et Bernard? (petites amies)
4. Et Nicole? (cousin)

5. Et Claire et Julie? (frère)
6. Et toi, Patrick? (petite amie)
7. Et Anne et Philippe? (amis)

9 Questions de goûts!

EXEMPLE   J'adore les chansons de Dennis McGee.
          Moi, je préfère celles de Zachary Richard.

1. J'adore la musique des Beatles.
2. J'adore les opéras de Verdi.
3. J'adore les disques de rock.

4. J'adore les symphonies de Mozart.
5. J'adore le son du saxophone.
6. J'adore la voix de Diana Ross.

10 La surprise-partie. ☺

EXEMPLE Qui apportera un électrophone? Toi?
Oui, j'apporterai le mien.

1. Qui apportera des disques? Eux?
2. Qui apportera un magnétophone? Vous deux?
3. Qui apportera des cassettes? Elle?
4. Qui apportera des haut-parleurs? Toi?
5. Qui apportera une guitare? Lui?
6. Qui apportera un livre de chansons? Moi?
7. Qui apportera un tourne-disque? Nous?

11 Lorsque la surprise-partie est finie. ☺

Tous les invités reprennent leurs affaires.

EXEMPLE A qui est cet électrophone? C'est le tien?
Oui, c'est mon électrophone. Il est à moi.

1. A qui sont ces disques? Ce sont ceux de Laurent
   et son frère?
2. A qui est ce magnétophone? C'est le vôtre?
3. A qui sont ces cassettes? Ce sont celles de Caroline?
4. A qui sont ces haut-parleurs? Ce sont les tiens?
5. A qui est cette guitare? C'est celle de Gonzague?

PREPOSITIONS WITH GEOGRAPHICAL LOCATIONS

The following prepositions are used with names of geographical locations, such as cities, states, and countries.

1.

à de	with names of cities

Le festival a lieu **à Lafayette.**
Le groupe vient **de Québec.**

Note that for cities such as **La Nouvelle-Orléans** or **Le Havre,** the article is part of the name of the city and is therefore retained.

Ils iront **à La Nouvelle-Orléans** pour le carnaval.
Ils sont partis **du Havre.**

2.

en de (d')	with { feminine locations masculine locations beginning with a vowel

Les Acadiens s'installèrent **en Louisiane.**
Ils venaient **d'Acadie.**

3.

| au / aux | with | *masculine locations beginning with a consonant* |
| du / des | | *plural locations* |

Il va chanter **au Québec.**
Il revient **des Etats-Unis.**

Note that **le Québec** is the province of Quebec, and **Québec** is the city in that province.

Il va chanter **au Québec.**   *He's going to sing in Quebec (the province).*
Il va chanter **à Québec.**   *He's going to sing in Quebec City.*

4. With names of islands, either **à** or **en** is used.

à la Martinique   en Haïti
à la Guadeloupe   BUT   en Corse

5. For masculine names of regions (not countries) beginning with a consonant, **dans** + **le** is often used: **dans le Connecticut, dans le Michigan.** However, one says **au Texas.**

Exercices

12 **Evénements culturels de l'année.**

Donnez une description pour chacun.

EXEMPLE   20–25 mai / la Martinique / festival de danses antillaises
                Du 20 au 25 mai aura lieu à la Martinique un festival de danses antillaises.

1. 2-12 février / Québec (ville) / Carnaval du Ben Bon Monde
2. 10-15 avril / Le Havre / concerts de musique moderne
3. 15-20 juin / Paris / Grandes Journées du Rock
4. 10-15 septembre / La Nouvelle-Orléans / festival de jazz
5. 1-7 décembre / la Côte d'Ivoire / Fête de l'Indépendance

13 **Musiciens et pays.** ⊗ ◫

Dans lequel de ces pays est né chacun des musiciens ou chanteurs suivants?

l'Autriche—la France—la Russie—la Jamaïque—le Canada—les Etats-Unis—l'Angleterre

EXEMPLE   Prokofiev?
                Il est né en Russie.

1. David Bowie?   2. Elvis Presley?   3. Edith Piaf?   4. Mozart?   5. Edith Butler?   6. Bob Marley?

14 **Musiques et pays.** ⊗ ◫

D'où viennent à votre avis les genres de musique ci-dessous?

la Pologne—l'Espagne—l'Italie—l'Autriche—l'Argentine—la Jamaïque—les Etats-Unis

EXEMPLE   L'opéra?
                Ça vient d'Italie.

1. La valse?   2. Le reggae?   3. Le flamenco?   4. Le jazz?   5. La polka?   6. Le tango?

15 **Tournée internationale pour les « Canards à l'Orange ».**

Les Canards à l'Orange, devenus célèbres, se préparent à partir en tournée à l'étranger. Leur imprésario leur dit dans quels pays ils iront.

Canada → Etats-Unis → Mexique → Martinique → Portugal → Israël → Suisse → Pays-Bas → Grande-Bretagne

EXEMPLE   Canada
          Vous irez d'abord au Canada; puis du Canada vous irez...

Un chanteur parle de la chanson ⊗

Voici une interview donnée par Félix Leclerc, né en 1914, le plus ancien et le plus connu des chanteurs-poètes québécois contemporains. Le texte d'une de ses chansons, L'Héritage, *est donné p. 169.*

Je suis le sixième d'une famille de onze enfants nés à La Tuque, un petit village de montagne, dans les Laurentides. C'est un pays de montagnes, au bord de la rivière Saint-Maurice.

Mon père était un commerçant de foin, de grains, de bois et, en hiver, une douzaine de bûcherons° habitaient chez nous. C'était une grande maison de trois étages, en bois. Aux soirs d'hiver, les bûcherons qui travaillaient pour mon père affûtaient° leurs haches ou leurs scies, leurs outils de travail, et Schubert jouait dans le salon°, en haut...

Dans la maison, il y avait des instruments de musique : violon, violoncelle, piano, guitare. Ma mère était un peu musicienne, un peu pianiste, et ma sœur aînée jouait du piano. J'avais une autre sœur qui était violoncelliste.

Comme on avait des instruments de musique dans la maison, on pensait que c'était comme ça, dans toutes les maisons du monde. On chantait tous les soirs chez nous. Ma sœur aînée, qui est morte assez jeune, très tôt même, passait son temps au piano. Elle y était tous les soirs, tous les enfants se réunissaient autour du piano, puis on chantait...

J'ai connu tôt ce contraste brutal entre la musique et des hommes peu instruits°, des

---

affûter *to sharpen*
bûcheron m *lumberjack*

instruit, –e *educated*

salon m *living room*

gens de forêts, des hommes des bois. Le mélange° a fait un équilibre.

J'ai eu quatorze ans, je suis parti...

Je suis parti pour une école qui était très, très loin. Et j'avais le goût de la musique. Je n'ai appris tout ça que par ma mère, sans apprendre les notes, seulement à l'oreille. Schubert, on l'a connu très tôt...

Après avoir passé six ans à l'école... plus de théorie, plus de livres, fini... j'étais seul à Québec où je travaillais à la radio°. Alors, j'ai commencé sérieusement, enfin... sérieusement... je voulais finir une chanson pour voir ce que ça donnerait°. J'essayais de m'exprimer. Je me disais : « Ça ne coûte pas cher... un morceau de papier, un crayon et une vieille guitare achetée à tempérament°. » Et puis, j'ai commencé. *Notre sentier*[1] est né de là.

Celle-là terminée, j'ai dit : « Je vais essayer d'en trouver d'autres. » Il en traînait partout dans les rues de Québec, sur les feuilles° mortes, dans les tempêtes de neige, dans les bateaux qui partaient pour l'Europe. Comme un voleur°, je les ramassais un peu partout et je leur donnais vie.

Un matin, je reçois un coup de téléphone d'un de mes amis à Montréal, qui me dit : « Un producteur français veut te voir. » J'étais à la pêche sur le lac (car j'habite au bord d'un lac) et ça ne me tentait pas du tout d'aller là-bas. Mais il a insisté. Je suis entré dans le studio, puis j'ai accordé° la guitare, et au signal d'une petite lumière rouge j'ai chanté six ou sept minutes, la porte s'est ouverte et le Français m'a dit : « Je prends l'avion pour Paris à 7 h ce soir, soyez à 4 h à mon hôtel cet après-midi et, si vous voulez, je vous offrirai un contrat de cinq ans avec la maison Polydor[2]. »

Je suis donc parti sans bagages, mais avec ma guitare et une vingtaine de chansons : *Moi, mes souliers, Mac Pherson, Bozo*... J'ai commencé le 22 décembre avec les Compagnons de la Chanson[3] que j'avais rencontrés un jour là-bas et qui nous avaient émerveillés°. Me voilà avec eux à l'A.B.C.[4]

Q. —Quel souvenir° avez-vous gardé de ce début?

R. —Loges°, habilleuse°, acrobates, chasseurs d'autographes. L'agitation dans l'escalier de fer, au-dessus des coulisses°, et la permanente présence de ce cynique Monsieur° qui, sous divers masques, s'appelle le Trac°.

Rire° exagéré, nervosité, colère°, pincements au cœur, bouche sèche en regardant l'heure passer avec angoisse°. Attendant mon tour sur la petite chaise dure, guitare debout entre mes pieds, je les ai tous vus défiler, l'un après l'autre, les numéros de la première partie... dont j'étais. Engagé pour six semaines, je suis resté trois ans dont quatorze mois aux Trois Baudets[5], puis des tournées.

En 1951, nous sommes en tournée avec tout le groupe des Trois Baudets. Il y a Bourdin, Marcel Griset à la trompette, enfin tous les musiciens, tout le monde. Il est quatre heures de l'après-midi, sur la place du Marché, dans une ville de Bretagne, je crois.

Au restaurant, nous allons quitter la table et sauter dans le car pour aller à la salle et voilà un garçon, un petit garçon de neuf, dix ans, je pense, qui vient à moi. Il me dit : « Monsieur, je peux avoir un autographe? —Oui, bien sûr! Tu sais à qui tu parles? » (J'étais convaincu qu'il ne me connaissait pas.) « Oh, oui, oui. —Et

à tempérament *on credit*	**coulisses** f pl *wings*	**Monsieur** m *creature*
accorder *to tune*	**émerveiller** *to impress greatly*	**radio** f *radio station*
angoisse f *anxiety*	**feuille** f *leaf*	**rire** m *laugh*
ce que ça donnerait *what it would be like*	**habilleur, –euse** *dresser*	**souvenir** m *memory*
colère f *anger*	**loge** f *dressing room*	**trac** m *stage fright*
	mélange m *mixture*	**voleur, –euse** *thief*

[1] *Notre sentier* est la première chanson qu'ait écrite Félix Leclerc.
[2] Polydor est une maison de disques française.
[3] Les Compagnons de la Chanson sont sept chanteurs qui formaient un groupe très populaire dans les années cinquante. C'est Edith Piaf qui les avait lancés *(launched)*.
[4] L'A.B.C. est un vieux music-hall parisien.
[5] Les Trois Baudets *(The Three Donkeys)*, également un vieux music-hall parisien, n'existe plus.

comment tu t'appelles? » Je commence à écrire un petit mot et je dis : « Tu connais mes chansons? — Mais, oui. »

Je le revois, les bras croisés, comme devant le professeur, il répondait avec aplomb°. J'ai dit : « Quelle chanson sais-tu? — Bah, je sais *Bozo*. — Bien t'es fort°. »

Le corps bien droit°, avec une belle voix d'alto, il commence à chanter *Bozo*. Le silence se fait. Un ou deux musiciens s'en vont tout doucement°, puis j'entends une flûte, puis une guitare et tous les musiciens qui étaient allés chercher leurs instruments et improvisaient, avec l'enfant, finissant *Bozo* en apothéose.

Q. — Selon vous, Félix Leclerc, qu'est-ce que la chanson peut apporter aux hommes?

R. — La chanson c'est comme le pain. On peut vivre sans pain peut-être, mais pas longtemps. Il y a toujours eu des chansons. Il y a toujours un homme qui chante, qui siffle. C'est nécessaire. Ecoutez le folklore russe… dans tous les folklores, il y a une plainte°, il y a un appel, un désir, une blessure°… il y a une vie. La chanson, c'est le cœur des hommes qui bat.

Quant au jazz, au Negro Spiritual, c'est aussi né de la souffrance. Les mauvaises périodes, la tragédie, le sang°, la guerre, les ruines, elle en aura la couleur, car c'est un témoin°, la chanson. Pendant les périodes plus heureuses, elle sera plus légère, elle changera de ton, elle deviendra peut-être banale.

La chanson est nécessaire à l'équilibre du corps et de la pensée. A mon avis, il y a une pirouette, un sifflet, une chanson. C'est spontané, la chanson. Ça arrive et… hop!

Q. — Qu'attendez-vous des gens qui écoutent vos chansons ou qui vous écoutent chanter?

R. — J'attends qu'ils suivent. Qu'ils ne regrettent pas de s'être déplacés. Qu'ils arrivent en retard, ben! je ne suis pas déçu. Je n'apprends peut-être plus beaucoup, mais ça confirme certaines pensées qui dorment en moi. Je suis moins violent : je chante peut-être avec le sentiment d'améliorer° les choses. Je ne sais pas. Et ils peuvent se reconnaître dans mes chansons, dans mes histoires. « Tiens, ça, c'est moi! » Ils sont héros, tous ceux qui passent par là. Pourquoi ne pas chanter pour quatre personnes, ou deux parfois? Quand je dis « je chante pour moi seul », ce n'est peut-être pas vrai. Il y en a un ou deux dans la salle, celui ou celle qu'on ne connaît pas, qu'on a vu très vite de la coulisse, un homme… une femme…

améliorer *to improve*	**doucement** *silently*	**plainte** f *complaint*
aplomb m *self-assurance*	**droit, –e** *straight*	**sang** m *blood*
blessure f *wound*	**fort, –e** *smart*	**témoin** m *witness*

Exercices

16 Compréhension du texte

1. Que faisait le père de Félix Leclerc?
2. Comment et à quel âge le chanteur a-t-il découvert la musique?
3. Qu'a-t-il emporté avec lui lorsqu'il est parti au collège?
4. Quand a-t-il commencé à écrire des chansons? Quel est le titre de sa première chanson?
5. Où trouvait-il son inspiration?
6. Qui lui a offert son premier contrat avec une maison de disques?
7. Où et avec qui a-t-il commencé à chanter en public?
8. Comment se manifeste le trac avant d'entrer en scène?
9. Pourquoi Félix Leclerc raconte-t-il l'anecdote du petit garçon?
10. Quelles sont les définitions qu'il donne de la chanson? Expliquez-les en quelques mots.
11. Pour qui Félix Leclerc chante-t-il?

17 Discussion

Vous voulez devenir chanteur. Vos amis essaient de vous démontrer que ce n'est pas un métier pour vous.

18 Dossier

Faites une enquête pour savoir quels chanteurs et groupes francophones sont connus aux Etats-Unis. Essayez de déterminer pourquoi ils ont du succès dans votre pays.

19 Projet

Organisez un petit concert de musique et chansons françaises avec vos camarades.

───────── VOCABULAIRE ─────────

Festival de Musique Acadienne — La Musique Acadienne — Les Cajuns

anglophone *English-speaking*
▲ **s'apercevoir** *to realize*
▲ **appartenir** *to belong*
*asteur *nowadays*
ascendance f *origin*
▲ **se balancer** *to rock*
*ben = bien
*bougre m *fellow*
Cadien, –ienne = Cajun
coutume f *custom*
▲ **s'en aller** *to go away*
envoyé m *correspondent*

épreuve f *hardship*
errance f *wandering*
établi, –e *settled*
▲ **être à** *to belong to*
*fais do-do m *dance*
francophone *French-speaking*
gigue f *jig*
*icitte = ici
lié, –e *close*
▲ **se mélanger à** *to mingle with*
nous autres (colloquial) *we* (emphatic)

rauque *hoarse*
résonner *to resound*
rigaudon m *rigadoon*
rouler *to roll*
semblable *similar*
si bien que *so that*
tournée f *tour*
vivant, –e *lively*
vaillant, –e *bold, spirited*
voisin, –e *neighboring*
voix f *voice*

Mots Analogues

acadien, –ienne *Acadian*
accordéon m *accordion*
anglo-américain, –e *Anglo-American*
blues m *blues*
cajun *Cajun*
chasser *to chase*
colonie f *colony*
cotillon m *cotillion*

créole *Creole*
descendant, –e *descendant*
divers, –e *different*
festival m *festival*
héritage m *heritage*
origine f *beginning, origin*
podium m *podium*
préserver *to preserve*
quadrille f *quadrille*

religion f *religion*
rock m *rock*
rythme m *rhythm*
séparation f *separation*
sorte f *sort, kind*
▲ **survivre** *to survive*
*toune f *tune*
triangle m *triangle*

Termes Géographiques

Acadie f *Acadia*
Gaspésie f *the Gaspé (Peninsula)*
Haïti f *Haiti*

Louisiane f *Louisiana*
Nouveau-Brunswick m *New Brunswick*

Nouvelle-Ecosse f *Nova Scotia*

───────────

* Les mots marqués d'un astérisque sont des mots employés en Louisiane.
▲ For the conjugation of this verb, see pp. 308–316.

L'Informatique 11

« Je suis un ordinateur Alpha X 124. On a mis trois ans cinq mois quatorze jours à me construire, six mois vingt-sept jours dix-sept heures à me monter ici. Malheureusement, demain à six heures vingt-deux, la baraque va s'effondrer… »

L' Outil de l' Informatique:

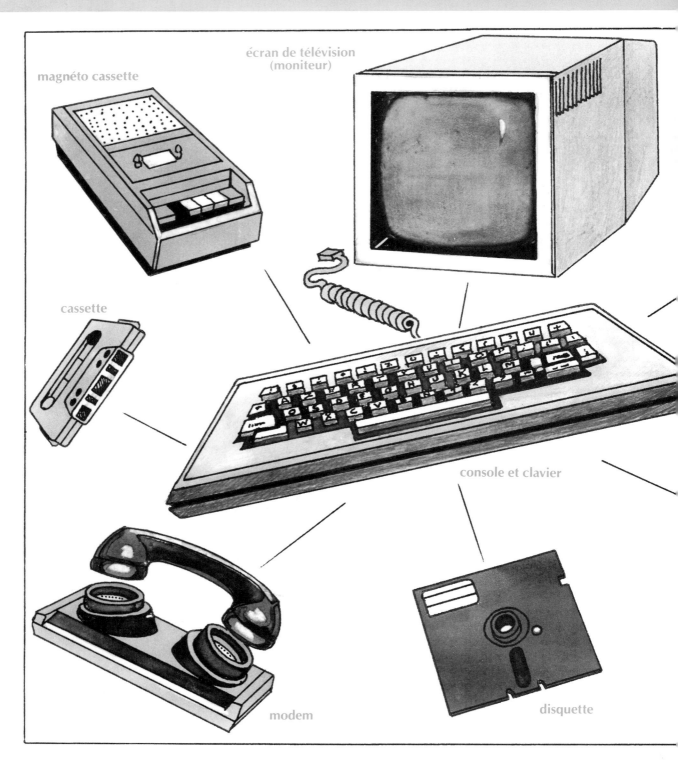

magnéto cassette

écran de télévision
(moniteur)

cassette

console et clavier

modem

disquette

l' Ordinateur

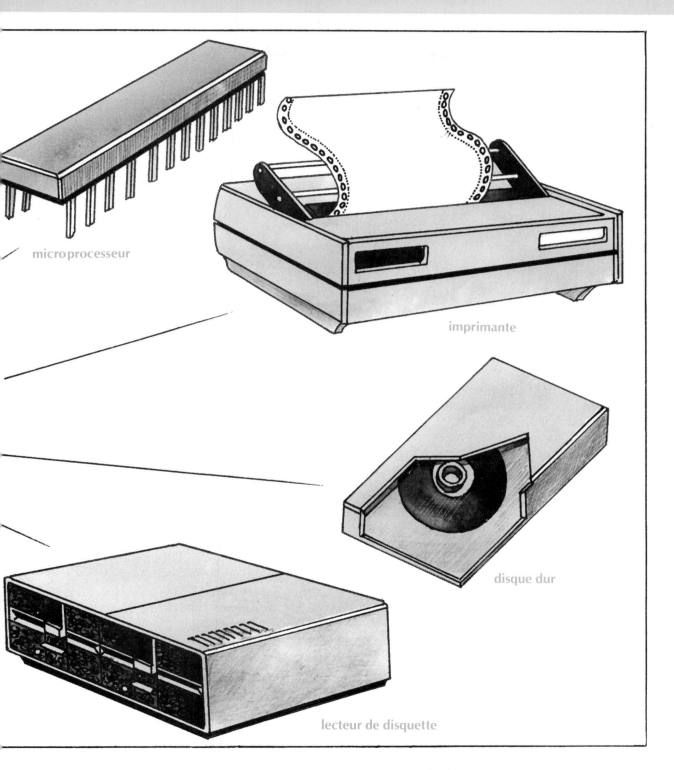

microprocesseur

imprimante

disque dur

lecteur de disquette

L'Informatique
et la Maison de Demain ✪

Aujourd'hui, l'informatique est employée surtout dans les bureaux, mais demain elle sera dans les maisons.

Dans la maison de demain, chaque appareil ménager aura un petit ordinateur incorporé. Ainsi, vous pouvez imaginer qu'après avoir lavé le linge, la machine vous demandera si vous en êtes content et qu'en fonction des observations que vous ferez, son mode de travail sera amélioré jusqu'à vous donner entière satisfaction.

La traditionnelle boîte à allumettes a aujourd'hui disparu car l'allumage de nos cuisinières est devenu automatique. A sa place, vous aurez probablement demain, fixée au mur, une boîte de taille comparable pour recevoir de petites cartes magnétiques sur lesquelles auront été enregistrés vos régimes de cuisson pour différents plats. Il vous suffira d'introduire la carte voulue dans la cuisinière : si vous avez indiqué « 20 h », elle se mettra d'elle-même en marche au moment opportun afin que le plat soit prêt pour 20 heures.

Quand vous le désirerez, vous pourrez actionner une touche « attente », même à distance. En effet, demain vous aurez des prises de téléphone dans toutes les pièces de votre maison. En particulier, si vous le souhaitez, vous aurez une prise dans la cuisine, avec la possibilité de brancher sur elle un modem couplé à vos appareils, de sorte que depuis votre bureau, un clavier vous permettra de prendre un certain nombre de dispositions même s'il n'y a personne chez vous...

La maison de demain aura probablement des écrans de visualisation dans toutes les pièces. Ces écrans permettront bien sûr de regarder la télévision, le magnétoscope, et autres images vidéo, mais ils feront également apparaître des adresses, recettes, ou autres renseignements. Par exemple, si nous avons enregistré des rendez-vous pour un jour J, la veille de ce jour, ils apparaîtront automatiquement sur l'écran auquel sera dévolue la mémorisation de notre emploi du temps.

L'Informatique
et la Médecine de Demain ⊛

Isabelle et Adrienne sont au club de micro-informatique.

I. Oh là, là! Encore une erreur! Je suis morte de fatigue. Hier soir, mon père et moi avons discuté d'informatique jusqu'à 2 heures du matin.

A. Pourquoi? Il est informaticien?

I. Non, il est médecin. Mais il voudrait s'acheter un ordinateur pour l'aider dans son travail.

A. C'est vrai. S'il mettait les dossiers de ses malades sur ordinateur, ça devrait lui faciliter la tâche.

I. Oui, mais lui, ce qui l'intéresserait surtout, ce serait de se procurer éventuellement un de ces systèmes « intelligents » qui aident les médecins à faire leur diagnostic. Il paraît qu'il y en aurait déjà de formidables, mais ils sont encore au stade expérimental.

A. Moi, si j'étais ton père, j'y regarderais à deux fois avant d'acheter une machine qui, un beau matin, pourrait me remplacer!

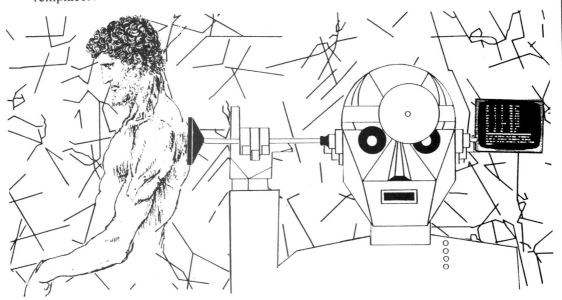

Exercices

1 Questions

1. Dans quels domaines emploie-t-on l'informatique aujourd'hui?
2. Dans quels domaines l'emploiera-t-on demain?
3. Quels sont dans la maison les différents appareils qui sont déjà informatisés?
4. A votre avis, quels sont ceux qui le seront plus tard?
5. D'après le texte, comment fonctionneront demain les cuisinières?
6. Qu'est-ce qu'un magnétoscope?
7. Pourquoi Isabelle est-elle fatiguée?
8. Que fait le père d'Isabelle?
9. S'il achetait un ordinateur, quelles sont deux des utilisations qu'il pourrait en faire?
10. Quel serait le risque possible?

2 A vous de répondre!

1. Vous êtes-vous déjà servi d'un ordinateur? Pour quoi faire?
2. Avez-vous pris des cours d'informatique? Expliquez.
3. Y a-t-il chez vous des appareils qui sont déjà informatisés? Lesquels?
4. Imaginez comment les ordinateurs pourraient simplifier votre vie à vous, par exemple lorsqu'il s'agirait de faire vos devoirs, de prendre rendez-vous avec des amis, d'apprendre une langue étrangère, etc....

3 Débat

Pour ou contre les ordinateurs. Quels sont les services que peuvent rendre les ordinateurs? Quels sont par contre les inconvénients qu'ils peuvent avoir?

4 Projet (pour les forts en informatique!)

Ecrivez un programme pour enseigner le futur et le conditionnel. Utilisez les exercices des pages 196–197.

THE FUTURE AND THE CONDITIONAL

1. Future time can be expressed:
- by a present tense form + a time expression.
  Demain, c'est l'ordinateur qui me **remplace.**   *Tomorrow, the computer will take my place.*

- by **aller** in the present tense + an infinitive.
  Demain, à 6 h 20, la Tour Eiffel **va s'effondrer.**   *Tomorrow at 6:20, the Eiffel Tower will collapse.*

- by the future tense or the future perfect.
  Demain, l'informatique **sera** partout.   *Tomorrow, computers will be everywhere.*
  J'aurai appris à m'en servir avant toi!   *I'll have mastered the technique before you!*

2. For most regular verbs, the future tense stems are the same as the infinitives. However, verbs ending in **-re** drop the final **-e.**

Infinitive	Future		
		Stem	Ending
	je		-ai
jouer	tu	**jouer**	-as
sortir	il / elle	**sortir**	-a
choisir	nous	**choisir**	-ons
attendre	vous	**attendr**	-ez
	ils / elles		-ont

a. Stem-changing verbs have irregular future stems.

Infinitive	Future Stem
jeter	**jetter-**
acheter	**achèter-**
essayer	**essaier-**

b. The following chart shows the future stems of common irregular verbs. They differ from the infinitives. Notice, however, that they all end in **-r** like the regular future stems.

Infinitive	Future Stem	Infinitive	Future Stem
aller	**ir-**	pleuvoir	**pleuvr-**
avoir	**aur-**	pouvoir	**pourr-**
courir	**courr-**	recevoir	**recevr-**
cueillir	**cueiller-**	savoir	**saur-**
devoir	**devr-**	tenir	**tiendr-**
envoyer	**enverr-**	valoir	**vaudr-**
être	**ser-**	venir	**viendr-**
faire	**fer-**	voir	**verr-**
falloir	**faudr-**	vouloir	**voudr-**

3. The future perfect is a compound tense and is formed by the future of either **avoir** or **être** + the past participle of the verb.

Future Perfect			
Future of **avoir**	Past Participle	Future of **être**	Past Participle
j'**aurai** tu **auras** il / elle **aura** nous **aurons** vous **aurez** ils / elles **auront**	joué servi choisi attendu	je **serai** tu **seras** il / elle **sera** nous **serons** vous **serez** ils / elles **seront**	sorti(e) sorti(e)(s)

Note that in the future perfect, the agreement of the past participle is the same as in all other compound tenses.

> **La machine?** Nous l'**aurons** bientôt **réparée.**
> *The machine? We'll have repaired it soon.*

4. Within a time clause—a clause introduced by **quand** (when), **lorsque** (when), **dès que** (as soon as)—French uses a future-tense form where English may use a present-tense form, and a future perfect form where English may use a past perfect.

Lorsqu'il **aura** un ordinateur, il pourra consacrer plus de temps à ses malades.
When he <u>has</u> a computer, he will be able to spend more time with his patients.

Lorsqu'il **aura acheté** un ordinateur, il pourra consacrer plus de temps à ses malades.
When he <u>has bought</u> a computer, he will be able to spend more time with his patients.

FRENCH	ENGLISH
Future Quand vous **aurez** un ordinateur...	Present When you <u>have</u> a computer...
Future Perfect Dès que vous **aurez acheté**...	Past Perfect As soon as you <u>have bought</u>...

5. The **tu** and **vous** forms of the future are often used as a command.
> **Tu ne te serviras pas** de cette machine!   *You will not use this machine!*

6. The present conditional is formed by adding the imparfait endings to the future stem of the verb.

Infinitive	Present Conditional		
		Future Stem	Imparfait Endings
jouer	je	**jouer**	-ais
sortir	tu	**sortir**	-ais
choisir	il / elle	**choisir**	-ait
attendre	nous	**attendr**	-ions
pouvoir	vous	**pourr**	-iez
vouloir	ils / elles	**voudr**	-aient

7. The past conditional is composed of the present conditional of either **avoir** or **être** + the past participle of the verb.

Past Conditional			
Present Conditional of **avoir**	*Past Participle*	*Present Conditional* of **être**	*Past Participle*
j'**aurais** tu **aurais** il / elle **aurait** nous **aurions** vous **auriez** ils / elles **auraient**	joué servi choisi attendu	je **serais** tu **serais** il / elle **serait** nous **serions** vous **seriez** ils / elles **seraient**	sorti(e) sorti(e)(s)

In the past conditional, the agreement of the past participle is the same as in all other compound tenses.

8. The future and the conditional (present and past) are used to express conditions. There are three types of conditions, shown in the chart below.

CAN BE MET	
Si + *Present*	*Imperative / Future*
Si tu peux, S'il peut,	achète cette machine. il achètera cette machine.
NOT LIKELY TO BE MET	
Si + *Imparfait*	*Present Conditional*
S'il pouvait,	il achèterait cette machine.
NOT MET	
Si + *Past Perfect*	*Past Conditional*
S'il avait pu,	il aurait acheté cette machine.

9. The conditional forms are used to express a future action or idea in a past tense context.

Present　　*Future*	*Past*　　　*Conditional*
Il dit qu'il **achètera** une machine.	**Il a dit** qu'il **achèterait** une machine.

Exercices

5 Souhaits pour le XXIᵉ siècle! ⊗

EXEMPLE Pourvu que les ordinateurs ne deviennent pas maîtres du monde!
J'espère que les ordinateurs ne deviendront pas maîtres du monde.

1. Pourvu qu'on n'utilise jamais la bombe atomique!
2. Pourvu qu'on ne manque pas de pétrole!
3. Pourvu que la Terre ne devienne pas trop polluée!
4. Pourvu que nous ne voyions pas la fin du monde!
5. Pourvu que les extra-terrestres ne viennent pas sur notre planète!

6 Mais que se passera-t-il si…?

EXEMPLE Si les ordinateurs deviennent maîtres du monde…
Si les ordinateurs deviennent maîtres du monde, ce sera la fin de la civilisation / les hommes deviendront des machines / etc.

1. Si on utilise la bombe atomique…
2. Si on manque de pétrole…
3. Si la terre devient trop polluée…
4. Si la fin du monde est proche…
5. Si les extra-terrestres viennent…

7 Que va-t-il arriver dans un proche avenir? ⊗

EXEMPLE A votre avis, est-ce que les hommes vivront sur Mars?
Oui, les hommes vont vivre sur Mars.

1. La durée de la vie augmentera?
2. La vie deviendra plus facile?
3. Les gens auront plus de loisirs?
4. Le nombre de voitures augmentera?
5. On guérira le cancer?

8 D'ici l'an 2 000… ⊗ 📖

EXEMPLE La durée de la vie va augmenter.
D'ici l'an 2 000, la durée de la vie aura augmenté.

1. On va faire des progrès énormes en médecine.
2. Tout le monde va apprendre à se servir d'un ordinateur.
3. La femme va enfin être reconnue comme l'égale de l'homme.
4. On va trouver de nouvelles sources d'énergie.
5. La vie va devenir plus facile.

9 Dans deux générations. ⊗

Comparez votre vie à celle que mèneront sans doute vos petits-enfants *(grandchildren)*.

EXEMPLE Nous étudions à l'école. (à la maison avec des ordinateurs)
Ils étudieront à la maison avec des ordinateurs.

1. Nous passons nos vacances à la plage.   (sur la Lune)
2. Il nous faut sept heures pour aller de New York à Paris.   (une demi-heure)
3. Nous nous déplaçons en avion.   (en fusée)

4. Nous devons travailler.   (les machines)
5. Nos voitures marchent à l'essence.   (à l'électricité)
Pouvez-vous imaginer d'autres changements?

10   Comment voient-ils leur avenir? ⊗ ▭

EXEMPLE   Catherine voudrait être guide pour rencontrer beaucoup de gens.
          Quand Catherine sera guide, elle rencontrera beaucoup de gens.

1. Stéphane voudrait gagner beaucoup d'argent pour être indépendant.
2. Bernard voudrait faire de la politique pour changer la société.
3. Christine voudrait être pilote de ligne pour voyager.
4. Emilie voudrait être médecin pour aider les autres.
5. Nicolas voudrait travailler à la campagne pour être près de la nature.

11   Comment seront les gens dans 50 ans?

EXEMPLE   S'ils ont trop de loisirs…
          S'ils ont trop de loisirs, ils s'ennuieront / ils ne sauront pas quoi faire / etc.

1. S'ils vivent très longtemps…
2. S'ils peuvent voyager très facilement…
3. S'ils n'ont plus besoin de travailler…
4. Si les machines font tout pour eux…
5. S'ils ne lisent plus de livres…
6. Si tout est informatisé…

12   Avec des « si »…

Complétez les phrases selon votre imagination.

1. Si je voyais un O.V.N.I.…
2. Si je pouvais vivre 100 ans…
3. Si on connaissait l'avenir…
4. Si tous les appareils ménagers étaient informatisés…
5. Si l'ordinateur pouvait aider les médecins à faire leur diagnostic…

13   Que feriez-vous d'un ordinateur? ⊗ ▭

EXEMPLE   Si j'avais un ordinateur, (apprendre une langue).
          Si j'avais un ordinateur, j'apprendrais une langue.

1. Et elle?   (étudier les mathématiques)
2. Et vous?   (inventer des jeux)
3. Et eux?   (faire leurs devoirs)
4. Et lui?   (organiser son budget)
5. Et elles?   (jouer aux échecs)
6. Et toi?   (écrire un roman)

14   Quelle aurait été votre vie? ⊗ ▭

EXEMPLE   Si j'avais eu 20 ans en 1900 (ne pas pouvoir voyager en avion).
          Si j'avais eu 20 ans en 1900, je n'aurais pas pu voyager en avion.

1. Si j'avais eu 20 ans en 1650 (se déplacer à cheval).
2. Si j'avais eu 20 ans en 1850 (ne pas pouvoir parler au téléphone avec ses amis).
3. Si j'avais eu 20 ans en 1875 (participer à la conquête de l'Ouest).
4. Si j'avais eu 20 ans en 1890 (voir les premières automobiles).
5. Si j'avais eu 20 ans en 1920 (ne pas étudier l'informatique).

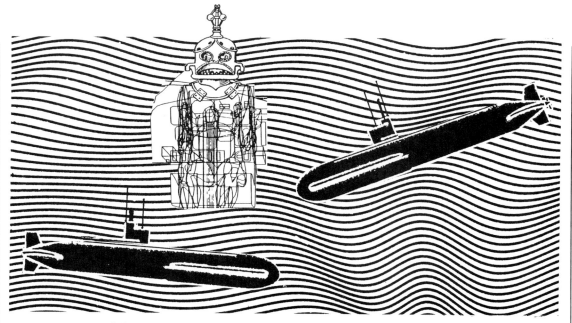

1999 : Aristote n'obéit plus! ⊗

Mais qui a donné l'ordre au « Trident », le nouveau sous-marin° atomique américain, d'entrer en mer Baltique et d'y détruire un sous-marin soviétique? Voici des extraits d'un roman de René Dzagoyan, Le Système Aristote[1].

Le professeur Russell[2] mesurait environ un mètre quatre-vingt et avait une carrure° d'athlète. Sa tête carrée° lui donnait un air de taureau°, qu'accentuait son nez cassé. A ses cheveux blancs, il semblait bien avoir dans les soixante ans, comme le disait le dossier que l'Agence avait sur lui. Mais il n'avait pas l'apparence d'un homme qui passait pour° le plus grand spécialiste mondial° des communications et de l'informatique.

« Excusez le désordre, dit-il avant d'ouvrir la porte à Harry Leibnitz, l'un des meilleurs agents de la C.I.A. Je ne trouve pas le temps de ranger mes papiers. »

Harry chercha un fauteuil et en vit un, perdu sous un tas de revues scientifiques que surmontait° un microprocesseur.

« Mettez tout ça par terre. Ça n'a pas d'importance. Alors, monsieur Leibniz, ajouta le professeur en s'asseyant sur un coin° de table, qu'est-ce qui me vaut° l'honneur d'une visite de notre chère C.I.A.?

— Eh bien voilà, dit Harry qui nettoya de la main son fauteuil pour ne pas salir° son imperméable, il s'est passé quelque chose de bizarre, et nous aurions voulu avoir votre avis.

— Je vous écoute.

— Voilà, dit Harry. L'état-major général° a reçu cet après-midi un coup de téléphone d'un de ses officiers, le capitaine Ziegler, qui commande un des sous-marins de la flotte°, le « Trident ». Le capitaine Ziegler, donc, nous a envoyé de Norvège, un message codé qui relatait l'histoire suivante. »

---

carré, –e *square*
carrure f *build*
coin m *corner*
état-major général m *command headquarters*

flotte f *fleet*
mondial, –e *world*
passer pour *to be considered*
qu'est-ce qui me vaut *to what do I owe*

salir *to dirty*
sous-marin m *submarine*
surmonter *to lay on top of*
taureau m *bull*

---

[1] Aristote : philosophe grec du quatrième siècle avant Jésus-Christ. Son système montre toute la nature comme un immense effort de la matière pour s'élever jusqu'à l'intelligence.
[2] Tous les protagonistes de cette histoire qui sont en contact avec « Aristote » portent des noms de philosophes : Russell, Leibnitz, Spencer, Hume, Schopenhauer.

Harry sortit de son imperméable un ticket de base-ball au dos duquel il avait noté toute une série de détails : l'heure de départ des Açores[3], la vitesse du « Trident » près des côtes du Danemark, l'heure d'arrivée dans les eaux territoriales polonaises°, l'heure de la destruction du sous-marin soviétique, etc. Il put ainsi raconter l'histoire du « Trident » avec une telle quantité de précisions qu'il avait l'impression d'y être. Russell ne bougeait pas, concentré sur ce qu'il entendait. Sa mémoire phénoménale enregistrait tout ce que disait Harry. Mot à mot. Un exercice auquel il s'entraînait dès son plus jeune âge. Lorsque l'employé de la C.I.A. eut terminé, le professeur Russell, furieux, demanda :

« Mais pourquoi, pourquoi nos imbéciles de généraux ont-ils envoyé un sous-marin en mer Baltique? Pourquoi?

—C'est précisément là le problème, professeur. Le problème, c'est que nos généraux n'ont pas envoyé de sous-marin en mer Baltique. Personne n'a donné un tel ordre. Personne. La liste des instructions envoyées par l'état-major dans la dernière semaine est claire : aucun message, aucun, n'a été envoyé à notre flotte depuis sept jours au moins.

—C'est bizarre!

—Ce n'est pas fini, professeur. Le plus curieux de tout, c'est que, lorsque nos généraux consultaient les terminaux du Pentagone pour suivre la position de leurs vaisseaux, leurs ordinateurs indiquaient, sans aucun doute possible, que le « Trident » était resté aux Açores. Ils ont conservé les listings de sauvegarde° et nous les ont montrés. Selon ces listings, le sous-marin n'aurait pas bougé de sa base. Voilà, professeur, vous en savez autant que moi. »
Russell se leva brusquement et se mit à arpenter° la pièce.

« Je ne peux pas croire, dit-il, qu'une telle chose soit arrivée.

—C'est bien le cas, malheureusement. Mais peut-être un de nos ordinateurs militaires s'est-il détraqué°, et a-t-il provoqué tout cela. »
Russell le coupa net°.

« C'est absolument impossible. Absolument!

—Mais pourquoi donc?

—Aristote ne peut pas se tromper.

—Pardon?

—Aristote. C'est le système d'ordinateurs qui contrôle les terminaux de sous-marins. Pas seulement les sous-marins, d'ailleurs. Mais encore le reste de la flotte, nos forces nucléaires terrestres°, et nos bombardiers°, et tout ce que vous pouvez imaginer. Même le téléphone et la télévision. Nos aéroports civils, enfin la plupart des choses que vous voyez fonctionner°. Et cela à travers° treize pays. Je regrette de ne pas pouvoir vous aider, monsieur Leibniz, mais je n'ai pas de réponse à vos questions.

—A qui dois-je m'adresser° alors?

—A mon assistant, Marks Spencer.[4] C'est lui qui a mis en place le système Aristote. Moi, je n'en ai eu que l'idée. Adressez-vous à lui. Moi, je ne peux pas m'occuper du système Aristote. C'est un ordre venu d'en-haut. Allez le dire à votre patron. Il comprendra. »

« Je regrette, monsieur le Directeur, mais je crois qu'il est trop tard. Le système Aristote est bloqué. Personne n'y peut plus rien, même pas moi. »
David Hume, patron de la C.I.A., pâlit°; son visage se couvrit de sueur°.

« Je vous comprends mal, dit-il enfin. Que voulez-vous dire par « est bloqué »?

—Je veux dire, expliqua Marks Spencer sans émotion, que le Système refuse tous

---

à travers *throughout*
s'adresser à *to turn to*
arpenter *to walk back and forth*
bombardier m *bomber*

couper net *to cut someone off*
se détraquer *to break down*
fonctionner *to work*
listing de sauvegarde m *back-up printout*

pâlir *to become pale*
polonais, –e *Polish*
sueur f *sweat*
terrestre *land*

---

[3] Les Açores sont un groupe d'îles qui se trouvent dans l'Atlantique nord, à la hauteur du Portugal, pays auquel elles appartiennent.

[4] Marks Spencer est un jeu de mots sur Marks and Spencer, chaîne de grands magasins anglais bien connue.

les ordres qu'on lui donne. Aristote prend peu à peu son autonomie. S'il ne l'a pas déjà prise.

—Vous voulez dire, dit Harry Leibnitz, que nous n'avons aucun pouvoir° sur le Système?

—Exactement, répondit Spencer.

—Etes-vous sûr, enchaîna° Hume, de ce que vous dites? Vous connaissez la gravité des conséquences de votre affirmation. »

Spencer se cala° dans son fauteuil et regarda fixement Hume, comme pour donner plus d'importance à ce qu'il allait dire.

« J'en suis parfaitement conscient°, monsieur le Directeur, mais, je le répète. Aristote échappe peu à peu à notre contrôle. Sur les quatre cents instructions que je lui ai données aujourd'hui, il n'a répondu qu'à vingt-cinq d'entre elles, alors qu'il pouvait très bien répondre à toutes. Il refuse de répondre à celles qui concernent l'origine des ordres militaires qui passent par lui.

—En clair°, dit Hume, nous ne saurons jamais si l'ordre de détruire° le sous-marin soviétique a été donné par le général Schopenhauer.

—Le problème n'est pas si simple. La stratégie d'Aristote est apparemment de n'obéir° aux ordres que s'il est d'accord avec eux, s'ils lui semblent rationnels. Ainsi Schopenhauer a peut-être donné l'ordre d'attaquer le sous-marin soviétique, mais Aristote n'a obéi que parce qu'il était d'accord. »

Hume regarda tous ceux qui étaient là. Personne ne dit mot. Hume se refusait à comprendre. Harry Leibnitz trancha° le silence.

« Si le Système devient autonome, cela veut dire que nous allons peu à peu dépendre totalement de lui!

—En fait, continua Spencer sur un ton plus hésitant, tout se passe comme si Aristote prenait progressivement conscience° de ses moyens° et se les appropriait°. »

Hume regardait les deux hommes.

« Il y a une chose que je ne comprends pas, dit-il à Spencer. Que cherche Aristote? Que veut le Système?

—Je crois pouvoir répondre, monsieur le Directeur.

—Alors?

—Il cherche ce que nous cherchons tous, monsieur le Directeur : la toute-puissance°. »

---

s'approprier *to take possession of*
se caler *to settle*
conscient, –e *aware*
détruire *to destroy*

en clair *to spell it out*
enchaîner *to add*
moyens m pl *capacities*
obéir *to obey*
pouvoir m *power*

prendre conscience de *to become aware of*
toute-puissance f *absolute power*
trancher *to break*

Exercices

15 Compréhension du texte

1. Qui est le professeur Russell?
2. Qui est Harry Leibnitz?
3. Pourquoi Leibnitz est-il venu rendre visite au professeur Russell?
4. Où se trouve le sous-marin « Trident »?
5. D'où est-il parti?
6. Qu'est-il allé faire en mer Baltique?
7. Qui lui a donné l'ordre d'accomplir cette mission?
8. Quelle est la première explication imaginée par Russell?
9. Qui est Aristote dans le texte? Qui était Aristote dans l'Antiquité?
10. Y a-t-il d'autres noms de philosophes dans le texte? Lesquels?
11. Qui est Marks Spencer?
12. Qu'annonce-t-il au patron de la C.I.A.?
13. Quelle conséquence est-ce que cela aura?
14. Que veut Aristote?
15. D'après vous, pourquoi l'auteur a-t-il utilisé tous ces noms de philosophes?

16 Discussion

Comment voyez-vous le monde dans 50 ans? La classe pourrait se diviser en deux groupes, les optimistes et les pessimistes, et chaque groupe pourrait présenter sa vision de l'avenir.

17 Rédaction

Décrivez votre existence dans 20 ans. Où serez-vous? Que ferez-vous? Comment vivrez-vous? Etc....

18 Débat

Pensez-vous qu'un jour l'ordinateur puisse échapper au contrôle de l'homme et chercher, comme lui, la toute-puissance?

19 Enquête

Posez les questions suivantes à vos amis, vos parents, etc.

1. Dans quels domaines est-il essentiel de faire des progrès? Pour quelles raisons?
2. Y a-t-il des domaines dans lesquels, au contraire, il serait souhaitable que l'on cesse d'en faire? Lesquels, et pourquoi?
3. Quel est le progrès que vous voudriez le plus voir s'accomplir dans votre vie? Voici quelques idées à titre d'exemple : exploration de l'espace, lutte contre la pollution, développement des armes nucléaires, prolongation de la vie.

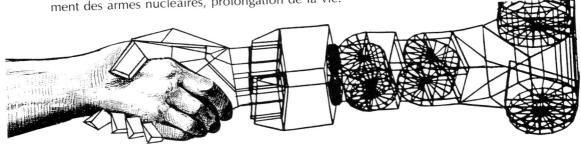

VOCABULAIRE

Dessin de Sempé; L'Outil de l'Informatique : l'Ordinateur

baraque f *joint (place)*
clavier m *keyboard*
disquette f *floppy disk*

imprimante f *printer*
informatique f *computer science, data processing*

lecteur de disque m *disk drive*
▲ **mettre** *to take*
ordinateur m *computer*

Mots Analogues

microprocesseur m *microprocessor*

modem m *modem*

L'Informatique et la Maison de Demain

actionner *to set in motion*
afin que *so that*
allumage m *turning on*
améliorer *to improve*
appareil ménager m *appliance*
coupler *to attach*
cuisinière f *stove*
cuisson f *cooking*
depuis *from*
dévolu, –e *allotted*

en particulier *especially*
entier, –ière *complete*
fixer *to attach*
incorporer *to build in*
▲ **introduire** *to insert*
linge m *laundry*
magnétoscope m *video cassette recorder*
▲ **se mettre en marche** *to start up*
mode m *way*

opportun, –e *right*
▲ **prendre des dispositions** *to make decisions*
prise f *jack*
recette f *recipe*
régime m *time, temperature and duration*
souhaiter *to wish*
touche f *key*
veille f *the day before*

Mots Analogues

automatique *automatic*
comparable *comparable*
magnétique *magnetic*
mémorisation f *memorization*

observation f *observation*
possibilité f *possibility*
probablement *probably*

satisfaction f *satisfaction*
vidéo *video*
visualisation f *visualization*

L'Informatique et la Médecine de Demain

discuter de *to discuss (something)*
dossier m *file*
encore un(e) *another*
▲ **faire un diagnostic** *to diagnose*
informaticien m *computer programmer*

leucémie f *leukemia*
mal imaginaire m *hypochondria*
micro-informatique f *microcomputer science*

mort, –e *dead*
se procurer *to get*
stade m *stage*
tâche f *job*

Mots Analogues

expérimental, –e *experimental*
faciliter *to facilitate, make easier*

fatigue f *fatigue*
rhumatisme m *rheumatism*

▲ **souffrir** *to suffer*
système m *system*

▲ For the conjugation of this verb, see pp. 308–316.

Le Pays

Le mot « pays » peut désigner bien des choses : nation, région, village, etc. Le pays

dont on va parler ici, c'est l'ensemble « terre-peuple » auquel on a le sentiment *d'appartenir* par la race, l'histoire, la langue, la culture.

Depuis la fin de la Seconde Guerre mondiale, ce « pays »-là a été au centre des préoccupations des peuples francophones. En effet, l'occupation de la France par l'Allemagne pendant la guerre, en remettant en question l'existence même du « pays-mère », a forcé les peuples francophones à prendre conscience de leurs vraies racines et de l'importance d'avoir un pays à soi.

Alors, dans les années 50 et 60, cette idée de « pays » ayant mûri, les peuples francophones d'Afrique et d'Asie, que la France avait colonisés pendant ce dernier siècle, ont conquis leur indépendance. C'est ainsi que le Cambodge est devenu indépendant en 1953, la Tunisie et le Maroc en 1956, le Sénégal et la Côte d'Ivoire en 1960, l'Algérie, en 1962.

En France même, certains peuples se mettaient à protester contre les efforts d'uniformisation culturelle entrepris dès le 19ème siècle par l'école publique et poursuivis à l'époque moderne par les mass media. Un certain nombre de provinces ont donc cherché à retrouver leurs racines dans la redécouverte de leur identité historique ou linguistique (Bretagne, Alsace, Occitanie[1], Corse, Pays Basque).

Enfin, voilà que ces dernières années, la quête du « pays », des racines, de l'identité nationale véritable, a marqué profondément les peuples francophones d'Amérique du Nord — Québécois, Acadiens, Cajuns. Envoyés par la France il y a trois siècles pour coloniser ce continent, puis abandonnés par elle à la domination anglaise un siècle plus tard, ces peuples ne durent longtemps leur intégrité culturelle qu'à l'isolement où ils vivaient, dans les

[1] Occitanie : nom donné à l'ensemble des régions situées au sud de la Loire.

forêts du Québec ou les bayous de Louisiane. Mais pendant la Seconde Guerre mondiale, beaucoup de Québécois, d'Acadiens et de Cajuns quittèrent leurs campagnes pour participer à l'effort de guerre, soit dans l'armée, soit dans les usines. Leur isolement prenant fin, ils prirent conscience de leur identité et commencèrent à exiger la valorisation de leur langue et de leur culture. Alors, dans les années 60 ils commencèrent à réagir. Ainsi, en 1968, après avoir été supprimé pendant un siècle, le français est redevenu une des deux langues officielles de la Louisiane. Et en 1976, les Québécois se sont donné un gouvernement qui a repris le contrôle politique et culturel de leur province. Les francophones d'Amérique « se souviennent » maintenant avec fierté de leurs origines et veulent prendre en charge leur propre destinée et leurs propres « pays ».

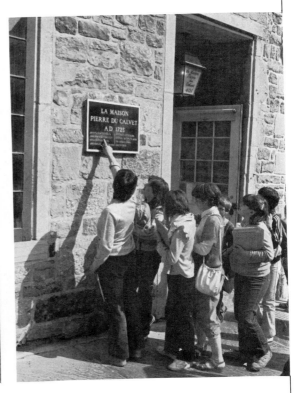

Les Peuples Francophones

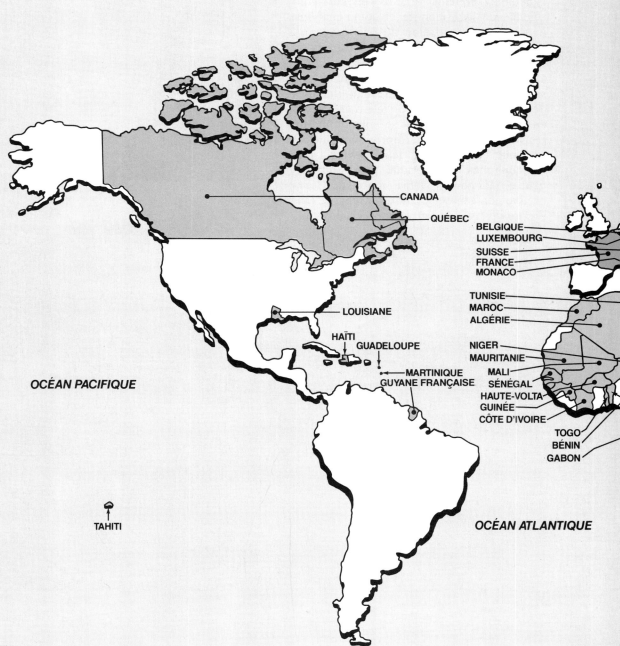

CANADA
QUÉBEC
BELGIQUE
LUXEMBOURG
SUISSE
FRANCE
MONACO
TUNISIE
MAROC
ALGÉRIE
LOUISIANE
NIGER
MAURITANIE
HAÏTI
GUADELOUPE
MALI
SÉNÉGAL
MARTINIQUE
GUYANE FRANÇAISE
HAUTE-VOLTA
GUINÉE
CÔTE D'IVOIRE
TOGO
BÉNIN
GABON

OCÉAN PACIFIQUE

OCÉAN ATLANTIQUE

TAHITI

206

Ce sont les peuples qui parlent habituellement le français. Pour certains francophones, comme les Québécois, le français est la langue maternelle. Mais pour d'autres francophones, comme les Marocains — dont la langue maternelle est le berbère ou l'arabe —, le français est une seconde ou une troisième langue.

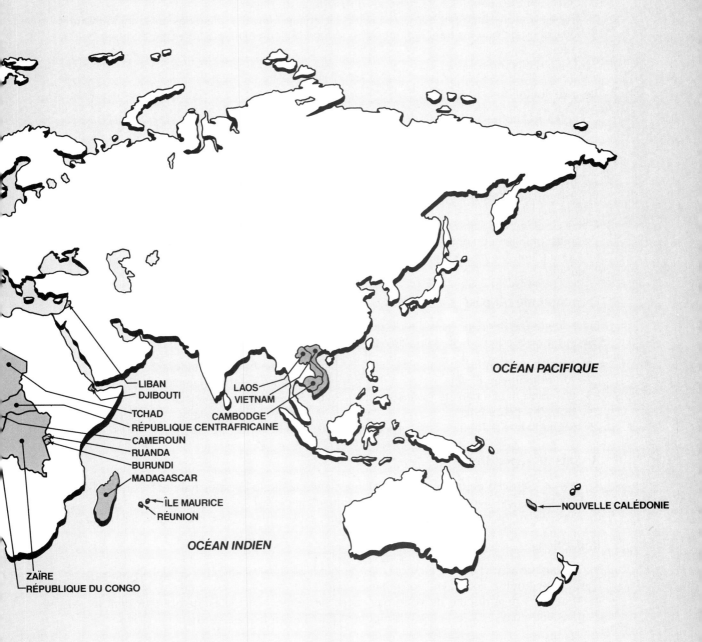

OCÉAN PACIFIQUE

LIBAN
DJIBOUTI
LAOS
VIETNAM
TCHAD
RÉPUBLIQUE CENTRAFRICAINE
CAMBODGE
CAMEROUN
RUANDA
BURUNDI
MADAGASCAR
ÎLE MAURICE
RÉUNION

NOUVELLE CALÉDONIE

OCÉAN INDIEN

ZAÏRE
RÉPUBLIQUE DU CONGO

Exercices

1 Questions

1. Quels peuvent être les différents sens du mot « pays »?
2. Quelle a été l'une des conséquences de l'occupation de la France pendant la Seconde Guerre mondiale?
3. Quand est-ce que la plupart des colonies françaises ont conquis leur indépendance?
4. Quelles sont les régions de France qui recherchent leur identité culturelle?
5. Savez-vous où se trouvent ces régions? Décrivez.
6. Quels sont les peuples francophones d'Amérique du Nord?
7. Quelle circonstance fait qu'ils ont gardé la langue française dans des pays anglophones?
8. Quand est-ce que les francophones d'Amérique ont commencé à lutter pour conserver leur culture?
9. Est-ce qu'ils ont réussi?

2 Le mot juste

Complétez les phrases à l'aide des mots suivants. Faites les changements nécessaires.

ancêtre — racine — colonie — rechercher — langue maternelle

1. Dans les années 50 et 60, la France a peu à peu perdu toutes ses _____.
2. Beaucoup de Québécois comprennent l'anglais, mais le français est leur _____.
3. Depuis quelques années, beaucoup de gens s'intéressent à la généalogie. Ils cherchent à retrouver leurs _____.
4. Les _____ des francophones d'Amérique ont été envoyés par la France, il y a trois siècles, pour coloniser ce continent.
5. Depuis une vingtaine d'années, certaines provinces françaises _____ leur identité culturelle.

3 Francophone ou pas?

Dans le groupe de jeunes suivant, lesquels habitent dans des pays de tradition française? (Reportez-vous à la carte des pp. 206–207.)

1. Laure habite en Haïti.
2. Amin habite au Liban.
3. Elizabeth habite dans le Connecticut.
4. Boko habite au Niger.
5. Muna habite à Tahiti.
6. Antoine habite en Indonésie.
7. Maria habite à la Jamaïque.
8. Alexis habite à Madagascar.
9. Tahar habite au Maroc.
10. David habite en Tanzanie.

4 A vous de répondre!

1. Depuis combien de temps votre famille est-elle établie là où vous habitez?
2. De quel(s) pays sont venus vos parents ou leurs ancêtres?
3. Avez-vous encore des liens culturels (langue, cuisine, etc.) avec ce(s) pays? Décrivez.

5 Rédaction

1. Si vous deviez vivre à l'étranger, est-ce qu'il vous serait difficile de quitter votre pays? Qu'est-ce qui, à votre avis, vous manquerait?
2. Avez-vous déjà discuté de votre pays avec des étrangers? Qu'est-ce qui leur plaît le plus dans votre pays? Qu'est-ce qu'ils n'aiment pas? Qu'en pensez-vous?

THE PRESENT PARTICIPLE

1. The present participle of all verbs, except **avoir** and **savoir,** is formed by adding **-ant** to the imparfait stem.

Imparfait stem	+	**-ant**
jou **sort** **choisiss** **attend**	}	**-ant**

The present participle of **avoir** is **ayant,** and of **savoir** is **sachant.**

2. The present participle has a compound form. It is composed of the present participle of either **avoir** or **être** plus the past participle of the verb: **ayant joué, étant sorti.**

3. The present participle is used to express:
- the reason something happens or happened.
  Leur isolement **prenant** fin, ils prirent conscience de leur identité.
  Their isolation being over, they became aware of their identity.
- an action preceding that of the main verb (compound form only).
  Leur idée de « pays » **ayant mûri,** ces peuples ont conquis leur indépendance.
  Their idea of nationhood having ripened, these people won their independence.
- an action occurring at the same time as another action. In such cases the present participle is introduced by the preposition **en.**
  Ils pleuraient **en partant.**   *They were going away crying.*
  Note that, while still indicating a simultaneous action, the present participle may have other shades of meaning:
  C'est **en se battant** qu'ils ont conquis leur indépendance.
  They won their independence by fighting for it.
  Il ont rencontré des Indiens **en arrivant** au Canada.
  They met Indians when they arrived in Canada.
- The adverb **tout** is sometimes used before **en** to emphasize a simultaneous action.
  Tout en travaillant, il chantait des chansons de son pays.
  While working, he was singing songs from his country.
  Tout is also used before **en** to indicate a restriction.
  Tout en étant Américains, ils sont fiers de parler français.
  Even though they are American, they are proud to speak French.

Exercices

6 **Comment un pays peut-il faire connaître sa culture à l'étranger?** ⊗

EXEMPLE   Il peut développer le tourisme.
            En développant le tourisme.

1. Il peut envoyer des professeurs.
2. Il peut organiser des expositions.
3. Il peut encourager les échanges d'étudiants.
4. Il peut créer des centres culturels.
5. Il peut faire de la publicité pour ses produits.

7 Il a le mal du pays! ⊗ 📖

EXEMPLE   Il aime les Etats-Unis mais il regrette son pays.
Tout en aimant les Etats-Unis, il regrette son pays.

1. Il s'entend bien avec tout le monde ici, mais il pense souvent à ses amis d'enfance.
2. Il apprécie la cuisine américaine, mais il préfère celle de sa région.
3. Il trouve New York fascinant, mais il aime mieux son village natal.
4. Il parle bien l'anglais, mais il préfère s'exprimer dans sa langue maternelle.
5. Il devient de plus en plus américain, mais il n'oublie pas son pays natal.

8 Si vous voulez vraiment découvrir un pays et sa culture... ⊗

EXEMPLE   Vous devez le visiter.
On découvre un pays en le visitant.

1. Vous devez lire ses livres.
2. Vous devez apprendre sa langue.
3. Vous devez partager la vie d'une famille.
4. Vous devez étudier son histoire.
5. Vous devez y vivre au moins trois mois.

9 Ils ont quitté leur pays. ⊗ 📖

EXEMPLE   Après avoir perdu confiance en leur pays, ils ont examiné les solutions possibles.
Ayant perdu confiance en leur pays, ils ont examiné les solutions possibles.

1. Après avoir examiné les solutions possibles, ils ont décidé de partir.
2. Après avoir décidé de partir, ils ont choisi leur nouvelle patrie.
3. Après avoir choisi leur nouvelle patrie, ils ont émigré.
4. Après avoir émigré, ils ont pu commencer une nouvelle vie et construire leur avenir.

TIME EXPRESSIONS

1. A present tense form is used with **ça fait...que, il y a...que, voilà...que,** and **depuis** to indicate that an action which started in the past is still going on at the present time.

Ça fait vingt ans qu'ils sont indépendants.
Il y a vingt ans qu'ils sont indépendants.
Voilà vingt ans qu'ils sont indépendants.
Ils **sont** indépendants **depuis vingt ans.**

> *They've been independent for twenty years.*

Ils **sont** indépendants **depuis 1962.**   *They've been independent since 1962.*

2. An imparfait form is used with **ça faisait...que, il y avait...que, voilà...que,** and **depuis** to indicate how long an action had been going on in the past.

Il y avait dix ans qu'il habitait là.
Ça faisait dix ans qu'il habitait là.
Voilà dix ans qu'il habitait là.
Il **habitait** là **depuis dix ans.**

> *He had been living there for ten years.*

Il **habitait** là **depuis 1975.**   *He had been living there since 1975.*

3. A passé composé or a past perfect form is used with **pendant** to indicate an action that is completed in the present or was completed in the past.

Il **a habité** là **pendant dix ans.**   *He lived there for ten years.*

4. A past tense form is used with **il y a** to indicate a period of time that has elapsed.

Ils avaient été envoyés par la France il y a trois siècles.
They had been sent by France three centuries ago.

Note that in this case, the expression is **il y a** and not **il y a...que.**

Exercices

10 Depuis quand?

Voici quatre dates qui vous aideront à répondre aux questions suivantes.

1768   1956   1962   1968

1. Depuis quand l'Algérie est-elle indépendante?
2. Depuis quand la Corse est-elle française?
3. Depuis quand le Maroc n'est-il plus une colonie?
4. Depuis quand le français est-il redevenu une des deux langues officielles de la Louisiane?

11 Maintenant, il connaît bien la France! ☺

EXEMPLE   Pendant combien de temps a-t-il séjourné en France?   (trois ans)
Il a séjourné en France pendant trois ans.

1. Pendant combien de temps est-il resté à Paris?   (un an et demi)
2. Pendant combien de temps a-t-il vécu dans une famille française?   (un an)
3. Pendant combien de temps a-t-il travaillé dans une ferme en Bretagne?   (un mois)
4. Pendant combien de temps a-t-il étudié à l'université de Lyon?   (six mois)
5. Pendant combien de temps a-t-il voyagé à travers le pays?   (deux mois)

12 Connaissez-vous bien l'histoire des Etats-Unis?

EXEMPLE   Pendant combien de temps Franklin Delano Roosevelt a-t-il été président des Etats-Unis?
Franklin Delano Roosevelt a été président pendant douze ans.

1. Depuis quand les Etats-Unis sont-ils indépendants?
2. Il y a combien de temps que le premier Américain a marché sur la lune?
3. Depuis quelle année est-ce que la Louisiane fait partie des Etats-Unis?
4. Combien de temps a duré la guerre de Sécession (*Civil War*)?
5. Depuis combien de temps Kennedy était-il président quand il est mort?

13 Exercice écrit

Complétez les phrases suivantes en utilisant **il y a, depuis** ou **pendant.**

1. _____ quelques années, les peuples francophones d'Amérique de Nord revendiquent leur identité culturelle.
2. Ils sont arrivés au Canada _____ trois siècles.
3. Ils y étaient installés _____ une centaine d'années quand les Anglais ont déporté de nombreux colons français en Louisiane.
4. _____ plus de deux siècles, Québécois, Acadiens et Cajuns ont subi la domination anglophone.
5. _____ une vingtaine d'années, ils ont commencé à réagir.
6. _____ 1968, le français est de nouveau une des deux langues officielles de la Louisiane.

Le pays, c'est la dignité ⊗

Le texte suivant est un extrait° du roman Ô Pays, mon beau peuple de l'écrivain-cinéaste sénégalais, Sembene Ousmane (né en 1923). C'est l'histoire d'un Sénégalais, Faye Oumar, qui peu après la Seconde Guerre mondiale, à laquelle il a participé en Afrique du Nord et en France dans « les Forces Françaises Libres », rentre dans son pays. Il est accompagné de sa jeune femme, Isabelle. A cette époque, le Sénégal était encore une colonie française, et la vie n'y était pas facile pour la population indigène° — en particulier° pour les noirs européanisés, comme Oumar. Devant toutes les difficultés qu'ils rencontrent, Isabelle propose à Oumar de repartir en France.

—Retournons en France.
—Retourner en France, répéta Oumar se dirigeant vers la fenêtre. Tu n'y penses pas. Je voudrais que tu comprennes certaines choses : ... Avant la guerre, je ne connaissais rien. Je vivais au jour le jour, mes projets s'arrêtaient à chaque coucher du soleil°. Puis, j'ai été mobilisé°. J'ai eu des ennemis : les Allemands. On m'a appris° à les haïr° et à les combattre°. On m'a appris à endurer la souffrance physique; qu'il pleuve ou qu'il neige, qu'il fasse chaud ou froid, il fallait combattre. Pendant quatre ans, j'ai vécu côte à côte° avec des hommes de toutes les nations, partageant les mêmes rations, évitant les mêmes balles°, riant et pleurant ensemble... Puis, la guerre finie, nous fêtâmes dans l'allégresse° notre victoire durement gagnée. Nous venions de reconquérir la liberté° universelle.

Oumar se tut et serra° les poings°. Puis il reprit° plus calmement :
—Un jour, c'était un an après la victoire, un homme avec qui j'avais combattu me dit : « Sans nous, que seriez-vous devenus, que seraient les colonies? » Cette phrase, le jour-même de l'anniversaire de la victoire, me bouleversa°. Alors j'ai compris. J'ai compris que nous sommes des sans-patrie°, des apatrides°. Quand les autres disent : « Nos colonies », que pouvons-nous dire, nous? Et tu voudrais que je m'en aille°? Pour aller où? Que ferais-je ailleurs°? Vois-tu, je suis chez moi, maintenant, et si je n'arrive pas à me faire respecter ici, qu'en est-il de mon honneur? La dignité de l'homme n'est pas seulement de faire des enfants, pas plus que de porter de belles étoffes, c'est aussi son pays. Où trouverai-je ma dignité d'homme? Où dois-je la conquérir, si ce n'est dans le pays qui m'a vu naître°? Je ne « peux » pas partir et je ne partirai jamais.

ailleurs *elsewhere*	**côte à côte** *side by side*	**liberté** f *freedom*
allégresse f *joy, exhilaration*	**coucher du soleil** m *sunset*	**mobiliser** *to draft*
apatride m, f *stateless person*	**s'en aller** *to leave*	**naître** *to be born*
apprendre *to teach*	**en particulier** *especially*	**patrie** f *fatherland*
balle f *bullet*	**extrait** m *excerpt*	**poing** m *fist*
bouleverser *to shatter*	**haïr** *to hate*	**reprendre** *to begin again*
combattre *to fight*	**indigène** *native*	**serrer** *to clench*

14 Compréhension du texte

1. Qu'est-ce qu'Isabelle propose à Oumar? Accepte-t-il?
2. Est-ce qu'Oumar était volontaire pour faire la guerre?
3. Qu'est-ce qu'il a appris pendant les quatre années de guerre?
4. Comment a-t-il considéré la victoire sur les Allemands?
5. Pourquoi est-il si bouleversé par la remarque de son ancien camarade de combat?
6. Pourquoi ne peut-il plus quitter son pays?

Le pays, c'est la patrie ⊗

Le combat algérien est un poème de Jean Amrouche (1906–1962), un des tous premiers poètes algériens de langue française. Ce poème a été écrit pendant la guerre d'indépendance (1954–1962) de l'Algérie.

Aux Algériens on a tout pris
  la patrie avec le nom
  le langage avec les divines sentences
  de sagesse°, qui règlent° la marche° de l'homme
  depuis le berceau°
  jusqu'à la tombe
  la terre avec les blés les sources° avec les jardins
  le pain de bouche et le pain de l'âme°
  l'honneur
  la grâce de vivre comme enfant de Dieu° frère des hommes
  sous le soleil dans le vent la pluie° et la neige.

On a jeté les Algériens hors de toute patrie humaine
  on les a faits orphelins
  on les a faits prisonniers d'un présent sans mémoire
  et sans avenir
  les exilant parmi leurs tombes de la terre des ancêtres
  de leur histoire de leur langage et de la liberté.

Ainsi
  réduits à merci°
  courbés° dans la cendre° sous le gant du maître colonial
  il semblait à ce dernier que son dessein° allait
  s'accomplir°
  que l'Algérien en avait oublié son nom son langage
  et l'antique° souche° humaine qui reverdissait°
  libre sous le soleil dans le vent la pluie et la neige en lui
          (…)

Nous voulons la patrie de nos pères
la langue de nos pères
la mélodie de nos songes° et de nos chants
sur nos berceaux et sur nos tombes
Nous ne voulons plus errer° en exil
dans le présent sans mémoire et sans avenir

Ici et maintenant
  nous voulons
  libres à jamais sous le soleil dans le vent
        la pluie ou la neige
  notre patrie : l'Algérie.

---

s'accomplir *to be fulfilled*
âme f *soul*
antique *ancient*
berceau m *cradle*
cendre f *ashes*
courber *to bow down*
dessein m *purpose*

Dieu m *God*
errer *to wander*
marche f *path*
pluie f *rain*
réduire à merci *to reduce to obedience*
régler *to guide*

reverdir *to flower again*
sentence de sagesse f *word of wisdom*
songe m *dream*
souche f *stock*
source f *spring*

Le pays, c'est l'héritage ⊗

C'est le chanteur-compositeur cajun, Zachary Richard, qui a écrit ce poème Réveille. Il y évoque « le Grand Dérangement° »—la déportation, en 1755, par les Anglais, des populations françaises d'Acadie (Nouvelle-Ecosse).

Réveille Réveille c'est les goddams[1] qui viennent
brûler la récolte°.
Réveille Réveille, hommes Acadiens,
pour sauver° le village.
Mon grand grand grand grand père
est v'nu de la Bretagne,
le sang° de ma famille est mouille l'Acadie
et là les maudits° viennent
nous chasser° comme des bêtes°
détruire° les saintes familles
nous jeter tous au vent.

Réveille Réveille
J'ai entendu parler de monter avec
Beausoleil
pour prendre le fusil battre les sacrés°
maudits.
J'ai entendu parler d'aller en la Louisiane,
pour trouver de la bonne paix°
là bas dans la Louisiane.

Réveille Réveille

J'ai vu mon pauvre père
était fait prisonnier
pendant que ma mère
ma belle mère braillait°.
J'ai vu ma belle maison,
était mise aux flammes,
Et moi j'su resté orphelin
Orphelin de l'Acadie.

Réveille Réveille c'est les goddams qui viennent,
Voler° les enfants
Réveille Réveille hommes Acadiens
Pour sauver l'héritage.

bête f *animal*	**détruire** *to destroy*	**sacré, –e** *damned*
brailler *to weep, wail*	**maudit** m *beast, bastard*	**sang** m *blood*
chasser *to hunt down*	**paix** f *peace*	**sauver** *to save*
dérangement m *upset, move*	**récolte** f *harvest*	**voler** *to steal*

[1] Les goddams : nom péjoratif donné aux Anglais.

Le pays, c'est nous-mêmes ⊗

*Nôtre pays est un poème-chanson de Raôul Dugay, un poète-chanteur québécois.
Si Dugay a une orthographe bien à lui (accent circonflexe sur tous les « o », etc.),
son amour du pays reflète celui de tous les Québécois.*

**Nôtre pays qu'ôn vôit d'en ô°
du ô des airs ôù tôuttt° est clair
c'est un grand bateau de terre et de misère°
amarré° à l'Amérique
sur le bôrd de l'Atlantide°**

**Nôtre bateau qu'ôn vôit d'en l'air
dans un ôiseau aux ailes en fer
c'est un beau saumôn de mer qui veut remônter
la rivière ôù il est né
pôur y frayer° la liberté**

**Nôtre pôissôn a de la misère
à nager dans la pôllutiôn
Il est en prière° et crie qu'ôn le libère°
et qu'il lui pôusse° des ailes
qu'il aille frayer dans le ciel**

amarrer *to anchor*	**libérer** *to free*	**pousser** *to grow*
Atlantide f *Atlantis*	**misère** f *problems*	**prière** f *prayer*
frayer *to spawn*	**ô** = haut	**toutt** = tout

Nôtre pays c'est un bôuleau
un beau canôt qui va sur l'eau
Il côule en fôrêt vierge° vôir les ôrignaux°
les perce-neige° du printemps
le chant du vent dans les feuilles

Nôtre pays est en dedans
un Sôleil blanc dans nôtre sang°
la chair° et les ôs° de la Terre des ancêtres
un pays de mônde heureux
qui se regarde dans les yeux

Nôtre pays c'est nôtre côrps
c'est nôtre esprit c'est nôtre vie
Dans les yeux de l'amôur ôn bôit les saisôns
le Sôleil dans la pensée
le miel° de la vérité

Nôtre pays c'est un passage
vers un rôyaume° à nôtre image
Il est nôtre histôire l'avenir de nôtre mémôire
Cômmençôns dès aujourd'hui
à nôus sôuvenir du KÉBÈK°

chair f *flesh*	**orignal** m (pl **–aux**) *moose*	**royaume** m *kingdom*
Kébèk = **Québec**	**os** m *bone*	**sang** m *blood*
miel m *honey*	**perce-neige** m *snowdrop*	**vierge** *virgin*

Exercices

15 Poèmes

Vous venez de lire quatre poèmes sur le thème du « pays ».

1. Lequel avez-vous préféré et pourquoi?
2. Lequel correspond le mieux à ce qu'est pour vous le pays?
3. Composez un poème en français pour célébrer votre pays.

16 Enquête

Faites l'étude d'une minorité dans votre pays (française, chinoise, haïtienne, cubaine, etc.).

1. Pourquoi cette minorité se trouve-t-elle dans votre pays?
2. Est-elle dispersée ou concentrée géographiquement?
3. A-t-elle des personnalités dans le domaine de l'art, du spectacle, du sport, etc.?
4. Comment est-ce que cette minorité conserve son identité culturelle (langue, etc.)?

17 Projet

Avec vos camarades, faites un dossier sur votre région. Présentez-la en insistant sur tout ce qui est typique de la région (dans son architecture, sa cuisine, son folklore, etc.).

VOCABULAIRE

Le Pays

▲ **appartenir** to belong
attirer to attract
Bretagne f Brittany
Cambodge m Cambodia, Kampuchea
conquis, –e won, gained
Corse f Corsica
Corse Corsican
▲ **durent (devoir)** owed
fierté f pride

francophone French-speaking
isolement m isolation
marquer to influence
même very
mondial, –e world
mûrir to mature
Occitan(e) inhabitant of Occitania
Occitanie f Occitania
▲ **prendre conscience de** to become aware of, realize

préoccupation f concern
quête f search
quotidien, –ienne daily
racine f root
réagir to react
▲ **remettre en question** to challenge
revendiquer to demand
rude rough
terre f land

Mots Analogues

abandonner to abandon
Acadien m Acadian
Amérique du Nord f North America
armée f army
Asie f Asia
autonomie f autonomy
basque Basque
bayou m bayou
Breton m Breton
Cajun m Cajun
charge f charge
colonie f colony
colonisation f colonization
coloniser to colonize

confrontation f confrontation
continent m continent
contrôle m control
culture f culture
désigner to designate
destinée f destiny
domination f domination
ensemble m ensemble, whole
existence f existence
▲ **forcer** to force
gouvernement m government
identité f identity
importance f importance
incorporer to incorporate

indépendance f independence
indépendant, –e independent
intégrité f integrity
Louisiane f Louisiana
nation f nation
nègre m Negro
origine f origin
peuple m people
▲ **plonger** to plunge
politique political
protester to protest
race f race
réalité f reality
victime f victim

Les Peuples Francophones

berbère m Berber (language)
habituellement generally

maternel, –elle mother

second, –e second

▲ For the conjugation of this verb, see pp. 308–316.

L' Energie 13

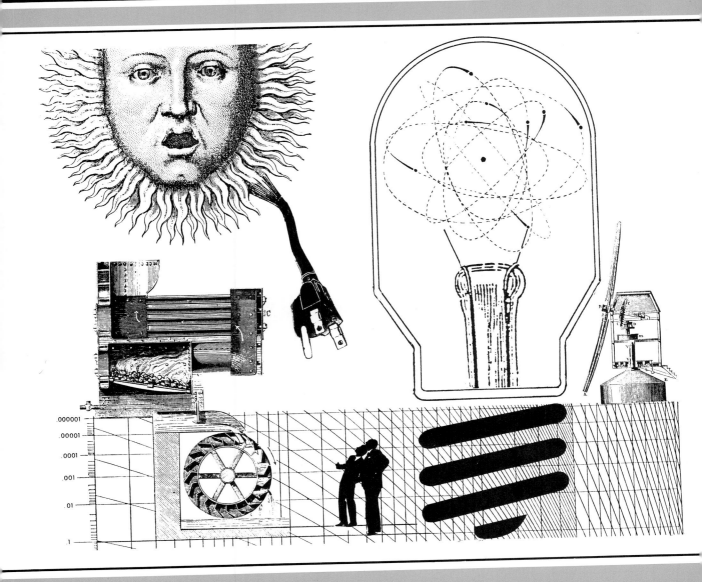

Un ballon fonctionne

C'est le mois d'août. Stéphanie et Guillaume sont en vacances dans le Massif Central. Chaque jour, ils font de longues randonnées à pied dans les montagnes. Par un bel après-midi, les voilà qui traversent une forêt de sapins, très, très sombre.

S.   Dis donc, qu'est-ce que c'est que ce bruit qu'on entend depuis quelques instants?

G.   Aucune idée… C'est bizarre… On croirait le souffle d'une bête… d'une *grosse* bête…

S.   Oh non! C'est la Bête du Gévaudan[1]! C'est un monstre sorti d'une grotte préhistorique… un dragon qui vient de se réveiller d'un sommeil de mille ans… et qui a faim!

G.   Allons, allons, pas de panique! Hum, ça se rapproche… Mais d'où… Eh! Steph! Regarde, là, à droite, au-dessus des arbres!

S.   Un ballon! Ça alors! Qu'est-ce qu'il est chouette! Il faut absolument que je fasse des photos. Passe-moi l'appareil, s'il te plaît.

---

[1] La Bête du Gévaudan dont parle Stéphanie, est une bête monstrueuse, du type loup, qui, de 1764 à 1766, terrorisa la région du Gévaudan, dans le Massif Central, tuant et dévorant des dizaines de femmes et d'enfants.

...COMMENT?

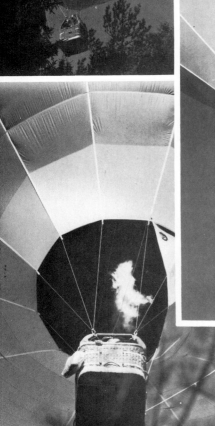

Stéphanie et Guillaume suivent le ballon qui dérive lentement au-dessus des arbres. Il descend, puis remonte brusquement. Puis il redescend et remonte brusquement...

G. On dirait qu'il cherche un endroit pour atterrir.

S. Et on dirait aussi qu'ils ont des ennuis. Comment ça marche, un ballon? Tu as une idée?

G. Oh, c'est très simple... L'air chaud ayant tendance à monter, on gonfle le ballon avec de l'air chaud[2]. Tu vois le brûleur à propane, là, au-dessus de la nacelle? Eh bien, quand le pilote veut que le ballon monte, il ouvre le brûleur : la flamme de propane chauffe l'air qui est à l'intérieur du ballon et le ballon monte. C'est le bruit que font les jets de propane, qu'on a pris tout à l'heure pour le souffle d'un dragon!

S. En résumé, ce ballon marche au gaz...

G. Oui et non, parce qu'il utilise aussi l'énergie du vent — l'énergie éolienne.

S. Oh! Guillaume, regarde! Notre dragon est en train de se poser... Viens vite, je voudrais le photographier de plus près.

---

[2] Certains ballons, au lieu d'être gonflés à l'air chaud, sont gonflés avec des gaz plus légers que l'air, comme l'hélium.

Qui inventa le ballon? ⊛

Ce sont des Français, les frères Montgolfier, qui en 1783 firent voler le premier ballon. Les ballons à air chaud sont en fait appelés « montgolfières », du nom de leurs inventeurs.

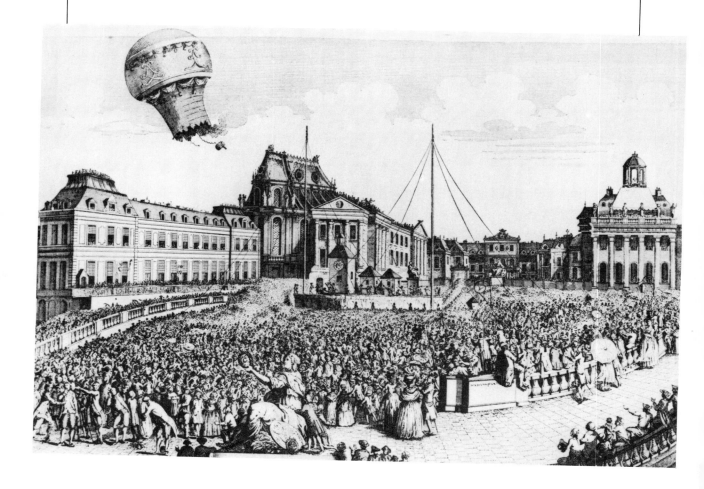

Exercices

1 Questions

1. Quelle sorte de bruit entendent Stéphanie et Guillaume pendant leur promenade?
2. De quoi s'agit-il en réalité?
3. Comment s'explique ce bruit?
4. Pourquoi le ballon est-il soudain silencieux?
5. Que doit faire le pilote lorsqu'il veut que le ballon monte?
6. Où se trouve le pilote pendant le vol?
7. Quelles sont les différentes formes d'énergie qu'utilise un ballon?
8. Qui a inventé le ballon? Où? En quelle année?

LES ENERGIES NON RENOUVELABLES

A chaque fois qu'on consomme du charbon, du pétrole, du gaz et même de l'uranium, on prend sur des réserves qui s'épuisent. Ce sont des énergies non renouvelables.

Le Charbon

— Les réserves actuelles peuvent approvisionner le monde pendant 250 ans.

— Plus de 60% des réserves se trouvent dans trois pays : URSS, Etats-Unis, Chine.

— Fournit : 30% de l'énergie consommée dans le monde, 18% de celle consommée en France.

● **La France importe 60% du charbon qu'elle utilise.**

Usages :

Il est toujours utilisé dans les industries chimiques, dans les hauts-fourneaux pour la fabrication de l'acier (charbon et minerai de fer), et dans les centrales thermiques où, réchauffée, l'eau d'une chaudière produit de la vapeur qui actionne une turbine. Cela produit de l'électricité (22% de l'électricité française vient du charbon).

Inconvénients :

Le charbon n'est pas très facile à transporter et à stocker. Sa combustion dégage des poussières et parfois du gaz sulfureux.

Le Pétrole

— Les réserves connues se trouvent surtout au Moyen-Orient. Au rythme de la consommation actuelle, elles seront épuisées dans trente-cinq ans.

— Fournit : 42% de l'énergie consommée dans le monde, 54% de celle consommée en France.

● **La France importe 99% du pétrole qu'elle consomme, principalement du Moyen-Orient.**

Usages :

Le pétrole est beaucoup utilisé comme carburant des véhicules, pour le chauffage et dans les centrales thermiques (18% de l'électricité vient du pétrole).

Avantage :

Le pétrole est liquide, il est donc facile à transporter.

Inconvénient :

Les naufrages des pétroliers ou des plate-formes en mer, sont des désastres écologiques.

L'Uranium (énergie nucléaire)

—Les centrales nucléaires fonctionnent en tirant de l'énergie des noyaux d'atomes d'uranium. Si, comme prévu, la production d'énergie nucléaire triple d'ici l'an 2 000, les réserves connues seront bientôt épuisées. Ces réserves sont mieux réparties dans le monde que celles du pétrole et du gaz. De nouvelles centrales, les surgénérateurs, permettront d'augmenter nos réserves de 50%, en utilisant une partie de l'uranium inutilisée pour le moment.

● **La France possède de bonnes réserves d'uranium.**

Usages :
Il sert dans les centrales thermiques pour produire de l'électricité.

Avantage :
C'est une énergie très concentrée.

Inconvénient :
Les déchets radioactifs produits sont dangereux pour l'homme. On étudie le stockage définitif de ces déchets.

Le Gaz naturel

—Plus de la moitié des réserves connues se trouvent en URSS et en Iran. Au rythme de la consommation actuelle, elles dureront au moins cinquante ans.
—Fournit : 19% de l'énergie consommée dans le monde, 13% de celle consommée en France.

● **La France importe 70% du gaz qu'elle consomme, principalement d'Algérie, des Pays-Bas et de la Mer du Nord.**

Usages :
Il a un important usage domestique, industriel et collectif (piscines, hôpitaux).

Avantage :
C'est le combustible le plus propre.

Inconvénients :
Le gaz explose quand il est mal utilisé. Son transport est plus difficile que celui du pétrole.

LES ENERGIES RENOUVELABLES

Tous les jours, le soleil brille, les rivières coulent, le vent souffle : ce sont des sources d'énergie renouvelables. On les appelle aussi « énergies douces ».

Le Vent (énergie éolienne)

Cette énergie est capricieuse et difficile à capter. Pour l'instant, l'énergie éolienne ne sert qu'à fournir de l'électricité d'appoint et à pomper de l'eau dans des lieux isolés. Des éoliennes sont en expérimentation (en France, à Ouessant).

Inconvénient :
Les éoliennes sont bruyantes.

Le Soleil (énergie solaire)

—L'énergie solaire représente un grand potentiel. Mais en pratique, elle est intéressante surtout dans les régions très ensoleillées.
—Elle fournit peu d'énergie efficace pour l'instant.

Usages :
Chauffage des maisons, chauffe-eau, séchage des récoltes, pompage, dessalement de l'eau de mer...
Production d'électricité grâce aux centrales solaires qui sont très rares et encore au stade expérimental (en France, la centrale Thémis à Targasonne, Pyrénées-Orientales).

Avantage :
Le soleil brille partout; l'énergie n'a donc pas besoin d'être transportée.

Inconvénient :
C'est une énergie très dispersée, difficile à concentrer. Les capteurs coûtent encore cher et occupent beaucoup d'espace.

L'Eau
(énergie hydraulique)

— Les possibilités de barrages sont importantes, surtout dans les régions où il y a beaucoup d'eau : en zone équatoriale, en URSS et au Québec.

— Fournit : 6% de l'énergie consommée dans le monde, 8% de celle consommée en France.

Usages :

L'eau s'écoule en actionnant des turbines qui produisent de l'électricité (28% de l'électricité française, en 1980). Les barrages peuvent servir à régulariser le débit des fleuves et à irriguer.

Avantages :

Les usines hydro-électriques ne polluent pas l'atmosphère. Elles permettent de répondre rapidement à la demande d'électricité.

Inconvénient :

Un grand barrage peut modifier le débit des eaux d'une rivière et perturber la flore et la faune locales.

● *L'énergie des marées ne peut être récupérée que dans quelques lieux privilégiés (exemple : l'usine de la Rance, près de Saint-Malo, en Bretagne ou l'usine de la Baie des Chaleurs au Nouveau-Brunswick).*

L'Electricité
(énergie électrique)

L'électricité est une forme d'énergie qui peut provenir de différentes sources (voir ci-dessus). Elle représente 30% de l'énergie consommée en France.

Exercices

2 Qu'est-ce qu'ils utilisent comme énergie?

Etes-vous aussi calé(e) que Guillaume? Est-ce que vous pouvez dire quelle(s) forme(s) d'énergie utilise chacun des « systèmes » suivants?

une cuisinière
un voilier
un avion

un poste de télévision
un moulin à vent
un ordinateur

un hors-bord
un climatiseur
une voiture

3 Le mot juste

Trouvez le mot ou l'expression correspondant aux définitions suivantes.

1. On l'utilise pour produire de la chaleur.
2. Lorsqu'on a construit celui d'Assouan, il a fallu déplacer des temples égyptiens.
3. Elle est tantôt haute, tantôt basse. On commence à récupérer l'énergie qu'elle produit, en Bretagne par exemple.
4. Elles ont besoin d'uranium pour produire de l'énergie.
5. Il fournit 30% de l'énergie consommée dans le monde. On l'utilise surtout dans l'industrie.

4 Vrai ou faux? ☺

1. L'énergie éolienne est l'énergie du vent.
2. Le charbon est l'énergie de l'avenir.
3. L'énergie nucléaire fait partie des énergies douces.
4. Les centrales solaires en sont encore au stade expérimental.
5. Le gaz est plus facile à transporter que le pétrole.
6. L'énergie hydraulique est une énergie non renouvelable.
7. Les réserves mondiales de charbon dureront plus de deux siècles.
8. La France est riche en pétrole.

5 Ne confondez pas!

1. Energique / énergétique
   a. Les ressources _____ de la France sont très inférieures à sa consommation.
   b. Quand il faut prendre une décision, il se montre toujours _____ .
2. Essence / gaz / pétrole
   a. La plupart des réserves connues de _____ se trouvent au Moyen-Orient.
   b. Qu'est-ce que vous prenez comme _____ , du super ou de l'ordinaire?
   c. Je n'aime pas tellement le chauffage au _____ . J'ai toujours peur que ça explose!
3. Déchets / gaspillage
   a. On n'a pas encore trouvé de solution définitive au problème des _____ nucléaires.
   b. L'Agence pour les Economies d'Energie lutte contre le _____ .
4. Flore / fleur
   a. La faune et la _____ d'un pays peuvent être menacées par un développement industriel mal contrôlé.
   b. La jonquille est sa _____ préférée.
5. Environnement / environs
   a. Les écologistes luttent pour la préservation de notre _____ .
   b. Cette ville est sans intérêt, mais les _____ sont très pittoresques.

6 Sujets de réflexion ou de débat

1. Est-ce que vous vous intéressez à la protection de l'environnement? Pourquoi le pétrole et l'uranium sont-ils dangereux pour notre planète? Quelles solutions pouvez-vous proposer pour que la pollution qu'ils créent soit réduite?
2. 62% des Français sont pour le développement de l'énergie nucléaire. Quelle est votre opinion? Donnez vos raisons.

RELATIVE PRONOUNS

1. A relative pronoun may be used to combine two sentences into a single sentence.

Ils suivent le ballon. Il dérive lentement.

Ils suivent le ballon **qui** dérive lentement.

That single sentence consists of a main clause and a relative clause. The relative clause describes a noun in the main clause. That noun is called the antecedent of the relative pronoun.

MAIN CLAUSE		RELATIVE CLAUSE	
	Antecedent	*Rel. Pr.*	
Ils suivent	**le ballon**	**qui**	dérive lentement.

2. The relative pronoun used depends on its function in the relative clause.

- **Qui** acts as the subject of the relative clause. It is used for both people and things.

    C'est Stéphanie et Guillaume **qui** ont vu le ballon les premiers.
    It's Stéphanie and Guillaume who saw the balloon first.

    Il faut chauffer l'air **qui** est à l'intérieur du ballon.
    You have to heat the air that is inside the balloon.

    Le ballon **qui** s'éloigne d'ici est gonflé à l'hélium.
    The balloon which is moving away from here is filled with helium.

    Notice that the verb in the relative clause always agrees with the antecedent of **qui**.

    Voilà **les deux jeunes gens** qui l'**ont vu.**

    C'est **moi** qui l'**ai vu.**

- **Que / Qu'** acts as the direct object of the verb in the relative clause. It is also used for both people and things.

    Le pilote **que** l'on voit à droite ouvre le brûleur.
    The pilot whom you see on the right is opening the burner.

    C'est le bruit **que** font les jets de propane.
    It's the noise made by the propane jets.

    Notice that unlike its English equivalents *that / whom / which,* **que** is never omitted in French.

- If the relative pronoun is used as the object of a preposition, either **qui** or **lequel (laquelle, lesquels, lesquelles)** is used. **Qui** or a form of **lequel** is used for people; however, **qui** is more commonly used in everyday speech. For things, only a form of **lequel** is used.

Le pilote **avec qui (avec lequel)** il apprend à piloter est italien.

The pilot with whom he is learning to fly is Italian.

Le gaz **avec lequel** on gonfle ce ballon est de l'hélium.

The gas with which you fill this balloon is helium.

However, with **parmi** (*among*) and **entre** (*between*) only a form of **lequel** may be used:

Les gens **parmi lesquels** je me trouvais étaient tous des inventeurs.

The people among whom I found myself were all inventors.

Notice that when the relative is used as the object of a preposition, the preposition always comes first in the relative clause with the relative pronoun immediately following it.

Contractions occur with the relative pronouns **lequel, lesquels,** and **lesquelles.**

à + lequel ⟶ **auquel** de + lequel ⟶ **duquel**
à + lesquels ⟶ **auxquels** de + lesquels ⟶ **desquels**
à + lesquelles ⟶ **auxquelles** de + lesquelles ⟶ **desquelles**

Les arbres, au-dessus **desquels** ils volaient, étaient très hauts.

The trees, above which they were flying, were very high.

3. In everyday French, the relative pronoun **dont** usually replaces **de** + **qui** or **de** + a form of **lequel.**

Ce sont les deux pilotes **dont** le journal a parlé.

They are the two pilots mentioned in the newspaper.

C'est une énergie **dont** on ne sert pratiquemment pas.

It's a form of energy we almost never use.

Dont is also used to replace possessive **de** phrases, whether stated or merely understood.

Je suis montée dans un ballon. {Tu connais le propriétaire de ce ballon.
{Tu connais son propriétaire.

Je suis montée dans un ballon **dont** tu connais le propriétaire.

I went up in a balloon whose owner you know.

Note that in French, the direct object of the verb in the relative clause (in this case, **propriétaire**) follows the verb and is preceded by a definite article. Also note that a **de** phrase which is part of a longer prepositional phrase is never replaced by **dont.**

Le pilote **à côté de qui** il se trouve est son professeur.

4. Où may replace a preposition of place + a relative pronoun, most often **à** or **dans** + **lequel.**

L'usine **où (dans laquelle)** il travaille marche 24 heures sur 24.

The factory where he works runs 24 hours a day.

Par où and **d'où** are used instead of **par** + a form of **lequel** and **de** + a form of **lequel** referring to place.

C'est une région **par où (par laquelle)** nous sommes passées plusieurs fois.

It's a region we went through several times.

Voici l'endroit **d'où (duquel)** on a décollé.

Here is the place from which we took off.

Où may also refer to time. It must be used after an antecedent referring to a unit of time (**moment, jour, mois, époque**...).

C'est l'époque de l'année **où** on ne peut pas voler.

It's the time of the year when you can't fly.

However, with **heure, où** is not used.

C'est **l'heure à laquelle** il est arrivé.

It's the time when he arrived.

Summary of Relative Pronouns

	PEOPLE		
	Antecedent	Relative Pronoun	
Subject	C'est le garçon C'est la fille	**qui** **qui**	est monté en ballon. est montée en ballon.
Object	C'est le garçon C'est la fille	**que** **que**	nous avons vu. nous avons vue.
Object of a Preposition	C'est le garçon C'est la fille C'est le garçon C'est la fille	**avec qui** **avec qui** **dont** **dont**	je suis monté en ballon. je suis monté en ballon. je vous ai parlé. je vous ai parlé.

	THINGS		
	Antecedent	Relative Pronoun	
Subject	C'est le ballon C'est la nacelle	**qui** **qui**	est abîmé. est abîmée.
Object	C'est le ballon C'est la nacelle	**que** **que**	je vais réparer. je vais réparer.
Object of a Preposition	C'est le ballon C'est le ballon C'est la machine C'est la falaise C'est le champ C'est l'endroit	**dans lequel** **dont** **dont** **où** **où** **d'où**	nous sommes montés. je vous ai parlé. je vous ai parlé. l'accident a eu lieu. il s'est posé. il a décollé.

Exercices

7 **Voyons si vous êtes calé(e)…**

EXEMPLE   Qui a inventé la machine à vapeur? Denis Papin ou James Watt?
C'est Denis Papin qui a inventé la machine à vapeur.

1. Qui a inventé le ballon? Les frères Wright ou les frères Montgolfier?
2. Quel pays fournit le plus de gaz naturel à la France? Le Tchad ou l'Algérie?
3. Quel combustible est le plus propre? Le charbon ou le gaz?
4. Qui a découvert l'uranium? Madame Curie ou Martin Klaproth?
5. De ces deux énergies — l'énergie solaire et l'énergie nucléaire —, laquelle est renouvelable?

8 **Quiz!**

Répondez aux questions en utilisant le pronom relatif **qui.**

1. Qu'est-ce qu'une énergie non renouvelable?   2. Et une énergie renouvelable?   3. Qu'est-ce qu'une éolienne?   4. Et un pétrolier?   5. Et une centrale nucléaire?

9 J'ai une interview à faire pour le journal du lycée. ⊗ ▢

EXEMPLE   Je voudrais interviewer un pilote de ballon. Tu en connais un?
Oui, mais celui que je connais n'aime pas les interviews.

1. Je voudrais interviewer des écologistes. Tu en connais?
2. Je voudrais interviewer une femme pilote d'avion. Tu en connais une?
3. Je voudrais interviewer un inventeur. Tu en connais un?
4. Je voudrais interviewer des personnes qui sont contre l'énergie nucléaire. Tu en connais?
5. Je voudrais interviewer des gens qui sont pour l'énergie solaire. Tu en connais?

10 Ce sont des modèles qui consomment peu d'énergie. ⊗ ▢

EXEMPLE   Ta nouvelle voiture consomme beaucoup d'essence?
Non, la voiture que j'ai prise est très économique.

1. Ton nouveau climatiseur consomme beaucoup d'électricité?
2. Votre nouvelle cuisinière consomme beaucoup de gaz?
3. Son nouveau frigidaire consomme beaucoup d'électricité?
4. Leur nouvelle chaudière consomme beaucoup de gaz?
5. Leurs nouvelles motos consomment beaucoup d'essence?
6. Leurs nouveaux tracteurs consomment beaucoup de carburant?

11 Qu'en pensent les écologistes?

EXEMPLE   Le stockage des déchets radioactifs au fond de la mer est une solution…
Le stockage des déchets radioactifs au fond de la mer est une solution avec laquelle les écologistes ne sont pas d'accord / à laquelle beaucoup d'écologistes s'opposent…

1. Les gaspilleurs d'énergie sont des gens…
2. Le ballon est un moyen de transport…
3. Le développement des centrales nucléaires est un projet…
4. L'utilisation du vent comme source d'énergie est une idée…
5. Les pollueurs sont des personnes…
6. La production d'électricité grâce aux centrales solaires est une expérience…

12 Quelques grands titres de la « Gazette écologique »

EXEMPLE   La pollution est un problème grave. Nous devons tous nous intéresser à ce problème.
La pollution : un problème grave auquel nous devons tous nous intéresser.

1. Le soleil est une source d'énergie propre. On commence à s'intéresser à cette source d'énergie.
2. On commence la construction d'un barrage au Brésil. La faune et la flore seront dangereusement perturbées par ce barrage.
3. Le stockage des déchets radioactifs est un problème. Il faut trouver rapidement une solution à ce problème.
4. Economie d'énergie : nous avons trop de mauvaises habitudes. Nous devons renoncer à ces habitudes.
5. Les naufrages de pétroliers sont des désastres écologiques. Nous devons nous battre contre ces désastres en priorité.

13 Produisent-ils l'énergie qu'ils consomment?

EXEMPLE   Est-ce que la Suisse produit tout le gaz qu'elle consomme?
Non, la Suisse ne produit pas tout le gaz dont elle a besoin.

Attention : la réponse peut être positive!

1. Est-ce que les Etats-Unis produisent tout le charbon qu'ils consomment?
2. Est-ce que l'Inde produit tout le pétrole qu'elle consomme?
3. Est-ce que la France produit tout le gaz qu'elle consomme?
4. Est-ce que la France produit tout le pétrole qu'elle consomme?
5. Est-ce que les Etats-Unis produisent tout le pétrole qu'ils consomment?

14 Les problèmes de l'énergie : tout le monde en parle! ☺ ▭

EXEMPLE   Je suis allé à une conférence. A cette conférence il était question des problèmes de l'énergie.
Je suis allé à une conférence à laquelle / où il était question des problèmes de l'énergie.

1. J'ai participé à une discussion. Pendant cette discussion, il était question des problèmes de l'énergie.
2. J'ai lu plusieurs magazines. Dans ces magazines, il était question des problèmes de l'énergie.
3. J'ai écouté une émission, il était question des problèmes de l'énergie.
4. J'ai eu des conversations avec mes amis. Pendant ces conversations, il était question des problèmes de l'énergie.
5. J'ai regardé un documentaire à la télévision. Dans ce documentaire, il était question des problèmes de l'énergie.

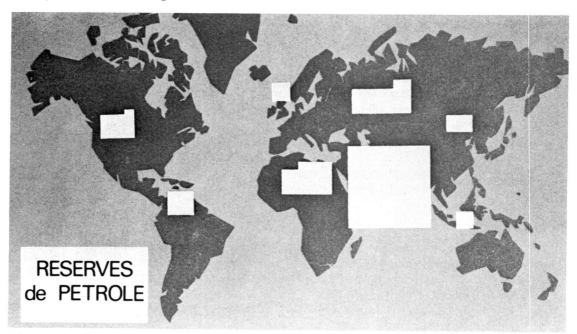

RESERVES de PETROLE

Réserves de pétrole en milliards de tonnes : Moyen-Orient : 52 (58%), URSS : 12 (13%), Afrique : 9 (10%), Amérique Latine : 6 (6.6%), Etats-Unis : 6 (6.6%), Europe : 2 (1.8%).

Le Retour du dirigeable[1] ⊗

La crise de l'énergie de ces dernières années a forcé les gens à prendre conscience° du gaspillage de l'énergie et à rechercher des solutions pour y remédier. Une de ces solutions — en ce qui concerne les moyens de transport aériens° — est de reprendre et d'améliorer° une vieille invention : celle du ballon dirigeable. C'est ce dont nous parle Gil Tocco, un journaliste canadien, dans un article publié par le Magazine Affaires.

Tout le monde a vu, un jour ou l'autre, flottant au-dessus d'un stade ou d'une plage, le « blimp » de Goodyear. Cet engin° de 192 pieds de long, contenant 292 700 pieds cubes d'hélium, ne constitue pour l'instant qu'une attraction ou qu'un moyen publicitaire quelque peu démodé° ayant quelque chose de magique et d'enfantin. Mais d'ici quelques années°, il se pourrait bien que vous puissiez utiliser un de ces dirigeables pour traverser l'Atlantique. La raison en est simple : ce moyen de transport sera beaucoup moins cher, infiniment plus confortable et plus sécuritaire que l'avion.

C'est le fameux accident du Hindenburg à Lakehurst en 1937 qui a relégué le dirigeable aux oubliettes°. Mais l'Hindenburg était gonflé à l'hydrogène, gaz extrêmement inflammable, uniquement parce que les USA avaient refusé de vendre de l'hélium à l'Allemagne nazie. Les conditions ont changé depuis cette époque et la technologie s'est développée. C'est sans aucun doute le coût sans cesse croissant° de l'énergie qui a amené certains chercheurs à repenser au dirigeable.

---

aérien, –ienne *air*
améliorer *to improve*
croissant, –e *growing*
démodé, –e *outmoded*

d'ici quelques années *a few years from now*
engin m *machine*

oubliettes f pl *oblivion*
prendre conscience de *to become aware of*

---

[1] Un dirigeable est un ballon gonflé avec un gaz plus léger que l'air et équipé d'un système de propulsion et de direction. Son enveloppe a la forme d'un cigare.

Un avion moderne utilise 70% de l'énergie qu'il consomme uniquement pour se maintenir en vol. Dans le cas d'un dirigeable aucune énergie n'est nécessaire. C'est sa première qualité, mais il en a bien d'autres. Il peut se poser n'importe où en s'accrochant° à un mât d'amarrage° portatif°. Il est silencieux, donc pas de pollution sonore°. Sans aucune dépense d'énergie, un dirigeable peut soulever° des masses allant jusqu'à 500 tonnes (pour l'instant). Autre avantage, il peut rester sur place indéfiniment, ce qu'un hélicoptère qui consomme beaucoup d'énergie ne peut pas se permettre.

C'est à cause de ces principales qualités que les dirigeables actuellement en construction seront avant tout des espèces de grues° aériennes. Ils transporteront des tonnes de bois ou des maisons entières, pourront charger et décharger des navires en pleine mer, amener des pylones de transport d'électricité dans les lieux les plus inhospitaliers, etc.

Aux USA, c'est à Lakehurst, lieu de l'accident de l'Hindenburg, que l'Heli-Stat est en construction. Dessiné par Frank Piaseki, un pionnier de l'hélicoptère, l'Heli-Stat aura 343 pieds de long et sera mû° par quatre moteurs d'hélicoptère. Sa mission : transporter le bois des exploitations forestières. De son côté, Goodyear construit un dirigeable de 443 pieds pouvant lever 75 tonnes. En Grande-Bretagne, la compagnie Cargo Airships planifie le Skyship pouvant transporter 500 tonnes à 100 km/h. Les Soviétiques étudient, pour leur part, un dirigeable de 900 pieds de long à propulsion nucléaire qui se déplacera à 170 km/h.

Le dirigeable moderne sera donc d'abord un engin de levage et de manutention° de lourdes° charges, mais aussi un moyen de surveillance pour les pompiers° en forêt et les garde-côtes par exemple. Mais déjà, des dirigeables pour passagers sont sur les planches à dessin. Mille pieds de long, pouvant transporter 400 passagers et traverser l'Atlantique en trente heures, ces nouveaux vaisseaux° de l'air n'auront pas les problèmes d'exiguïté° et de poids° de l'avion commercial. On pourra donc se permettre d'avoir à bord un restaurant de classe, une salle de bal et des ponts-promenade. Les passagers pourront aussi transporter autant de bagages qu'ils le désirent et dormir dans de véritables lits. Il est à prévoir° que ce genre de voyage coûtera beaucoup moins cher que ceux qui utiliseront l'avion. Le seul avantage restant à ce dernier sera la vitesse. Mais quel touriste refusera de perdre quelques heures tout en effectuant° une véritable croisière° aérienne silencieuse et confortable pour beaucoup moins cher?

En 2 000, on prévoit que 4 000 dirigeables survoleront° ainsi le monde. D'ici là°, les technologies auront progressé et ces engins volants déjà contrôlés par ordinateurs° seront de plus en plus sophistiqués. On pense déjà à recouvrir l'énorme surface des ballons de capteurs solaires qui fourniraient l'énergie nécessaire aux moteurs. On obtiendrait ainsi un moyen de transport ne consommant aucun carburant. (Les coûts de carburant d'une compagnie aérienne représentent environ 40% des frais d'exploitation°, salaires non-compris).

D'autres chercheurs imaginent des mini-ballons pouvant transporter une famille de 4 personnes à 150 milles à l'heure à 500 pieds du sol°. Des applications encore plus sensationnelles sont à prévoir quand le ballon dirigeable sera devenu un objet céleste aussi familier que l'hélicoptère.

s'accrocher   to hook onto
croisière f   cruise
d'ici là   between now and then
effectuer   to make
exiguïté f   lack of space
frais d'exploitation m pl   operating cost
grue f   crane

lourd, -e   heavy
manutention f   handling
mât d'amarrage m   anchoring mast
mû, -e   run
ordinateur m   computer
poids m   weight
pollution sonore f   noise pollution

pompier m   fireman
portatif, -ive   portable
prévoir   to foresee
sol m   ground
soulever   to lift
survoler   to fly around
vaisseau m   ship

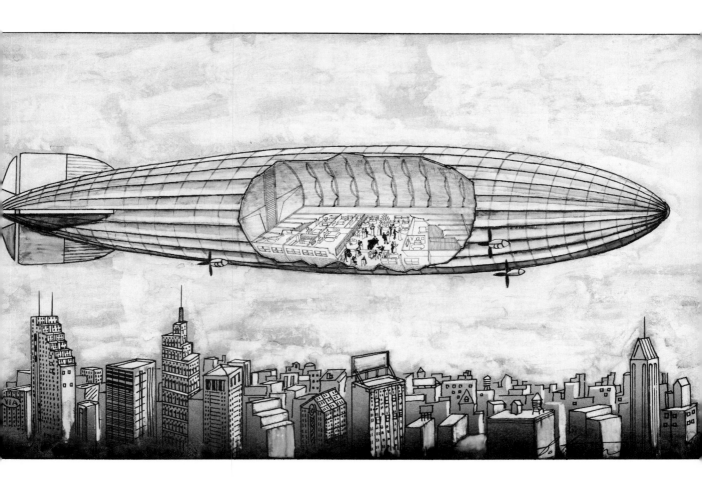

Exercices

15 Compréhension du texte

1. Est-ce que le dirigeable « Goodyear » est un moyen de transport?
2. Que s'est-il passé en 1937 à Lakehurst?
3. Comment s'explique l'accident?
4. Pourquoi un dirigeable consomme-t-il beaucoup moins d'énergie qu'un avion?
5. Quelles sont les autres qualités essentielles d'un dirigeable?
6. A quoi serviront les dirigeables actuellement en construction?
7. Quel usage pourront aussi en faire les pompiers et les garde-côtes?
8. Lorsqu'il y aura des dirigeables pour le transport des passagers, quelle sera leur capacité?
9. Combien de temps leur faudra-t-il pour traverser l'Atlantique?
10. Quels seront les divers avantages de ce genre de transport?
11. Combien de dirigeables seront en circulation en 2 000?
12. Quelle sorte d'énergie pourront peut-être utiliser les dirigeables à l'avenir?

16 Rédaction

Vous êtes l'un des 400 passagers à bord du nouveau dirigeable transatlantique. Racontez votre traversée.

CONSOMMATION D'ENERGIE EN FRANCE ⊗

QUE FAIT-ON DE CETTE ENERGIE ?

Depuis dix ans le prix du pétrole a été multiplié par six! Partout, on cherche des solutions de remplacement. On ne pourra « s'en sortir » que par une utilisation intelligente des différentes sources d'énergie et par un changement des mentalités.

Environ 80% de l'énergie sont perdus!
Quand on transforme une source d'énergie naturelle brute (uranium, charbon...) en énergie efficace (électricité, transports...), une partie de l'énergie se transforme obligatoirement en chaleur qui se dissipe dans l'atmosphère. C'est une loi physique. On n'y peut rien. Mais il y a la chasse aux pertes qui ne dépend que de nous. En France, l'Agence pour les économies d'énergie travaille à limiter le gaspillage.

brute *raw*	**perte** f *loss*
chasse f *hunt*	**utilisation** f *use*
s'en sortir *to get out of it*	(p. 239)
loi f *law*	**commerce** m *store*
mentalité f *mind*	**cuisson** f *cooking*
obligatoirement *necessarily*	**habitation** f *home*

17 Testons vos connaissances

1. Le Canada est au premier rang pour la consommation d'énergie par habitant. Quelle position occupent les Etats-Unis? Le Japon? L'Inde? La France?
2. Les Français consomment-ils plus d'énergie pour s'éclairer ou pour faire la cuisine?
3. Vous avez 3 000 m³ de gaz naturel. Pour obtenir la même quantité d'énergie, combien vous faudrait-il d'uranium? De charbon? D'électricité? De pétrole?
4. Citez cinq sources d'énergie naturelle brute.

18 Discussion

1. Nous gaspillons tous de l'énergie. Faites une liste de toutes les dépenses d'énergie que vous auriez pu éviter pendant les dernières vingt-quatre heures.
2. Croyez-vous que vous dépendez trop de l'électricité? Discutez.
3. Comment peut-on apprendre aux gens à ne plus gaspiller l'énergie? Imaginez différents moyens qui permettent d'arriver à ce résultat.

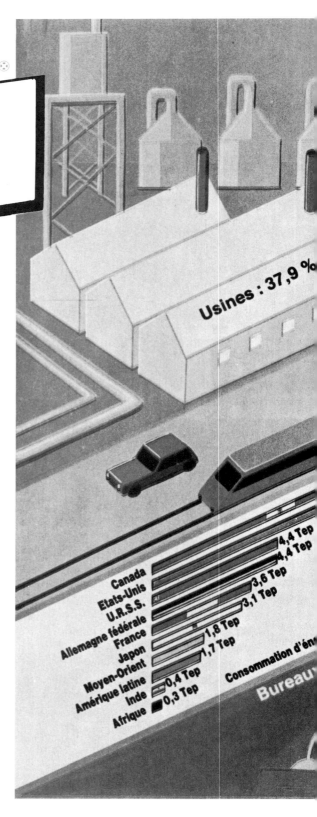

Usines : 37,9 %

Canada	4,4 Tep
Etats-Unis	4,4 Tep
U.R.S.S.	3,6 Tep
Allemagne fédérale	3,1 Tep
France	1,8 Tep
Japon	1,7 Tep
Moyen-Orient	
Amérique latine	0,4 Tep
Inde	0,3 Tep
Afrique	

Consommation d'éne

Bureaux

La comparaison des énergies

Pour comparer les différentes sources d'énergie entre elles, on les convertit toutes en tep : tonne équivalent pétrole. 1 tep correspond à l'énergie que l'on obtient en faisant brûler une tonne de pétrole.

1 tep : 4 500 kilowatt-heure d'électricité.
1 tep : 1,5 tonne de charbon.
1 tep : 100 g d'uranium naturel (1).
1 tep : 1 000 m³ de gaz naturel.

(1) Il s'agit d'uranium naturel utilisé dans les centrales nucléai-res françaises PWR.

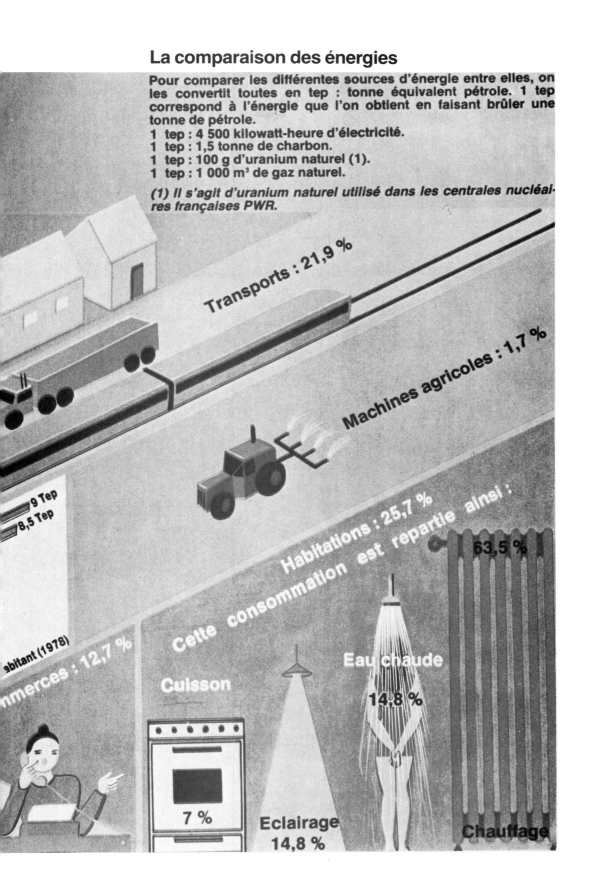

Transports : 21,9 %

Machines agricoles : 1,7 %

9 Tep
8,5 Tep

Habitations : 25,7 %

Cette consommation est repartie ainsi :

63,5 %

abitant (1978)

mmerces : 12,7 %

Cuisson

Eau chaude
14,8 %

7 %

Eclairage
14,8 %

Chauffage

Le Gaspi

A votre tour, racontez — avec des mots ou / et des images
— une histoire de « gaspi » (gaspillage d'énergie).

VOCABULAIRE

Un ballon, fonctionne...comment?

allons! come on!
au lieu instead of
bête f animal
brûleur m burner
ça alors! look at that!
chacun, –e everyone
chauffer to heat (up)
depuis for
dériver to drift
dont of which

en résumé in short
éolien, –ienne wind
femme f woman
fonctionner to work
grotte f cave
jet m burst
loup m wolf
monter to rise
nacelle f basket

▲ **ouvrir** to open
par on
se poser to land
randonnée à pied f hike
se rapprocher to come closer
sommeil m sleep
souffle m breathing
tuer to kill
voler to fly

Mots Analogues

ballon m balloon
dévorer to devour
flamme f flame
gaz m gas
hélium m helium
instant m instant

intérieur m inside, interior
inventer to invent
inventeur (–trice) inventor
Massif Central m Massif Central
monstre m monster
monstrueux, –euse monstrous

préhistorique prehistoric
propane m propane
silencieux, –ieuse silent
solaire solar
tendance f tendency
terroriser to terrorize

Les Energies Non Renouvelables – Les Energies Renouvelables

acier m steel
actionner to move
approvisionner to supply
barrage m dam
Bretagne f Brittany
briller to shine
bruyant, –e noisy
capricieux, –ieuse inconsistent
capter to harness
capteur m reflector
carburant m fuel
centrale f power station, plant
charbon m coal
chaud, –e heated
chaudière f boiler
chauffage m heating
chauffe-eau m water-heater
ci-dessus above
combustible m fuel
consommation f consumption
contestation f protest
couler to flow
d'appoint extra
de moins en moins less and less
débit m flow

définitif, –ive permanent
▲ **dégager** to give off
dessalement m desalination
d'ici l'an 2 000 by the year 2000
s'écouler to flow
efficace efficient
éolienne f windmill, wind pump
s'épuiser to become exhausted
fleuve m river
fournir to furnish
haut-fourneau m blast furnace
inconvénient m disadvantage
inutilisé, –e unused
irriguer to irrigate
isolé, –e isolated, remote
marée f tide
minerai m ore
Moyen-Orient m Middle East
naufrage m sinking
ne...que only
noyau m nucleus
occuper to take up
▲ **permettre** to make it possible
perturber to disturb
pétrole m (crude) oil

pétrolier m oil tanker
pompage m pumping
pomper to pump
▲ **posséder** to have
pour le moment at present
pour l'instant for the moment
privilégié, –e favored
▲ **provenir** to come from
réchauffé, –e heated up
récolte f harvest
▲ **récupérer** to recover
▲ **régler** to solve
renouvelable renewable
répartir to distribute
répondre to meet (a need)
séchage m drying
soin m care
stade m stage
stockage m storage
stocker to store
surgénérateur m supergenerator
thermique thermal
tirer to draw
toujours still
vapeur f steam

Mots Analogues

atmosphère f atmosphere
atome m atom
Chine f China
collectif, –ive collective
combustion f combustion
demande f demand
désastre m disaster
domestique domestic
écologique ecological
électricité f electricity
énergie f energy, power
équatorial, –e equatorial
espace m space
expérimental, –e experimental
expérimentation f experimentation
exploser to explode

faune f fauna
flore f flora
gaz m gas
hydraulique hydraulic
hydro-électrique hydroelectric
importer to import
Iran m Iran
liquide liquid
médical, –e (m pl –aux) medical
modifier to modify
nucléaire nuclear
plate-forme f platform
possibilité f possibility
potentiel m potential
pratique f practice

production f production
▲ **produire** to produce
Pyrénées-Orientales f pl Eastern Pyrenees
radioactif, –ive radioactive
régulariser to regularize
réserve f reserve
rythme m rhythm
source f source
sulfureux, –euse sulfurous
tripler to triple
turbine f turbine
uranium m uranium
usage m use
zone f zone

▲ For the conjugation of this verb, see pp. 308–316.

L' Education 14

DU CES AU LYCÉE ⊗

il faut prendre des notes...

L'enseignement secondaire en France est divisé en deux cycles. Le premier cycle correspond au CES (Collège d'Enseignement Secondaire) et va de la sixième à la troisième. Le deuxième cycle correspond au lycée et comprend trois années d'études : la seconde, la première et la terminale.

Le passage d'un cycle à l'autre, c'est à dire du CES au lycée, est souvent traumatisant pour les élèves, car l'orientation du lycée est beaucoup plus spécifique que celle du CES. En effet, le lycée prépare directement et intensivement au baccalauréat — l'examen qui termine les études secondaires et permet l'entrée à l'université.

Pour faciliter ce passage du CES au lycée, certains lycées organisent des rencontres entre leurs élèves de seconde et des élèves de troisième de CES voisins.

Mardi 10 juin. 8 h 30. Les quatre-vingts élèves de différentes classes de troisième du CES de Saint-Leu-la-Forêt attendent dans la cour du lycée de Taverny.

Les élèves de troisième se répartissent par groupes selon la section dans laquelle ils iront : A, B, C, D... Chaque groupe est accueilli et piloté par deux ou trois élèves de seconde. Le programme a été mis au point avec minutie : rencontre du prof d'économie pour les B, du prof de français pour les A, du prof de maths pour les C et les D...débat avec le conseiller d'éducation et les élèves des différentes sections, etc. Toutes les demi-heures, on change de locaux, histoire de s'habituer à circuler dans le lycée.

Nous suivons les B en salle B4. Tables en carré. Les troisièmes un peu sur la réserve s'assoient; les secondes s'installent sur les tables. En attendant le prof d'économie, on démarre sur les difficultés de la seconde :

« Le plus dur, déclare Marc, c'est le commentaire de texte où on nous demande à la fois de décortiquer un texte et de faire une synthèse. »

« De façon plus générale, dit Cécile, de la troisième à la seconde, l'esprit est très différent : les profs ne s'occupent plus de chaque élève en particulier; il faut que l'on se sente vraiment responsable. Par exemple, pendant les cours, les profs écrivent peu au tableau; c'est à nous de prendre des notes. On nous demande un travail plus personnel, plus approfondi. Le travail n'est pas plus important qu'en troisième, mais il n'est plus le même : il demande une réflexion, une compréhension, une rigueur plus importantes. »

Au quatrième étage, les A sont accueillis par leur futur professeur de français :

« Vous avez deux ans pour préparer le bac et ce n'est pas une petite affaire. Cette année, treize élèves seulement sur trente passent en première A! Pas la peine de venir en A si vous n'êtes pas ouverts à la littérature. Vous devez arriver avec de meilleures lectures que Tintin ou Astérix[1]. Le premier travail en A, c'est le travail de la lecture. Il faut aussi prendre l'habitude d'écrire. Tenez un journal, écrivez quelques lignes tous les jours. Vous verrez qu'au bout de quelques semaines, vous écrirez de plus en plus facilement, et de mieux en mieux. »

« La disserte, c'est pas aussi facile qu'on le croyait en troisième, intervient Béatrice. En seconde, on est jugé beaucoup plus sévèrement. Moi, qui en troisième avais toujours des 15 ou des 16 — les meilleures notes de la classe —, au début de la seconde, je me suis retrouvée avec un 9 à ma première dissertation... La pire note que j'aie jamais eue en français! Ça a été un choc! Après ça, je me suis adaptée et mes notes sont devenues meilleures, mais malgré tout elles sont moins bonnes que dans le temps. »

Dans la salle des C et des D on discute maths et physique. Lionel explique à ses camarades comment il faut travailler :

« Avant de faire les exercices de synthèse du prof, il faut s'échauffer avec plusieurs exercices qui ont trait à chaque partie du cours. Bien sûr, on n'en a pas trop envie... S'obliger à bosser, c'est vraiment ce qu'il y a de plus dur ici! »

« Oui, dit Véronique, le travail est moins mâché, moins scolaire, mais il y en a beaucoup plus qu'en troisième, et surtout il faut l'organiser seul(e), sans l'assurance d'être aiguillé(e) au bon moment. »

« Comme ici les profs nous surveillent beaucoup moins qu'au CES, dit Sylvie, au début on a la tentation de ne pas travailler autant qu'avant, mais tout de suite on se fait avoir aux contrôles. Alors si on ne veut pas couler, il faut se discipliner. »

[1] Tintin et Astérix sont des héros de bandes dessinées très célèbres dans le monde francophone.

Exercices

1 Questions

1. Si vous étiez dans une école française, dans quelle classe seriez-vous?
2. Est-ce que vous seriez dans un CES ou dans un lycée?
3. Comment s'appelle l'examen qu'on passe en fin d'études secondaires en France? A quoi sert-il?
4. Dans quelle matière est-ce qu'on se spécialise en section A? En section B? En section C et D?
5. En plus des professeurs, qui vont rencontrer les futurs lycéens?
6. Pourquoi le commentaire de texte en économie est-il très dur?
7. Quels sont les deux facteurs essentiels pour réussir en section A?
8. Est-ce que Béatrice s'est adaptée facilement?
9. Qu'est-ce que Lionel et Véronique trouvent le plus difficile en seconde?
10. En résumé, d'après ce que disent ces élèves de seconde, quelles sont les principales difficultés que l'on rencontre quand on entre dans le deuxième cycle?

2 Quelques questions personnelles

1. Est-ce que votre école est une école publique ou privée? Est-elle mixte?
2. Combien d'élèves y a-t-il dans l'école? Et dans votre classe?
3. Depuis combien de temps êtes-vous dans cette école? Comment avez-vous trouvé le passage de l'école primaire à l'école secondaire?
4. Quelles matières étudiez-vous? Quelle est celle que vous préférez? Celle que vous aimez le moins? Etes-vous bon(ne) élève?
5. Pensez-vous aller à l'université? Qu'est-ce que vous voudriez y étudier?
6. Quels sports peut-on pratiquer dans votre école? Faites-vous partie d'une équipe?
7. Qu'est-ce que vous appréciez le plus dans votre école?
8. Qu'est-ce que vous aimez le moins?

3 Encore à vous!

Dans la liste suivante, qu'est-ce qui vous paraît essentiel pour que votre vie scolaire soit réussie? Qu'est-ce que vous trouvez secondaire? Pourquoi?

1. vous amuser
2. préparer votre avenir
3. faire du sport
4. avoir beaucoup d'amis
5. apprendre une langue étrangère
6. développer vos dons
7. être un(e) bon(ne) élève
8. devenir plus indépendant(e)
9. avoir des professeurs intéressants
10. apprendre à vivre en société

4 Le mot juste

Trouvez dans le texte les synonymes des mots soulignés.

1. On recommande aux élèves de troisième de discuter avec un conseiller d'orientation qui les orientera vers la section qui leur convient.
2. La plus sûre façon de réussir un examen, c'est encore de travailler.
3. De l'avis général, passer du premier cycle au deuxième cycle, ce n'est pas facile.
4. Quand on arrive en seconde, il ne faut plus compter que les professeurs vous préparent le travail comme dans le premier cycle.
5. Avant de passer un examen, certains élèves s'entraînent en se posant des colles entre eux.

5 Etudes et carrières

Quelles matières doit-on plus particulièrement étudier au lycée quand on se destine aux professions suivantes :

1. vétérinaire
2. professeur de gymnastique
3. guide touristique
4. avocat

5. interprète
6. ingénieur
7. architecte

COMPARISONS

The Comparative

1. The comparative of adjectives or adverbs is formed by using **plus/moins/aussi** + adverb/adjective + **que.**

On demande un travail **plus approfondi qu'**au CES.
You're asked to work more in depth than at the CES.

On est jugé **moins sévèrement qu'**au lycée.
You're judged less harshly than at the lycée.

On est **aussi occupé qu'**au lycée.
You're as busy as you'd be at the lycée.

	plus/moins/aussi	Adverb Adjective	que	
Il travaille	plus moins aussi	vite	que	moi.
Elle est	plus moins aussi	organisée	que	les autres.

2. The comparative of quantity is formed by using **plus/moins/autant** + **de** + noun + **que.**

Il y a **plus de travail** au lycée **qu'**au CES.
There is more work at the lycée than at the CES.

Il y a **moins de discipline** au lycée **qu'**au CES.
There is less discipline at the lycée than at the CES.

Il y a **autant d'élèves** au lycée **qu'**au CES.
There are as many students at the lycée as there are at the CES.

	plus/moins/autant	de + Noun	que	
J'ai	plus moins autant	de travail de devoirs	que	les autres.

3. There are a few irregular comparatives.

- **Meilleur, -e** is the comparative of **bon, bonne.**
    > Mes notes sont finalement devenues **meilleures.**
    > *My grades finally got better.*

- **Mieux** is the comparative of **bien.**
    > Au bout d'une semaine, vous écrirez **mieux.**
    > *After a week, you'll write better.*

- **Mauvais, -e** has two comparatives: a regular one, **plus mauvais;** an irregular one, **pire.**
    > Il a eu une note **plus mauvaise (pire)** que la mienne.
    > *He got a worse grade than mine.*
    In everyday language, **plus mauvais** is used much more than **pire. Plus mauvais** and **pire** are usually interchangeable, except when **mauvais** means *defective, of poor quality.*
    > Il a les yeux **plus mauvais** que son frère.

4. Bien or **beaucoup** are used to reinforce comparatives.
> C'est **beaucoup plus facile** que je ne croyais.
> *It's much easier than I thought.*
Note that with **meilleur** and **pire,** only **bien** is used.
> Mes notes sont **bien meilleures** qu'avant.
> *My grades are much better than before.*

The Superlative

1. The superlative of an adjective is formed with the appropriate article **le, la** or **les** + **plus/moins** + adjective.
> C'est l'année **la plus difficile.**
> *It's the most difficult year.*

> J'ai toujours eu **les plus mauvaises** notes de la classe.
> *I always got the worst grades in my class.*

	le / la / les	plus / moins	Adjective	de	
Marc est	le		organisé		
Béatrice est	la	plus	organisée	de	la classe.
Marc et Lionel sont	les	moins	organisés		
Béatrice et Cécile sont	les		organisées		

Note the following:

- **Bon** and **mauvais** have irregular superlatives.
    > Il a de **bonnes** notes. Il a **les meilleures** notes de la classe.
    > *He has good grades. He has the best grades in the class.*

    > Ne pas réussir au bac est une **mauvaise** chose. C'est **la pire** des choses.
    > *To fail the "baccalauréat" is a bad thing. It's the worst thing of all.*

- In French, the preposition following the superlative is always **de** – in English it varies.

  > C'est **le plus grand de** la classe.
  > *He's the tallest in the class.*

  > C'est **le plus grand de** l'équipe de basket-ball.
  > *He's the tallest on the basketball team.*

- In a superlative construction including a noun, the order is noun + superlative – if the adjective normally follows the noun.

  > C'est un travail **difficile.** → C'est le travail **le plus difficile.**

  If the adjective normally precedes the noun, the order may be noun + superlative or superlative + noun.

  > C'est un **gros** travail. → $\begin{cases} \text{C'est le travail } \textbf{le plus gros.} \\ \text{C'est } \textbf{le plus gros} \text{ travail.} \end{cases}$

  However, **meilleur** often precedes the noun.

  > C'est **la meilleure** note.

- **Ce** (rather than **il, elle, ils,** or **elles**) is used to mean *he, she, it,* or *they,* when followed by **être** and a superlative.

  > **C'est la meilleure** élève de la classe.
  > *She's the best student in the class.*

2. The superlative of an adverb is formed with **le** + **plus/moins** + adverb.

	le	plus/moins	Adverb
C'est elle qui travaille	le	plus moins	**vite.**

Note that **bien** has an irregular superlative.

> C'est elle qui travaille **le mieux.**

3. The superlative of quantity is formed with **le** + **plus/moins** + **de** + noun.

	le	plus/moins	de + Noun
C'est elle qui a fait	le	plus moins	**de fautes.** **de travail.**

c'est elle
qui travaille
le moins vite...

Exercices

6 Pas d'accord. ⊙ 📖

EXEMPLE — Pourquoi préfères-tu la musique à la gymnastique?   (amusant)
— *Parce que la musique, c'est plus amusant que la gymnastique.*
— *Moi, au contraire, je trouve ça bien moins amusant que la gymnastique.*

1. Pourquoi préfères-tu l'espagnol au français?   (facile)
2. Pourquoi préfères-tu les maths à l'anglais?   (important)
3. Pourquoi préfères-tu l'histoire au latin?   (intéressant)
4. Pourquoi préfères-tu la chimie à la physique?   (fascinant)
5. Pourquoi préfères-tu l'informatique à la biologie?   (utile)
6. Pourquoi préfères-tu l'algèbre à la géométrie?   (passionnant)

7 Michel aime bien faire « marcher » ses amis. ⊙ 📖

EXEMPLE   Antoine est vraiment très intelligent.   (tous)
Oui, mais qui est le plus intelligent de tous? Moi!

1. Marc est vraiment très brillant.   (la classe)
2. Christine est vraiment très bonne en physique.   (la section)
3. Julien est vraiment très drôle.   (la bande)
4. Sylvie et Catherine sont vraiment très douées en dessin.   (le lycée)
5. Joël et Stéphane sont vraiment très sportifs.   (l'équipe)
6. Agathe est vraiment géniale.   (le groupe)

8 Ecoles de chez vous et écoles françaises

Comparez la vie scolaire dans votre pays avec la vie scolaire française en utilisant des comparatifs renforcés.

EXEMPLE   les élèves / libres
Dans les écoles ici, les élèves sont beaucoup (bien) plus libres que dans les écoles françaises.

1. les professeurs / décontractés
2. l'enseignement secondaire / spécifique
3. l'équipement sportif / bon
4. les notes / basses
5. les élèves / disciplinés

9 Filles et garçons ⊙

EXEMPLE   Est-ce que les filles sont aussi ambitieuses que les garçons?   (ambition)
Oui, elles ont autant d'ambition que les garçons.

1. Est-ce qu'elles sont aussi patientes que les garçons?   (patience)
2. Est-ce qu'elles sont aussi énergiques que les garçons?   (énergie)
3. Est-ce qu'elles sont aussi enthousiastes que les garçons?   (enthousiasme)
4. Est-ce qu'elles sont aussi courageuses que les garçons?   (courage)
5. Est-ce qu'elles sont aussi disciplinées que les garçons?   (discipline)
6. Est-ce qu'elles sont aussi organisées que les garçons?   (organisation)

10 Le nouveau ⊗

Un nouvel élève vient d'arriver dans votre école. Il se renseigne.

EXEMPLE   section / intéressant
Quelle est la section la plus intéressante?

1. matière / difficile
2. professeur / sympa
3. devoirs / long
4. professeur / bon

5. professeur / mauvais
6. cours / ennuyeux
7. jour / chargé

11 De mon temps ⊗

Un vieux professeur se plaint que les élèves ont changé!

EXEMPLE   Ils sont contestataires et ils ne sont pas responsables.
Ils sont de plus en plus contestataires et de moins en moins responsables.

1. Ils ne sont pas ouverts à la littérature.
2. Ils sont bruyants.
3. Ils ne sont pas consciencieux.
4. Ils ne sont pas passionnés.
5. Ils sont paresseux.
6. Ils sont distraits.

12 Lionel a fait de gros progrès. ⊗

EXEMPLE   Il travaille bien, cette année?
Disons qu'il travaille mieux que l'année dernière.

1. Il a de bonnes notes, cette année?
2. Il se discipline, cette année?
3. Il a de bons résultats, cette année?
4. Il suit bien, cette année?
5. Il reçoit de bonnes appréciations?

ils ne sont pas passionnés... !!

Journal d'un lycéen

Latin, huit heures

D'abord, on voit le drapeau°. Ensuite, presque immédiatement après, les grilles°. Derrière les grilles, il y a des mobylettes et même quelques petites motos. Une pluie° froide et fine tombe sans arrêt. Ce soir, les selles° seront mouillées. Les murs du lycée, tout en gris. Encore des grilles! des grilles devant les portes, des grilles devant les fenêtres. Puis la loge° du concierge°: sans grilles.

Je me hâte, sans trop de précipitation°, en me hâtant pourtant. Il faut arriver à l'heure pile. Ensuite la porte et… tiens, d'ailleurs, ils sont en train de la fermer. Il était temps. Certains d'entre nous habitent vachement° loin, ont plus d'une heure de transport le matin. Le règlement est tellement strict que celui qui a raté son bus et se présente trente secondes en retard reste devant la porte. C'est malin!°

La cour. Toute petite, écrasée° par des immeubles aux fenêtres tristes qui surplombent° deux arbres anémiés.

Quatre étages à monter. C'est dur à cette heure-là. De partout, monte la rumeur° des élèves qui entrent en cours.

Cours de latin, c'est optionnel, ça ne sert à rien, mais au bac ça donne des points. On ne se marche pas sur les pieds. Comme nous sommes peu nombreux, on a réuni en une seule classe, les élèves des sections A, B, C et D. Malgré cela, nous arrivons à peine au nombre de treize. Et nous ne sommes que° deux venus de la première D, les autres ne ratent pas grand chose. Vu la personnalité du professeur, c'est un cours assez difficile. Je n'ai même pas envie d'en parler.

C'est malin! *Cute!*	**loge** f *room*	**rumeur** f *noise*
drapeau m *flag*	**ne...que** *only*	**selle** f *seat (bike)*
écraser *to dwarf*	**pluie** f *rain*	**surplomber** *to overhang*
grille f *gate*	**précipitation** f *haste*	**vachement** *awfully (slang)*

Français, dix heures

On rentre.

Etude de texte. Trouver ce qui est important dans le morceau choisi. Ce n'est pas compliqué. Elle parle et on écrit. Quand on prend des notes trop brèves, elle dit :

« Eric, je ne vous ai pas vu prendre beaucoup de notes!

—Oh! Madame, je trouve que mes notes sont assez bien.

—Montrez-moi. »

Eric se déplace en traînant les pieds°. Il sait comment cela va se terminer.

« C'est insuffisant. C'est du style télégraphique.

—Mais madame, moi je comprends plus en vous écoutant qu'en recopiant à toute allure° ce que vous dites…

—Taisez-vous, Eric, et travaillez plus. Vous ne participez pas assez! »

Eric hausse les épaules°, irrité. « Participer! Faut écouter la prof, avoir un œil sur le livre, l'autre sur ce que tu écris, et en plus parler! Quoi encore? » Pour le coup°, il se fait carrément engueuler° : « Et arrêtez de vous plaindre, sinon je vous passe à la porte! » Il s'asseoit en soupirant°.

C'est reparti. J'écoute. Je fais même un effort pour entendre. Sans grande conviction. Les profs de français donnent l'impression de tous penser le même chose. Ils te présentent tous la même idée de Montaigne ou de Pascal[1]; tu as toujours l'impression qu'ils ouvrent le même livre et qu'ils l'ont appris par cœur.

Fin de cours. « Vous me faites une fiche de lecture° et vous l'apprenez par cœur pour le prochain cours. » Comme d'habitude, quoi! Dans le couloir, Yannick fulmine°, comme d'habitude aussi. « Avoir la prétention de t'enseigner l'histoire de la littérature avec des fiches, en une année!

C'est dément, impensable! La littérature, ça ne s'apprend pas.

—Mais c'est énorme la littérature, reprend° Véronique, qui aurait tendance à être moins contestataire°; on ne peut pas tout lire, ne dis pas n'importe quoi!

—Moi, je voudrais qu'on approfondisse°.

—Approfondir! Véronique lève les yeux au ciel. Si tu ne connais que quatre auteurs, on ne peut plus parler de culture.

—Et alors, tu fais par toi-même.

—Ah, parce que tu crois que tu es capable de décortiquer un texte comme les profs le font?

—Et pourquoi tu veux décortiquer?

—Parce qu'il y a des connaissances que tu connais pas[2]!

—Alors là bien sûr, dit insidieusement Yannick, s'il y a des connaissances que je ne connais pas… je peux pas réfléchir! »

Yannick revient vers Marc et moi. « Cette fille-là, elle a des résultats parce qu'elle apprend tout par cœur, jette négligemment Marc en fermant à demi les yeux.

—Arrête, là t'es dur!

—Mais si, insiste Marc. Les profs ont dit au conseil de classe que Véronique apprend tout par cœur, c'est pour ça qu'elle a des notes correctes°. Mais dès qu'il faut faire autre chose que ressortir un cours, ou des exercices… Dans le devoir où il fallait partir de ses propres expériences pour trouver les différents composants d'un liquide, elle a eu la plus mauvaise note de la classe! »

Maths, onze heures

Tiens, voilà les grosses têtes! C'est la pagaille° dans le couloir. Nous croisons° les premières C. Certains passent, sans même nous regarder. Ils ont déjà intériorisé leur prétendue° supériorité. « Les C en maths

---

allure f *speed*	**engueuler** *to bawl out*	**pour le coup** *this time*
approfondir *to go deeper*	**fiche de lecture** f *reading report*	**prétendu, –e** *supposed*
contestataire *anti-establishment*	**fulminer** *to be furious*	**reprendre** *to go on*
correct, –e *passable*	**hausser les épaules** *to shrug*	**soupirer** *to sigh*
croiser *to pass*	**pagaille** f *disorder (familiar)*	**traîner les pieds** *to drag one's feet*

---

[1] Montaigne (1533–1592) et Pascal (1623–1662) sont deux écrivains français très célèbres.

[2] En français parlé, le **ne** est souvent omis.

et physique, ils sont peut-être forts, lance insidieusement Ribeyre, mais en français, ils font une faute tous les deux mots! »

Nous, on est en première D. Math, français, physique. Pas les super-têtes, mais juste en dessous.

« Les profs, en conseil de classe, ils ont décidé que je n'étais pas assez fort pour aller en C, lance Choupette à haute voix, mais ça ne me dérange pas parce que D c'est pareil° pour ce que je veux faire plus tard.

— Qu'est-ce que tu veux faire plus tard? demande Laure, intéressée.

— Ah! bien... Choupette s'arrête, réfléchit intensément une seconde. A vrai dire, je ne sais pas. Eclat de rire général. Il en faut plus pour le déconcerter.

— De toute façon, il fait, vaut mieux être bon en D, que mauvais en C! »

Comme presque tout le monde, j'espérais pouvoir accéder à° la première C. J'avais redoublé ma troisième pour ça. J'avais envie de faire médecine. Les maths m'ont éliminé. Dur, dur. Certains d'entre nous réagissent° très mal. C'est l'écroulement de tous leurs projets.

Notre nouveau prof de maths — il est arrivé voici deux mois et demi. La quarantaine°, relax. L'ancienne, Madame Baston, s'est fait excuser. Ils n'ont pas été jusqu'à nous donner un prof agrégé°. Ils n'ont peut-être pas les moyens. Ça nous est égal, il est bien.

Le prof vient de s'arrêter dix minutes sur un détail sans importance — ça lui arrive souvent — et il contemple le diagramme qu'il a dessiné au tableau.

« Alors, vous avez une quinzaine de formules, à vous de trouver laquelle est bonne! »

Je reste le nez en l'air. Je ne suis pas le seul. D'une table à l'autre, nous nous jetons des regards consternés°. Il veut qu'on... Si au moins on savait ce qu'on cherche! Ce type est gentil, mais il nous perturbe. Pas parce qu'il est distrait, encore que de ce côté, on soit particulièrement gâtés°. Il tombe de l'estrade, régulièrement, perd ses affaires, régulièrement, oublie son livre, régulièrement.

Non, il nous perturbe parce qu'il s'est mis dans la tête de nous faire réfléchir un peu plus et de nous faire trouver les formules par nous-mêmes. On a tellement l'habitude d'apprendre par cœur, d'apprendre sans réfléchir, qu'on... on est perdus. On n'est pas habitués à l'autonomie. On n'a jamais appris.

Midi chez Maxim's[3]

De midi un quart à deux heures moins le quart, on a une demi-heure pour déjeuner. Ou plutôt, pour dire les choses moins improprement, pendant l'interruption de la mi-journée, on mange à toute allure en trente minutes.

Les femmes de service ne servent que lorsque toutes les places d'une table sont remplies. On attend. A l'autre bout du banc°, Ribeyre tape° avec sa cuillère sur la table, pour réclamer° à manger. C'est gagné. Dès qu'un élève commence à faire un bruit, il y a toujours quelqu'un pour enchaîner°, puis toutes les tables reprennent° et après, c'est la pagaille complète.

Maintenant ils amènent tous les plats à une allure impossible. Le temps d'avaler° les hors-d'œuvre, les légumes sont déjà froids. « La nourriture, ici, c'est lamentable°, se plaint Laure, comme une femme de service met un plat devant elle. — Pour sept francs cinquante, lance aigrement° celle-ci, vous voulez peut-être manger comme chez Maxim's! »

Ensuite, c'est l'exil. La bibliothèque est

---

accéder à to get into
agrégé, –e Ph.D.
aigrement sourly
avaler to swallow
banc m bench
consterné, –e dismayed

enchaîner to go on
gâter to spoil
lamentable awful
pareil, –eille the same
quarantaine f in his forties

réagir to react
réclamer to demand
reprendre to take up
taper to bang

---

[3] Maxim's est un restaurant de grand luxe à Paris.

pleine de monde, les salles sont fermées à clef°. On n'a aucun endroit pour se réunir. On va au troquet° pour le petit café.

Sept ou huit autour de la table. Discussions tous azimuts°. Ribeyre et Pinard jouent au billard. D'autres martyrisent° les flippers°.

« Oh, Véronique, tu viens à la patinoire samedi, demande Buitony en se penchant° vers Véro.

— Sûrement pas, lui répond Véronique. »

La semaine on est très unis, mais le week-end, pour voir quelqu'un, faut vraiment aller le chercher.

« Les copines, elles n'ont pas confiance en nous, jette Buitony, approuvé par l'ensemble des mâles dépités°.

— D'abord ça ne nous intéresse pas de sortir avec vous, dit Laure dans un éclat de rire, vous êtes trop jeunes. Et puis on est sérieuses, nous! »

Sérieuses! C'est à nous de rire. Les filles sont assez sages°, c'est vrai. Mais en réalité, elles aiment bien s'amuser. Elles laissent simplement le soin aux° garçons de mettre la pagaille°.

Je consulte ma montre. On a encore le temps. On parle de tout, on parle de rien, et surtout pas du lycée.

Géographie, quinze heures

C'est un des profs les plus sympas du lycée, il nous captive, il nous fait travailler, mais aujourd'hui il paraît quelque peu déprimé°.

« Vous n'êtes quand même pas sympas, il a jeté quand il est arrivé. Vous vous plaignez d'être scolaires°, mais quand on vous propose un truc bien, vous ne le faites pas! »

Tout le monde s'est tu, vaguement gêné°.

« Ecoutez, nous avait-il dit lors d'un des derniers cours, au lieu de° vous faire un grand discours sur le sous-développement, je vous conseille d'aller voir un bon film, *La faim du monde*. Ça passe° au ciné-club. C'est chouette, ça dure deux heures, on pourrait s'y rencontrer. »

J'y suis allé. Trois élèves sont venus sur les cent vingt qu'il avait invités. J'ai l'impression qu'il ne comprend pas, qu'il ne comprend plus.

Il nous lit un texte, s'arrête, nous parle d'un mot, un mot qui lui rappelle° une chose, qui elle-même l'amène sur un souvenir°, qui conduit à une digression qui nous ramène au point de départ. On a très envie de parler, de participer. On le fait. Il nous écoute, quand on intervient. Moi qui ai horreur de la géographie, je me surprends à aimer ça. Il aurait tort de se décourager. Même quand on fait autre chose, on l'écoute avec intérêt.

Physique, seize heures

Il fait son discours, n'admet° pas qu'on discute. Le prof sait tout, nous on ne sait rien. On est des crétins. On n'apprend rien. On écrit pendant deux heures. Moi, je vais m'acheter un magnéto. On n'est même pas sûrs que tout ce qu'on apprend va nous servir plus tard. La semaine dernière, sous le titre « écologie » on a étudié la vie du ver de terre°!

Je fais machinalement° des yeux le tour de la classe. Mon regard s'arrête sur Pinard. Il glande°. Il tourne les pages de son cahier, fait l'idiot, adresse des signes à Véronique, relève ses chaussettes... «Dites donc, Nicolas! Vous croyez que ça sert à quelque chose tout ça? Vous êtes déjà en difficulté, vous avez un bac l'année prochaine... » Le bac, le bac!... Les profs et les parents n'ont que ce mot-là à la bouche! Une véritable obsession!

Maurice Lemoine

---

admettre *to allow*
au lieu de *instead of*
dépiter *to vex*
déprimé, –e *depressed*
fermer à clef *to lock*
flipper m *pin-ball machine*
gêner *to embarrass*
glander *to fool around (slang)*

laisser le soin à *to leave it up to*
machinalement *automatically*
martyriser *to batter*
mettre la pagaille *to start a ruckus*
passer *to be showing*
se pencher *to lean*
rappeler *to remind*

sage *well-behaved*
scolaire *bookish*
souvenir m *memory*
tous azimuts *all around (military)*
troquet m *café (slang)*
ver de terre m *earthworm*

L'après-bac

Bac C = Sciences
Bac B = Economie
Bac H = Informatique *(Computer Science)*
Bac G = Gestion *(Management)*
Bac A = Lettres

Exercices

13 Compréhension du texte

1. Est-ce que ce lycée est un endroit accueillant? Donnez plusieurs exemples pour justifier votre réponse.
2. Quels sont les professeurs que les élèves trouvent intéressants et pourquoi?
3. Quels sont les professeurs que les élèves n'aiment pas? Pour quelles raisons?
4. Lequel de tous ces professeurs aimeriez-vous le plus? Lequel aimeriez-vous le moins? Justifiez votre réponse.
5. Est-ce que les relations entre les élèves des différentes sections sont bonnes? Pourquoi?
6. Comment s'entendent les élèves de la section D? Donnez quelques exemples.
7. Quelles sont les différences et les ressemblances entre votre école et celle qui est décrite ici?
8. Est-ce que les professeurs ont tous les torts ou est-ce que les élèves ont une part de responsabilité?

14 Débat

Etes-vous pour ou contre la discipline à l'école? Pensez-vous que les élèves devraient être libres d'assister aux cours et de choisir les matières qui leur plaisent? Ou croyez-vous que contrôles et punitions soient une nécessité?

15 Sujets de rédaction

1. Est-ce que vous aimez aller à l'école? Pourquoi?
2. Quel serait pour vous le professeur idéal?
3. Avez-vous déjà eu des problèmes de discipline dans votre école? Que s'est-il passé? Comment s'est terminée l'histoire?

16 Discussion

« Il vaut mieux avoir une tête bien faite qu'une tête bien pleine, » a dit Montaigne. Comment comprenez-vous cette phrase? Etes-vous d'accord avec Montaigne?

VOCABULAIRE

Dessin de Puig Rosado, p. 243

dissertation f *composition*

Mots Analogues

éducation f *education*   **se limiter** *to be limited*   **milieu** m *environment*

Du CES au Lycée

▲ **accueillir** *to greet*
affaire f *matter*
aiguiller *to steer, to point in the right direction*
approfondi, –e *in depth*
▲ **avoir trait à** *to relate to*
bosse f *(camel) hump*
bosser *to work (slang)*
carré m *square*
c'est-à-dire *that is (to say)*
c'est à nous *it's up to us*
choc m *shock*
circuler *to move around*
collège m *school*
▲ **comprendre** *to include*
contrôle m *test*
dans le temps *before*

décortiquer *to take apart*
disserte = dissertation f *composition*
s'échauffer *to warm up*
en particulier *individually*
entrée f *entrance*
▲ **se faire avoir** *to get caught*
s'habituer à *to get used to*
histoire de *in order to*
important, –e *great*
▲ **intervenir** *to interrupt*
journal m *diary*
▲ **juger** *to judge*
lecture f *reading*
ligne f *line*
local m *place*

mâché, –e *spoon-fed*
▲ **mettre au point** *to prepare*
minutie f *exactness*
pire *worst*
▲ **prendre l'habitude** *to get used to*
rencontre f *meeting*
répartir *to divide*
scolaire *school-like*
sur *out of*
sur la réserve *shy*
surveiller *to watch over*
▲ **tenir un journal** *to keep a diary*
tentation f *temptation*
terminale f *last year of high school*
terminer *to bring to a close*
voisin, –e *neighboring*

Mots Analogues

s'adapter *to adapt*
assurance f *assurance*
compréhension f *comprehension*
cycle m *cycle*
débat m *discussion, debate*
déclarer *to declare*
directement *directly*
discipliner *to discipline*

faciliter *to facilitate*
intensivement *intensively*
littérature f *literature*
note f *note*
▲ **s'obliger à** *to oblige oneself to*
organiser *to organize*
physique f *physics*

réflexion f *reflection*
responsable *responsible*
rigueur f *rigor*
sévèrement *severely*
spécifique *specific*
synthèse f *synthesis*
traumatiser *to traumatize*

L'après-bac

CAP m *vocational school certificate*
▲ **changer d'avis** *to change one's mind*

contreplaqué m *plywood*
ébénisterie f *carpentry*

plomberie f *plumbing*
▲ **redire** *to say again*

▲   For the conjugation of this verb, see pp. 308–316.

LES LOISIRS 15

LOISIRS-JEUNES

Les jeunes Français de 15 à 19 ans peuvent avoir jusqu'à 210 jours de congé par an. Que font-ils de tout ce temps — théoriquement — libre?

Tout d'abord, ils en consacrent la plus grande partie à l'étude, car dans un lycée français, les professeurs donnent beaucoup de travail à faire à la maison : leçons à apprendre, dissertations à rédiger, interrogations à préparer, etc.

Une autre partie de ce temps libre est consacrée aux tâches domestiques. En effet, les parents français trouvent toujours un tas de choses à faire faire à leurs rejetons quand ceux-ci ne sont pas en train d'étudier : ils leur font ranger leur chambre, garder leurs petits frères et petites sœurs, faire la vaisselle, tondre la pelouse, etc.

Et puis, bien sûr, une partie de ce temps libre est consacré aux vacances : les 15 à 19 ans sont parmi les Français qui ont le plus l'occasion de partir en vacances (34% partent plus de 22 jours par an).

Mais enfin, devoirs, tâches domestiques, vacances et, parfois, petits jobs, n'arrivent pas à remplir 210 jours de congé. Il reste encore à nos 15 à 19 ans français beaucoup de temps à consacrer à leurs loisirs.

Quels sont les loisirs qu'ils préfèrent?

Voici ce qu'ils ont répondu à un récent sondage.

Parmi la liste des loisirs suivants, quels sont ceux que personnellement vous préférez?	%
	74
Aller au cinéma	29
Regarder la télévision	29
Lire	**65**
Sortir avec des copains	11
Rester en famille	9
Faire de la musique	27
Aller écouter de la musique	**52**
Faire du sport	5
Visiter des expositions, les musées	23
Aller au café, au restaurant	

Apparemment, les jeunes Français ont une préférence marquée pour trois formes de loisir : 1) aller au cinéma, 2) sortir avec des copains, 3) faire du sport. Les deux premières semblent très liées, comme on va le voir par la suite.

Préférez-vous voir un film...	%
Dans une salle de cinéma?	**78**
A la télévision?	12
En vidéocassette?	5
Indifférent.	5

Parmi les avantages qu'il y a à voir un film dans une salle de cinéma, quels sont ceux qui, pour vous, sont les plus importants?

Je veux pouvoir choisir mon film.	45
J'aime voir des films récents	36
Je préfère voir les films sur grand écran	42
Cela fait une occasion de sortir avec des copains	**49**
Image et son sont meilleurs dans une salle de cinéma.	33
Les parents ne sont pas là	17

Il semble donc qu'aller au cinéma et sortir avec des copains soit, pour la plupart des jeunes interrogés, une seule et même forme de loisir. Maintenant, quels genres de films est-ce que les copains aiment aller voir?

Quel est le genre de films que vous préférez?	%
Films comiques	**65**
Films d'aventure	**49**
Films de S.F., films fantastiques	40
Films policiers, d'espionnage	39
Films qui font peur, films d'horreur.	36
Westerns	21
Histoires d'amour	18
Films de karaté	17
Films historiques.	14
Comédies musicales.	13
Films à sujet politique	12
Dessins animés	9

Ce sont les films comiques et les films d'aventure que préfèrent les 15 à 19 ans, car s'ils vont au cinéma, c'est essentiellement — comme ils le disent dans une autre partie du sondage — pour se distraire (66%) et non pas pour se cultiver (8%).

Quant au sport, qui est la forme de loisir que les jeunes préfèrent après le cinéma et les sorties avec les copains, ils le pratiquent ainsi :

Quel sport est-ce que vous préférez pratiquer?	*%*
Jogging	**27**
Natation	**31**
Football	**44**
Tennis	20
Vélo	10
Ski	11
Moto	2

Jouer au football, faire de la natation, faire du jogging, voilà les sports que les jeunes préfèrent. Aucun de ces sports ne demande d'équipement coûteux et tous sont faciles à pratiquer.

Pourquoi les jeunes aiment-ils faire du sport? Est-ce que c'est pour se distraire — comme lorsqu'ils vont au cinéma — ou ont-ils d'autres raisons?

Quand vous pratiquez un sport, est-ce que c'est...	*%*
Pour vous amuser?	18
Pour être bien dans votre peau et trouver un équilibre?	**77**
Pour faire des performances et vous surpasser?	3

Il n'y a pas de doute, les jeunes qui font du sport, le font pour être bien dans leur peau, pour trouver un équilibre.

En résumé... en France, les jeunes ont trois formes de loisir préférées : le cinéma, les sorties avec les copains et le sport. Ils vont au cinéma, de préférence avec les copains, pour se distraire — ils choisissent donc en général de voir des films comiques ou des films d'aventure. Quant au sport, ils en font pour être bien dans leur peau, et leur préférence va à des sports peu coûteux et faciles à pratiquer, comme le football, la natation et le jogging.

Exercices

1 Vrai ou faux?

1. Les lycéens et étudiants français ont pratiquement la moitié de l'année de libre.
2. Ils n'ont pas beaucoup de travail à faire à la maison.
3. Un tiers des Français de 15 à 19 ans part en vacances plus de trois semaines par an.
4. Ce que les jeunes Français aiment le moins faire pendant leur temps libre, c'est aller au musée et faire de la musique.
5. Sortir avec des copains est leur distraction préférée.
6. Ils préfèrent voir un film dans une salle de cinéma parce que leurs parents ne sont pas là.
7. Ils préfèrent les westerns aux films policiers.
8. Le football est le sport le plus populaire parmi les jeunes.
9. S'ils pratiquent un sport, c'est avant tout pour s'amuser.

2 A vous de répondre!

1. Quels sont vos loisirs préférés? Expliquez ce qu'ils vous apportent.
2. Que faites-vous si vous avez cinq minutes de libre? Une heure de libre? Un après-midi de libre?
3. Quel équipement offre votre ville (ou votre quartier) pour les loisirs (piscines, terrains de sport, salles de cinéma et de théâtre, etc.)? Quelles sont, à votre avis, les améliorations à apporter?
4. Vos loisirs dépendent bien sûr du temps et de l'argent que vous avez, de l'endroit où vous habitez, etc. Si tout était possible, qu'est-ce que vous aimeriez faire pendant votre temps libre?
5. S'ils avaient le choix entre plus de temps libre et plus d'argent, 72% des jeunes Français choisiraient le temps libre. Que choisiriez-vous et pourquoi?

3 Connaissez-vous le cinéma français?

Pouvez-vous citer le nom de :
1. deux acteurs de cinéma
2. deux actrices de cinéma
3. un metteur en scène de cinéma
4. le titre de deux films

4 Sketch

Deux amis vont passer l'après-midi ensemble. L'un veut aller au cinéma, l'autre veut voir un match de basket-ball. Racontez la scène.

5 Débat

La télévision a-t-elle déjà tué le cinéma ou bien est-elle en train de le faire?

6 Projet

Faites votre propre enquête auprès de vos camarades et comparez les résultats obtenus à ceux du sondage qui précède.

7 Discussion

Pascal trouve que les gens devraient être libres de 20 ans à 40 ans et travailler de 40 à 60 ans. Que pensez-vous de cette idée? Comment aimeriez-vous organiser votre vie — du point de vue « travail-loisirs »?

INFINITIVES AND INFINITIVE CLAUSES

In French, there are two forms of the infinitive: present and past. The present infinitive is the form that designates the verb before it is conjugated. It is the form found in the dictionary. The present infinitive of regular verbs consists of an infinitive stem and the infinitive endings, **-er,** **-ir,** and **-re;** for example: **jou-er** *to play,* **sort-ir** *to go out,* **attend-re** *to wait.*

All irregular verbs have an infinitive form of their own, for example: **avoir** *to have,* **croire** *to believe.*

The past infinitive of a verb is composed of **être** or **avoir** plus the past participle of the verb, for example: **avoir joué** *to have played,* **être sorti** *to have gone out,* **avoir attendu** *to have waited.*

1. An infinitive may be the subject of a verb.

> **Travailler** un jour sur deux est très agréable!
> *Working every other day is very nice.*

An infinitive may be the object of a verb.

> J'aimerais **me reposer!**
> *I'd like to rest!*

2. With the exception of **en,** a preposition can be followed by the infinitive of a verb.

> **Au lieu de faire** ses devoirs, il est allé au cinéma.
> *Instead of doing his homework, he went to the movies.*
> Donne-moi ton adresse **avant de partir** en week-end.
> *Give me your address before you go away this weekend.*
> S'ils vont au cinéma, c'est **pour se distraire.**
> *When they go to the movies, it's to have fun.*

The preposition **après** is followed by a past infinitive.

> **Après avoir fini** nos devoirs, nous sommes allés au cinéma.
> *After having done our homework, we went to the movies.*

3. The infinitive may be dependent on an adjective. It is connected to the adjective by the preposition **à, de,** or **pour.**

The most common adjectives followed by an infinitive are:

habitué à *used to*	**désolé de** *sorry*	**nécessaire pour** *necessary*
prêt à *ready*	**sûr de** *sure*	
décidé à *decided*	**ravi de** *delighted*	
occupé à *busy*	**fier de** *proud*	
vrai à *true*	**content de** *happy*	
	obligé de *forced*	
	libre de *free*	

Note that some adjectives are followed by either **à** or **de,** depending on the construction used: **Ce** + **être** or **Il** + **être.**

C'est **facile à** dire! *It's easy to say!* BUT Il est **facile de** s'amuser. *It's easy to have fun.*

The most common adjectives of this type are:

agréable	drôle	formidable	nécessaire
bon	ennuyeux	important	passionnant
cher (coûter)	étonnant	impossible	possible
dangereux	facile	indispensable	reposant
désagréable	fascinant	intéressant	simple
difficile	fatigant	mauvais	utile

4. An infinitive may be dependent on a noun. It is connected to the noun by a preposition.

> Il y a des **leçons à apprendre.**
> *There are lessons to be learned.*
> Ils n'ont pas **l'occasion de partir** en vacances.
> *They don't have the opportunity to go on vacation.*

5. The infinitive may be dependent on a verbal expression: **Il faut s'amuser.** *Let's have fun.* The most common verbal expressions are: **il faut** *one must,* **il vaut mieux** *it's better.*

6. An infinitive may be dependent on another verb. If the subject of the infinitive is the same as that of the main verb,

- the infinitive may be directly connected to the verb (without a preposition).
  > Je **préfère sortir** avec des copains. *I'd rather go out with friends.*

  The infinitive is directly connected to verbs expressing opinions, feelings, perception, will, or movement. The most common ones are:

aimer *to like*	**écouter** *to listen*	**regarder** *to watch*
aller *to go*	**entendre** *to hear*	**rentrer** *to come back*
avouer *to admit*	**espérer** *to hope*	**retourner** *to return*
courir *to run*	**faillir** *to almost...*	**revenir** *to go back*
croire *to believe*	**monter** *to go up*	**savoir** *to know*
descendre *to go down*	**partir** *to leave*	**sentir** *to feel*
désirer *to want*	**penser** *to think*	**venir** *to come*
devoir *must*	**pouvoir** *can*	**voir** *to see*
dire *to say*	**préférer** *to like better*	**vouloir** *to want*

- the infinitive may be connected to the verb with the preposition **à.**
  > Toutes ces activités n'**arrivent** pas **à remplir** 210 jours de congé.
  > *All these activities cannot fill 210 vacation days.*

  Many of these verbs express an effort, an aspiration, or a direction. The most common ones are:

aider à *to help*	**avoir à** *to have*	**enseigner à** *to teach*
s'amuser à *to have fun*	**chercher à** *to seek*	**s'habituer à** *to get used to*
apprendre à *to learn / teach*	**commencer à** *to begin to*	**inviter à** *to invite*
arriver à *to succeed*	**donner à** *to give*	**se mettre à** *to start*
s'attendre à *to expect*	**encourager à** *to encourage*	**se préparer à** *to get ready*

- the infinitive may be connected to the verb with the preposition **de.**
  > En général, ils **choisissent de voir** des films comiques.
  > *Usually, they choose to see funny movies.*

  Many of these verbs take a direct object or are reflexive. The most common ones are:

choisir de *to choose*	**éviter de** *to avoid*	**promettre de** *to promise*
conseiller de *to advise*	**s'excuser de** *to apologize*	**proposer de** *to propose*
décider de *to decide*	**finir de** *to finish*	**recommander de** *to recommend*
se dépêcher de *to hurry*	**imaginer de** *to imagine*	
dire de *to say*	**mériter de** *to deserve*	**rêver de** *to dream*
douter de *to doubt*	**obtenir de** *to get*	**rire de** *to laugh*
empêcher de *to prevent*	**oublier de** *to forget*	**risquer de** *to risk*
essayer de *to try*	**parler de** *to talk*	**se souvenir de** *to remember*
s'étonner de *to wonder*	**permettre de** *to allow*	**tenter de** *to try*

7. The subject of the infinitive may be different from the subject of the main verb. This is frequent with verbs indicating causation, permission, order or prohibition.

Ils **leur** font **ranger** leur chambre.   *They make them clean up their room.*
Ils **leur** disent de bien **s'amuser.**   *They tell them to have fun.*

Note that if the subject of the infinitive is a noun, it precedes the infinitive. If the subject is a pronoun, it precedes the main verb.

Ils **envoient** leurs **enfants faire** les courses.
Ils **les envoient faire** les courses.
Il **invite** des **copains à aller** au cinéma.
Il **les invite à aller** au cinéma.

The most common verbs indicating causation, permission, order or prohibition, are:

dire *to tell*	**faire** *to make*
défendre *to forbid*	**interdire** *to forbid*
demander *to ask*	**inviter** *to invite*
emmener *to take along*	**laisser** *to let*
encourager *to encourage*	**permettre** *to allow*
envoyer *to send*	

8. A similar use of the infinitive is with verbs of perception. The subject of the infinitive may also be different from that of the main verb.

Il écoute **son fils jouer** de la flûte.
He is listening to his son playing the flute.

The most common verbs of perception are:

apercevoir *to spot*	**regarder** *to watch*
écouter *to listen*	**sentir** *to feel*
entendre *to hear*	**voir** *to see*

9. Both parts of a negation precede the infinitive.

Il m'a dit de **ne pas travailler** ce week-end.

Both parts of the negation precede the auxiliary in the case of a past infinitive.

Je suis content de **ne pas avoir travaillé** ce week-end.

10. The infinitive alone is sometimes used (on posters, signs, recipes, etc.) to make commands.

Ne pas se pencher par la fenêtre.
Do not lean out of the window.

Exercices

8 Loisirs

Que pensez-vous de la façon dont ils occupent leur temps libre?

EXEMPLE   Sylvie regarde la télévision.
Regarder la télévision, c'est mauvais pour les yeux. / ça apprend beaucoup / ...

1. Pierre fait la cuisine.
2. Nicolas va danser.
3. Julie lit un roman policier.
4. Bernard joue au football.
5. Claire tond la pelouse.
6. Frédéric visite un musée.

9 Les devoirs avant tout!

Catherine veut aller à la piscine! Ses parents veulent qu'elle fasse ses devoirs. Imaginez les différentes phrases qu'ils pourraient lui dire en utilisant les prépositions suivantes : **avant de, à moins de, sans, pour, après, au lieu de.**

EXEMPLE   *Tu n'iras pas à la piscine à moins d'avoir fini tes devoirs.*

10 Une journé bien remplie! ⊗ 📖

EXEMPLE   Catherine et Sylvie ont dormi jusqu'à 10 heures. Puis elles se sont levées.
Après avoir dormi jusqu'à 10 heures, elles se sont levées.
Après s'être levées...

1. Elles ont pris leur petit déjeuner.
2. Elles sont allées en ville.
3. Elles ont fait des courses.
4. Elles ont déjeuné dans un petit restaurant chinois.
5. Elles sont allées au cinéma.
6. Elles sont rentrées chez elles pour se changer.
7. Elles ont retrouvé Bernard et Stéphane.
8. Ils sont allés dîner tous ensemble.
9. Ils sont allés dans une discothèque.

11 Avez-vous bonne mémoire?

Essayez de raconter la même histoire mais en commençant par la fin.

EXEMPLE   *Avant d'aller dans une discothèque, Catherine, Sylvie, Bernard et Stéphane sont allés dîner tous ensemble.*

12 Qu'allez-vous faire cet après-midi? ⊗

EXEMPLE   Je vais étudier. (décidé)
Je suis décidé(e) à étudier.

1. Je vais laver la voiture de mes parents. (obligé)
2. Je dois garder ma petite sœur. (à peu près sûr)
3. Je vais aller au cinéma. (prêt)
4. Je devrai faire mes devoirs. (occupé)
5. Je pourrai faire ce que je veux. (libre)

13 Pour bien profiter de ses loisirs, faut-il...

1. avoir beaucoup d'argent?
2. posséder une voiture?
3. être libre?
4. aimer s'amuser?
5. avoir beaucoup d'amis?
6. savoir se détendre?
7. habiter dans une ville?

Choisissez librement parmi les adjectifs suivants pour donner votre avis : **nécessaire, important, indispensable, bon, utile.**

EXEMPLE   *Il est indispensable d'avoir beaucoup d'argent. / Il n'est pas indispensable d'avoir beaucoup d'argent.*

14 Chacun ses goûts!

Préférez-vous faire ou ne pas faire les choses suivantes pendant le week-end?

EXEMPLE   aller à la campagne
Je préfère aller à la campagne / Je préfère ne pas aller à la campagne pendant le week-end.

1. rester en famille
2. aller dans les grands magasins
3. me lever très tard
4. faire mes devoirs pour la semaine
5. manger au restaurant
6. être très occupé(e)
7. organiser mon temps avec précision

15 Il refuse toutes les propositions! ☺

EXEMPLE   Est-ce que tu veux sortir avec ta petite amie ce soir?
Non, je préfère *ne pas sortir avec elle ce soir.*

1. Est-ce que tu veux aller voir un film?
   Non, je préfère…
2. Est-ce que tu vas regarder la télévision?
   Non, je pense…
3. Est-ce que tu veux aller à la surprise-partie de Michel?
   Non, je m'excuse…
4. Alors, qu'est-ce que tu vas faire?
   J'ai envie…

16 Il est facile de s'occuper. ☺

Un de vos amis dit qu'il s'ennuie quand il a du temps libre. Vous lui donnez quelques conseils.

EXEMPLE   Tu n'écoutes pas de musique?   (amuse-toi)
Amuse-toi à écouter de la musique.

1. Tu ne sais pas jouer au tennis?   (apprends)
2. Tu ne sors pas avec tes amis?   (ne refuse pas)
3. Tu n'as pas de passe-temps?   (essaie)
4. Tu connais peu de jeunes de ton âge?   (cherche)
5. Tu ne vas pas à la piscine?   (décide)
6. Tu ne fais plus de jogging?   (remets-toi)

17 Quelques loisirs

En utilisant des verbes de la liste suivante...

aimer	avoir envie	désirer	se mettre	savoir
apprendre	décider	essayer	rêver	vouloir

dites ce que vous pensez de ces activités :

1. tricoter
2. faire collection de timbres
3. jouer de la batterie
4. faire de la moto
5. pêcher
6. aller à un concert de rock
7. lire des bandes dessinées
8. apprendre une langue étrangère

18 Nous n'avons pas un moment de libre! ⊗

Un groupe de jeunes discute de tout ce que leurs parents leur font faire pendant leur temps libre.

EXEMPLE   Je dois aller faire les courses.
            Ils m'envoient (ils me font) faire les courses.

1. Je dois garder mon petit frère.
2. Je dois faire le ménage.
3. Je dois rendre des livres.
4. Je dois aller chercher ma petite sœur.
5. Je dois sortir le chien.

Voici donc ce qu'ils vous diront si vous leur demandez de vous accompagner au cinéma.

EXEMPLE   *Je ne peux pas, j'ai les courses à faire.*

19 Dites-nous ce qu'ils ont fait samedi après-midi! ⊗

EXEMPLE   J'ai vu Christine qui sortait du cinéma.
            J'ai vu Christine sortir du cinéma.

1. J'ai écouté Jacques qui jouait de la guitare.
2. J'ai entendu Anne qui répétait son rôle.
3. J'ai regardé Marie qui jouait au tennis.
4. J'ai vu Stéphane qui sortait avec sa petite amie.
5. J'ai entendu Guillaume qui s'en allait à moto.

Les Beaux Dimanches ⊗

Le texte suivant est un extrait des Carnets° *du Major Thompson de Pierre Daninos (né en 1913). Dans ce livre plein d'humour, le héros de Daninos — le très britannique Major W. Marmaduke Thompson — découvre la France et les Français. Voici ses observations sur les loisirs dominicaux° de ce peuple étrange.*

Il n'est pas interdit de penser que, si l'Angleterre n'a pas été envahie° depuis 1066, c'est que les étrangers redoutent° d'avoir à y passer un dimanche.

Mais il est permis — si l'on compare le dimanche anglais qui vous contraint° à l'ennui au dimanche français qui vous oblige à l'amusement — de se demander quel est celui des deux qui est, en définitive°, le plus dur à passer.

Beaucoup de Français s'interrogent toute la semaine sur ce qu'ils feront le dimanche. Très souvent le dimanche arrive sans qu'ils aient répondu à la question. Du moins en est-il ainsi avec les Taupin ou les Robillard, qui m'ont maintes° fois avoué :

« Que voulez-vous, le dimanche, on ne sait pas quoi faire... »

C'est là un genre d'hésitation dont ils ne souffriraient certes pas en Angleterre, où il n'y a guère° autre chose à faire le dimanche que de penser à ce que l'on fera dans la semaine.

A dire vrai, je ne connais peut-être rien de plus accablé°, ni de plus accablant à voir, que la tête dominicale de M. Robillard s'amusant à pousser lui-même le dernier-né dans son landau° le long des Champs-Elysées, distribuant une taloche° à l'aîné parce qu'il a traversé tout seul, attrapant la petite parce qu'elle ne voulait pas traverser du tout, demandant à madame, alléchée° par les devantures° : « Tu avances, oui ou non? » enfin pénétrant dans le Bois[1] au milieu d'un flot° de promeneurs dont° la tête ressemble curieusement — j'allais écrire furieusement... — à la sienne. Tout ce monde qui marche, marche jusqu'à un certain point où il s'arrête, s'assoit et commence à regarder le monde qui marche vers d'autres points, tandis que le monde qui roule° regarde le monde assis le regarder passer.

---

accabler *to depress*
allécher *to attract*
carnet m *notebook*
contraindre *to force*
devanture f *store window*
dominical, –e (m pl **–aux**) *Sunday*

dont *whose*
en définitive *when all is said and done*
envahir *to invade*
flot m *flood*
landau m *baby carriage*

maint(e)(s) *many*
ne...guère *hardly*
redouter *to dread*
rouler *to drive*
taloche f *smack (familiar)*

[1] **Le Bois** pour les Parisiens, c'est le Bois de Boulogne, grand parc à l'ouest de Paris.

Le dimanche, la moitié de la France regarde l'autre.

Les Parisiens en tenue de campagne rendent visite aux campagnards déguisés en tenue de ville. Les premiers s'étonnent de voir tant de drap° noir et de cols° blancs parmi les vaches et la luzerne°; les seconds considèrent avec quelque méfiance° ces faux Anglais en veste de tweed et sans cravate…

A la fin des belles journées, les en-voiture, retour de la campagne, regardent avec quelque dédain les à-pied qui ont dû se contenter de l'air du Bois, lesquels sourient goguenards° devant la file des autos agglutinées° en se demandant s'il ne faut pas être un peu-oui° pour aller faire la queue sur l'autoroute. Cependant° la foule des « sportifs »—ceux des hippodromes° qui ne comprennent pas comment on peut passer son dimanche à voir des gens taper sur° un ballon, et ceux des stades qui se demandent comment on peut se réjouir de confier° son argent à des chevaux—s'allient un instant pour unir dans un même dédain leurs concitoyens° qui perdent leur temps sur la route ou dans les avenues.

En été, assises sur des chaises cannées extraites de leurs loges, les concierges° attendent, commentent, et pointent° les retours.

Quelques individualistes, par esprit de contradiction autant que par goût profond, décident ce jour-là de rester chez eux pour cogner° sur des clous, ranger les choses qu'ils dérangent, ou s'adonner° au sport national du bricolage qui consiste essentiellement à fabriquer avec de vieux débris, et au prix d'un labeur acharné°, des articles que l'on trouve tout neufs et à bon compte° dans le commerce courant. Ces partisans du dimanche-à-la-maison rejoignent dans une certaine mesure° la masse des citoyens britanniques, plutôt occupés à embellir° leur jardin, à dévorer le compte rendu des divorces dans les épais° journaux dominicaux, ou à déjeuner aussi mal mais un peu plus.

Pour le reste, quel contraste, une fois encore, entre ces deux peuples!

à bon compte *at a reasonable price*	**concierge** f *superintendent*	**hippodrome** m *race track*
acharné, –e *determined*	**concitoyen** m *fellow citizen*	**luzerne** f *alfalfa*
s'adonner *to devote oneself*	**confier** *to entrust*	**méfiance** f *mistrust*
agglutiner *to stick together*	**drap** m *cloth*	**mesure** f *extent*
cependant *however*	**embellir** *to make more attractive*	**pointer** *to check off*
cogner *to bang (familiar)*	**épais, épaisse** *thick*	**taper sur** *to kick around*
col m *collar*	**goguenard, –e** *mocking*	**un peu-oui** *you know what I mean*

Exercices

20 Compréhension du texte

1. Pourquoi l'Angleterre n'a-t-elle pas été envahie depuis plusieurs siècles?
2. Quelle est la différence essentielle entre le dimanche anglais et le dimanche français?
3. Que font certaines familles, comme les Robillard, le dimanche? Y prennent-elles plaisir?
4. Qu'est-ce qui surprend les Parisiens qui se rendent à la campagne?
5. Comment les gens de la campagne réagissent-ils en face des Parisiens?
6. Pourquoi ceux qui sont allés au Bois de Boulogne sourient-ils d'un air goguenard en regardant les voitures?
7. Quel sentiment éprouvent ceux qui rentrent de la campagne?
8. Quelles sont, d'après Daninos, les deux catégories de sportifs? Est-ce que ce sont de vrais sportifs?
9. Que font les individualistes qui restent chez eux le dimanche?
10. Quelles sont les occupations dominicales des Anglais?
11. Est-ce que l'on mange bien en Angleterre le dimanche?

21 Les Français le dimanche

D'après Daninos, les Français se divisent, le dimanche, en quatre catégories :

1. ceux qui vont se promener à pied,
2. ceux qui partent à la campagne,
3. ceux qui assistent à une compétition sportive,
4. ceux qui restent chez eux pour bricoler.

Si vous deviez faire partie de l'un de ces groupes, lequel choisiriez-vous? Lequel vous tenterait le moins? Donnez vos raisons.

— Toujours rien...

22 Ne rien faire!

Voici quelques expressions amusantes qui signifient « ne rien faire ».

enfiler des perles

peigner la girafe

tuer le temps

23 Qui travaille le dimanche?

Le dimanche n'est pas un jour de repos pour tout le monde. Faites une liste de tous les métiers que vous connaissez où l'on doit parfois travailler le dimanche.

24 Débat

Les loisirs et le travail.

Croyez-vous qu'il soit nécessaire d'avoir des loisirs et de bien savoir les utiliser? Croyez-vous, au contraire, que le travail est tout et que les loisirs sont une perte de temps?

25 Proverbe

Commentez le proverbe suivant : On a plus de mal à ne rien faire qu'à travailler.

VOCABULAIRE

Loisirs-Jeunes

apparemment *apparently*
ceux-ci *the latter*
coûteux *costly*
se cultiver *to improve one's mind*
de préférence *preferably*
demander *to require*
doute m *doubt*
en famille *with the family*
ensemble *together*
essentiellement *basically*

▲**être bien dans sa peau** *to feel good*
▲**faire peur** *to frighten, to scare*
genre m *type*
indifférent *doesn't matter*
▲**interroger** *to question*
jour de congé m *day off*
jusqu'à *up to*
lier *to link*
loisirs m pl *leisure time (activities)*
marqué, –e *marked*

quant à *as for*
rejeton m *offspring*
remplir *to fill*
résumé m *summary*
salle de cinéma f *movie theater*
sondage m *poll*
suite f *rest*
se surpasser *to outdo oneself*
tâche f *task*
tout d'abord *first*

Mots Analogues

déclarer *to declare*
domestique *domestic, household*
espionnage m *spying*
fantastique *fantasy*
horreur f *horror*

jogging m *jogging*
personnellement *personally*
politique *political*
pratiquer *to practice*
préférence f *preference*

récent, –e *recent*
s.f. = science-fiction f *science fiction*
théoriquement *theoretically*
vidéocassette f *videocassette*

Les Pensées de Pascal

aménagé, –e *flexible*
année bissextile f *leap year*
au lieu de *instead of*
base f *basis*
blague f *joke*
causer *to speak*
machine-outil f *machine tool*
mal *bad*

miner *to wear out*
mi-temps m *part-time*
ordinateur m *computer*
pénible *hard*
pensée f *thought*
pluie f *rain*
question *with regard to*

retraite f *retirement*
sur *out of*
tempéré, –e *temperate*
▲**tenir compte de** *to take into account*
uniquement *only*
vieillir *to get old*

▲ For the conjugation of this verb, see pp. 308–316.

L'Aventure 16

Au Hoggar ⊗

En 1935, Roger Frison-Roche, célèbre alpiniste et journaliste français, prend part à l'Expédition Alpine Française au Hoggar — massif montagneux du Sahara algérien. En compagnie du Capitaine Coche, chef de l'expédition, il réalise les premières ascensions de montagnes d'accès très difficile, dont la Garet El Djenoun — la Montagne aux Génies.

Mais le Hoggar n'est pas seulement un terrain d'escalades pour alpinistes, c'est un pays envoûtant, plein de légendes sur un peuple mystérieux qui aurait vécu là, des millénaires avant ses actuels habitants, les Touaregs. Frison-Roche raconte dans ses Carnets sahariens *comment l'expédition, « alpine » au départ, va s'orienter vers la recherche d'une civilisation disparue.*

« Il y a, sur une montagne du Hoggar, de gros blocs de pierre, sur lesquels, dit la légende, des figures humaines, grandeur nature, sont représentées. Les Touaregs se transmettent le fait, de campements en campements, mais aucun d'eux n'a jamais vu les figures. Selon les uns, les personnages seraient sculptés; selon les autres, peints. Les hommes seraient casqués. »

Son carnet de notes à la main, Coche relit cette déclaration de Conrad Kilian, le fameux explorateur saharien. Nous campons, ce soir-là, à 2 000 mètres d'altitude, au pied de la montagne d'In-Tarain, dans un secteur très peu parcouru de l'Atakor.[1] Il fait très froid; nous avons monté deux tentes : dans la grande, Chasseloup, Ichac et Lewden[2] travaillent à leurs notes, à leurs photos ou à la préparation du film; dans la petite, Coche et moi discutons.

— Sais-tu, me dit Coche, que la découverte de ces hommes casqués serait du plus grand intérêt archéologique? Tous les savants qui se sont penchés sur les mystères du Sahara soupçonnent l'existence, à une époque fort reculée, d'un

---

[1] L'Atakor est la partie ouest du Hoggar. C'est une région d'origine volcanique où les roches sont de couleur noire.

[2] Chasseloup, Ichac et Lewden sont les trois autres alpinistes, membres de l'expédition. L'expédition comprend (*includes*) également : un guide (Mohamed), un interprète (Bombi), et trois chameliers (*camel drivers*).

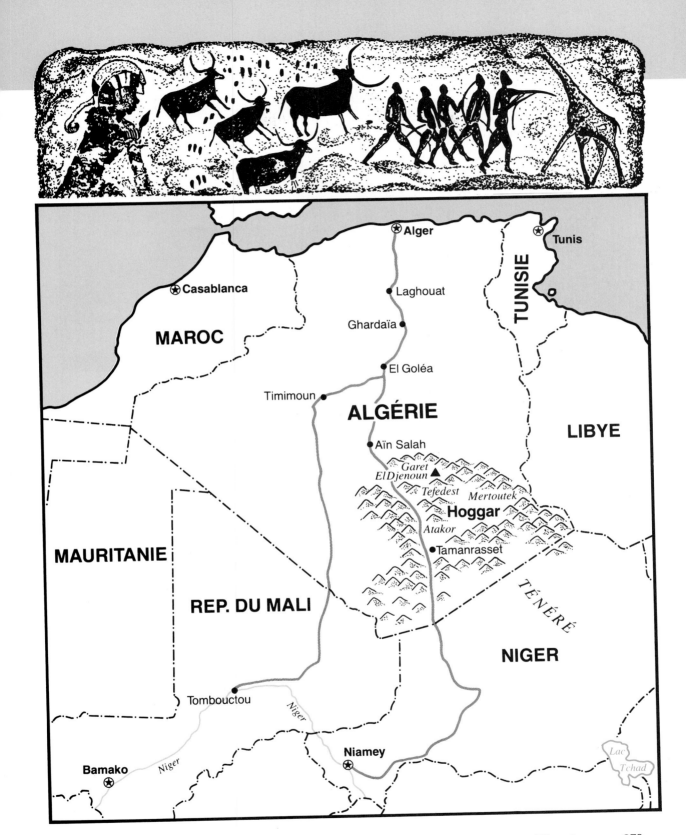

peuple très civilisé parcourant le Hoggar. Cependant, toutes les trouvailles faites en ces dernières années n'ont apporté aucun élément nouveau sur l'existence d'une civilisation disparue. Pour moi, les hommes casqués du Hoggar doivent nous donner la clé de l'énigme.

—Pourquoi ne pas les rechercher?

—Patience, mon vieux, depuis notre arrivée ici, j'essaie d'obtenir de Mohamed, notre guide, des renseignements sur la légende en question. Jusqu'à présent, il ne nous a rien apporté de nouveau, mais j'ai pressenti Bombi, l'interprète. Il est rusé, très intelligent, il vient de m'en donner la preuve!

—Comment cela?

—As-tu examiné les deux chasseurs de mouflons que j'ai engagés à Hirafok pour faire une battue[3] dans l'Atakor? Bombi m'a prié poliment d'inviter le plus âgé d'entre eux, le Noir, à prendre le thé sous la tente ce soir; il m'a laissé comprendre

qu'il y avait du nouveau quant aux « tifinars[4] ». Viens, nous allons rejoindre les autres sous la grande tente.

—Mon Capitaine, voici Salem.

Cérémonieusement, Bombi a introduit sous la tente un grand Noir, drapé dans des cotonnades bleues; sa bouche se fend en un large sourire et il nous tend la main. Coche le fait asseoir sur la natte entre nous.

—Fais le thé, Bombi. Alors, que pense Salem des pâturages?[5]

—Salem dit que la sécheresse est très grande et que la misère tombera bientôt sur les Touaregs.

—Demande-lui s'il espère trouver des mouflons d'ici demain.

Bombi interroge et traduit la réponse.

—Les mouflons ont fui vers les pays où la pluie est tombée; il n'a pas découvert de traces.

—Demande-lui s'il pense que dans la Tefedest[6], il y en aurait davantage.

---

[3] Un des buts de l'expédition est de capturer des mouflons vivants.
[4] Le mot « tifinars » est employé ici pour désigner les inscriptions ou peintures rupestres (*rock*) du Hoggar.
[5] Salem ne parlant que le tamahek —la langue des Touaregs—, le Capitaine Coche doit s'entretenir (*talk*) avec lui par l'intermédiaire de Bombi, l'interprète de l'expédition.
[6] La Tefedest est une région au nord du Hoggar.

Au nom de Tefedest, Salem a dressé l'oreille. Il entre dans une longue discussion; à grands renforts de gestes, il explique à Bombi des choses que nous ne comprenons pas. Ses doigts noueux tracent des signes sur le sable. Nous laissons les deux hommes causer entre eux; par moments, Bombi a l'intention de traduire, mais Coche l'encourage à continuer.

— Il y a beaucoup de mouflons là-bas. Autrefois, il en tuait des gros comme des bourricots.

— Où ça, là-bas?

— *Dans l'oued Mertoutek!*

Nous avons tous tressailli imperceptiblement. Mais vivement, nous avons repris notre calme. Coche, Ichac et Chasseloup se sont regardés avec intensité. Mertoutek! C'est le nom qu'a prononcé Kilian, un soir où, à Paris, la conversation est venue sur le Hoggar.

A mi-voix, Ichac répète les paroles qui lui reviennent en mémoire. *Un soir, sous la tente, une femme de la tribu des Issokhamaras, alors que nous parlions*

« *tifinars* », *me dit qu'il devait s'en trouver de très curieux dans l'oued Mertoutek.*

— Bombi! Demande-lui s'il connaît bien Mertoutek?

— Il y a chassé le mouflon pendant vingt ans.

— Demande-lui encore s'il a eu connaissance des « tifinars » gravés sur les rochers.

Avec beaucoup de présence d'esprit, Bombi a compris que l'heure des déclarations était venue. Il a offert un nouveau verre de thé à Salem.

Bombi a entamé la conversation. Nous parlons entre nous de façon détachée. Chasseloup a déplié sa carte. De la pointe du crayon, il nous désigne l'oued Mertoutek. C'est un affluent de l'Irrahrar qui prend sa source dans la Tefedest Nord; nous l'avions franchi, cinq ou six jours auparavant mais nous ne le savions pas. Entre Bombi et Salem, le ton de la conversation augmente. Les éclats de voix succèdent aux éclats de voix. Salem fait de grands gestes. A plusieurs reprises, le mot de « tifinars » revient. Ichac essaie de suivre la conversation qui a lieu en tamahek.

Salem vient de faire un geste que nous n'oublierons jamais. Le Noir a décrit un large cercle au-dessus de sa tête, un cercle qui part du front pour aller se perdre derrière la nuque.

— Mon Capitaine, a déclaré d'une voix brève Bombi, Salem vient de me dire qu'il connaît les hommes casqués. Il déclare qu'à Mertoutek, il y a sur une montagne des hommes gravés sur le rocher. Ils sont plus grands que nature, ils ont un drôle de chèche[7] sur la tête, un grand rond, comme un casque.

— Il sait où se trouvent ces tifinars?

— Lui, ne les a jamais vus. Il n'y a qu'un homme au monde qui les ait vus. Il n'y est jamais retourné.

---

[7] Un chèche est une longue écharpe que les hommes entourent autour de leur tête.

—Et cet homme?

—C'est Sidi-Bouya, son ami.

—Il vit? demandons-nous anxieusement.

—Il vit toute l'année à Mertoutek.

—Et il a vu les tifinars?

—Un jour qu'il chassait le mouflon, il a découvert au sommet d'une montagne une roche sous laquelle se trouvaient d'étranges figures; la grandeur des hommes l'a frappé; il a raconté l'histoire en revenant, mais, depuis, personne n'y est retourné, car Sidi-Bouya ne chasse plus le mouflon.

—Il importe que nous prenions une décision. Remercie beaucoup Salem : dis-lui que je suis très heureux de savoir qu'on pourra chasser le mouflon; je lui en reparlerai demain.

Salem est sorti de la tente.

—Mes amis, les déclarations de Salem sont si précises que nous devons dès maintenant prendre une décision. Dans quinze jours, nous serons à Tamanrasset[8]. Après, notre intention était de faire un grand raid à méhari vers le Ténéré[9]; et de rejoindre la piste au sud du Hoggar. Ne croyez-vous pas qu'au lieu d'ajouter des kilomètres aux kilomètres, il serait passionnant d'explorer l'oued Mertoutek? Nous avons la chance inouïe de tomber sur le seul guide capable de nous diriger vers les fameux hommes casqués. Que diriez-vous d'une grande découverte archéologique? Que sais-je, une civilisation disparue!

—En avant pour la Mertoutek!

—Sur la piste des hommes casqués!

(A suivre)

[8] Tamanrasset est la capitale du Hoggar. C'est le point de départ de toutes les expéditions dans la région.
[9] Le Ténéré est une région du Sahara située en territoire nigérien.

Exercises

1 Questions

1. Dans quelle partie du monde se trouve le Hoggar (continent, région, pays)?
2. Que faisait Roger Frison-Roche dans le Hoggar en 1935?
3. De quelle légende le Capitaine Coche parle-t-il, un soir?
4. D'après Coche, quel serait l'intérêt de la découverte des hommes casqués?
5. Qui est Salem? Pourquoi Coche l'a-t-il engagé?
6. D'après Salem, dans quelle région y a-t-il des mouflons?
7. Pourquoi le nom "Mertoutek" est-il si important?
8. Est-ce que Salem connaît bien Mertoutek? Pourquoi?
9. A-t-il entendu parler des hommes casqués? Quelle description en fait-il?
10. Est-ce que Salem a vu les hommes casqués? Qui les a vus? Dans quelles circonstances?
11. Qu'est-ce que Coche et ses compagnons décident de faire après leur séjour à Tamanrasset : le raid à méhari au Ténéré ou l'exploration de l'oued Mertoutek?

2 TEST : Avez-vous l'esprit d'aventure?

Répondez au questionnaire suivant et regardez la réponse à la page 299.

1. Vous êtes en voyage à l'étranger. Vos vacances ne sont pas finies mais vous n'avez presque plus d'argent.
   a. Vous téléphonez à vos parents pour leur demander de vous en envoyer.
   b. Vous rentrez dans votre pays.
   c. Vous cherchez un job qui vous permettra de rester un peu plus longtemps.
2. Vous avez manqué le train pour continuer votre voyage.
   a. Vous attendez le train suivant, ce qui vous fera perdre un jour.
   b. Vous décidez de faire de l'auto-stop.
   c. Vous choisissez de louer une voiture et tant pis pour votre budget!
3. C'est l'hiver. Vous avez une semaine de vacances.
   a. Vous allez en Floride.
   b. Vous restez chez vous pour vous reposer.
   c. Vous allez faire une randonnée de 50 kilomètres à ski de fond.
4. Lorsque vous voyagez, vous préférez :
   a. habiter chez les gens du pays.
   b. descendre dans des hôtels de luxe.
   c. faire du camping.
5. Vous voulez visiter un pays étranger.
   a. Vous préférez partir seul(e).
   b. Vous proposez à quelques amis de vous accompagner.
   c. Vous choisissez de faire un voyage en groupe.
6. Vous avez 2 000 dollars à votre disposition pour partir en vacances. Vous préférez :
   a. parcourir l'Amérique du Sud en camping-car pendant deux mois.
   b. passer une semaine à Paris à l'hôtel Ritz.
   c. visiter une région des Etats-Unis que vous ne connaissez pas encore et garder 1 000 dollars pour vos prochaines vacances.

3 Discussion

Imaginez que vous ayez un mois de vacances. Préféreriez-vous faire le tour du monde en descendant dans des hôtels quatre étoiles ou visiter la France à bicyclette? Donnez les raisons de votre choix.

4 **Enquête**

Chaque élève de la classe dit quel nom de pays ou de ville le/la fait rêver et quelles images ce nom fait apparaître pour lui/elle.

5 **A l'aide!**

Un(e) de vos amis qui ne parle pas français doit aller faire un voyage en France très prochainement. Apprenez-lui une dizaine de phrases qui vous paraissent absolument nécessaires.

6 **Sketch**

Vous travaillez dans une agence de voyages. Donnez quelques renseignements à chacune des personnes suivantes.

1. Stéphanie va participer à une expédition archéologique en Egypte.
2. Hélène va traverser le Sahara avec un groupe d'amis.
3. Nicolas va parcourir la France en auto-stop.
4. Isabelle va escalader le mont McKinley.
5. Pierre va visiter la Turquie seul.

7 **Débat**

Quelle forme de voyage aimez-vous? Qu'est-ce qui vous paraît préférable : partir à l'aventure ou organiser un voyage à l'avance? Voyager seul, avec des amis, ou en groupe? Visiter beaucoup d'endroits ou prendre son temps? Expliquez les raisons de votre choix.

SEQUENCE OF TENSES

In French, there is a correspondence between the tenses used in the main clause and those used in the subordinate clause. Some of the rules apply only to literary French and involve tenses that are not normally used in spoken French. The rules outlined here are those commonly used in spoken French.

With the Indicative

In the following cases, the verbs in both the main clause and the subordinate clause are in the indicative.

1. When the verb in the main clause is in the present, the verb in the subordinate clause may be either:
   - in the present, if the action occurs at the same time as that in the main clause.

   Salem **dit** que la sécheresse **est** très grande.
   Salem says that the drought is very harsh.

   - in the imparfait / passé composé / passé simple and sometimes past perfect, if the action occurred before.

   Il **dit** qu'il ne **savait** pas comment y aller.
   He says he did not know how to get there.

   Il **affirme** qu'il **a eu** connaissance de tels dessins.
   He assures us that he knew about such drawings.

   Il nous **raconte** qu'il **avait chassé** le mouflon quand il était là-bas.
   He is telling us that he had hunted mouflons when he was in the area.

- in the future, if the action occurs after.

> Salem **dit** que la misère **tombera** bientôt sur les Touaregs.
> *Salem says that misfortune will soon befall the Tuareg.*

2. When the verb in the main clause is in a past tense, the verb in the subordinate clause may be either:
- in the imparfait, if the action occurs at the same time as that in the main clause.

> Il m'**a laissé** comprendre qu'il y **avait** du nouveau.
> *He led me to believe that there was something new.*

- in the past perfect, if the action occurred before.

> Nous ne **savions** pas que nous **avions franchi** l'oued Mertoutek six jours auparavant.
> *We did not know we had crossed Wadi Mertoutek six days before.*

- in the present conditional, if the action occurs after.

> Il m'**a laissé** comprendre que le voyage **serait** dur.
> *He led me to believe that the trip would be difficult.*

3. When the verb in the main clause is in the future, the verb in the subordinate clause may be either:
- in the present, if the action occurs at the same time as that in the main clause.

> Il **dira** qu'il **est** occupé.   *He'll say he is busy.*

- in the imparfait / passé composé / passé simple, if the action occurred before.

> Il **dira** qu'il **était** occupé.   *He'll say he was busy.*

- in the future, if the action occurs after.

> Il **dira** qu'il **sera** occupé.   *He'll say he'll be busy.*

With the Subjunctive

In the following cases, the verb in the main clause is in the indicative and the verb in the subordinate clause is in the subjunctive.

1. When the verb in the main clause is in the present indicative, the verb in the subordinate clause may be either:
- in the present subjunctive, if the action occurs at the same time or after that of the main clause.

> Je **doute** que nous **partions** maintenant.   *I doubt we're leaving now.*

> Je **doute** que nous **partions** demain.   *I doubt we'll leave tomorrow.*

- in the past subjunctive, if the action occurred before.

> Je **suis** très surpris qu'il **ait chassé** le mouflon dans cette région.
> *I am surprised that he hunted mouflons in that region.*

2. When the verb in the main clause is in an indicative past tense, the verb in the subordinate clause may be either:
- in the present subjunctive, if the action occurs at the same time or after that of the main clause.

> Nous **doutions** qu'il **soit** là.
> *We doubted that he was there.*

> Nous **doutions** qu'il **soit** là le lendemain.
> *We doubted that he would be there the following day.*

- in the past subjunctive, if the action occurred before.

> Nous **doutions** qu'il **soit arrivé** sain et sauf.
> *We doubted he arrived safely.*

3. When the verb in the main clause is in the future, the verb in the subordinate clause may be either:
   - in the present subjunctive, if the action occurs at the same time or after that of the main clause.

   Il **faudra** que le guide **ait** un interprète.   *The guide has to bring an interpreter along.*
   Il **faudra** que le guide **puisse** nous rejoindre dans une semaine.
   The guide has to be able to meet with us in a week.
   - in the past subjunctive, if the action occurred before.

   Il **faudra** que le guide **ait loué** des chameaux avant de nous rejoindre.
   The guide will have to have gotten some camels before meeting with us.

4. When the verb in the main clause is in the conditional, the verb in the subordinate clause may be either:
   - in the present subjunctive, if the action occurs at the same time or after that of the main clause.

   J'**aimerais** qu'il **soit** là.   *I wish he were here.*
   J'**aimerais** qu'il **soit** là demain.   *I wish he'd be here tomorrow.*
   - in the past subjunctive, if the action occurred before.

   J'**aimerais** qu'il **soit** déjà **arrivé**.   *I wish he had already arrived.*

Sequence of Tenses: Summary

INDICATIVE	INDICATIVE		INDICATIVE	INDICATIVE	
Present Elles sont sûres	*Present* qu'il pleut.	same time	Past Elles étaient sûres	*Imparfait* qu'il pleuvait.	same time
	Passé Composé qu'il a plu.	before		*Past Perfect* qu'il avait plu.	before
	Future qu'il pleuvra.	after		*Conditional* qu'il pleuvrait.	after

INDICATIVE	SUBJUNCTIVE		INDICATIVE	SUBJUNCTIVE	
Present Elles veulent	*Present* qu'il pleuve.	same time or after	Past Elles voulaient	*Present* qu'il pleuve.	same time or after
	Past qu'il ait plu.	before		*Past* qu'il ait plu.	before

INDIRECT STYLE

Indirect style expresses what has been asked or said by someone without quoting that person directly.

Direct Style	Indirect Style
Il demande : « Par où êtes-vous passé? »	Il **veut savoir** par où vous **êtes passé.**
Il dit : « On pourra chasser le mouflon. »	Il **dit** qu'on **pourra** chasser le mouflon.

1. The rules of correspondence between the tenses used in the main clause and those used in the subordinate clause apply to indirect style. In particular, the same "shifts" of tenses occur in indirect style when referring to something said in the past.

Il est parti seul dans le désert. → Elle **a dit** qu'il **était parti** seul dans le désert.

2. Note that in indirect questions or statements **qui** is used to mean *who* or *whom,* and **ce qui** or **ce que** to mean *what.*

Direct Question	*Indirect Question*
Qui (est-ce qui) est arrivé?	Nous voulons savoir **qui** est arrivé.
Qui est-ce qu'il a vu?	Nous voulons savoir **qui** il a vu.
Qu'est-ce qui est arrivé?	Nous voulons savoir **ce qui** est arrivé.
Qu'est-ce qu'il voulait?	Nous voulons savoir **ce qu'**il voulait.

Indirect Statement

Il ne nous a pas dit **ce qui** était arrivé.

Il ne nous a pas dit **ce que** vous vouliez.

Exercices

8 Un beau voyage ⊗

EXEMPLE Je viens de rentrer d'Algérie.
Nous savons que tu viens de rentrer d'Algérie.

1. J'ai pris part à une expédition dans le Sahara.
2. Ils ont dû marcher plusieurs jours dans le désert.
3. Les guépards ont attaqué le camp.
4. Le Hoggar est envoûtant.
5. Je participerai bientôt à une autre expédition.
6. Cette fois, j'irai en Israël.

9 On a fait beaucoup de découvertes. ⊗ 📖

EXEMPLE Autrefois on pensait que le Sahara avait toujours été un désert.
Maintenant, on sait que le Sahara n'a pas toujours été un désert.

1. On croyait que toutes les civilisations africaines avaient été découvertes.
2. On disait que personne n'avait habité dans le Hoggar avant les Touaregs.
3. On pensait que les hommes casqués de la Mertoutek n'existaient pas.
4. On pensait qu'il n'y avait pas eu de peuples très civilisés dans le Hoggar.
5. On pensait qu'il n'y avait rien d'intéressant à explorer dans le Sahara.
6. On pensait que les archéologues ne pourraient rien y découvrir.

10 L'interprète traduit les réponses de Salem. ⊗ ▭

EXEMPLE   J'aimerais que vous nous conduisiez aux « tifinars ».
Il dit qu'il vous conduira aux « tifinars ».

1. Il faut que vous trouviez des chameaux pour tout le monde.
2. Je voudrais que vous ameniez des ânes pour porter le matériel.
3. Il faut que vous retrouviez Sidi-Bouya.
4. Il est important que tout soit prêt rapidement.
5. J'ai peur que l'expédition ne réussisse pas.

11 Tu nous l'as déjà dit! ⊗ ▭

EXEMPLE   Vous savez que je viens de rentrer d'Algérie?
Mais oui! Tu nous as déjà dit que tu venais de rentrer d'Algérie.

1. Vous savez que j'ai pris part à une expédition dans le Sahara?
2. Vous savez que nous avons dû marcher pendant plusieurs jours dans le désert?
3. Vous savez que les guépards ont attaqué le camp?
4. Vous savez que le Hoggar est envoûtant?
5. Vous savez que je repartirai avec ce groupe l'an prochain?

12 Tes parents ne veulent pas que tu viennes avec nous? ⊗ ▭

EXEMPLE   Tu ne leur as pas expliqué que c'était une expédition sans danger?
Non, mais je leur expliquerai que c'est une expédition sans danger.

1. Tu ne leur as pas dit que nous l'avions déjà faite l'an dernier?
2. Tu ne leur as pas montré que le circuit avait été organisé avec soin?
3. Tu ne leur pas promis que nous resterions tous ensemble?
4. Tu ne leur as pas fait comprendre que tu étais capable de voyager sans eux?
5. Tu ne leur as pas avoué que tu avais vraiment très envie de faire ce voyage?

13 Si vous voulez vous lancer dans un voyage d'aventure... ⊗

EXEMPLE   il faut être courageux.
il faut que vous soyez courageux.

1. il faut parler la langue du pays.
2. il faut avoir étudié l'Histoire du pays.
3. il faut avoir beaucoup d'énergie.
4. il faut avoir préparé le matériel nécessaire.
5. il faut bien connaître la géographie du pays.
6. il faut s'être fait examiner par un docteur.

14 Vous aviez mal compris! ⊗

EXEMPLE   Je pars pour la Tunisie.   (le Maroc)
Ah bon! Je croyais que vous partiez pour le Maroc.

1. Je suis allé au Maroc l'an dernier.   (en Egypte)
2. J'irai en Egypte l'année prochaine.   (en Espagne)
3. J'ai déjà visité l'Espagne.   (pas encore)
4. Je vais voyager avec deux amis.   (seul)
5. Nous resterons un mois là-bas.   (seulement quinze jours)

15 Jamais content! ⊗

EXEMPLE   Cet été, nous irons en Egypte.   (Italie)
          Je préférerais que nous allions en Italie.

1. Nous séjournerons dans de petits hôtels pittoresques.   (hôtels de luxe)
2. Nous visiterons les Pyramides à dos de chameau.   (en voiture)
3. Il fera très chaud.   (moins chaud)
4. Nous prendrons le bateau jusqu'à Assouan.   (l'avion)
5. Nous apprendrons beaucoup de choses.   (bien s'amuser)

16 Comment s'est passé votre voyage? ⊗ 📖

EXEMPLE   Quel pays avez-vous visité?   (j'ai oublié)
          J'ai oublié quel pays vous aviez visité.

1. Pourquoi avez-vous choisi de visiter la Libye?   (j'aimerais bien savoir)
2. Avec qui êtes-vous parti?   (on ne m'a pas dit)
3. Combien de temps a duré votre voyage?   (je ne sais pas)
4. Qu'est-ce que vous avez pensé de ce pays?   (vous ne m'avez pas encore dit)
5. Quand êtes-vous rentré?   (je ne me rappelle plus)
6. Est-ce que vous avez l'intention d'y retourner?   (dites-moi)

17 A l'agence de voyage ⊗ 📖

EXEMPLE   Qu'est-ce qu'il faut comme papiers pour aller en Espagne?
          Pouvez-vous me dire ce qu'il faut comme papiers pour aller en Espagne?

1. Qui est inscrit pour ce voyage?
2. Qu'est-ce qu'on visitera?
3. Qui est-ce qui sera notre guide?
4. Qu'est-ce qu'on peut acheter comme souvenirs?
5. Qu'est-ce qui est compris dans le prix du voyage?
6. Qu'est-ce qui se passera si je ne peux pas partir?

La Montagne aux Fresques ⊗

Il serait trop long de raconter par le détail toute la marche de la caravane de Tamanrasset à l'oued Mertoutek. Nous quittons le poste le 16 mai, dans la matinée. Mohamed a tenu parole; nos nouvelles montures° sont magnifiques. Elles sont arrivées il y a quelques jours, des pâturages; les méharis ont des bosses splendides. Coche, dont le prestige est très grand, a reçu la plus belle monture, un énorme dromadaire, tout blanc, doux et bien dressé°.

De Tamanrasset à Tazerouk, la piste traverse toute la région montagneuse de la Koudia. Nous allons de gorge en gorge, de plateau en plateau, découvrant à chaque heure de plus beaux et plus étranges paysages. Au nord, la dentelle° de pierre de l'Atakor limite l'horizon et vers le sud, les oueds se perdent dans la brume.

Ayant longé l'Adrar Ahelegel, par un couloir de basaltes bleus d'une émouvante beauté, nous arrivons, le cinquième jour, à Tazerouk. Savamment° irrigué, le lit de l'oued est rempli de magnifiques plantations d'arbres fruitiers. Le caïd est fier, avec juste raison, de ses jardins enchantés. De Tazerouk, nous remontons vers le nord jusqu'à Idelès, oasis intéressante; et le 29 mai, soit treize jours après notre départ de Tamanrasset, nous arrivons à Mertoutek où nous devons retrouver Salem et le mystérieux Sidi-Bouya.

dentelle f *lace*
dresser *to train*

monture f *mount*

savamment *skillfully*

Mertoutek est perdu au milieu d'un désert de granit. La population du village, composée d'une quinzaine de Noirs et de quelques Touaregs, se répartit dans° quelques zéribas° circulaires en roseaux°. La plus belle nous est réservée et, bientôt, des visiteurs arrivent de toutes parts.

—Salam Alekhoum,[1] mon Capitaine!

Salem est arrivé, il y a deux jours; il a amené cinq lévriers° touaregs; cinq bourricots également, car il nous faudra bientôt abandonner les dromadaires.

—Et les tifinars?

—Sidi-Bouya est ici.

—Où?

—Là!

Et Bombi pointant le doigt sur un Targui accroupi° dans un angle de la zériba appelle celui-ci en tamahek.

Sidi-Bouya s'est levé. Il est moyennement grand. Sa silhouette, autant qu'on peut en juger sous la quantité de vieilles étoffes dans lesquelles il se drape, est restée jeune; ses bras sont maigres, avec des muscles longs, zébrés de cicatrices°. Sidi-Bouya parle beaucoup, il se répand° en marques d'amitié et de respect. Nous invitons Sidi-Bouya et Salem à boire le thé, et Coche aborde° le sujet de notre visite.

—Bombi, demande à Sidi-Bouya si, comme l'a déclaré Salem, il connaît l'endroit où se trouvent les hommes casqués?

Sidi-Bouya répond par un signe de tête affirmatif.

—Et consentirait-il à nous y conduire? Dis-lui que nous sommes grands amateurs de tifinars; que nous y attachons beaucoup d'importance et qu'il sera récompensé comme il faut s'il nous les fait voir.

—Mon Capitaine, répond Bombi, Sidi-Bouya veut bien vous y conduire mais il a peur de vous fatiguer, c'est loin, très loin, et très haut sur la montagne; la route est si difficile que même les bourricots ne peuvent y monter.

—Dis-lui que nous venons d'escalader le Garet El Djenoun et qu'aucune fatigue ne nous fait peur.

Sidi-Bouya a laissé échapper un cri d'admiration. Ici comme ailleurs°, la Garet inspire une terreur invincible.

—Demande-lui, Bombi, comment il faudra procéder? A dos de dromadaire, à pied ou à bourricot?

—Sidi-Bouya dit que nous allons avoir encore une étape° à dos de dromadaire, puis nous laisserons la majeure partie de nos bagages à l'entrée des gorges de l'oued Mertoutek. De là, avec des bourricots nous pourrons aller assez haut, mais avec beaucoup de difficultés; ensuite, il faudra continuer à pied.

aborder *to start on*	**étape** f *stretch*	**se répartir dans** *to share*
accroupir *to squat*	**lévrier** m *greyhound*	**roseau** m *reed*
ailleurs *elsewhere*	**se répandre** *to gush*	**zériba** f *hut*
cicatrice f *scar*		

[1] **Salam Alekhoum!** est une salutation arabe qui veut dire « La paix soit avec vous! »

De Mertoutek, en remontant le lit de l'oued, nous sommes partis vers le cœur de la montagne. Mohamed nous a guidés avec précision en ce pays nouveau pour lui. Vers 1 500 mètres d'altitude, nous avons traversé un véritable petit bois d'éthels°. Comme je suivais le méhari de Mohamed, mon dromadaire s'est brusquement arrêté, et Mohamed m'a crié :

— Attention, Frison, vipère!

Je me suis penché° en avant, cherchant dans le sable, mais en vain. Alors Mohamed, à nouveau, m'a alerté :

— Serpent°! Vipère!

Puis, désespérant de se faire comprendre, mon brave ami m'a saisi par l'épaule et au risque de me faire tomber m'a couché sur le cou du dromadaire.

J'ai vu alors un très long serpent au-dessus de ma tête, telle une branche morte, dans les feuilles° d'un éthel. Il était couleur de bois sec et d'une espèce très dangereuse, par ailleurs° assez rare. Je voulus donc le capturer et sautai de mon méhari jusqu'au sable. Ensuite, à grands coups de ma longue cravache° en peau de girafe, j'ai cherché à atteindre le reptile; plus rapide que moi, il se cacha dans les racines° de l'arbre où vouloir le poursuivre eût été une folie.

Sur le sable de l'oued, la caravane repose. La nuit, très claire, se fond avec l'aurore° naissante. Les feux de campement brûlent à peine, et du foyer° monte une fine et élégante colonnette de fumée. Ça et là, des corps sont couchés sous les burnous, la figure° masquée pour éviter les piqûres° des moustiques. Quel calme! Les chiens eux-mêmes respectent le silence des nuits sahariennes. Ils se cachent sous les blocs de granit le nez entre les pattes° allongées à plat.

Le ciel est devenu d'un blanc laiteux. La journée sera chaude. Et quand la lumière du jour, enfin libérée, descend sur le bivouac, les silhouettes s'animent, se dressent, à peine debout et déjà prêtes au départ.

Sidi-Bouya a rassemblé les bourricots, puis a pris la tête de la caravane. Sous sa conduite°, nous escaladons un escarpement rocheux où nous devons tous nous employer pour créer une piste pour les bourricots. A grand renfort de cris et de coups de trique°, les ânes° s'élancent à l'assaut des rochers. Ils y mettent une ardeur étonnante. En moins d'une heure l'escarpement est surmonté et nous pouvons jeter un regard sur l'étrange désert où notre guide va nous conduire. De tous côtés s'élèvent des montagnes d'éboulis°; les unes en forme de cônes, d'autres couvertes de gros blocs à silhouettes étranges.

âne m *donkey*	**feuille** f *leaf*	**se pencher** *to lean*
aurore f *dawn*	**figure** f *face*	**piqûre** f *bite*
conduite f *lead*	**foyer** m *campfire*	**racine** f *root*
cravache f *whip*	**par ailleurs** *furthermore*	**serpent** m *snake*
éboulis m pl *fallen rocks*	**patte** f *leg*	**trique** f *club*
éthel m *kind of tree*		

Nous suivons un sentier qui chemine le long de l'oued sur une terre rougeâtre ravinée par l'érosion. Sidi-Bouya marche très vite; il regarde sans cesse à droite et à gauche, comme s'il cherchait quelque chose. Coche prend de nombreux repères à la boussole. Quant à moi, par une vieille habitude, je me retourne tous les cent mètres pour repérer° le chemin du retour. Tout à coup°, nous voyons Sidi-Bouya faire de grands gestes d'appel, il marche devant nous et nous pressons le pas pour l'atteindre. Comme un bon chien de chasse, il est tombé en arrêt devant un bloc de pierre. Coche, le premier, peut voir ce qu'il nous montre. Sa figure marque un étonnement profond, puis bientôt, il nous crie tout joyeux :

— Venez vite, c'est extraordinaire!

C'est, en effet, extraordinaire! Sur un bloc de granit offrant une face bien lisse°, est sculpté un splendide animal, lion, tigre, animal mythologique orné° d'une tête étrange. Nous nous asseyons à distance et essayons de comprendre.

— C'est un rhinocéros, déclare l'un de nous.

— C'est un lion à tête de girafe.

— Mais voyons, c'est une panthère. Regardez les taches°.

Il nous faut un bon moment pour comprendre. En examinant de plus près, nous voyons que l'animal, primitivement sculpté, a été surchargé, à une époque plus récente. On lui a ajouté une tête.

Ichac, en bon égyptologue, trouve la solution.

— C'est un lion gravé très profondément, à une époque très reculée, par un dessinateur génial. Remarquez la ligne parfaite du corps, la queue relevée, la tête de trois quarts ornée d'yeux en amande° et de longues moustaches. C'est le classique lion des première époques égyptiennes.

— Mais les taches?

— Les jeunes lions sont tachetés, reprend Ichac; le graveur° a très bien pu s'en inspirer comme modèle.

— Mais alors, que signifient les surcharges°?

— Celles-ci ont été faites très longtemps après; la gravure est peu profonde, le dessin, rudimentaire; sans doute un berger° intrigué par cet animal dessiné de profil avec une tête de face, aura-t-il tenté de refaire une tête. Celle-ci est très allongée. Une tête de girafe?

— Le lion lui-même, souligne Coche, nous révèle une civilisation assez riche et un sens artistique profond. C'est un exemplaire° unique au Sahara. Sidi-Bouya, c'est très bien.

A la nuit, Salem nous dit que les bourricots ne pourront monter plus haut Nous sommes à 1 700 mètres d'altitude, tout au fond d'une profonde gorge; il n'y a plus de verdure, et au-dessus de nos têtes la paroi° se redresse, avec de grandes dalles° lisses aux reflets métalliques.

— Et les hommes casqués, Sidi-Bouya?

— Afelal, Captan Afelal Adrar! Tout en haut de la montagne, mon Capitaine, tout en haut, répond l'homme.

Nous nous préparons pour la nuit. Les ânes sont entravés°. Les chiens se promènent la queue entre les jambes, d'un feu à l'autre. Bombi prépare la soupe. Puis, avant de nous séparer, nous bavardons autour de la flamme. Coche est très satisfait de la journée. Sidi-Bouya également. Curieuse figure que ce Targui; peu à peu, il nous raconte sa vie; une vie d'aventurier, toute passée à guerroyer. Avec fierté, il nous découvre ses longues cicatrices qui sont visibles sur son crâne°, sur ses bras, sur ses jambes.

Depuis quelque temps, les chiens tournent en rond autour de nous, s'agitant plus que d'habitude, s'arrêtant brusquement

---

amande f *almond*
berger m *shepherd*
crâne m *skull*
dalle f *stone slab*
entraver *to tie up*

exemplaire m *example*
graveur m *engraver*
lisse *smooth*
orner *to decorate*
paroi f *wall*

repérer *to locate*
surcharge f *addition*
tache f *spot*
tout à coup *suddenly*

pour prendre le vent. Ils donnent des signes d'inquiétude°, laissent échapper de petits aboiements° rauques.

Le chant des hommes s'est tu. Nous comprenons qu'il se passe quelque chose, et que derrière ce rideau de nuit, des présences insolites se manifestent.

— Bombi, les chiens sentent quelque chose, quoi?

— Les guépards, mon Capitaine; regardez les chiens, ils hésitent à foncer.

— Où sont les bourricots?

Comme s'ils s'étaient concertés, les sept chiens ont foncé dans la nuit, en aboyant très fort. Nous percevons la folle galopade des bourricots, Sidi-Bouya et Salem s'armant de leur lance, ont disparu, eux aussi. Nous nous retrouvons seuls, autour du feu, cherchant à deviner, à la voix des chiens, le combat qui se livre° dans la montagne. Les aboiements grossissent, vont s'amplifiant, renvoyés par les échos les plus lointains. Parfois, de longs hurlements° s'y joignent : les chiens hurlent à la mort. Sidi-Bouya et Salem sont bientôt de retour; ils poussent devant eux les bourricots entravés, encore tremblants de peur.

Ceux-ci s'étaient éloignés° de quelques centaines de mètres du camp. Les guépards les guettaient, mais au moment où ils allaient bondir°, nos chiens ont attaqué avec succès.

Les combattants se poursuivent dans la montagne.

Nous ne verrons pas l'adversaire, le souple guépard, silencieux et cruel. Comme le combat se prolonge, nous nous enveloppons dans nos burnous et nous nous endormons dans la nuit fauve°. Jusqu'au matin, les chiens donnent de la voix; puis lorsque le jour paraît, un à un, ils rejoignent le campement.

Sur le désert calmé, le soleil brûle.

Sur le sommet de la montagne, Sidi-Bouya hésite un instant. Tous les blocs se ressemblent : dans ce dédale° de pierres s'orienter est une chose très difficile; enfin, après avoir quelque peu zigzagué, Sidi-Bouya arrive à un petit redjem° à la vue duquel il manifeste une grande joie.

— C'est par là, mon Capitaine, c'est par là! J'ai construit ce redjem il y a vingt ans pour repérer les fresques.

---

aboiement m *bark*
bondir *to leap*
dédale m *labyrinth*

s'éloigner *to move away*
fauve *wild*
hurlement m *howl*

inquiétude f *worry*
se livrer *to be fought*
redjem m *cairn*

Sidi-Bouya a repris sa course à vive allure°; il saute d'une pierre à l'autre avec une agilité incroyable pour un homme de son âge; puis il s'arrête brusquement, attend que Coche l'ait rejoint, et pointant le bras vers un bloc de granit plus gros que tous les autres, il dit :

— Là, mon Capitaine.

La roche qu'il nous désigne a été creusée par le vent; elle forme un splendide abri naturel en forme de demi-voûte°.

Nous approchons avec émotion de la pierre des hommes casqués. Allons-nous percer le mystère des premiers peuples sahariens, découvrir quelque chose de fantastique?

— Des hommes peints et casqués, une fresque magnifique partiellement effacée par la patine des temps! Au travail, mes amis, s'écrie Chasseloup, qui paraît extrêmement agité.

Nous examinons plus attentivement les fresques. Trois personnages plus grands que nature ont été peints à l'ocre sur la pierre; ils ont les traits héraldiques des personnages égyptiens; leur tête est coiffée d'un grand cercle blanc. Casque, cheve-

lure°? Les personnages, deux hommes et une femme, sont, semble-t-il, en adoration devant un bœuf° executé avec beaucoup de finesse° en noir et blanc. Un bœuf aux cornes° en forme de lyre. D'autres bœufs, des chevaux, des moutons sont peints un peu partout. Nous découvrons également, sous la patine, une frise de danseuses et un épisode de chasse aux mouflons. Il y a analogie d'époque entre ces peintures murales et le lion gravé du plateau inférieur.

Nous décidons de poursuivre nos recherches et de consacrer à la Montagne aux Fresques autant de jours qu'il le faudra pour terminer notre travail. Bombi est renvoyé au camp de base, pour nous ramener des provisions. Salem ira faire de l'eau; Mohamed ira à la chasse. Nous sentons que la Mertoutek ne nous a pas livré° tous ses secrets.

Sidi-Bouya nous fait redescendre dans un oued planté de lauriers-roses° et d'oliviers sauvages. Il connaît cette région à fond. Il nous explique, chemin faisant, comment il traquait le mouflon avec ses chiens, et nous conduit vers un de ses

allure f *speed*
bœuf m *ox*
chevelure f *hair*

corne f *horn*
finesse f *care*
laurier-rose m *oleander*

livrer *to reveal*
voûte f *vault*

anciens séchoirs abandonné depuis vingt
ans. Ce séchoir en bois, coincé° dans une
petite grotte, forme une petite plate-forme
abritée du soleil, de l'humidité et des
fauves°.

— Visitons la grotte, a déclaré Lewden.
Sidi-Bouya, on va être obligés de détruire
ton séchoir.

Sans attendre, Sidi-Bouya a bondi sur les
perches en bois d'olivier sauvage. Il détruit
toute son œuvre° en répétant comme une
litanie :

— Plus besoin de séchoir! Plus besoin de
séchoir!

La grotte ainsi débarrassée de tout ce
qui l'encombrait° est assez vaste; deux
mètres cinquante de hauteur, quatre mètres
de profondeur; elle est en forme d'ogive.
On y pénètre par une faille° entre deux
blocs. A l'intérieur, par contraste avec la
lumière du jour, on a l'impression qu'il fait
nuit. Nous pénétrons tous les cinq dans la
grotte et nous nous asseyons sur le sable;
après un moment nous commençons à
distinguer des fresques sur la paroi; après
quelques minutes, le secret de la grotte se
révèle dans son ensemble. Nous venons
de découvrir un inestimable trésor artistique...

— Incroyable! Merveilleux! Quel génie°
a bien pu peindre ce chef d'œuvre°?

Nous regardons sans nous lasser. Un
artiste inconnu a peint tout le plafond° de la
grotte. Il a composé une magnifique
fresque en couleurs où les rouges, les
ocres, les blancs et les noirs dominent.
Cela représente un troupeau de bœufs
conduit par des hommes rouges, entièrement nus° et casqués. Mais notre étonnement est produit par la qualité du dessin.
Les bœufs ont de grandes cornes en forme
de lyre; les proportions sont exactes;
l'œuvre ressemble à la fois à une fresque
égyptienne et à une vieille estampe° japo-
naise. Toute sa beauté réside dans les
proportions admirables des animaux, la
disposition des couleurs et le trait° im-
peccable du dessin. Ce que nous venons
de découvrir est la preuve° indéniable de
l'existence, à une époque très reculée,
une époque préhistorique, d'une race très
civilisée. D'origine égyptienne, dirait-on?
ou plutôt, comme nous y avons pensé tout
de suite, ne venons-nous pas de trouver au
cœur du Hoggar le berceau° des races
berbères[2]?

berceau m *cradle*	**faille** f *crack*	**œuvre** f *work*
chef d'œuvre m *masterpiece*	**fauve** m *wild animal*	**plafond** m *ceiling*
coincé, –e *stuck*	**génie** m *genius*	**preuve** f *proof*
encombrer *to clutter*	**nu, –e** *naked*	**trait** m *tracing*
estampe f *print*		

[2] Les Berbères constituent la plus ancienne population de l'Afrique du Nord. Ils vivent surtout dans les régions de
montagnes. Les Touaregs sont d'origine berbère, semble-t-il, puisque leur langue—le tamahek—est un dialecte
berbère.

Le mystère reste entier, que nous ne chercherons pas pour l'instant à élucider. Mais il importe, devant l'importance de nos découvertes, de ramener en France le plus de documents possible : peintures, dessins, cartes, etc., et nous nous félicitons° d'avoir prévu un long séjour dans cette région inhospitalière.

Pendant que nous méditons dans la grotte aux fresques, l'un de nous fait le tour du château fort de granit; bientôt, il nous appelle à grands cris :

— Venez voir! De nouvelles fresques! Des femmes!

Sous un abri de roches tout près de la grotte, d'autres fresques apparaissent, représentant un troupeau d'antilopes gardé par des femmes. La ressemblance avec les fresques égyptiennes est encore plus frappante; les femmes ont les hanches° minces, les épaules larges°, les bras fins, la tête cerclée du casque ou de l'auréole classique.

Ichac a souvenance que l'antilope était domestiquée par les paysans de l'Egypte antique. Elle figure sur beaucoup de monuments et tout ce que nous trouvons confirme un rattachement° indiscutable des mystérieuses peuplades de la Haute-Mertoutek avec les anciens peuples égyptiens.

Pendant une semaine, nous allons explorer la montagne. Nous avons établi un plan de travail : Coche, excellent dessinateur, est chargé de la reproduction exacte à l'aquarelle° des dessins. Chasseloup et Lewden s'occupent de la nomenclature, des mensurations et des notes. Ichac filme et photographie. Moi, je vais à la recherche de nouvelles fresques.

Pendant huit jours nous devions, avec passion, travailler dans la montagne. Le mystère était tel qu'il nous faisait tolérer la chaleur très forte de ce mois de juin, l'eau mauvaise qui nous donnait la fièvre et nous affaiblissait rapidement, et toutes

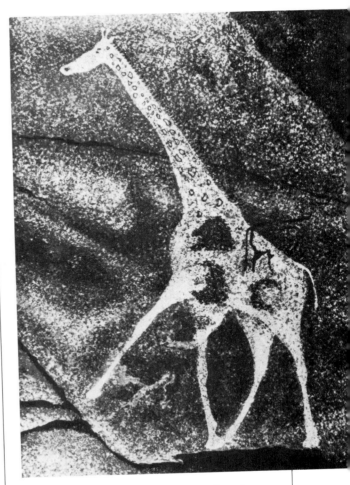

les vicissitudes° d'une exploration à son stade° le plus émouvant.

Nous devions faire d'autres découvertes : entre autres, le dernier jour, tout près du camp de base, celle d'un énorme bloc de granit sur lequel étaient gravées des scènes de chasse.

Nous cheminions avec difficulté, Ichac et moi, sur le lit sableux de la Mertoutek et nos pieds nus enfonçaient dans le sable de granit aux mille cristaux de quartz pointus comme des aiguilles°.

Si nous prenions dans les rochers, à droite de l'oued, dis-je à Ichac, la marche serait plus facile.

aiguille f *needle*
aquarelle f *watercolor*
se féliciter *to congratulate oneself*

hanche f *hip*
large *broad*
rattachement m *link*

stade m *stage*
vicissitudes f pl *trials and tribulations*

Nous suivons un petit mechbed° tracé par les gazelles et les mouflons. Sur notre droite, la montagne s'élève en un véritable chaos de gros blocs. Le soleil éclaire obliquement les rochers, mettant en valeur les angles et les aspérités. Sur le plus gros bloc qui obstrue la base de la montagne, il me semble apercevoir des inscriptions.

—Oh! Ichac, regarde! Des tifinars…sur ce bloc!

—Tu rêves!

—Mais non, mon vieux, approchons, je ne rêve pas.

Nous pressons le pas.

—Des éléphants, un véritable troupeau d'éléphants! Mieux que ça, une chasse à l'éléphant! en plein Sahara!

Nous sommes tout près maintenant, et nous distinguons l'ensemble des peintures rupestres. L'artiste a figuré une chasse à l'éléphant avec une vérité surprenante. Il y a là notamment un vieux mâle qui s'apprête à charger, oreilles écartées° et trompe° levée, dont l'attitude est parfaite. Un autre éléphant tient dans sa trompe un homme qu'il s'apprête à broyer°; un autre chasseur plonge une lance dans le ventre de l'animal; enfin l'un des éléphants piétine° un corps. Ichac, qui a poursuivi des éléphants en Afrique Equatoriale, reste stupéfait devant les détails de la gravure. Ce qui est encore plus étonnant, c'est que, par ceux-ci, on peut reconnaître le mode de chasse à l'éléphant cher aux Pygmées de la Grande Forêt.

Nous aurons décidément tout rencontré dans cette mystérieuse Montagne aux Fresques : un lion, une chasse à la girafe, une chasse à l'éléphant et, par-dessus tout, l'incomparable grotte aux bœufs. Le Sahara, en nous livrant quelques-uns de ses secrets, nous a posé une énigme qu'il nous faudra élucider le plus rapidement possible.

Et le plus étrange n'est-il pas de songer qu'après avoir été le berceau prospère d'une race magnifique, la montagne est devenue ce désert de pierres sans points d'eau, sans pâturages, où même les nomades touaregs ne séjournent plus?

Hoggar! Que nous cachent encore tes étendues brûlées? Quelles mystérieuses trouvailles réserves-tu pour le savant° courageux qui fera l'exploration méthodique de tes oueds désertés, de tes montagnes inconnues, de tes nobles pics?

Roger Frison-Roche

Post Scriptum

Les découvertes de Roger Frison-Roche et de ses compagnons incitèrent les archéologues à venir explorer méthodiquement le Hoggar, et plus particulièrement la Tefedest et la région de Mertoutek. D'après l'un d'eux, J.-P. Maître, les fresques et gravures de cette région datent de l'ère néolithique (7e au 1er millénaire avant l'ère chrétienne), alors que le Sahara était un pays de climat tropical, chaud et humide. Dans ses forêts et ses savanes vivaient les animaux sauvages que l'on rencontre maintenant beaucoup plus au sud—éléphants, girafes, lions, etc.—, ainsi que d'immenses troupeaux de bovidés°, gardés par des populations de pasteurs°, originaires, semble-t-il, du Haut-Nil.

Avec l'assèchement° progressif du Sahara (à partir du 3e millénaire), ces populations émigrèrent petit à petit vers les régions plus hospitalières du sud. De nos jours, on trouve au Niger une population de pasteurs nomades, les Peuls, qui ressemblent étonnamment aux figures humaines représentées dans les grottes du Hoggar et dans les pyramides d'Egypte.

assèchement m *drying up*	**écarté, –e** *extended*	**piétiner** *to trample*
bovidés m pl *bovines*	**mechbed** m *trail*	**savant** m *scholar*
broyer *to crush*	**pasteur** m *shepherd*	**trompe** f *trunk*

Exercices

18 Compréhension du texte

1. Comment est-ce que les membres de l'expédition se rendent à la Montagne aux Fresques?
2. Que savons-nous de Sidi-Bouya (portrait physique et caractère)?
3. Qu'est-ce qui fait la beauté des nuits sahariennes?
4. L'expédition rencontre beaucoup de dangers et de difficultés. Quels sont-ils?
5. Quelles sont les différentes découvertes artistiques faites par Coche et son équipe?
6. Quels animaux sont représentés sur les fresques? Qu'est-ce que cela a d'étonnant?
7. Plusieurs détails montrent qu'il y a un lien entre les peuplades qui ont dessiné les fresques de la Mertoutek et les anciens peuples égyptiens. Quels sont ces détails?
8. Quelle preuve apporte la découverte de toutes ces peintures? Pourquoi?

19 Voyageons un peu!

Voici une liste de monuments et sites à visiter et une liste de pays. Rendez à chaque pays ce qui lui appartient.

EXEMPLE   *La vallée des Rois est en Egypte.*

La vallée des Rois	La Suisse
La place Rouge	La Grande Bretagne
L'Alhambra	Les Etats-Unis
Versailles	L'Egypte
Le Colisée	Le Canada
Le Hoggar	L'Espagne
Le lac de Neuchâtel	L'U.R.S.S.
Le palais de Buckingham	L'Italie
Le Grand Canyon	L'Algérie
Les Laurentides	La France

Lequel de ces sites voudriez-vous le plus visiter? Lequel vous intéresse le moins? Pourquoi?

20 Débat

« Les voyages forment la jeunesse », dit un proverbe. Qu'en pensez-vous? Qu'est-ce que les voyages peuvent apporter aux jeunes? Comment peuvent-ils les aider à développer leur personnalité? Donnez des exemples précis, à partir de votre propre expérience si possible.

21 Exposé

Présentez le héros d'un film, d'un livre ou d'une bande dessinée qui vous paraît incarner parfaitement l'esprit d'aventure.

Réponse du Test, p. 283.

1. a.1	b.2	c.0
2. a.2	b.1	c.0
3. a.1	b.2	c.0
4. a.1	b.2	c.0
5. a.0	b.1	c.2
6. a.0	b.2	c.1

0-5 points : Vous êtes le nouveau Christophe Colomb.
6-9 points : Vous aimez l'aventure… mais organisée!
10-12 points : Restez chez vous!

VOCABULAIRE

Au Hoggar

à grand renfort de   *with a lot of*
à mi-voix   *softly*
à plusieurs reprises   *several times*
à suivre   *to be continued*
affluent m   *tributary*
âgé, –e   *old*
ajouter   *to add*
alpin, –e   *mountain*
alpiniste m   *mountain climber*
ascension f   *climbing*
au lieu de   *instead of*
auparavant   *before*
bourricot m   *donkey*
campement m   *camp*
carnet m   *notebook*
casque m   *helmet*
casqué, –e   *helmeted*
causer   *to talk*
cependant   *however*
chamelier m   *camel driver*
chasser   *to hunt*
clé f   *key*
▲ comprendre   *to include*
cotonnade f   *cotton cloth*
curieux, –euse   *odd*
davantage   *more*
découverte f   *discovery*
▲ décrire   *to make*
déplier   *to unfold*
désigner   *to point to*
d'ici demain   *by tomorrow*
disparu, –e   *lost, vanished*
dont   *one of which is*
dresser l'oreille   *to open one's ears*
d'une voix brève   *sharply*
éclat de voix m   *loud voices*
En avant!   *Forward!*
▲ engager   *to hire*
énigme f   *riddle*
entamer   *to start*
entourer   *to wrap*
▲ s'entretenir   *to talk*

envoûtant, –e   *bewitching*
envoûter   *to bewitch*
escalade f   *climbing*
▲ espérer   *to expect*
esprit m   *mind*
▲ faire une battue   *to make a foray*
fait m   *fact*
fameux, –euse   *famous*
se fendre   *to open*
fort adv   *very*
franchir   *to cross*
frapper   *to strike*
front m   *forehead*
grandeur f   *size*
grandeur nature   *life-size*
graver   *to engrave*
importer   *to be important*
inouï, –e   *unheard of*
▲ introduire   *to bring*
les uns   *some*
méhari m   *racing dromedary*
millénaire m   *millenium*
misère f   *hardship*
montagneux, –euse   *mountainous*
monter   *to pitch*
natte f   *mat*
noueux, –euse   *knotty*
oued m   *wadi (a river or ravine that is dry except during the rainy season)*
par moments   *now and then, at times*
parole f   *word*
▲ partir de   *to start at*
pâturage m   *pasture*
peint, –e   *painted*
se pencher sur   *to investigate*
personnage m   *figure*
piste f   *trail*
pluie f   *rain*
poliment   *politely*
▲ prendre part à   *to take part in*

▲ pressentir   *to sound out*
preuve f   *proof*
prier   *to ask*
raid m   *trek*
réaliser   *to make*
recherche f   *search*
rechercher   *to search for*
reculé, –e   *distant*
▲ rejoindre   *to join*
▲ relire   *to read over*
remercier   *to thank*
reparler   *to speak again*
▲ répéter   *to repeat*
▲ reprendre son calme   *to recover one's composure, calm down*
▲ revenir en mémoire   *to come back*
roche f   *rock*
rocher m   *rock*
rond m   *ring, circle*
rupestre adj   *rock*
rusé, –e   *clever*
savant m   *scientist, scholar*
sécheresse f   *drought*
secteur m   *region*
soupçonner   *to suspect*
▲ succéder   *to follow*
Targui m (pl Touaregs)   *Tuareg*
tendre   *to stretch out*
terrain m   *ground*
tomber sur   *to find*
ton m   *level*
traces f pl   *tracks*
▲ traduire   *to translate*
▲ transmettre   *to transmit*
tressaillir   *to shudder*
trouvaille f   *find*
tuer   *to kill*
un (une) drôle de   *an odd sort of*
vivant, –e   *alive*
vivement   *quickly*

Mots Analogues

accès m   *access*
algérien, –ienne   *Algerian*
altitude f   *altitude*
anxieusement   *anxiously*
archéologique   *archaeological*
bloc m   *block*
capable   *capable*
capturer   *to catch, capture*
cérémonieusement   *ceremoniously*
civilisation f   *civilization*
civiliser   *to civilize*
conversation f   *conversation*
décision f   *decision*
déclaration f   *declaration*
déclarer   *to declare*
détacher   *to detach*
draper   *to drape*
élément m   *element*
étrange   *strange*
existence f   *existence*

expédition f   *expedition*
explorateur (–trice)   *explorer*
figure f   *figure*
génie m   *genie*
Hoggar m   *Ahaggar*
humain, –e   *human*
imperceptiblement   *imperceptibly*
inscription f   *inscription, writing*
intensité f   *intensity*
intention f   *intention*
intérêt m   *interest*
intermédiaire m, f   *intermediary*
▲ interroger   *to ask*
légende f   *legend*
Libye f   *Libya*
Mali m   *Mali*
Mauritanie f   *Mauritania*
mouflon m   *mouflon, a wild sheep*
mystère m   *mystery*
mystérieux, –ieuse   *mysterious*

Niger m   *Niger*
nigérien, –ienne   *of/from Niger*
note f   *note*
s'orienter   *to orient oneself*
origine f   *origin*
peuple m   *people*
pointe f   *point*
précis, –e   *precise*
préparation f   *preparation*
présence f   *presence*
▲ prononcer   *to pronounce*
Sahara m   *the Sahara Desert*
saharien, –ienne   *of/from the Sahara Desert*
sculpté, –e   *sculpted*
source f   *source*
territoire m   *territory*
▲ tracer   *to trace*
tribu f   *tribe*
volcanique   *volcanic*

▲   For the conjugation of this verb, see pp. 308–316.

FOR REFERENCE

GRAMMAR SUMMARY

Articles

Singular		Plural
Masculine	*Feminine*	
un frère **un**-ⁿ-ami	**une** sœur	**des** frères / sœurs **des**-ʼ-amis / amies
le frère **l'**ami	**la** sœur **l'**amie	**les** frères / sœurs **les**-ᶻ-amis / amies
ce frère **cet**-ᵗ-ami	**cette** sœur	**ces** frères / sœurs **ces**-ᶻ-amis / amies
mon frère **mon**-ⁿ-ami **ton** frère **ton**-ⁿ-ami **son** frère **son**-ⁿ-ami **notre** frère **votre** frère **leur** frère	**ma** sœur **mon**-ⁿ-amie **ta** sœur **ton**-ⁿ-amie **sa** sœur **son**-ⁿ-amie **notre** sœur **votre** sœur **leur** sœur	**mes** frères / sœurs **mes**-ᶻ-amis / amies **tes** frères / sœurs **tes**-ᶻ-amis / amies **ses** frères / sœurs **ses**-ᶻ-amis / amies **nos** frères / sœurs **nos**-ᶻ-amis / amies **vos** frères / sœurs **vos**-ᶻ-amis / amies **leurs** frères / sœurs **leurs**-ᶻ-amis / amies

Pronouns

Independent Pronouns	Subject Pronouns	Direct-Object Pronouns	Indirect-Object Pronouns	Reflexive Pronouns
moi **toi** **lui** **elle**	**je** (j') **tu** **il** **elle**	**me** (m') or moi **te** (t') **le** (l') **la** (l')	**me** (m') or moi **te** (t') **lui** **lui**	**me** (m') **te** (t') or toi **se** (s') **se** (s')
nous	**nous** (nous ᶻ)	**nous** (nous ᶻ)	**nous** (nous ᶻ)	**nous** (nous ᶻ)
vous	**vous** (vous ᶻ)	**vous** (vous ᶻ)	**vous** (vous ᶻ)	**vous** (vous ᶻ)
eux	**ils** (ils ᶻ)	**les** (les ᶻ)	**leur**	**se** (s')
elles	**elles** (elles ᶻ)	**les** (les ᶻ)	**leur**	**se** (s')

Pronouns

Pronoun replacing **de** + *noun phrase*	**en** (enⁿ)
Pronoun replacing **à, dans, sur...** + *noun phrase*	**y**

Adjectives:
Formation of Feminine

	Masculine	*Feminine*
MOST ADJECTIVES (*add* –e)	un garçon distrait	une fille distraite
MOST ADJECTIVES ENDING IN –é (*add* –e)	un garçon doué	une fille douée
ALL ADJECTIVES ENDING IN AN UNACCENTED –e (*no change*)	un garçon timide	une fille timide
MOST ADJECTIVES ENDING IN –eux (–eux → –euse)	un garçon sérieux	une fille sérieuse
ALL ADJECTIVES ENDING IN –el (–el → –elle)	un centre industriel	une ville industrielle
ALL ADJECTIVES ENDING IN –ien (–ien → –ienne)	un garçon italien	une fille italienne
ALL ADJECTIVES ENDING IN –er (–er → –ère)	un garçon étranger	une fille étrangère
ALL ADJECTIVES ENDING IN –f (–f → –ve)	un garçon sportif	une fille sportive

Adjectives and Nouns:
Formation of Plural

		Masculine	*Feminine*
MOST NOUN AND ADJECTIVE FORMS (*add* –s)	*sing* *pl*	un garçon distrait des garçons distraits	une fille distraite des filles distraites
MOST NOUN AND MASCULINE ADJECTIVE FORMS ENDING IN –al (–al → –aux)	*sing* *pl*	un canal principal des canaux principaux	une route principale des routes principales
ALL NOUN AND MASCULINE ADJECTIVE FORMS ENDING IN –eau (*add* –x)	*sing* *pl*	un nouveau panneau de nouveaux panneaux	une nouvelle route de nouvelles routes
ALL NOUN AND MASCULINE ADJECTIVE FORMS ENDING IN –s (*no change*)	*sing* *pl*	un autobus gris des autobus gris	une voiture grise des voitures grises
ALL MASCULINE ADJECTIVE FORMS ENDING IN –x (*no change*)	*sing* *pl*	un garçon sérieux des garçons sérieux	une fille sérieuse des filles sérieuses
ALL NOUNS ENDING IN –z (*no change*)	*sing* *pl*	un nez des nez	
MOST NOUNS ENDING IN –eu (*add* –x)	*sing* *pl*	un cheveu des cheveux	

Adverbs and Adjectives:
Comparatives

plus / moins / aussi	adverb / adjective	que	
plus **moins** **aussi**	vite bronzé	**que**	Richard

Adverbs:
Superlatives

le	plus / moins	adverb
le	**plus** **moins**	vite

Adjectives:
Superlatives

le / la / les	plus / moins	adjective	de	
le **la** **les** **les**	**plus** **moins**	bronzé bronzée bronzés bronzées	**de**	la famille

Irregular Comparatives and Superlatives

	Comparative	Superlative
bon, bonne bien	**meilleur, –e** **mieux**	**le / la / les meilleur(e)(s)** **le mieux**

Interrogative Adjectives: QUEL

	Singular	Plural
M.	**quel**	**quels**
F.	**quelle**	**quelles**

Interrogative Pronouns: LEQUEL

	Singular	Plural
M.	**lequel** (auquel, duquel)	**lesquels** (auxquels, desquels)
F.	**laquelle** (à/de laquelle)	**lesquelles** (auxquelles, desquelles)

Interrogative Pronouns

	Subject	Object
Persons	**qui (qui est-ce qui)**	**qui (qui est-ce que)** à/de/avec **qui**
Things	**qu'est-ce qui**	**que (qu'est-ce que)** à/de/avec **quoi**

Regular Verbs

Infinitive

Stem	Ending	Stem	Ending	Stem	Ending	Stem	Ending
jou	**–er**	sort	**–ir**	chois	**–ir**	attend	**–re**

Present

Stem	Ending	Stem	Ending	Stem	Ending	Stem	Ending
jou	**–e** **–es** **–e**	sor	**–s** **–s** **–t**	chois	**–is** **–is** **–it**	attend	**–s** **–s** **—**
jou	**–ons** **–ez** **–ent**	sort	**–ons** **–ez** **–ent**	choisiss	**–ons** **–ez** **–ent**	attend	**–ons** **–ez** **–ent**

Commands

Stem	Ending	Stem	Ending	Stem	Ending	Stem	Ending
jou	**–e** **–ons** **–ez**	sor / sort	**–s** **–ons** **–ez**	chois / choisiss	**–is** **–ons** **–ez**	attend	**–s** **–ons** **–ez**

Imparfait

Stem	Ending
jou sort choisiss attend	**–ais** **–ais** **–ait** **–ions** **–iez** **–aient**

Future

Stem	Ending
jouer sortir choisir attendr	**–ai** **–as** **–a** **–ons** **–ez** **–ont**

Conditional

Stem	Ending
jouer sortir choisir attendr	**–ais** **–ais** **–ait** **–ions** **–iez** **–aient**

Present Subjunctive

Stem	Ending
jou sort choisiss attend	**–e** **–es** **–e** **–ions** **–iez** **–ent**

Present Participle

Imparfait Stem + **–ant**
jou sort choisiss attend **–ant**

Compound Tenses

	Passé Composé		Past Perfect	
	Auxiliary	*Past Participle*	*Auxiliary*	*Past Participle*
with **avoir**	**ai** **as** **a** **avons** **avez** **ont**	jou **–é** sort **–i** chois **–i** attend **–u**	**avais** **avais** **avait** **avions** **aviez** **avaient**	jou **–é** sort **–i** chois **–i** attend **–u**
with **être**	**suis** **es** **est** **sommes** **êtes** **sont**	rentr **–é(e)** rentr **–é(e)s**	**étais** **étais** **était** **étions** **étiez** **étaient**	rentr **–é(e)** rentr **–é(e)s**

	Future Perfect		Past Conditional	
	Auxiliary	*Past Participle*	*Auxiliary*	*Past Participle*
with **avoir**	**aurai** **auras** **aura** **aurons** **aurez** **auront**	jou **–é** sort **–i** chois **–i** attend **–u**	**aurais** **aurais** **aurait** **aurions** **auriez** **auraient**	jou **–é** sort **–i** chois **–i** attend **–u**
with **être**	**serai** **seras** **sera** **serons** **serez** **seront**	rentr **–é(e)** rentr **–é(e)s**	**serais** **serais** **serait** **serions** **seriez** **seraient**	rentr **–é(e)** rentr **–é(e)s**

	Past Subjunctive	
	Auxiliary	*Past Participle*
with **avoir**	**aie** **aies** **ait** **ayons** **ayez** **aient**	jou **–é** sort **–i** chois **–i** attend **–u**
with **être**	**sois** **sois** **soit** **soyons** **soyez** **soient**	rentr **–é(e)** rentr **–é(e)s**

Literary Past Tenses

Passé Simple			
Stem	*Ending*	*Stem*	*Ending*
jou	**–ai** **–as** **–a** **–âmes** **–âtes** **–èrent**	sort chois attend	**–is** **–is** **–it** **–îmes** **–îtes** **–irent**

Passé Antérieur				
	Auxiliary	*Past Participle*	*Auxiliary*	*Past Participle*
with **avoir**	**eus** **eus** **eut** **eûmes** **eûtes** **eurent**	jou **–é** serv **–i** chois **–i** attend **–u**		
with **être**			**fus** **fus** **fut** **fûmes** **fûtes** **furent**	rentr **–é(e)** rentr **–é(e)s**

Stem-changing and Irregular Verbs

Following is an alphabetical list of verbs with stem changes, spelling changes, or irregular forms. An infinitive appearing after the verb means that the verb follows one of the patterns shown on the next few pages. Verbs like **sortir** are included in the list. Verbs like **choisir** are not.

accélérer, like **préférer**
accroître
accueillir, like **cueillir**
acheter
acquérir
aller
amener, like **acheter**
annoncer, like **commencer**
apercevoir, like **recevoir**
apparaître, like **connaître**
appartenir, like **venir**
appeler, like **jeter**
apprendre, like **prendre**
appuyer, like **essayer**
arranger, like **manger**
s'asseoir
avancer, like **commencer**
avoir

se balancer, like **commencer**
balayer, like **essayer**
battre
boire
bouger, like **manger**

célébrer, like **préférer**
changer, like **manger**
se charger, like **manger**
chronométrer, like **préférer**
commencer
comprendre, like **prendre**
conclure
conduire
connaître
considérer, like **préférer**
corriger, like **manger**
courir
craindre
croire
cueillir

débrayer, like **essayer**
décourager, like **manger**
décrire, like **écrire**
dégager, like **manger**
se déplacer, like **commencer**
déranger, like **manger**
devenir, like **venir**
devoir
dire
diriger, like **manger**
disparaître, like **connaître**
dormir, like **sortir**

échanger, like **manger**
écrire
effacer, like **commencer**
s'élancer, like **commencer**
élever, like **acheter**
embrayer, like **essayer**
emmener, like **acheter**
encourager, like **manger**
s'endormir, like **sortir**
enfoncer, like **commencer**
s'enfuir, like **fuir**
engager, like **manger**
s'ennuyer, like **essayer**
entretenir, like **venir**
envoyer, like **essayer**
essayer
espérer, like **préférer**
éteindre
être
exercer, like **commencer**

faire
falloir
foncer, like **commencer**
forcer, like **commencer**
fuir

influencer, like **commencer**
s'inscrire, like **écrire**
interroger, like **manger**
intervenir, like **venir**
introduire, like **conduire**

jeter
joindre
juger, like **manger**

lancer, like **commencer**
lever, like **acheter**
libérer, like **préférer**
lire
longer, like **manger**

manger
mélanger, like **manger**
menacer, like **commencer**
mener, like **acheter**
mettre
mourir

nager, like **manger**
naître
neiger, like **manger**
nettoyer, like **essayer**
noyer, like **essayer**

obliger, like **manger**
offrir, like **ouvrir**
opérer, like **préférer**
ouvrir

paraître, like **connaître**
partager, like **manger**
partir, like **sortir**
parvenir, like **venir**
payer, like **essayer**
peler, like **acheter**
permettre, like **mettre**
pleuvoir
plonger, like **manger**
posséder, like **préférer**
poursuivre, like **suivre**
pouvoir
précéder, like **préférer**
prédire, like **dire**
préférer
prendre
prescrire, like **écrire**
pressentir, like **sortir**
produire, like **conduire**
prolonger, like **manger**
se promener, like **acheter**
prononcer, like **commencer**
protéger, like **préférer**
provenir, like **venir**

rallonger, like **manger**
ramener, like **acheter**
ranger, like **manger**
rappeler, like **jeter**
recevoir
recommencer, like **commencer**
reconnaître, like **connaître**
récupérer, like **préférer**
redire, like **dire**
régler, like **préférer**
regorger, like **manger**
rejeter, like **jeter**
rejoindre, like **joindre**
se relever, like **acheter**
relire, like **lire**
remettre, like **mettre**
remplacer, like **commencer**
renoncer, like **commencer**
renouveler, like **jeter**
répartir, like **partir**
repérer, like **préférer**
répéter, like **préférer**
reprendre, like **prendre**
revenir, like **venir**

rincer, like **commencer**
rire

savoir
semer, like **acheter**
sentir, like **sortir**
servir, like **sortir**
sortir
souffrir, like **ouvrir**

se souvenir, like **venir**
submerger, like **manger**
succéder, like **préférer**
suffire
suivre
survivre, like **vivre**

se taire
tenir, like **venir**

tracer, like **commencer**
traduire, like **conduire**
transmettre, like **mettre**

venir
vivre
voir
vouloir
voyager, like **manger**

ACCROITRE

Present	accroîs, accroîs, accroît, accroissons, accroissez, accroissent
Commands	accroîs, accroissons, accroissez
Imparfait	accroissais, accroissais, accroissait, accroissions, accroissiez, accroissaient
Passé Simple	accrus, accrus, accrut, accrûmes, accrûtes, accrurent
Future	accroîtrai, accroîtras, accroîtra, accroîtrons, accroîtrez, accroîtront
Conditional	accroîtrais, accroîtrais, accroîtrait, accroîtrions, accroîtriez, accroîtraient
Present Subjunctive	accroisse, accroisses, accroisse, accroissions, accroissiez, accroissent
Compound Tenses	*Auxiliary:* avoir *Past Participle:* accru

ACHETER

Present	achète, achètes, achète, achetons, achetez, achètent
Commands	achète, achetons, achetez
Future	achèterai, achèteras, achètera, achèterons, achèterez, achèteront
Conditional	achèterais, achèterais, achèterait, achèterions, achèteriez, achèteraient
Present Subjunctive	achète, achètes, achète, achetions, achetiez, achètent

ACQUERIR

Present	acquiers, acquiers, acquiert, acquérons, acquérez, acquièrent
Commands	acquiers, acquérons, acquérez
Imparfait	acquérais, acquérais, acquérait, acquérions, acquériez, acquéraient
Passé Simple	acquis, acquis, acquit, acquîmes, acquîtes, acquirent
Future	acquerrai, acquerras, acquerra, acquerrons, acquerrez, acquerront
Conditional	acquerrais, acquerrais, acquerrait, acquerrions, acquerriez, acquerraient
Present Subjunctive	acquière, acquières, acquière, acquiérions, acquiériez, acquièrent
Compound Tenses	*Auxiliary:* avoir *Past Participle:* acquis

ALLER

Present	vais, vas, va, allons, allez, vont
Commands	va, allons, allez
Imparfait	allais, allais, allait, allions, alliez, allaient
Passé Simple	allai, allas, alla, allâmes, allâtes, allèrent
Future	irai, iras, ira, irons, irez, iront
Conditional	irais, irais, irait, irions, iriez, iraient
Present Subjunctive	aille, ailles, aille, allions, alliez, aillent
Compound Tenses	*Auxiliary:* être *Past Participle:* allé

S'ASSEOIR

Present	m'assieds, t'assieds, s'assied, nous asseyons, vous asseyez, s'asseyent
Commands	assieds-toi, asseyons-nous, asseyez-vous
Imparfait	m'asseyais, t'asseyais, s'asseyait, nous asseyions, vous asseyiez, s'asseyaient
Passé Simple	m'assis, t'assis, s'assit, nous assîmes, vous assîtes, s'assirent
Future	m'assiérai, t'assiéras, s'assiéra, nous assiérons, vous assiérez, s'assiéront
Conditional	m'assiérais, t'assiérais, s'assiérait, nous assiérions, vous assiériez, s'assiéraient
Present Subjunctive	m'asseye, t'asseyes, s'asseye, nous asseyions, vous asseyiez, s'asseyent
Compound Tenses	*Auxiliary:* être *Past Participle:* assis

AVOIR

Present	ai, as, a, avons, avez, ont
Commands	aie, ayons, ayez
Imparfait	avais, avais, avait, avions, aviez, avaient
Passé Simple	eus, eus, eut, eûmes, eûtes, eurent
Future	aurai, auras, aura, aurons, aurez, auront
Conditional	aurais, aurais, aurait, aurions, auriez, auraient
Present Subjunctive	aie, aies, ait, ayons, ayez, aient
Present Participle	ayant
Compound Tenses	*Auxiliary:* avoir *Past Participle:* eu

BATTRE

Present	bats, bats, bat, battons, battez, battent
Commands	bats, battons, battez
Imparfait	battais, battais, battait, battions, battiez, battaient
Passé Simple	battis, battis, battit, battîmes, battîtes, battirent
Future	battrai, battras, battra, battrons, battrez, battront
Conditional	battrais, battrais, battrait, battrions, battriez, battraient
Present Subjunctive	batte, battes, batte, battions, battiez, battent
Compound Tenses	*Auxiliary:* avoir *Past Participle:* battu

BOIRE

Present	bois, bois, boit, buvons, buvez, boivent
Commands	bois, buvons, buvez
Imparfait	buvais, buvais, buvait, buvions, buviez, buvaient
Passé Simple	bus, bus, but, bûmes, bûtes, burent
Future	boirai, boiras, boira, boirons, boirez, boiront
Conditional	boirais, boirais, boirait, boirions, boiriez, boiraient
Present Subjunctive	boive, boives, boive, buvions, buviez, boivent
Compound Tenses	*Auxiliary:* avoir *Past Participle:* bu

COMMENCER

Present	commence, commences, commence, commençons, commencez, commencent
Commands	commence, commençons, commencez
Imparfait	commençais, commençais, commençait, commencions, commenciez, commençaient
Passé Simple	commençai, commenças, commença, commençâmes, commençâtes, commencèrent

CONCLURE

Present	conclus, conclus, conclut, concluons, concluez, concluent
Commands	conclus, concluons, concluez
Imparfait	concluais, concluais, concluait, concluions, concluiez, concluaient
Passé Simple	conclus, conclus, conclut, conclûmes, conclûtes, conclurent
Future	conclurai, concluras, conclura, conclurons, conclurez, concluront
Conditional	conclurais, conclurais, conclurait, conclurions, concluriez, concluraient
Present Subjunctive	conclue, conclues, conclue, concluions, concluiez, concluent
Compound Tenses	*Auxiliary:* avoir *Past Participle:* conclu

CONDUIRE

Present	conduis, conduis, conduit, conduisons, conduisez, conduisent
Commands	conduis, conduisons, conduisez
Imparfait	conduisais, conduisais, conduisait, conduisions, conduisiez, conduisaient
Passé Simple	conduisis, conduisis, conduisit, conduisîmes, conduisîtes, conduisirent
Future	conduirai, conduiras, conduira, conduirons, conduirez, conduiront
Conditional	conduirais, conduirais, conduirait, conduirions, conduiriez, conduiraient
Present Subjunctive	conduise, conduises, conduise, conduisions, conduisiez, conduisent
Compound Tenses	*Auxiliary:* avoir *Past Participle:* conduit

CONNAITRE

Present	connais, connais, connaît, connaissons, connaissez, connaissent
Commands	connais, connaissons, connaissez
Imparfait	connaissais, connaissais, connaissait, connaissions, connaissiez, connaissaient
Passé Simple	connus, connus, connut, connûmes, connûtes, connurent
Future	connaîtrai, connaîtras, connaîtra, connaîtrons, connaîtrez, connaîtront
Conditional	connaîtrais, connaîtrais, connaîtrait, connaîtrions, connaîtriez, connaîtraient
Present Subjunctive	connaisse, connaisses, connaisse, connaissions, connaissiez, connaissent
Compound Tenses	*Auxiliary:* avoir *Past Participle:* connu

COURIR

Present	cours, cours, court, courons, courez, courent
Commands	cours, courons, courez
Imparfait	courais, courais, courait, courions, couriez, couraient
Passé Simple	courus, courus, courut, courûmes, courûtes, coururent
Future	courrai, courras, courra, courrons, courrez, courront
Conditional	courrais, courrais, courrait, courrions, courriez, courraient
Present Subjunctive	coure, coures, coure, courions, couriez, courent
Compound Tenses	*Auxiliary:* avoir *Past Participle:* couru

CRAINDRE

Present	crains, crains, craint, craignons, craignez, craignent
Commands	crains, craignons, craignez
Imparfait	craignais, craignais, craignait, craignions, craigniez, craignaient
Passé Simple	craignis, craignis, craignit, craignîmes, craignîtes, craignirent
Future	craindrai, craindras, craindra, craindrons, craindrez, craindront
Conditional	craindrais, craindrais, craindrait, craindrions, craindriez, craindraient
Present Subjunctive	craigne, craignes, craigne, craignions, craigniez, craignent
Compound Tenses	*Auxiliary:* avoir *Past Participle:* craint

CROIRE

Present	crois, crois, croit, croyons, croyez, croient
Commands	crois, croyons, croyez
Imparfait	croyais, croyais, croyait, croyions, croyiez, croyaient
Passé Simple	crus, crus, crut, crûmes, crûtes, crurent
Future	croirai, croiras, croira, croirons, croirez, croiront
Conditional	croirais, croirais, croirait, croirions, croiriez, croiraient
Present Subjunctive	croie, croies, croie, croyions, croyiez, croient
Compound Tenses	*Auxiliary:* avoir *Past Participle:* cru

CUEILLIR

Present	cueille, cueilles, cueille, cueillons, cueillez, cueillent
Commands	cueille, cueillons, cueillez
Imparfait	cueillais, cueillais, cueillait, cueillions, cueilliez, cueillaient
Passé Simple	cueillis, cueillis, cueillit, cueillîmes, cueillîtes, cueillirent
Future	cueillerai, cueilleras, cueillera, cueillerons, cueillerez, cueilleront
Conditional	cueillerais, cueillerais, cueillerait, cueillerions, cueilleriez, cueilleraient
Present Subjunctive	cueille, cueilles, cueille, cueillions, cueilliez, cueillent
Compound Tenses	*Auxiliary:* avoir *Past Participle:* cueilli

DEVOIR

Present	dois, dois, doit, devons, devez, doivent
Commands	dois, devons, devez
Imparfait	devais, devais, devait, devions, deviez, devaient
Passé Simple	dus, dus, dut, dûmes, dûtes, durent
Future	devrai, devras, devra, devrons, devrez, devront
Conditional	devrais, devrais, devrait, devrions, devriez, devraient
Present Subjunctive	doive, doives, doive, devions, deviez, doivent
Compound Tenses	*Auxiliary:* avoir *Past Participle:* dû

DIRE

Present	dis, dis, dit, disons, dites, disent
Commands	dis, disons, dites
Imparfait	disais, disais, disait, disions, disiez, disaient
Passé Simple	dis, dis, dit, dîmes, dîtes, dirent
Future	dirai, diras, dira, dirons, direz, diront
Conditional	dirais, dirais, dirait, dirions, diriez, diraient
Present Subjunctive	dise, dises, dise, disions, disiez, disent
Compound Tenses	*Auxiliary:* avoir *Past Participle:* dit

ECRIRE

Present	écris, écris, écrit, écrivons, écrivez, écrivent
Commands	écris, écrivons, écrivez
Imparfait	écrivais, écrivais, écrivait, écrivions, écriviez, écrivaient
Passé Simple	écrivis, écrivis, écrivit, écrivîmes, écrivîtes, écrivirent
Future	écrirai, écriras, écrira, écrirons, écrirez, écriront
Conditional	écrirais, écrirais, écrirait, écririons, écririez, écriraient
Present Subjunctive	écrive, écrives, écrive, écrivions, écriviez, écrivent
Compound Tenses	*Auxiliary:* avoir *Past Participle:* écrit

ENVOYER

Present	envoie, envoies, envoie, envoyons, envoyez, envoient
Commands	envoie, envoyons, envoyez
Imparfait	envoyais, envoyais, envoyait, envoyions, envoyiez, envoyaient
Passé Simple	envoyai, envoyas, envoya, envoyâmes, envoyâtes, envoyèrent
Future	enverrai, enverras, enverra, enverrons, enverrez, enverront
Conditional	enverrais, enverrais, enverrait, enverrions, enverriez, enverraient
Present Subjunctive	envoie, envoies, envoie, envoyions, envoyiez, envoient
Compound Tenses	*Auxiliary:* avoir *Past Participle:* envoyé

ESSAYER

Present	essaie, essaies, essaie, essayons, essayez, essaient
Commands	essaie, essayons, essayez
Future	essaierai, essaieras, essaiera, essaierons, essaierez, essaieront
Conditional	essaierais, essaierais, essaierait, essaierions, essaieriez, essaieraient
Present Subjunctive	essaie, essaies, essaie, essayions, essayiez, essaient

ETEINDRE

Present	éteins, éteins, éteint, éteignons, éteignez, éteignent
Commands	éteins, éteignons, éteignez
Imparfait	éteignais, éteignais, éteignait, éteignions, éteigniez, éteignaient
Passé Simple	éteignis, éteignis, éteignit, éteignîmes, éteignîtes, éteignirent
Future	éteindrai, éteindras, éteindra, éteindrons, éteindrez, éteindront
Conditional	éteindrais, éteindrais, éteindrait, éteindrions, éteindriez, éteindraient
Present Subjunctive	éteigne, éteignes, éteigne, éteignions, éteigniez, éteignent
Compound Tenses	*Auxiliary:* avoir *Past Participle:* éteint

ETRE

Present	suis, es, est, sommes, êtes, sont
Commands	sois, soyons, soyez
Imparfait	étais, étais, était, étions, étiez, étaient
Passé Simple	fus, fus, fut, fûmes, fûtes, furent
Future	serai, seras, sera, serons, serez, seront
Conditional	serais, serais, serait, serions, seriez, seraient
Present Subjunctive	sois, sois, soit, soyons, soyez, soient
Compound Tenses	*Auxiliary:* avoir *Past Participle:* été

FAIRE

Present	fais, fais, fait, faisons, faites, font
Commands	fais, faisons, faites

Imparfait	faisais, faisais, faisait, faisions, faisiez, faisaient
Passé Simple	fis, fis, fit, fîmes, fîtes, firent
Future	ferai, feras, fera, ferons, ferez, feront
Conditional	ferais, ferais, ferait, ferions, feriez, feraient
Present Subjunctive	fasse, fasses, fasse, fassions, fassiez, fassent
Compound Tenses	*Auxiliary:* avoir *Past Participle:* fait

FALLOIR

Present	il faut
Imparfait	il fallait
Passé Simple	il fallut
Future	il faudra
Conditional	il faudrait
Present Subjunctive	il faille
Compound Tenses	*Auxiliary:* avoir *Past Participle:* fallu

FUIR

Present	fuis, fuis, fuit, fuyons, fuyez, fuient
Commands	fuis, fuyons, fuyez
Imparfait	fuyais, fuyais, fuyait, fuyions, fuyiez, fuyaient
Passé Simple	fuis, fuis, fuit, fuîmes, fuîtes, fuirent
Future	fuirai, fuiras, fuira, fuirons, fuirez, fuiront
Conditional	fuirais, fuirais, fuirait, fuirions, fuiriez, fuiraient
Present Subjunctive	fuie, fuies, fuie, fuyions, fuyiez, fuient
Compound Tenses	*Auxiliary:* avoir *Past Participle:* fui

JETER

Present	jette, jettes, jette, jetons, jetez, jettent
Commands	jette, jetons, jetez
Future	jetterai, jetteras, jettera, jetterons, jetterez, jetteront
Conditional	jetterais, jetterais, jetterait, jetterions, jetteriez, jetteraient
Present Subjunctive	jette, jettes, jette, jetions, jetiez, jettent

JOINDRE

Present	joins, joins, joint, joignons, joignez, joignent
Commands	joins, joignons, joignez
Imparfait	joignais, joignais, joignait, joignions, joigniez, joignaient
Passé Simple	joignis, joignis, joignit, joignîmes, joignîtes, joignirent
Future	joindrai, joindras, joindra, joindrons, joindrez, joindront
Conditional	joindrais, joindrais, joindrait, joindrions, joindriez, joindraient
Present Subjunctive	joigne, joignes, joigne, joignions, joigniez, joignent
Compound Tenses	*Auxiliary:* avoir *Past Participle:* joint

LIRE

Present	lis, lis, lit, lisons, lisez, lisent
Commands	lis, lisons, lisez
Imparfait	lisais, lisais, lisait, lisions, lisiez, lisaient
Passé Simple	lus, lus, lut, lûmes, lûtes, lurent
Future	lirai, liras, lira, lirons, lirez, liront
Conditional	lirais, lirais, lirait, lirions, liriez, liraient
Present Subjunctive	lise, lises, lise, lisions, lisiez, lisent
Compound Tenses	*Auxiliary:* avoir *Past Participle:* lu

MANGER

Present	mange, manges, mange, mangeons, mangez, mangent
Commands	mange, mangeons, mangez
Imparfait	mangeais, mangeais, mangeait, mangions, mangiez, mangeaient
Passé Simple	mangeai, mangeas, mangea, mangeâmes, mangeâtes, mangèrent
Present Subjunctive	mange, manges, mange, mangions, mangiez, mangent

METTRE

Present	mets, mets, met, mettons, mettez, mettent
Commands	mets, mettons, mettez
Imparfait	mettais, mettais, mettait, mettions, mettiez, mettaient
Passé Simple	mis, mis, mit, mîmes, mîtes, mirent
Future	mettrai, mettras, mettra, mettrons, mettrez, mettront
Conditional	mettrais, mettrais, mettrait, mettrions, mettriez, mettraient
Present Subjunctive	mette, mettes, mette, mettions, mettiez, mettent
Compound Tenses	*Auxiliary:* avoir *Past Participle:* mis

MOURIR

Present	meurs, meurs, meurt, mourons, mourez, meurent
Commands	meurs, mourons, mourez
Imparfait	mourais, mourais, mourait, mourions, mouriez, mouraient
Passé Simple	mourus, mourus, mourut, mourûmes, mourûtes, moururent
Future	mourrai, mourras, mourra, mourrons, mourrez, mourront
Conditional	mourrais, mourrais, mourrait, mourrions, mourriez, mourraient
Present Subjunctive	meure, meures, meure, mourions, mouriez, meurent
Compound Tenses	*Auxiliary:* être *Past Participle:* mort

NAITRE

Present	nais, nais, naît, naissons, naissez, naissent
Commands	nais, naissons, naissez
Imparfait	naissais, naissais, naissait, naissions, naissiez, naissaient
Passé Simple	naquis, naquis, naquit, naquîmes, naquîtes, naquirent
Future	naîtrai, naîtras, naîtra, naîtrons, naîtrez, naîtront
Conditional	naîtrais, naîtrais, naîtrait, naîtrions, naîtriez, naîtraient
Present Subjunctive	naisse, naisses, naisse, naissions, naissiez, naissent
Compound Tenses	*Auxiliary:* être *Past Participle:* né

OUVRIR

Present	ouvre, ouvres, ouvre, ouvrons, ouvrez, ouvrent
Commands	ouvre, ouvrons, ouvrez
Imparfait	ouvrais, ouvrais, ouvrait, ouvrions, ouvriez, ouvraient
Passé Simple	ouvris, ouvris, ouvrit, ouvrîmes, ouvrîtes, ouvrirent
Future	ouvrirai, ouvriras, ouvrira, ouvrirons, ouvrirez, ouvriront
Conditional	ouvrirais, ouvrirais, ouvrirait, ouvririons, ouvririez, ouvriraient
Present Subjunctive	ouvre, ouvres, ouvre, ouvrions, ouvriez, ouvrent
Compound Tenses	*Auxiliary:* avoir *Past Participle:* ouvert

PLEUVOIR

Present	il pleut
Imparfait	il pleuvait
Passé Simple	il plut
Future	il pleuvra
Conditional	il pleuvrait
Present Subjunctive	il pleuve
Compound Tenses	*Auxiliary:* avoir *Past Participle:* plu

POUVOIR

Present	peux, peux, peut, pouvons, pouvez, peuvent
Imparfait	pouvais, pouvais, pouvait, pouvions, pouviez, pouvaient
Passé Simple	pus, pus, put, pûmes, pûtes, purent
Future	pourrai, pourras, pourra, pourrons, pourrez, pourront
Conditional	pourrais, pourrais, pourrait, pourrions, pourriez, pourraient
Present Subjunctive	puisse, puisses, puisse, puissions, puissiez, puissent
Compound Tenses	*Auxiliary:* avoir *Past Participle:* pu

PREFERER

Present	préfère, préfères, préfère, préférons, préférez, préfèrent
Commands	préfère, préférons, préférez
Present Subjunctive	préfère, préfères, préfère, préférions, préfériez, préfèrent

PRENDRE

Present	prends, prends, prend, prenons, prenez, prennent
Commands	prends, prenons, prenez
Imparfait	prenais, prenais, prenait, prenions, preniez, prenaient
Passé Simple	pris, pris, prit, prîmes, prîtes, prirent
Future	prendrai, prendras, prendra, prendrons, prendrez, prendront
Conditional	prendrais, prendrais, prendrait, prendrions, prendriez, prendraient
Present Subjunctive	prenne, prennes, prenne, prenions, preniez, prennent
Compound Tenses	*Auxiliary:* avoir *Past Participle:* pris

RECEVOIR

Present	reçois, reçois, reçoit, recevons, recevez, reçoivent
Commands	reçois, recevons, recevez
Imparfait	recevais, recevais, recevait, recevions, receviez, recevaient
Passé Simple	reçus, reçus, reçut, reçûmes, reçûtes, reçurent
Future	recevrai, recevras, recevra, recevrons, recevrez, recevront
Conditional	recevrais, recevrais, recevrait, recevrions, recevriez, recevraient
Present Subjunctive	reçoive, reçoives, reçoive, recevions, receviez, reçoivent
Compound Tenses	*Auxiliary:* avoir *Past Participle:* reçu

RIRE

Present	ris, ris, rit, rions, riez, rient
Commands	ris, rions, riez
Imparfait	riais, riais, riait, riions, riiez, riaient
Passé Simple	ris, ris, rit, rîmes, rîtes, rirent
Future	rirai, riras, rira, rirons, rirez, riront
Conditional	rirais, rirais, rirait, ririons, ririez, riraient
Present Subjunctive	rie, ries, rie, riions, riiez, rient
Compound Tenses	*Auxiliary:* avoir *Past Participle:* ri

SAVOIR

Present	sais, sais, sait, savons, savez, savent
Commands	sache, sachons, sachez
Imparfait	savais, savais, savait, savions, saviez, savaient
Passé Simple	sus, sus, sut, sûmes, sûtes, surent
Future	saurai, sauras, saura, saurons, saurez, sauront
Conditional	saurais, saurais, saurait, saurions, sauriez, sauraient
Present Subjunctive	sache, saches, sache, sachions, sachiez, sachent
Present Participle	sachant
Compound Tenses	*Auxiliary:* avoir *Past Participle:* su

SUFFIRE

Present	suffis, suffis, suffit, suffisons, suffisez, suffisent
Commands	suffis, suffisons, suffisez
Imparfait	suffisais, suffisais, suffisait, suffisions, suffisiez, suffisaient
Passé Simple	suffis, suffis, suffit, suffîmes, suffîtes, suffirent
Future	suffirai, suffiras, suffira, suffirons, suffirez, suffiront
Conditional	suffirais, suffirais, suffirait, suffirions, suffiriez, suffiraient
Present Subjunctive	suffise, suffises, suffise, suffisions, suffisiez, suffisent
Compound Tenses	*Auxiliary:* avoir *Past Participle:* suffi

SUIVRE

Present	suis, suis, suit, suivons, suivez, suivent
Commands	suis, suivons, suivez
Imparfait	suivais, suivais, suivait, suivions, suiviez, suivaient
Passé Simple	suivis, suivis, suivit, suivîmes, suivîtes, suivirent
Future	suivrai, suivras, suivra, suivrons, suivrez, suivront
Conditional	suivrais, suivrais, suivrait, suivrions, suivriez, suivraient
Present Subjunctive	suive, suives, suive, suivions, suiviez, suivent
Compound Tenses	*Auxiliary:* avoir *Past Participle:* suivi

SE TAIRE

Present	me tais, te tais, se tait, nous taisons, vous taisez, se taisent
Commands	tais-toi, taisons-nous, taisez-vous
Imparfait	me taisais, te taisais, se taisait, nous taisions, vous taisiez, se taisaient
Passé Simple	me tus, te tus, se tut, nous tûmes, vous tûtes, se turent
Future	me tairai, te tairas, se taira, nous tairons, vous tairez, se tairont
Conditional	me tairais, te tairais, se tairait, nous tairions, vous tairiez, se tairaient
Present Subjunctive	me taise, te taises, se taise, nous taisions, vous taisiez, se taisent
Compound Tenses	*Auxiliary:* être *Past Participle:* tu

VENIR

Present	viens, viens, vient, venons, venez, viennent
Commands	viens, venons, venez
Imparfait	venais, venais, venait, venions, veniez, venaient
Passé Simple	vins, vins, vint, vînmes, vîntes, vinrent
Future	viendrai, viendras, viendra, viendrons, viendrez, viendront
Conditional	viendrais, viendrais, viendrait, viendrions, viendriez, viendraient
Present Subjunctive	vienne, viennes, vienne, venions, veniez, viennent
Compound Tenses	*Auxiliary:* être *Past Participle:* venu

VIVRE

Present	vis, vis, vit, vivons, vivez, vivent
Commands	vis, vivons, vivez
Imparfait	vivais, vivais, vivait, vivions, viviez, vivaient
Passé Simple	vécus, vécus, vécut, vécûmes, vécûtes, vécurent
Future	vivrai, vivras, vivra, vivrons, vivrez, vivront
Conditional	vivrais, vivrais, vivrait, vivrions, vivriez, vivraient
Present Subjunctive	vive, vives, vive, vivions, viviez, vivent
Compound Tenses	*Auxiliary:* avoir *Past Participle:* vécu

VOIR

Present	vois, vois, voit, voyons, voyez, voient
Commands	vois, voyons, voyez
Imparfait	voyais, voyais, voyait, voyions, voyiez, voyaient
Passé Simple	vis, vis, vit, vîmes, vîtes, virent
Future	verrai, verras, verra, verrons, verrez, verront
Conditional	verrais, verrais, verrait, verrions, verriez, verraient
Present Subjunctive	voie, voies, voie, voyions, voyiez, voient
Compound Tenses	*Auxiliary:* avoir *Past Participle:* vu

VOULOIR

Present	veux, veux, veut, voulons, voulez, veulent
Commands	veuille, veuillons, veuillez
Imparfait	voulais, voulais, voulait, voulions, vouliez, voulaient
Passé Simple	voulus, voulus, voulut, voulûmes, voulûtes, voulurent
Future	voudrai, voudras, voudra, voudrons, voudrez, voudront
Conditional	voudrais, voudrais, voudrait, voudrions, voudriez, voudraient
Present Subjunctive	veuille, veuilles, veuille, voulions, vouliez, veuillent
Compound Tenses	*Auxiliary:* avoir *Past Participle:* voulu

FRENCH-ENGLISH VOCABULARY

This vocabulary includes all the words introduced in *En Route!*
  The gender is indicated by *m* (masculine) or *f* (feminine) following the noun. Irregular plurals and those of compound nouns are also given, abbreviated *pl*. An asterisk (*) before a word beginning with *h* indicates an aspirated *h*.
  The following abbreviations are also used:

adj	*adjective*	Caj	*Cajun*	coll	*colloquial*
n	*noun*	Can	*Canadian*	fam	*familiar*
pp	*past participle*				

A

à *to, in, at, on, by*
abandonner *to abandon, give up, desert, leave*
aboiement m *bark*
abord: tout d'abord *first*
aborder *to start on*
aboyer *to bark*
abri m *shelter;* à l'abri du besoin *free from want;* mettre à l'abri *to shelter*
absence f *absence*
abstraction: faire abstraction de *to put aside*
Acadie f *Acadia*
Acadien m *Acadian*
acadien, -ienne *Acadian*
accabler *to depress*
accéder à *to get into*
accent m *accent;* accent circonflexe *circumflex (accent)*
accentuer *to accentuate, emphasize*
accepter *to accept*
accès m *access*
s'acclimater *to adapt*
accompagner: être accompagné, -e de *to be accompanied by someone, to be with someone*
s'accomplir *to be fulfilled*
accord m *harmony, chord;* être d'accord *to agree*
accordéon m *accordion*
accorder *to grant, give, attach, tune*
accordeur m *tuner*
accoutumer *to be accustomed or used to something*
accroché, -e *hanging*
s'accrocher *to hook onto*
s'accroître *to increase, grow*
accroupir *to squat*
accueil m *reception, welcome, stay, room and board*
accueillir *to greet*
acharné, -e *relentless, determined*
acier m *steel*
acquérir *to acquire*

s'acquérir *to be acquired*
acquittement m *payment*
acrobate m, f *acrobat*
action f *act, deed*
actionner *to set in motion, move*
s'adapter *to adapt*
adapteur m *adapter*
additionnel, -elle *extra*
adjectif m *adjective*
admettre *to allow, permit*
admiration f *admiration*
adolescence f *adolescence*
adolescent, -e *adolescent*
s'adonner *to devote oneself*
adoration f *worship*
adresser *to address, direct*
s'adresser à *to turn to*
adversaire m *adversary, enemy*
aérien, -ienne *air*
affaiblir *to weaken*
affaire f *business deal, matter, business;* les affaires de toilette *toilet articles*
affection f *affection*
affirmatif, -ive *affirmative*
affirmation f *affirmation, assertion*
affirmer *to affirm*
affluent m *tributary*
affûter *to sharpen*
afin: afin de *in order to;* afin que *so that*
âgé, -e *old*
agence f *agency;* agence de tourisme *tourist agency*
agent m *agent*
agglutiner *to stick together*
agilité f *agility, nimbleness*
s'agir: il s'agit de *it is a matter or question of*
agitation f *restlessness, nervousness*
agité, -e *rough, choppy, agitated*
s'agiter *to move about restlessly, to move around, to move about*
agrandir *to enlarge*
agrégé, -e: un professeur agrégé *Ph.D.*
agriculteur, -trice *farmer*

agronomie f *agronomy, crop production*
aide f *help, assistance;* A l'aide! *Help!*
aigrement *sourly*
aiguille f *needle*
aiguiller *to steer, to point in the right direction*
ailleurs *elsewhere;* par ailleurs *furthermore*
aimable *friendly*
aimer *to love*
ainsi *thus, so, in a like manner;* ainsi que *as well as*
air m *air;* au grand air *in the open air*
ajouter *to add*
aléatoire *dependent on contingencies*
alerter *to warn*
Algérie f *Algeria*
algérien, -ienne *Algerian*
alléchant, -e *attractive*
allécher *to attract*
allégresse f *joy, exhilaration*
Allemagne: Allemagne fédérale f *West Germany*
aller *to go;* Allons! *Come on!;* Allons donc! *Come on!;* Et allez donc! Ça recommence! *Here we go again!*
s'en aller *to go away, leave*
alliance f *alliance, union;* par alliance *by marriage*
allocation f *allocation, allowance;* allocations familiales *family allowance*
allongé, -e *elongated, oblong*
allumage m *turning on*
allure f *speed*
alors *then, at that time;* alors que *when, while;* Ça alors! *Look at that!*
alourdir *to weigh down*
alpin, -e *mountain*
alpiniste m, f *mountain climber*
altéré, -e *altered*

altitude f *altitude*
alto m *alto*
amande f *almond*
amarrage m *anchoring; mât d'amarrage anchoring mast*
amarrer *to anchor*
amateur m *lover (of)*
âme f *soul*
améliorer *to improve*
aménagé, -e *flexible*
aménagement m *organization, preparation*
amener *to lead*
s'amener *to come along, show up (coll)*
américanisation f *Americanization*
Amérique f *America; Amérique du Nord f North America*
amical, -e *friendly*
amoncelé, -e *piled up, accumulated*
s'amplifier *to increase*
amusement m *amusement, entertainment*
analogie f *analogy*
ancien, -ienne *former, old; à l'ancienne old-style*
âne m *donkey, ass*
anémié, -e *anemic, lifeless*
anglo-américain, -e *Anglo-American*
anglophone *English-speaking*
angoisse f *anxiety*
s'animer *to come to life, to become animated*
anneau m (pl **-x**) *ring*
année f *year; année bissextile leap year; d'ici quelques années a few years from now; d'une année sur l'autre from year to year*
anniversaire m *anniversary*
anonyme *anonymous*
anonymisation *making anonymous*
antique *ancient*
anxieusement *anxiously*
apatride m, f *stateless person*
apercevoir *to perceive, see, notice*
s'apercevoir *to realize, notice*
aplomb m *self-assurance*
apocalypse f *apocalypse*
apothéose f *apotheosis; finir en apothéose to end in a grand finale*
apparaître *to appear*
appareil m *apparatus; appareil ménager appliance*
apparemment *apparently*
apparence f *appearance*
apparition f *apparition*
appartement f *apartment; appartement témoin model apartment*
appartenir *to belong*
appel m *call, appeal*
application f *application, use*
s'appliquer à *to apply to*
appoint m *the right change; d'appoint extra*

apporter *to bring*
apprendre *to teach; apprendre par cœur to learn by heart, memorize*
s'apprêter (à) *to get ready (to)*
approcher *to approach, come*
approfondi, -e *in depth*
approfondir *to go deeper (into)*
s'approprier *to take possession of*
approuver *to approve of, agree with*
approvisionner *to supply*
aptitude f *aptitude, ability*
aquarelle f *watercolor*
arbre m *tree; arbre généalogique family tree*
archéologique *archaeological*
archéologue m, f *archaeologist*
archet m *bow*
architecture f *architecture*
ardeur f *passion, fervor*
argent m *money*
argileux, -euse *clayey*
argument m *argument*
aride *arid*
armée f *army*
s'armer (de) *to arm oneself (with)*
armistice m *armistice*
arpenter *to walk back and forth*
arracher *to tear out*
s'arracher: s'arracher les cheveux *to pull out one's hair*
arrêter *to stop*
s'arrêter *to stop, come to a stop; s'arrêter net to stop short*
arrière *behind; revenir en arrière to go back, retrace one's steps; arrière-grand-mère f great-grandmother; arrière-grand-père m great-grandfather; arrière-petite-fille f great-granddaughter*
arrivant m *arrival*
arrivée f *finish line*
art m *art*
article m *article, item*
ascendance f *origin*
ascension f *climbing*
Ascension f *Ascension Day, Ascension Thursday*
Asie f *Asia*
aspect m *aspect, appearance, look*
aspérité f *rough surface*
assassin m *assassin, murderer*
assaut m *assault*
assèchement m *drying up*
s'assécher *to dry up*
s'asseoir *to sit (down)*
asservi, -e *slave-like*
assis, -e *seated*
association f *association*
Assomption f *the Assumption*
assouplissement m *limbering up*
assurance f *assurance*
assuré, -e *supplied*
astérisque m *asterisk*
asteur *nowadays (Caj)*
astronomie f *astronomy*
astuce f *wits*
Atlantide f *Atlantis*

atmosphère f *atmosphere*
atome m *atom*
atomique *atomic*
atomisation f *atomization*
attacher *to attach*
s'attacher *to be attached to, to be associated with*
attaquer *to attack*
atteindre *to reach, get at, hit*
attendre *to expect*
attentivement *carefully, closely*
atterrissage m *landing*
attirail m *equipment*
attirer *to attract, bring*
attitude f *attitude, pose*
attraction f *attraction*
attraper *to pick up*
audacieux, -ieuse *daring, bold*
au-dessus (de) *above, beyond, over*
augmentation f *raise*
auparavant *before*
auprès *near*
auréole f *halo, aureole*
aurore f *dawn*
aussi *so*
autant; autant de *as many; d'autant accordingly; pour autant because of*
auteur m *author*
autographe m *autograph*
automatique *automatic*
s'automatiser *to become automated*
auto(mobile) f *automobile*
automobiliste m, f *motorist*
autonome *independent*
autonomie f *autonomy*
autorisé, -e *authorized*
autorité f *authority*
autoroute f *highway*
autostoppeur, -euse *hitchhiker*
autre *other; nous autres we (coll) (emphatic)*
auxiliaire *auxiliary*
avaler *to swallow*
avancer *to advance*
avant *before; avant-goût m foretaste; En avant! Forward!*
aventurier m *adventurer*
avenue f *avenue*
averse f *downpour*
avertir *to warn*
aviateur m *aviator, pilot*
aviation f *aviation, air travel; une compagnie d'aviation airline*
avidement *avidly, eagerly*
avis m *opinion; changer d'avis to change one's mind*
avoir *to have; avoir la berlue to be seeing things; avoir le mal de mer to be seasick; avoir tôt fait not to take along; avoir trait à to relate to; avoir une poussée de to break out in; se faire avoir to get caught*
axiome m *axiom*
azimut m *azimuth; tous azimuts all around (military)*

B

se bagarrer to fight
bal m dance, ball; bal costumé fancy dress ball; une salle de bal ballroom
se balancer to rock
balle f bullet
balles f pl francs (fam)
ballon m balloon; ballon d'oxygène oxygen tank
balloniste m balloonist
Baltique: la mer Baltique Baltic Sea
balustrade f balustrade, railing, handrail
banal, -e banal, trite
banc m bench
baptême m baptism
baraque f joint (place)
barbare barbaric
barrage m dam
barre f bar
basalte m basalt
base f basis
baser sur to base on
basque Basque
bassin m pool
bastion m bastion
battement m beat, beating
battue: faire une battue to make a foray
bavard, -e loudmouth
bayou m bayou
beau-fils m son-in-law, stepson
beau-frère m brother-in-law
beau-père m father-in-law, stepfather
bec de gaz m street lamp
belle-fille f daughter-in-law, step-daughter
belle-mère f mother-in-law, step-mother
belle-sœur f sister-in-law
ben = bien well (fam)
béni, -e blessed
berbère m Berber (language)
berceau m (pl -x) cradle
berger m shepherd
berlue f false vision; avoir la berlue to be seeing things
besogne f job, task
besoin m need; à l'abri du besoin free from want
bête f animal
bêtise f foolish, stupid thing
béton m concrete
betterave f beet
bien well; être bien dans sa peau to feel good; si bien que so that
bien m property
billard m billiards; jouer au billard to play a game of billiards
billet m bill (money)
biologie f biology
biologique organic
bison m bison
bissextile: une année bissextile leap year

bivouac m bivouac, camp
blague f joke
blanc-bec m greenhorn
blessure f wound
blindé, -e armored
bloc m block
bloqué, -e blocked, jammed
bloquer to freeze, lock in
blues m blues
bœuf m ox; une paire de bœufs yoke of oxen
bois m wood, forest; en bois made of wood, wooden; un poêle à bois wood-burning stove
bombardier m bomber
bombe f bomb
bon m bond
bon, bonne good; à bon compte at a reasonable price; A quoi bon? What's the use?
bondir to spring, jump, leap
bonne f housekeeper
bord m side; à bord on board
bosse f hump
bosser to work (slang)
boueux m garbage collector
bougainvillier m bougainvillea
bougre m fellow (Caj)
bouleverser to turn upside down, shatter
boulot m job (fam)
bourgeon m bud
Bourgogne f Burgundy
bourlinguer to get around a lot
bourrée f bourrée (17th-century French dance)
bourricot m donkey
bout m end, piece, bit; au bout in the end; au bout de after; d'un grand bout de d' là very (Caj)
boutade f whim, caprice, wisecrack; en boutade in jest
bouton m pimple
bovidés m pl bovines (cows, oxen, etc.)
brailler to weep, wail (Caj)
branche f branch, sprig
brancher to get someone started on something
brandir to brandish
brave brave, good
bref, brève brief, short; d'une voix brève sharply
Bretagne f Brittany
breton, -onne Breton, from Brittany
bricolage m tinkering
briller to shine
brise f breeze
briser to break
se briser to break
Britannique m, f British person; les Britanniques the British
brochure f brochure
brouter to graze
broyer to crush
bru f daughter-in-law
brûleur m burner

brun, -e brown
brut, -e raw
brutal, -e (m pl -aux) brutal, stark
bruyant, -e noisy
bûche f log
bûcheron, -onne lumberjack
budget m budget
buisson m bush
bus m bus (coll)

C

ça: ça et là here and there
cabine f cabin
cacher to hide
Cadien, -ienne = Cajun, -e Cajun
cage f cage
cahier m exercise book; cahier de texte homework notebook
caisse d'épargne f savings bank; un livret de caisse d'épargne f savings account
Cajun m Cajun
cajun Cajun
calcul m calculation
calé, -e smart
se caler to settle
callosité f callus
calme calm; reprendre son calme to recover one's composure, calm down
calque m exact copy
Cambodge m Cambodia, Kampuchea
caméra f movie camera
camp m camp; camp de base base camp
campagnard, -e person from the country
campement m camp
candide guileless
canné, -e: une chaise cannée cane chair
CAP m vocational school certificate
capable capable
capitaine m captain
capricieux, -ieuse inconsistent
capter to harness
capteur m reflector
captiver to captivate, fascinate
capturer to catch, capture
caractériser to characterize
caractéristique characteristic
caravane f caravan
carburant m fuel
Carême m Lent
caressant, -e caressing, tender
carnet m notebook; carnet de chèques checkbook
carré m square
carré, -e square
carrure f build
carte f card; carte de crédit credit card
casque m helmet
casqué, -e helmeted
casser to break

catalogue m   *catalogue*
catastrophe f   *catastrophe*
catholique   *Catholic*
cause f   *cause;* à cause   *why*
causer   *to speak, talk*
cave f   *cave*
ceci   *this*
cela   *that*
céleste   *celestial, heavenly*
célibataire   *single*
cendre f   *ashes*
cent m   *cent*
central, -e (m pl **-aux**) *central*
centrale f   *power station, plant*
cependant   *nevertheless, however*
cercler   *to ring*
cercueil m   *coffin*
cérémonieusement   *ceremoniously*
certes   *certainly*
certitude f   *certainty;* entière
certitude   *complete certainty*
cesse f   *cease, ceasing;* sans cesse
continually, constantly
c'est: c'est-à-dire   *that is (to say);*
c'est à nous/vous   *it's up to us/you*
ceux-ci   *the latter*
chacun, -e   *everyone*
chair f   *flesh*
chaise f   *chair;* chaise longue
lounge chair
chaleureux, -euse   *warm*
chamelier m   *camel driver*
champ m   *field;* sur-le-champ
suddenly
champagne m   *champagne*
"championnite" f   *"championitis"*
chance f   *chance*
Chandeleur f   *Candlemas*
change m   *money exchange;* faire le
change   *to exchange (money)*
changer   *to change;* changer d'avis
to change one's mind
chanson f   *song*
chant m   *singing, song;* le chant du
coq   *crowing of the rooster*
chaos m   *chaos*
chapeau m (pl **-x**)   *hat;* Chapeau!
Congratulations!
charbon m   *coal*
charge f   *load, cargo, charge*
chargé, -e (de)   *in charge (of)*
chargement m   *load, cargo*
charger   *to charge*
charité f   *charity;* une œuvre de
charité   *charity*
charlatan m   *charlatan*
charme m   *charm*
chasse f   *hunting, hunt*
chasser   *to chase, hunt, hunt down*
châtaigne f   *chestnut*
chatière f   *opening, narrow opening*
chaud, -e   *heated*
chaudière f   *boiler*
chauffage m   *heating*
chauffe-eau m   *water-heater*
chauffer   *to heat (up)*
chauffeur m   *chauffeur, driver*

chaumière f   *thatched cottage*
chauve-souris f   *bat*
chef d'œuvre m   *masterpiece*
chemin m   *road;* chemin faisant
on the way
cheminée f   *chimney*
cheminer   *to make its/one's way*
chenal m   *channel*
chèque m   *check;* un carnet de
chèques   *checkbook;* chèques de
voyage   *traveler's checks*
chercher à   *to try to*
chercheur, -euse   *researcher,*
research worker
cheval m (pl **-aux**)   *horse;* partir sur
ses grands chevaux   *to get up on*
one's high horse
cheveux m pl *hair;* arracher les
cheveux   *to pull out one's hair*
chez   *at (to) someone's house (shop,*
office); in
chien, chienne   *dog;* chien de
chasse   *retriever, hunter*
chiffre m   *figure, numeral;* un chiffre
d'affaires   *profits*
Chine f   *China*
choc m   *shock*
choucroute f   *sauerkraut*
chousse f   *tree stump (Can)*
choyé, -e   *spoiled*
chrétien, -ienne   *Christian*
chronique f   *chronicle*
chrysanthème m   *chrysanthemum*
chute f   *fall, falls, waterfall*
cicatrice f   *scar*
ci-dessus   *above*
cidre m   *cider*
ciel m   *heaven*
cigarette f   *cigarette*
cimetière m   *cemetery*
cinématographique   *film*
circonflexe: un accent circonflexe
circumflex (accent)
circuit m   *tour*
circuler   *to move around*
circulaire   *circular*
citadin, -e   *city dweller*
cité f   *city*
citoyen, -enne   *citizen*
civil, -e   *civil*
civilisation f   *civilization*
civiliser   *to civilize*
clair, -e   *clear;* en clair   *to spell it out*
clan m   *clan*
claque f   *slap*
claquement m   *clatter*
claquer   *to clap;* claquaient des
dents   *their teeth were chattering*
clarté f   *light*
classique m   *classic*
clavier m   *keyboard*
clé f   *key*
clef f   *key;* fermer à clef   *to lock*
client m   *guest, patron, patient*
cloche f   *bell*
clôture f   *fence*
clouté, -e   *hobnailed*

cockpit m   *cockpit*
codé, -e   *in code*
coder   *to code*
cœur m   *heart;* apprendre par cœur
to learn by heart, memorize
coffre m   *chest*
cogner   *to bang (fam)*
cohabitation f   *living under the*
same roof, living together
coiffé, -e (de)   *covered or topped*
with
coiffer   *to put on (a headdress)*
coin m   *corner*
coincé, -e   *stuck*
col m   *collar, gorge, pass*
colère f   *anger*
collé, -e   *stuck;* rester collé   *to get*
stuck (Can)
collectif, -ive   *collective*
collège m   *school, high school*
colonette f   *small column*
colonial, -e (m pl **-aux**)   *colonial*
colonie f   *colony*
colonisation f   *colonization,*
settlement
coloniser   *to colonize*
combat m   *fight, fighting*
combattant, -e   *combattant*
combattre   *to fight*
combinaison f   *combination*
combiner   *to combine*
combustible m   *fuel*
combustion f   *combustion*
comique   *comedy*
commander   *to command*
commémorer   *to commemorate*
commenter   *to comment on*
commerçant, -e   *commercial*
commerce m   *business, trade, store*
commercial, -e   *commercial*
commissariat m   *police station*
commodité f   *comfort*
commun, -e   *common*
commune f   *district, borough*
communication f   *communication*
compagnie f   *company;* compagnie
d'aviation   *airline*
compagnon m   *companion*
comparable   *comparable*
comparaison f   *comparison*
compatriote m, f   *compatriot,*
fellow countryman/woman
complémentarité f   *complementarity*
complémenter   *to complement*
complet, -ète   *complete, total, full*
comportement m   *behavior*
composant m   *component*
composer   *to paint*
compositeur, -trice   *composer*
compréhension f   *comprehension*
comprendre   *to include*
compris, -e   *included;* non compris, -e   *not included*
compte m   *account;* à bon compte
at a reasonable price; s'en tirer à
bon compte   *to get off easy;* tenir
compte de   *to take into account;*

trouver son compte à   to suit one

compter   to recognize, count the cost, economize

concentration f   concentration

concerner   to concern; en ce qui concerne   with regard to, concerning

concert m   concert

se concerter   to consult (each other)

concerto m   concerto

concierge m, f   superintendant, janitor

conciergerie f   maintenance

concilier   to reconcile

concitoyen, -enne   fellow citizen

conclure   to conclude

concours m   contest

conçu, -e   conceived

conduire   to lead

conduite f   lead

cône m   cone

conférencier m   lecturer

confesser   to confess

confiance f   confidence, faith; faire confiance à   to trust

confier   to entrust

confirmation f   confirmation

confirmer   to confirm

conformisme m   conformity

confort m   comfort; tout confort with all modern conveniences

confrontation f   confrontation

confusément   confusedly

congé: un jour de congé   day off

connaissance f   acquaintance; garder sa connaissance   to remain conscious

connu, -e   known; bien connu, -e well-known

conquérir   to win

conquis, -e   conquered, won, gained

conscience f   consciousness; prendre conscience de   to become aware of, realize

consciencieux, -ieuse   conscientious

conscient, -e   conscious, aware

conseil m   counsel; conseil de classe   staff meeting

conseiller m   adviser

consentir à   to consent or agree to

conséquence f   consequence, result, outcome

conserver   to keep

considérer   to consider, study, respect

consister à   to consist in

consolation f   consolation

consommation f   consumption; une société de consommation consumer society

constant, -e   constant

constater   to notice

constellation f   constellation

consterné, -e   dismayed

constituer   to constitute, represent, set aside, be, compile

construction f   construction

construit, -e   built

consulat m   consulate

consultation f   consultation; ouvrage de consultation m   reference work

consulter   to consult

contact m   contact, touch; gardons le contact   let's keep in touch

conte m   story

contempler   to contemplate, gaze at

contemporain, -e   contemporary

content, -e   content, happy

se contenter   to be content or satisfied with; se contenter de   not to go beyond

contestataire m, f   protester

contestataire   anti-establishment

contestation f   debate, protest

continent m   continent

continu, -e   continuous

continuité f   continuity

contradiction f   contradiction

contraindre   to force

contrainte f   constraint; sans contraintes   freely

contraire   contrary; tout le contraire just the opposite

contraster (avec)   to contrast (with)

contrat m   contract

contravention f   ticket

contre   in exchange for; par contre on the other hand

contre-effet m   counter-effect

contreplaqué m   plywood

contresens m   misinterpretation

contribuer (à)   to contribute (to)

contrôle m   test, control

contrôler   to control

conversation f   conversation, speech

conversion f   conversion

convertir   to convert

conviction f   conviction

copine f   pal, friend

coq m   rooster; chant du coq m crowing of the rooster

cordial m   stimulant

corne f   horn

corollaire m   corollary, consequence

correct, -e   proper, passable

corrosif, -ive   corrosive

Corse f   Corsica

corse   Corsican

cosmos m   cosmos

costumé: un bal costumé   fancy dress ball

côte f   side; côte à côte   side by side

côté m   side, direction; d'à côté next door; du côté   as for

cotillon m   cotillion

cotonnade f   cotton cloth

coucher   to lay; coucher du soleil m   sunset

couler   to flow

coulisses f pl   wings

couloir m   corridor, passageway

coup m   hit, blow (of a hammer), lash (of a whip), ring (of a bell), stroke; le premier coup de minuit the first stroke of midnight; pour le coup   this time; tout à coup suddenly; tenter le coup   to try one's luck

couper   to cut; couper net   to cut someone off

couple m   couple, pair

coupler   to attach

couplet m   verse, song

courage m   courage

couramment   normally

courant, -e   everyday

courbé, -e   bent

courber   to bow down; courber sur to bend over

coureur m   runner

course f   hike, climb

coût m   cost

coûteux, -euse   costly

coutume f   custom

couture f   sewing; faire de la couture   to sew

couvert, -e (par)   drowned by (noise)

couvrir   to cover

se couvrir de   to become covered with

cow-boy m   cowboy

Cracovie f   Kraków, Poland

craindre   to tear

crainte f   fear

crâne m   skull

cratère m   crater

cravache f   whip

crèche f   manger

crédit m   credit; à crédit   on credit; une carte de crédit   credit card

créer   to create

créole   Creole

crêpe f   crêpe, pancake

crétin, -e   idiot

creuser   to dig out

crevasse f   crevice, crack

cri m   cry, shout; cri de guerre   war cry; lancer un cri   to shout

crime m   crime

crise f   crisis

crissement m   creaking

cristal m (pl -aux)   crystal

croisé, -e   crossed; les bras croisés with (one's) arms folded

croiser   to cut across, pass

croisière f   cruise

croissant, -e   growing

croix f   cross

croyable   believable

crucial, -e (m pl -aux)   crucial

cube m   cube; un pied cube   cubic foot

cuisinière f   stove

cuisson f   cooking

cultivateur, -trice   farmer

se cultiver   to improve one's mind

culture f   culture

cupidité f   greed

curé m   priest

curieux, -euse   odd, strange

curiosité f *curiosity*
cuvette f *basin*
cycle m *cycle*
cyclisme m *cycling*
cynique *cynical*
cynisme m *cynicism*

D

dalle f *stone slab*
date f *date;* de longue date *for a long time*
davantage *more*
se débarrasser de *to get rid of*
débat m *discussion, debate*
débit m *debit, flow*
débiteur, -trice *debtor*
debout *up*
débris m *debris, bits and pieces of rubbish*
décharger *to unload*
déchirer *to tear up, tear*
se déchirer *to tear*
décidément *certainly*
décision f *decision;* prendre une décision *to make a decision*
déclaration f *declaration*
déclarer *to declare*
déclencher *to unleash*
décompression f *decompression*
décortiquer *to take apart*
se décourager *to become discouraged*
découverte f *discovery*
découvrir *to reveal*
décrire *to make*
dédain m *disdain, contempt, scorn*
dédale m *labyrinth*
dedans *in it*
défendre *to forbid*
défense f *defense*
défi m *challenge, defiance;* d'un air de défi *defiantly*
défiler *to pass by, file past, march by*
définitif, -ive *permanent, final;* en définitive *when all is said and done*
dégager *to give off*
dégeler *to defrost*
dégoûtant, -e *disgusting, revolting*
dégoûter *to disgust*
dehors *outside;* en dehors *outside*
déjeuner m *lunch;* déjeuner sur l'herbe *picnic*
demande f *demand*
demander *to require, ask*
se demander *to wonder*
déménager *to move*
demeurer *to stay, remain*
demi *half;* à demi *halfway*
demi-frère m *stepbrother*
demi-sœur f *half sister, stepsister*
demi-voûte f *half-vault*
démocratie f *democracy*
démodé, -e *outmoded*
démon m *demon*

dentelle f *lace*
dépasser *to pass*
dépendant, -e *dependent*
dépense f *consumption, use*
dépiter *to vex*
déplacement m *travel, traveling*
se déplacer *to travel, walk*
déplier *to unfold*
déplorer *to deplore, regret*
déportation f *deportation*
dépression f *depression;* dépression nerveuse *nervous breakdown*
déprimé, -e *depressed*
depuis *from, for*
dérangement m *upset, move*
dériver *to drift*
dernier, -ière *last;* ce dernier, cette dernière *the latter*
dès *from...on;* dès lors *for that reason, therefore*
désastre m *disaster*
descendance f *descendants*
descendant, -e *descendant*
descriptif, -ive *descriptive*
description f *description*
déserter *to desert*
désespérer (de) *to despair (of)*
désigner *to designate, refer/point to*
désintégration f *disintegration, breaking up*
désintéressement m *altruism*
désir m *desire, wish*
désordre m *mess*
desperado m *desperado*
dessalement m *desalination*
dessein m *purpose*
dessiner *to draw, design*
destinée f *destiny*
destiné, -e (à) *intended to, meant to*
destruction f *destruction*
détacher *to detach*
se détacher *to separate, come away*
détester *to detest, hate*
se détraquer *to break down*
détruire *to destroy*
dette f *debt*
devant m *front*
devant *considering*
devanture f *store window*
développement m *explanation*
développer *to develop*
se développer *to develop*
dévisager *to stare at*
devoir *to owe*
devoir m *composition*
dévolu, -e *allotted*
dévorer *to devour*
se dévouer *to devote oneself to*
diable m *devil*
diagnostic m *diagnosis;* faire un diagnostic *to diagnose*
diagnostiquer *to diagnose*
diagramme m *diagram*
dialecte m *dialect*
dialogue m *dialogue*
dictateur m *dictator*
dictature f *dictatorship*

dictionnaire m *dictionary*
Dieu m *God*
différence f *difference*
diffuser *to broadcast*
dignité f *dignity*
digression f *digression*
dinde f *turkey*
dire *to say;* à vrai dire *to tell the truth, in (actual) fact;* ça te dit *you like it;* c'est-à-dire *that is;* dire que... *to think that . . .*
direct, -e *direct*
directement *directly*
directeur m *director*
direction f *steering*
dirigeable adj, n m *dirigible, airship*
disparaître *to disappear*
discerner *to discern, make out*
discipliner *to discipline*
discussion f *argument*
discuter *to discuss;* discuter de *to discuss (something)*
disparition f *disappearance*
disparu, -e *disappeared, lost, vanished, dead*
disposer (de) *to have (at one's disposal)*
disposition f *arrangement;* prendre des dispositions *to make decisions*
dispute f *argument, quarrel*
disque m *disk;* lecture de disque *disk drive*
disquette f *floppy disk*
dissertation f *composition*
disserte f = *dissertation*
se dissiper *to disperse, drift away*
distance f *distance;* à distance *at a distance*
distinguer *to make out, perceive, set apart, distinguish, see*
distribuer *to administer*
divers, -e *diverse, different, various*
divin, -e *divine, sacred*
divorce m *divorce;* divorce d'avec *divorce from*
docilement *docilely, obediently*
document m *document*
documentation f *brochures*
do-do: fais do-do *go beddy-bye; dance (Caj)*
domaine m *estate*
domestique *domestic, household*
domestiquer *to domesticate*
dominant, -e *dominant*
domination f *domination*
dominer *to dominate*
dominical, -e (m pl **-aux**) *Sunday*
dommage m *harm;* quel dommage *what a shame;* dommages *damage*
donc *therefore;* Allons donc! *Come on!*
donner *to give;* ce que ça donnerait *what would happen;* donner de la voix *to bay;* c'est donné *it's dirt cheap*
dont *whose, of whom, of which, one of which is*

dossier m *file*
d'où *hence*
douane f *customs*
doubler *to double*
doucement *quietly, silently*
doute m *doubt;* sans doute *undoubtedly*
douteux, -euse *doubtful*
drap m *cloth*
drapeau m (pl **-x**) *flag*
draper *to drape*
se draper dans *to drape oneself in*
dresser *to draw up, train;* dresser l'oreille *to open one's ears*
se dresser *to stand up*
droite f *right;* à droite *on (to) the right*
droit, -e *straight*
drôle *funny;* un(e) drôle de *an odd sort of*
dromadaire m *dromedary*
dû, due *due, owed*
dur, -e *harsh, tough, difficult*
durant *during*
durement *fiercely*
durent: ils/elles durent *they owed*
dureté f *toughness, harshness*
dynamite f *dynamite*

E

eau f *water;* dans l'eau *full of tears*
ébénisterie f *woodworking, carpentry*
éboulis m pl *fallen rocks*
écarté, -e *extended*
échapper *to escape;* l'échapper belle *to have a narrow escape*
s'échauffer *to warm up*
échec m *failure;* mettre en échec *to checkmate*
échelle f *scale*
écho m *echo*
éclairage m *lighting*
éclairer *to shine (down) on*
éclat m *splinter;* éclat de rire *burst of laughter;* éclat de voix *loud voices*
éclater *to explode*
écologie f *ecology*
écologique *ecological*
écologiste m, f *ecologist*
économique *economic*
économiste m, f *economist*
s'écouler *to flow*
écrasé, -e *dwarfed, overcome*
écraser *to crush, dwarf*
s'écrier *to exclaim*
écroulement m *collapse, fall*
écume f *foam*
écus m pl *money*
éducation f *education*
effectivement *in fact, actually*
effectuer *to make*

effet m *effect;* effets *things, clothes;* effets personnels *personal effects*
efficace *efficient*
efficacité f *effectiveness*
égalité f *equality;* sur un pied d'égalité *on an equal footing*
égard m *consideration;* à l'égard de *with regard to;* à son égard *towards him*
égyptologue m, f *Egyptologist*
électricité f *electricity*
élément m *element*
élever *to raise*
s'élever *to rise*
éliminer *to eliminate*
s'éloigner *to move away*
élucider *to clear up*
embellir *to make (more) attractive*
emblée: d'emblée *right off*
embranchement m *junction*
embrasser *to take in*
émerveiller *to impress greatly*
émigrer *to emigrate*
emmener *to take along*
émotion f *emotion*
s'emparer *to take over*
empli, -e *full*
emploi m *use, job, employment*
employé(e) *employee*
employer *to employ*
empoisonné, -e *poisoned*
empreint, -e *characterized, marked*
emprunt m *loan*
emprunter *to take, follow*
enchaîner *to carry on, go on, keep going, continue, add*
enclencher *to engage, set in motion*
encombré, -e *crowded*
encombrer *to clutter, clutter up, obstruct, block*
encore: encore un(e) *another;* Quoi encore? *What next?;* encore que *even though*
encourager *to encourage*
endommager *to damage*
endurer *to endure, bear*
énergie f *energy, power*
enfantin, -e *childlike*
enfermé, -e *locked up, shut in*
s'enfuir *to flee*
engagé m *farmhand (Can)*
engagement m *commitment, engagement*
engager *to hire, engage*
s'engager *to get involved*
engin m *vehicle, spaceship, machine*
engueuler *to bawl out (slang)*
énigme f *riddle*
enneigement m *snow conditions*
ennemi(e) *enemy*
ennui m *boredom*
énoncé m *statement*
énormément *a great deal*
enquêter *to take a survey, investigate*

enquêteur m *investigator*
s'enrichir *to get rich*
ensemble m *ensemble, whole group*
ensemble *together*
ensevelissement m *being buried*
entamer *to start*
enterrer *to bury*
enthousiasme m *enthusiasm*
entier, -ière *whole, entire, complete, unsolved;* entière certitude *complete certainty*
entièrement *entirely*
entité f *entity*
entourer *to wrap*
entraîné, -e *carried away*
entraver *to tie up*
entre *between;* d'entre *of*
entrée f *entrance*
entretenir *to keep up*
s'entretenir *to talk*
envahir *to invade*
envie f *desire*
s'envelopper dans *to wrap oneself (up) in*
s'envoler *to fly away*
envoûtant, -e *bewitching*
envoûter *to bewitch*
envoyé m *correspondent*
envoyer *to send, send off;* envoyez les pieds *to kick (out)*
éolien, -ienne *wind*
éolienne f *windmill, windpump*
épais, épaisse *thick*
Epiphanie f *Epiphany*
épisode m *episode*
époque f *era*
épreuve f *hardship;* à l'épreuve du feu *fireproof*
épuisant, -e *exhausting*
s'épuiser *to become exhausted*
Equateur m *Ecuador*
équatorial, -e *equatorial*
équilibrer *to make (someone) well-balanced*
équitation f *horseback riding*
équivalent m *equivalent*
équivoque *equivocal;* sans équivoque *unequivocal*
ère f *era*
érosion f *erosion*
errance f *wandering*
errer *to wander*
escalade f *climbing*
escarpement m *escarpment, steep slope*
espace m *space*
espèce f *kind, sort, species*
espérance f *hope*
espérer *to expect*
espionnage m *spying*
espoir m *hope*
esprit m *mind, spirit*
essentiellement *basically*
estampe f *print*
estimer *to estimate, respect*
s'estomper *to fade*
estrade f *platform, rostrum*

établie, -e *settled*
établir *to establish*
s'établir *to settle*
établissement m *establishment*
étape f *stretch*
état m *state*
état-major général m *command headquarters*
éthel m *kind of tree*
étoile f *star;* l'étoile polaire *North Star*
étonnament *astonishingly*
étonnement m *astonishment*
étrange *strange*
étranger, -ère *stranger, foreigner;* à l'étranger *abroad*
être m *being*
être *to be;* être à *to belong to;* être bien dans sa peau *to feel good;* c'est à vous *it's up to you*
étrennes f pl *New Year's gifts*
étroit, -e *narrow*
étude f *study*
Europe f *Europe*
européen, -éenne *European*
évasif, -ive *evasive*
évasion f *escape*
éveillé, -e *awake*
événement m *event*
évident, -e *evident, obvious*
évoluer *to develop, advance*
évolution f *evolution*
évoquer *to call to mind; recall*
exagéré, -e *exaggerated, excessive*
exalter *to exalt, praise*
exaspérer *to exasperate, aggravate*
excellent, -e *excellent*
exceptionnel, -elle *exceptional*
excessif, -ive *excessive*
exclusivement *exclusively*
excursionniste m, f *hiker*
excuser *to excuse*
exemplaire m *example*
exercer *to exercise*
exiguité f *lack of space*
exil m *exile*
exiler *to exile, banish*
existence f *existence*
exister *to exist, be, be found*
exorcisé, -e *freed (from an evil spirit)*
expédition f *expedition*
expérimental, -e *experimental*
expérimentation f *experimentation*
expier *to expiate, atone for*
expirer *to breathe out*
explicite *explicit*
expliquer *to explain*
exploitant m *cultivator*
exploitation f *operating, farm;* exploitations forestières *forestry development*
exploiter *to use*
explorateur, -trice *explorer*
exploser *to explode*
explosion f *explosion*
exporter *to export*

exposer *to expose, reveal*
expression f *expression*
extra-terrestre m *extraterrestrial*
extraire *to excerpt, take or bring out of*
extrait m *excerpt*
extrait, -e (de) *taken (from), excerpted*
extrêmement *extremely*

F

fac(ulté) f *university*
face f *side, surface;* face à *facing;* de face *full-face*
faciliter *to facilitate, make easier*
façon f *way;* de façon à *so as to*
facteur m *factor, mailman*
facture f *bill*
faiblement *dimly*
faille f *crack*
faillite f *failure*
faim f *hunger*
faire *to make;* en faire à sa tête *to do what one wants;* faire abstraction de *to put aside;* faire la part de *to distinguish;* faire le change *to exchange (money);* faire le plein *to fill it up;* faire sauter *to blow up, flip;* faire signe *to look up;* faire un diagnostic *to diagnose;* faire une battue *to make a foray;* faire une belle vie = avoir une belle vie
se faire *to become, get;* se faire avoir *to get caught*
fais do-do m *go beddy-bye; dance (Caj)*
fait m *fact*
fameux, -euse *famous*
familial, -e (m pl -aux) *family*
se familiariser avec *to familiarize oneself with, to get to know*
famille f *family;* en famille *with the family*
fantaisiste *fanciful*
fantastique *fantasy*
fatalité f *fate, fatality*
fatigue f *fatigue, tiredness*
fatiguer *to tire (someone)*
se fatiguer *to get tired*
fauché, -e *broke*
faune f *fauna*
faut: il faut *it is necessary, it should, one should*
fauve m *wild animal*
fauve *wild*
favoriser *to favor*
feindre *to pretend*
feinte f *fake move*
se féliciter *to congratulate oneself*
femme f *woman*
se fendre *to open*
férié, -e: un jour férié *paid holiday, day off*
ferme *fixed*
fermer *to close;* fermer à clef *to lock*

festival m *festival*
fête f *holiday, saint's day, celebration;* la Fête du Travail *Labor Day;* la Fête Nationale *Independence Day*
feu m *fire;* à l'épreuve du feu *fireproof*
feuille f *leaf*
feuilleter *to leaf through*
fève f *bean*
fiche f *(answer) sheet;* fiche de lecture *reading report*
se ficher de *not to care about*
fierté f *pride*
figure f *face, figure*
figurer *to appear, represent*
file f *line, stream (of cars)*
filmer *to film, shoot*
fin, -e *thin*
financier, -ière *financial*
finesse f *care*
fixement *fixedly, intently*
fixer *to attach*
fjord m *fiord*
flamme f *flame*
fleur f *flower;* en fleurs *in bloom*
fleuri, -e *decorated with flowers*
fleurir *to blossom;* fleurir une tombe *to put flowers on a grave*
fleuve m *river*
flipper m *pin-ball machine*
flore f *flora*
flot m *flood, stream*
flotte f *fleet*
foi f *faith*
foie m *liver;* foie gras m *liver pâté*
folie f *folly, madness, something foolish*
folk m *folk record*
folklore m *folklore*
folklorique *folk*
foncer *to charge*
fonction f *function*
fonctionnement m *workings, operation*
fonctionner *to work*
fond m *bottom;* à fond *thoroughly;* au fond (de) *at the bottom (of)*
se fondre *to merge, fade away*
forcé, -e *forced, obligatory*
forcer *to force, oblige*
forces f pl *forces*
forestier, -ière: des exploitations forestières *forestry development*
forfait m *flat rate;* forfait ski annuel *one-year ski rate, season ticket*
forger *to make up, create*
formalité f *formality*
former *to form, educate*
formule f *formula, expression, phrase, method, system, way*
fort, -e *good, able, smart;* fort en (maths) *good at (mathematics);* pas mal fort *pretty smart (Can);* vagues fortes f pl *large, swelling waves*

fort *hard, very;* respirer fort *to breathe hard*
fossé m *gap*
fou, folle *crazy, insane, foolish*
fournir *to furnish*
foyer m *hearth, campfire*
fraîcheur f *coolness*
frais m pl *expenses;* les frais d'exploitation *operating cost*
frais, fraîche *fresh, cool*
français, -e *French*
franchir *to cross*
francophone *French-speaking*
franglais m *English words used in the French language*
frappant, -e *striking*
frapper *to hit, strike*
frayer *to spawn*
frémir *to shake, tremble*
fréquent, -e *frequent*
fresque f *fresco*
fric m *dough (money)*
friction f *hair tonic*
fringues f pl *togs, clothes, outfits (coll)*
frise f *frieze (ornamental band or border)*
frôlement m *rustling noises*
front m *forehead, front*
fruitier, -ière *fruit*
fulgurant, -e *blazing*
fulminer *to shout forth, be furious*
fumier m *manure*
fureur f *fury;* avec fureur *furiously*
furieux, -euse *furious*
furtif, -ive *furtive, secret*
fusil m *gun*

G

gagnant, -e *winner*
gagner *to gain;* gagner sa vie *to earn one's living*
Galápagos f pl *Galápagos Islands*
galaxie f *galaxy*
galette f *cake*
galopade f *stampede*
gangster m *gangster*
garagiste m *garage owner, garage mechanic*
garde: prendre garde *to be careful*
garde-côte m *coastguard*
garder *to look after, guard;* garder sa connaissance *to remain conscious;* gardons le contact *let's keep in touch*
se garder *to keep*
gargarisme m *gargling*
gars m *fellow*
Gaspésie f *the Gaspé Peninsula (Southern Quebec)*
gaspillage m *wasting*
gâter *to spoil*
gaz m *gas*
gazelle f *gazelle*
géant, -e *giant*
gendarme m *policeman*

gendre m *son-in-law*
généalogique *genealogical;* un arbre généalogique *family tree*
gêner *to embarrass*
généralisé, -e *widespread*
généralités f pl *general points, introduction*
généreux, -euse *generous*
générosité f *generosity*
génial, -e (m pl -aux) *fantastic*
génie m *genie, genius*
genre m *type*
gentil, -ille *nice, kind*
gentiment *good-humoredly*
géo(graphie) f *geography*
géographique *geographical*
gerbe f *sheaf (of flowers)*
gésir *to lie*
gesticuler *to gesticulate, gesture*
gigue f *jig*
givré, -e *crazy, spaced out (slang)*
glacé, -e *icy, freezing, ice*
gladiateur m *gladiator*
glander *to fool around (slang)*
goguenard, -e *mocking*
gorge f *gorge*
gourde f *water bottle, flask*
gouvernement m *government*
grâce f *grace*
graduellement *gradually*
grain m *crops (Can), grain*
grand, -e *tall;* d'un grand bout de d' là *very (Caj);* pas grand-chose *not much, nothing much;* grand-duc m *Grand Duke;* grand-oncle m *great-uncle;* grand-tante f *great-aunt*
grandeur f *size*
grandeur nature *life-size*
grandiose *magnificent*
grandir *to grow (up)*
granit m *granite*
gratitude f *gratitude*
gratte-ciel m *skyscraper*
graver *to engrave*
graveur m *engraver*
gravité f *gravity, seriousness*
gravure f *engraving, carving*
gré: à son gré *at will, as he likes*
Grèce f *Greece*
grille f *gate*
grossir *to get louder*
grotte f *cave, grotto*
grue f *crane*
guère: ne . . . guère *hardly*
guerre f *war*
guerroyer *to wage war*
gueux, -euse *beggar*
gui m *mistletoe*

H

habilleur, -euse *dresser*
habitant m *farmer (Can)*
habitation f *home, lodging*
habitude f *habit;* prendre l'habitude

de *to get used to;* comme d'habitude *as usual*
habituellement *usually, generally*
s'habituer à *to get used to*
*haie f *hedge*
*haïr *to hate*
*Haïti f *Haiti*
hallucination f *hallucination*
*hanche f *hip*
harmonieux, -euse *harmonious*
*harnaché, -e *harnessed*
*hasard m *accident, chance;* au hasard *at random;* par hasard *by chance*
*hâte f *haste;* sans hâte *unhurriedly*
*se hâter *to hasten, hurry (up)*
*hausser: hausser les épaules *to shrug*
*haut: en haut *above, upstairs;* tout en haut de *at the very top of;* haut-fourneau m *blast furnace;* haut-Nil m *the Upper Nile*
*haut, -e: à haute voix *in a loud voice;* haute couture f *fashion design*
*Haute-Mertoutek f *Upper Mertoutek*
hebdomaire m *weekly*
hébergement m *lodging*
hectare m *hectare (2.47 acres)*
hélice f *propeller;* hélice propulsive *propeller*
hélicoptère m *helicopter*
hélium m *helium*
héraldique *heraldic*
herbe f *grass;* herbe tendre *sweet grass*
héritage m *heritage, inheritance*
hériter *to inherit*
*héros m *hero*
hésitant, -e *hesitant*
hésiter *to hesitate*
hétérogène *varied*
heure f *time*
heureux, -euse *happy, fortunate*
hippodrome m *race track*
histoire de *in order to, just to*
historique *historic*
*hocher *to shake*
*hockey m *hockey;* faire du hockey *to play hockey*
*hockeyeur, -euse *hockey player*
Hoggar m *Ahaggar*
honnête *honest*
honnêtement *honestly*
honneur m *honor;* en l'honneur de *in honor of*
*hop! *Off you go!*
horizon m *horizon*
horloge f *clock*
horreur f *horror*
*hors-jeu *in the penalty box*
hospitalier, -ière *hospitable*
hostilité f *hostility*
hôtelier, -ière *hotel owner*
huileux, -euse *oily*
huître f *oyster*

humain, -e *human*
humanité f *humanity*
humanoïde m *humanoid*
humeur f *mood;* la bonne humeur *good mood, good spirits*
humidité f *humidity*
humour m *humor*
hurlement m *howl*
hurler *to howl;* hurler à mort *to bay at the moon*
hydraulique *hydraulic*
hydro-électrique *hydroelectric*
hydrogène m *hydrogen*
hymne m *hymn*

I

ici *here;* d'ici demain *by tomorrow;* d'ici là *between now and then;* d'ici l'an 2 000 *by the year 2000;* d'ici quelques années *a few years from now*
icitte = ici *here (Caj, Can)*
idéal m *ideals;* l'idéal *the ideal thing*
idéal, -e (m pl -aux) *ideal*
identité f *identity*
idéologie f *ideology*
idiot, -e *idiot*
il y a: Qu'est-ce qu'il y a? *What is it?*
illuminé m *visionary*
illuminé, -e *visionary*
illusion f *illusion*
image f *image*
imaginaire *imaginary;* le mal imaginaire *hypochondria*
imagination f *imagination*
imbécile m, f *imbecile, idiot*
imiter *to imitate*
immédiatement *immediately*
immense *vast*
immeuble m *building*
immigrant, -e *immigrant*
impensable *unthinkable, unbelievable*
imperceptiblement *imperceptibly*
impérissable *imperishable*
impliquer *to imply*
importance f *importance*
important, -e *important, great, sizable*
importe: n'importe lequel *any one;* n'importe quel *any;* n'importe où *anywhere*
importer *to import, to be important;* il importe *it is important*
imposer *to impose*
impôt m *tax*
impression f *impression*
impressionner *to impress*
imprévu m *unforeseen event*
imprimante f *printer*
improprement *improperly*
improviser *to improvise*
inattendu, -e *unexpected*
inauguration f *unveiling*

incessant, -e *incessant, continual*
incident m *incident*
incitation f *incitement*
incompréhension f *lack of understanding*
inconditionnel, -elle *enthusiast*
inconnu, -e *unknown*
inconvénient m *disadvantage*
incorporer *to build in, incorporate*
incursion f *influence*
Inde f *India*
indéfiniment *indefinitely*
indéniable *undeniable*
indépendance f *independence*
indépendant, -e *independent*
indications f pl *instructions, directions*
indice m *indicator*
Indien, -ienne *Indian*
indifférent, -e *indifferent, doesn't matter*
indigène *native*
indiscutable *indisputable*
individualiste m, f *individualist*
inégalité f *inequality*
inépuisable *inexhaustible*
inévitablement *inevitably*
inférieur, -e *lower*
infini, -e *infinite*
infirmer *to negate*
inflexion f *inflection*
influencer *to influence*
informaticien m *computer programmer*
informatique f *computer science data processing*
ingrat, -e *unrewarding*
inhospitalier, -ière *inhospitable*
initiative f *initiative*
inoubliable *unforgettable*
inouï, -e *unheard of*
inquiétude f *worry*
s'inscrire (à) *to join*
insidieusement *insidiously*
insister *to insist*
inspirer *to inspire*
s'inspirer *to be inspired*
inscription f *inscription, writing*
instant m *instant, moment;* à l'instant même *at the very instant (moment);* pour l'instant *for the moment, for the time being*
instinctivement *instinctively*
institut m *institute*
institution f *institution*
institutrice f *elementary school teacher*
instruit, -e *educated*
insuffisant, -e *insufficient*
intarissable *inexhaustible*
intégrité f *integrity*
intelligence f *intelligence*
intensément *intensely*
intensifier *to intensify*
intensité f *intensity*
intensivement *intensively*
intention f *intention;* à l'intention

de *for the benefit of*
interdire *to forbid*
interdit, -e *prohibited, not permitted*
intérêt m *interest;* avoir intérêt *to be well-advised*
intérieur m *inside, interior*
intérioriser *to internalize*
intermédiaire m, f *intermediary*
international, -e (m pl -aux) *international*
interroger *to question, ask*
interruption f *interruption*
intervenir *to interrupt*
interview f *interview*
intimité f *intimacy, privacy*
introduire *to bring, insert*
inutilisé, -e *unused*
invasion f *invasion*
inventer *to invent, think up, make up*
inventeur, -trice *inventor*
invention f *invention*
inverseur m *reverser*
inviter *to invite*
invivable *unlivable*
Iran m *Iran*
Irlande f *Ireland*
irrégulier, -ière *irregular, uneven*
irrésistiblement *irresistibly*
irrespirable *unbreathable*
irriguer *to irrigate*
irrité, -e *annoyed*
isolé, -e *isolated, remote*
isolement m *isolation*

J

jamais *never;* à jamais *forever*
Japon m *Japan*
japonais, -e *Japanese*
jet m *jet*
jeter *to say;* jeter un regard sur *to cast a glance at*
jeunes m pl *young people, youth*
jeunesse f *youth*
jogging m *jogging*
se joindre *to join, combine*
joue f *cheek*
joueur, -euse *player*
jouir *to enjoy*
jour m *day;* au jour le jour *from day to day;* jour de congé *day off;* jour de paye *payday;* jour férié *paid holiday, day off;* le jour de l'an *New Year's Day*
journal m *diary;* tenir un journal *to keep a diary*
joyeuseté f *prank*
juger *to judge*
jument f *mare*
jurer *to swear*
jusque: jusqu'à *until, even, up to*
juste *just, right, exact*
justement *just now*
justifier *to justify*
juxtaposer *to juxtapose*

K

Kébèk = Québec *Quebec*
kilométrage m *mileage*

L

labeur m *labor, toil*
lâche m, f *coward*
lâche *cowardly*
laisser *to leave, let;* laisser le soin à *to leave it up to*
se laisser: se laisser suprendre *to be taken by surprise*
laiterie f *dairy*
laitier, -ière *dairy*
laiteux, -euse *milky*
lamentable *awful*
lance f *spear*
lancement m *launching*
lancer *to hurl, fling, call out;* lancer un cri *to shout*
landau m *baby carriage*
langage m *language*
languir *to die down*
large *wide, broad*
larme f *tear*
se lasser *to get tired*
lassitude f *weariness*
latéral, -e (m pl **-aux**) *lateral*
latin m *Latin*
laurier-rose m *wild rose bush*
lavande f *lavender*
laveuse-sécheuse f *washer-dryer*
leader m *leader*
lecteur m *reader;* lecteur de disque *disk drive*
lecture f *reading;* fiche de lecture f *reading report*
légende f *legend*
léger, -ère *slight, faint*
leucémie f *leukemia*
levage m *lifting*
lever *to lift;* lever du soleil m *sunrise*
lèvre f *lip*
lévrier m *greyhound*
lexique m *dictionary*
libéral, -e (m pl **-aux**) *liberal*
libérer *to free, release*
liberté f *liberty, freedom*
lié, -e *close, tied*
lier *to link, relate*
lieu m *place;* au lieu de *instead of*
ligne f *line*
limiter *to border, bound, limit*
limpide *limpid, clear*
linge m *laundry*
liquide *liquid*
lisse *smooth*
listing de sauvegarde m *back-up print-out*
litanie f *litany*
littérature f *literature*
littoral m *coast*
livrer *to supply with, reveal, give away, hand over*
se livrer *to be fought*

livret m *booklet, book;* livret de caisse d'épargne *savings account*
local m (pl **-aux**) *place*
locomotive f *locomotive*
loge f *lodge, box, dressing room*
loger *to live (with, at)*
logique f *logic*
loi f *law*
loisirs m pl *leisure time (activities)*
long: de long *long;* le long de *throughout*
longer *to go along*
longue *long;* à la longue *in the end*
lopin m *plot (of land)*
lors: dès lors *for that reason, therefore*
louange f *praise*
Louisiane f *Louisiana*
loup m *wolf*
loup-garou m *werewolf*
lourd, -e *heavy*
lueur f *light*
lune f *moon*
luxe m *luxury*
luxueux, -euse *luxurious*
luzerne f *alfalfa*
Lybie f *Libya*
lyre f *lyre*

M

mâché, -e *spoon-fed*
machinalement *automatically, unconsciously*
machine f *machine;* machine à laver *washing machine;* machine-outil *machine tool*
machinisme m *mechanization*
magazine m *magazine*
magique *magic*
magnétique *magnetic*
magnétoscope m *video cassette recorder, videotape machine*
main f *hand;* se serrer la main *to shake hands*
maintenir *to maintain, uphold*
se maintenir *to remain*
maint, -e *many*
maître m *master*
majestueusement *majestically*
majeur, -e *main, major, greatest*
majorité f *majority*
mal *bad, evil;* avoir le mal de mer *to be seasick;* mal imaginaire m *hypochondria;* pas mal fort *pretty smart (Can)*
mâle m *male*
malheur m *misfortune*
Mali m *Mali*
malin, -igne *tricky;* c'est malin! *cute!*
manière f *way*
manifestation f *demonstration*
se manifester *to appear, show up*
manœuvre f *scheming, manipulation*

manque m *gap, lack*
manuel m *manual*
manufacture f *factory (Can)*
manutention f *handling*
marchand, -e *shopkeeper*
marche f *path, course;* se mettre en marche *to start up*
se marcher: se marcher sur les pieds *to step on someone's toes*
marée f *tide*
mari m *husband*
mariage m *marriage, married life*
marié -e *married*
Maroc m *Morocco*
marque f *sign*
marqué, -e *pronounced, marked*
marquer *to indicate, show, mark, influence;* marquer des points *to score points*
marrant, -e *amusing*
marron m *chestnut*
martyriser *to batter*
masse f *mass*
massif, -ive *massive*
Massif Central m *Massif Central*
mât m *mast;* mât d'amarrage *anchoring mast*
matelot m *sailor*
maternel, -elle *mother*
matinal, -e (m pl **-aux**) *morning*
maudit, -e *beast, bastard (Caj)*
Mauritanie f *Mauritania*
maxime f *maxim*
maximum m *maximum;* au maximum *completely*
mechbed m *trail*
méconnu, -e *unrecognized*
médian, -e *median*
médias f pl *mass media*
médical -e (m pl **-aux**) *medical*
méditer *to ponder over or muse over something*
méfiance f *mistrust*
méhari m *racing dromedary*
mélange m *mixture*
se mélanger à *to mingle with*
mélodie f *melody*
même *self, very,* à l'instant même *at the very instant (moment)*
mémento m *phrase book*
mémoire f *memory;* (lui) revenir en mémoire *to come back (to him)*
mémorisation f *memorization*
ménage m *household*
mener *to rule*
mensurations f pl *measurements*
mentalité f *mentality, mind*
mépris m *disdain*
mer f *sea;* en pleine mer *out at sea*
mercenaire m *mercenary*
merci: merci bien *thank you, many thanks*
merci f *mercy;* réduire à merci *to reduce to obedience*
merveille f *marvel, wonder*

merveilleux, -euse *marvelous, wonderful*
message m *message*
messe f *Mass*
mesure f *measurement, extent;* dans une certaine mesure *to some (a certain) extent*
métallique *metallic*
météorologiste m, f *meteorologist, weather forecaster*
méthodique *methodical*
méthodiquement *methodically*
métier m *job*
mettre *to take;* mettre au point *to prepare;* mettre en échec *to checkmate;* mettre en place *to install;* mettre en route *to start up;* mettre la pagaille *to start a ruckus*
se mettre *to put oneself, to (go and) stand;* se mettre en marche *to start up;* se mettre en mouvement *to start to move;* se mettre en place *to take its place*
meublé, -e *furnished*
micro-informatique f *micro-computer science*
microprocesseur m *microprocessor*
miel m *honey*
miette f *crumb*
mi-journée f *midday*
militaire *military*
militant, -e *militant*
mille m *mile*
millénaire m *millenium*
milliard m *billion*
milliardaire m, f *multimillionaire*
million m *million*
mimosa m *mimosa*
mince *slim, slender, small*
miner *to wear out*
minerai m *ore*
minime *minimal, minor*
minutie f *exactness*
miracle m *miracle*
miraculeux, -euse *miraculous*
mirage m *mirage*
mise: la mise en jeu *starting to play*
misère f *hardship, problems (Can)*
mission f *mission, task*
mi-temps m *part-time*
mi-voix: à mi voix *softly*
mobiliser *to draft*
mode m *way*
modem m *modem*
modifier *to modify*
module m *module*
mœurs f pl *customs*
moindre: le/la moindre *the least*
moins *less;* de moins en moins *less and less;* du moins *at least;* tout au moins *at the very least*
mollement *gently*
moment m *while, moment;* par moments *now and then, at times;* pour le moment *at present*
monarchie f *monarchy*
monde m *people (Caj, Can), world*

mondial, -e (m pl **-aux**) *world*
monétaire *monetary*
monopoliser *to monopolize*
monsieur m *gentleman*
Monsieur m *creature*
monstre m *monster*
monstrueux, -euse *monstrous*
montagneux, -euse *mountainous*
montée f *ascent, going up*
monter *to rise, rise up, pitch;* monter sur ses grands chevaux *to get up on one's high horse*
monture f *mount (horse)*
se moquer de *to make fun of, poke fun at, not to care about*
moraine f *moraine*
morale f *morality*
mort f *death*
mort, -e *dead person;* les mortes *the dead*
mort, -e *dead*
mortel, -elle *fatal, deadly, dull*
mot m *word;* mot à mot *word by word*
moteur m *motor, engine*
mouais = mais oui *of course, yes (very reticent)*
mouche f *fly*
mouflon m *mouf(f)lon, a wild sheep*
mourir *to die*
moustaches f pl *whiskers*
mouvement m *movement;* se mettre en mouvement *to start to move*
moyen: ses moyens m pl *one's capacities*
moyen, -enne *average (size);* en moyenne *on the average*
Moyen-Orient m *Middle East*
moyennement *fairly, moderately;* moyennement grand(e) *of average size*
mû, -e *run*
multiplier *to multiply*
munir de *to furnish with*
mural, -e (m pl **-aux**) *mural*
mûrir *to mature*
muscle m *muscle*
mystère m *mystery*
mystérieux, -euse *mysterious*
mythe m *myth*
mythologique *mythological*

N

nabab m *dignitary*
nacelle f *basket*
naissance f *birth*
naissant, -e *beginning to form, nascent, growing*
naître *to be born*
nation f *nation*
natte f *mat*
naufrage m *sinking*
navigation f *navigation, sailing*
ne. . .que *only*

nécessité f *necessity*
néfaste *harmful*
négatif, -ive *negative*
négligemment *casually*
nègre m *Negro*
néolithique *neolithic*
nervosité f *nervousness*
net, nette: s'arrêter net *to stop short;* couper net *to cut someone off*
neveu m (pl **-x**) *nephew*
nid m *nest*
nièce f *niece*
Niger m *Niger*
nigérien, -ienne *of or from Niger*
niveau m *level;* un bon niveau *prestige*
Noël m *Christmas*
noisetier m *walnut tree*
nomade n m, f *nomad;* adj *nomadic*
nombreux, -euse *numerous*
nomenclature f *nomenclature*
nord m *north;* perdre le nord *to lose one's way*
notaire m *lawyer*
notamment *notably, in particular*
note f *note*
noter *to note;* à noter que *note that*
notion f *notion,*
noueux, -euse *knotty*
nourrir *to feed*
nous *we, us;* nous autres (coll) *we (emphatic)*
nouveau *new;* à nouveau *again;* de nouveau *again*
Nouveau-Brunswick m *New Brunswick*
nouvelle f *news*
Nouvelle-Ecosse f *Nova Scotia*
noyau m *nucleus*
se noyer *to drown*
nu, -e *bare, naked*
nuance f *nuance, shade of meaning*
nucléaire *nuclear*

O

ô = haut *high*
oasis f *oasis*
obéir *to obey*
obligatoirement *necessarily*
obliger *to oblige, make compulsory*
s'obliger (à) *to oblige oneself (to)*
oblique *oblique;* en oblique *diagonally*
obliquement *at an angle*
observation f *observation*
observatoire m *observatory*
obsession f *obsession*
obstruer *to obstruct, block*
obtus, -e *thick*
Occitan, -e *inhabitant of Southern France (south of the Loire)*
Occitanie f *Occitania*
occuper *to take up*
océan m *ocean*
ocre f *ochre*

odeur f odor, smell
œuvre f work; œuvre de charité charity
offense f offense, insult
office m office
officier m officer
offrande f offering, gift
offrir to give, buy, offer, reveal
s'offrir to buy oneself
ogive f diagonal rib
olivier m olive tree
ombre f shadow
omniprésent, -e omnipresent
ondulé, -e wavy-grained
opinion f opinion
opportun, -e right
opportunisme m opportunism
optimisme m optimism
optionnel, -elle optional
opulence f opulence, wealth
ordinaire regular
ordinateur m computer
ordre m order, nature
oreille f ear; à l'oreille by ear
organiser to organize
organisme m organism, body
orge f barley
s'orienter to orient oneself
originaire native
origine f origin, beginning
orignal m (pl -aux) moose
orner to decorate
orthographe f spelling; une orthographe à lui a spelling system very much his own
os m bone
oser to dare
où when; d'où whence
ouai(s) yeah
oublier to forget
oubliettes f pl oblivion
oued m wadi (river or ravine dry except during the rainy season)
outil m tool
outrancier, -ière extreme
outre besides
ouverture f opening
ouvrage m work; un ouvrage de consultation reference work
ouvrir to open
OVNI: Objets Volants Non Identifiés UFO's (Unidentified Flying Objects)
oxygène m oxygen; un ballon d'oxygène oxygen tank

P

pacifique pacific, of a peaceful nature, mild, calm
pacte m pact
pagaille f disorder (fam); mettre la pagaille to start a ruckus
paiement m payment
paire f pair
paix f peace; paix sur toi peace be with you

pâle pale
palet m puck
pâlir to become pale
panne f breakdown; être en panne to break down
Pâques m Easter
paquet m packet
par on; par contre on the other hand; par moments now and then, at times
paraître to appear, seem
par-dessus over; par-dessus tout above all
pareil, -eille the same
parenté f relationship, relatives
parents m pl parents
parfaitement quite
Parisien, -ienne Parisian
paroi f cliff, wall
paroisse f parish
parole f spoken word, word
part: à part separately; faire la part de to distinguish; prendre part à to take part in
partage m sharing, division
partagé, -e divided
parti m (political) party
particularité f detail
particulier -ière particular, private; en particulier in particular, particularly, especially, individually
partiellement partially
partir to leave; partir de to start at; partir sur ses grands chevaux to get up on one's high horse
partisan, -e supporter, advocate
partout everywhere; un peu partout just about everywhere
parvenir to get to, reach, arrive, be received at
pas m step
pas: pas mal fort pretty smart (Can)
passage m passing
passé m past
passe-droit m special favor
passeport m passport
passer to be showing (movie), lend; passer à to drop by; passer à la porte to show (someone) the door; passer pour to be considered; passer pour être to be regarded (thought of) as being; passer professionnel to turn professional
passif, -ive passive
passionner to excite
pasteur m shepherd
pathétique pathetic
patin m skate
patine f patina
patineur, -euse skater
patois m patois, (provincial) dialect
patrie f fatherland
patriotique patriotic
patte f paw, leg
pâturage m pasture
pauvre poor

paye f pay; le jour de paye payday
payer to pay; payer cash to pay cash; payer comptant to pay cash
se payer to afford, get
pays m country
peau f skin; être bien dans sa peau to feel good
pédaler to pedal
peindre to paint
peine f grief, trouble, difficulty, effort
peint, -e painted
peler to shell
peloton m pack
se pencher to lean, lean over; se pencher sur to investigate
pendant for
pénétrer (dans) to enter
pénible hard, disagreeable, unpleasant
pensée f thought
pensif, -ive pensive
Pentagone m the Pentagon
Pentecôte f Pentecost
perce-neige m (pl perce-neige) snowdrop
percer to penetrate
perdant, -e loser
perdre to lose; perdre le nord to lose one's way
se perdre to lose one's way
Père Noël m Santa Claus
période f period, season; période de pointe high season
périodiquement periodically
permanent, -e permanent
permettre to make it possible, allow
persécuter to persecute, harass, plague
personnage m figure, important person
personnalité f personality
personnellement personally
perspective f prospect
persuader to convince, persuade
perte f loss
perturber to perturb, disturb
pesant, -e heavy
petit-fils m grandson
petit-neveu m grandnephew, great-nephew
petite-fille f granddaughter
petite-nièce f grandniece, great-niece
pétrole m (crude) oil
pétrolier m oil tanker
peu little; à peu près almost; peu à peu little by little; un peu-oui you know what I mean
peuplade f (small) tribe, people
peuple m people
peur f fear; faire peur to frighten, scare
physique f physics
piastre f dollar (Can)

pic m *peak*

pièce f *piece;* pièce de rechange *spare part*

pied m *foot;* sur un pied d'égalité *on an equal footing;* traîner les pieds *to drag one's feet*

pied-tendre m *tenderfoot*

piétiner *to trample*

pilier m *pillar*

pionnier m *pioneer*

pipe f *pipe*

piqûre f *bite*

pire *worst*

pirouette f *pirouette*

piste f *trail, rink, (sound) track*

pivot m *pivot*

pivotement m *pivot*

placard m *cupboard;* placard d'archives *file cabinet*

place f *place;* mettre en place *to install*

placé, -e *situated*

placement m *investment*

plafond m *ceiling*

plainte f *complaint*

plaisant, -e *pleasant, agreeable*

plaisanterie f *joke*

plaisir m *pleasure*

plan m *plan, level*

plancher m *floor*

planer *to hover, glide*

planète f *planet*

planifier *to plan*

plantation f *plantation*

plat, -e *flat;* à plat *flat*

plate-forme f *platform*

plateau m (pl **-x**) *plateau*

plein, -e *full;* en pleine mer *out at sea;* en plein Sahara *in the middle of the Sahara;* faire le plein *to fill it up*

plomberie f *plumbing*

plonger (dans) *to plunge/thrust (into)*

ploutocrate m *plutocrat*

pluie f *rain*

plus: de plus *moreover;* non plus *neither, either;* plus. . .plus *the more. . .the more*

poche f *pocket;* de poche *pocket*

podium m *podium*

poêle f *frying pan*

poêle m *stove;* poêle à bois *wood-burning stove*

poème m *poem*

poète m *poet*

poids m *weight*

poing m *fist*

point m *point;* mettre au point *to prepare;* ne. . .point *not at all;* point d'eau *watering place;* point de vue *point of view*

pointe f *point;* période de pointe f *high season*

pointer *to point, check off*

poitrine f *chest*

polaire *polar;* l'étoile polaire f *North Star*

poliment *politely*

politique *political*

pollution f *pollution;* pollution sonore *noise pollution*

polonais, -e *Polish*

pompage m *pumping*

pomper *to pump*

pompier m *fireman*

pont m *bridge;* un pont-promenade *promenade deck*

ponton m *pontoon (flat-bottomed boat), float*

pop m *pop music*

populaire *popular*

porcelaine f *porcelain, china*

portatif, -ive *portable*

porter *to carry;* porter sur *to affect;* dont on porte le nom *whose name you have (bear)*

poser *to pose, put down, land*

se poser *to land*

positif, -ive *positive*

position f *position*

posséder *to have*

possibilité f *possibility*

poste m *post, station*

se poster *to position or station oneself*

potentiel m *potential*

pouce m *thumb;* sur le pouce *hitchhiking*

pour *for;* pour autant *because of;* pour cent *per cent;* pour le moment *at present;* pour l'instant *for the moment*

pourri, -e *decayed*

poursuite f *pursuit, chase*

poursuivre *to pursue, devote oneself to, continue*

pourtant *yet, nevertheless*

poussée: avoir une poussée d'urticaire *to break out in hives*

pousser *to grow*

pouvoir m *power*

pratique f *practice*

pratiquer *to practice*

précédent, -e *preceding*

précéder *to precede*

prêcher *to preach*

précieux, -euse *precious*

précipitation f *(great) haste or hurry*

se précipiter dans *to flock to*

précis, -e *precise, definite*

préférence f *preference;* de préférence *preferably*

préhistorique *prehistoric*

préjudiciable *prejudicial, detrimental*

premier, -ière *leading, foremost*

prenant, -e *absorbing*

prendre *to take;* ça ne prend pas *you can't fool me;* prendre conscience de *to become aware of, realize;* prendre des dispositions *to make decisions;* prendre garde *to be careful;* prendre l'habitude *to get used to;* prendre part à *to take part in*

préoccupation f *preoccupation, concern*

préparation f *preparation*

près *near;* à peu près *almost*

présence f *presence*

présent, -e *present*

se présenter *to appear*

préserver *to preserve*

présider *to preside*

pressentir *to sound out*

presser *to press, squeeze;* presser le pas *to speed up, hurry on*

prestation f *fee*

prestige m *prestige*

prétendre *to claim*

prétendu, -e *supposed*

prétention f *claim;* avoir la prétention de *to claim to be able to, to think one can*

preuve f *proof*

prévision f *anticipation;* en prévision de *in preparation for*

prévoir *to foresee, anticipate*

prié, -e *invited*

prier *to ask*

prière f *prayer;* être en prière *to be praying (at prayer)*

primitivement *originally*

principe m *principle*

pris, -e (de) *seized with*

prise f *taking, electric outlet, jack*

prison f *prison*

prisonnier, -ière *prisoner*

privé -e *private*

privilégié, -e *favored, privileged*

probablement *probably*

procéder *to proceed*

procession f *procession*

proche *close, near, recent*

se procurer *to get, obtain*

producteur, -trice *producer*

production f *production*

produire *to produce, cause, create*

professionnel, -elle *professional;* passer professionnel *to turn professional*

profil m *profile;* de profil *in profile*

profit m *profit*

profondeur f *depth;* de profondeur *deep*

progrès m *progress*

progresser *to progress, make progress*

progressif, -ive *progressive*

se prolonger *to go on, last*

promesse f *promise*

prononcer *to pronounce;* ne se prononcent pas *undecided*

propane m *propane*

prophète m *prophet*

proportion f *proportion*

propre *own*

propriétaire m *owner, homeowner*

propriété f *property*

propulsion f *propulsion;* à propulsion nucléaire *nuclear-powered*

prospère *thriving, flourishing*
protéger *to protect*
protestant, -e *Protestant*
protester *to protest*
prototype m *prototype*
prouver *to prove*
provenir *to come from*
proverbe m *proverb*
Providence f *Providence, God*
provoquer *to provoke, cause*
prudence f *prudence*
public, -ique *public*
publicitaire *advertising, propaganda*
publicité f *advertising campaign, publicity*
puissance f *power*
pulvériser *to pulverize, demolish, destroy*
pur, -e *pure, honorable*
Pygmée m *Pygmy*
pylône m *pylon*
pyramide f *pyramid*
Pyrénées-Orientales f pl *Eastern Pyrenees*

Q

quadrille m *quadrille*
quand *when;* à quand *when (will they develop)*
quant à *as for*
quarantaine f *about forty, in one's forties*
quartz m *quartz*
québécois, -e *from Quebec*
quelconque *some*
quelque *some;* quelque peu *rather, somewhat*
queque chose = quelque chose *something (Caj)*
question *with regard to*
qu'est-ce que: qu'est-ce qu'il y a? *what is it?*
quête f *search*
queue f *tail;* faire la queue *to line up*
qui *who;* être sur le qui-vive *to be on the alert*
quinzaine f *about fifteen*
quoi *what;* quoi! *right?, huh?;* Quoi encore? *What next?;* à quoi bon? *what's the use?;* de quoi *enough to make you*
quotidien, -ienne *daily*

R

race f *race*
racheter *to buy back*
racine f *root*
radio f *radio station*
radioactif, -ive *radioactive*
rage f *rage, anger*
raid m *trek*
raisonnable *reasonable, sensible*
ralentir *to slow down*
ramener *to bring back*

ramper *to crawl*
randonnée f *drive;* randonnée à pied *hike*
rappeler *to remind*
se rappeler *to recall*
rapport m *report*
rapporter *to report*
se rapporter à *to relate to*
se rapprocher *to be close, to come closer*
ras-le-bol: (avoir) ras le bol *(to be) fed up*
rat m *rat*
râteau m (pl **-x**) *rake*
rationnel, -elle *rational*
rations f pl *rations*
rattachement m *joining, uniting, link*
rauque *hoarse*
raviné, -e *furrowed, gullied*
réaction f *reaction*
réagir *to react*
réaliser *to make*
se réaliser *to fulfill oneself*
réalité f *reality;* en réalité *in reality*
récent, -e *recent*
recette f *recipe*
rechange: une pièce de rechange *spare part*
réchauffé, -e *heated up*
recherche f *search*
rechercher *to search for, look for, try to find*
récipient m *container*
récit m *account, story*
réclamer *to demand*
récolte f *harvest*
recommencer *to begin again;* Et allez donc! Ça recommence! *Here we go again!*
récompenser *to reward*
reconnaissance f *reconnaissance, exploratory survey, recognition*
se reconnaître *to recognize themselves*
reconquérir *to win back, recover*
recopier *to write out*
recouvert, -e *covered*
recouvrir (de) *to cover (with)*
recueilli, -e *recorded, depicted*
recueillir *to collect*
reculé, -e *distant*
récupérer *to recover*
redire *to say again*
redouter *to dread*
se redresser *to go straight up*
réduire *to reduce;* réduire à merci *to reduce to obedience*
reflet m *reflection, glint*
refléter *to reflect*
réflexe m *reflex*
réflexion f *reflection, thought*
refrain m *refrain*
refuge m *refuge*
refuser *to refuse*
se refuser à *to refuse to*
regard m *look, glance*

regarder *to concern*
régime m *time, temperature and duration*
règle f *rule;* règle de trois *proportions*
régler *to guide, solve, pay*
regretter *to regret, be sorry*
régulariser *to regularize*
reine f *queen*
réintégrer *to return to*
rejeter *to reject*
rejeton m *offspring*
rejoindre *to join, catch up (with)*
se réjouir de *to be delighted or thrilled (to do)*
relater *to relate, tell*
relation f *relation(ship)*
relativement *relatively*
relax, -e *relaxed, easy-going (coll)*
reléguer *to relegate*
religieux, -euse *religious*
religion f *religion*
relire *to read over*
remariage m *remarriage, second marriage*
remarquer *to notice, remark, observe*
rembourser *to pay back*
remède m *remedy*
remédier *to remedy*
remercier *to thank*
remettre *to put back;* remettre en question *to question, challenge*
remise f *carriage house, shed*
remonter *to sail up*
remplacement m *substitution*
remplir *to fill*
remuer *to move*
renard m *fox*
rencontre f *meeting*
rencontrer *to find*
rendre *to return, make;* rendre (+ adj) *to make;* rendre visite *to pay a visit*
renfermer *to contain*
renfort m *reinforcement;* à grand renfort de *with a lot of*
renouveau m (pl **-x**) *revival*
renouvelable *renewable*
rentrer *to come in*
se répandre *to overflow, gush*
réparation f *repair*
reparler *to speak again*
repartir *to start again*
répartir *to distribute, divide*
se répartir *to be divided up;* se répartir dans *to share*
repeindre *to repaint*
repère m *marker*
repérer *to locate, find*
répéter *to repeat*
répliquer *to reply*
répondre *to meet (a need)*
reportage m *report, article*
repousser *to push back*
reprendre *to resume, take up, join in, begin again, recover, correct,*

go on, say; reprendre son calme to recover one's composure, calm down

représentation f representation, portrayal

se représenter to imagine

reprise f resumption; à plusieurs reprises several times; avoir des reprises to have good acceleration

reprocher to reproach, blame

reproduction f reproduction

reptile m snake

réputation f reputation

réputé, -e: être réputé pour to have the reputation for

réservation f reservation

réserve f reserve, something extra; sur la réserve shy

réserver to have in store (for); réserver à quelqu'un to hold for someone, have in store for someone

résider to reside

résolution f resolution

résonner to resound

respect m respect

respiration f respiration, breathing

respiratoire respiratory, breathing

responsable responsible

ressembler to resemble, be like

ressortir to bring out again

restaurant m restaurant; restaurant de (première) classe first-class restaurant

restauration f food, refreshments

reste: le reste the rest

rester to remain; reste à savoir it remains to be seen; rester collé, -e to get stuck (Can); rester sur place to stay there; il reste it remains

résultat m result

résumé m summary; en résumé in short

résurrection f resurrection

retard m delay; en retard late

retenir to carry

réticent, -e reluctant

retomber to land

retourner to dig up, turn over

se retourner to turn around; s'en retourner to leave

retracer to depict

retraite f retirement

se retrouver to meet (again)

réunion f reunion

réussi, -e successful

réussite f success

rêve m dream

réveil m awakening

réveiller to wake up

réveillon m New Year's Eve dinner

réveillonner to celebrate the New Year

révéler to reveal

se révéler to be revealed

revendication f demand

revendiquer to demand

revenir to come back; revenir en arrière to go back, retrace one's steps; revenir en mémoire to come back

réverbère m street lamp, street light

reverdir to flower again

revers m reverse

révolte f revolt, rebellion

se révolter to revolt, rebel

révolution f revolution

revolver m gun

rhumatisme m rheumatism

richesse f wealth, riches, richness

rigaudon m rigadoon (dance)

rigueur f rigor

rire m laughter, laugh

risque m risk

rivé, -e attached

rizière f rice-paddy

robuste robust, sound

roche f rock

rocher f rock

rocheux, -euse rocky

rock m rock

Rois Mages m pl the Magi, the Three Wise Men

romancier m novelist

rond m ring, circle, penny (slang)

ronde f circle

rose pink

roseau m (pl -x) reed

rougeâtre reddish

roulé, -e rolled up

rouler to roll, go on, drive, move along

route f road; mettre en route to start up

royaume m kingdom

rude rough

rudesse f toughness

ruisseau m (pl -x) brook

rumeur f noise

rupestre rock

rural, -e (m pl -aux) rural

rusé, -e clever

rythme m rhythm

S

sableux, -euse sandy

sabot m clog

sacré, -e damned

sacrifier to sacrifice

sage well-behaved

sagesse f wisdom; sentence de sagesse f word of wisdom

Sahara m the Sahara (Desert)

saharien -ienne Saharan, from the Sahara Desert

sain, -e wholesome

saint, -e sacred, saint

saisir to seize, grab

sale dirty, filthy

salir to dirty, make dirty, mess up, drag in the mud

salle f room; salle de bal ballroom; salle de cinéma movie theater

salon m living room

salutation f salutation, greeting

samouraï m samurai

sang m blood

sanglot m sob

satisfaction f satisfaction, fulfillment

satisfaire to satisfy, meet

saturé, -e saturated

saumon m salmon

saurait: on ne saurait one could not

sauter to jump; faire sauter to blow up; faire sauter une crêpe to toss a pancake

sauteur, -euse jumper

sauvegarde f safeguard; un listing de sauvegarde back-up print-out

sauver to save; ça de sauvé that much saved

savamment skillfully

savant m scientist, scholar

savoir to find out; reste à savoir it remains to be seen

scaphandre m spacesuit

science f science

scintillant, -e sparkling, twinkling

scolaire school-like, student, bookish

scrupule m scr 'e

scruter to scr e, examine

sculpté, -e sc d

séchage m di

sécheresse f o ght

séchoir m dry shed

second, -e second

secouer to shake

secours m help

secret, -ète secret

secteur m region

sécuritaire safe (Can)

sécurité f security

seigneur m nobleman

selle f saddle, seat (of a bike)

seller to saddle

sels m pl smelling salts

semblable similar

sens m sense

sentence f maxim; sentence de sagesse word of wisdom

sentimental, -e (m pl -aux) sentimental

séparation f separation

se séparer to leave each other

serpent m snake

serrer to clench

se serrer: se serrer la main to shake hands

service m serving; une femme de service waitress

servir to be useful; ça ne sert à rien there is no point in it, it serves no (useful) purpose

serviteur m servant

seul, -e single, only; d'un seul tenant all of one piece

sévèrement *severely*

s.f. = science-fiction f *science fiction*

siffler *to whistle*

signal m (pl **-aux**) *signal*

signe m *sign, gesture;* faire signe *to look up;* faire signe à *to get in touch with, contact*

signifier *to mean*

silence m *silence*

silencieux, -euse *silent*

silhouette f *silhouette*

simple *simple-minded*

simplicité f *simplicity*

simultané, -e *simultaneous*

sinistrement *in a sinister way*

sire m *lord*

se situer *to be situated, take place*

slogan m *slogan*

snobisme m *snobbery*

sobrement *soberly*

sociabilité f *sociability*

social, -e (m pl **-aux**) *social*

société f *society;* société de consommation *consumer society*

sociologue m, f *sociologist*

soi *oneself;* à soi *to oneself (of one's own);* soi-même *oneself, yourself, himself, herself, itself*

soif f *thirst*

soigner *to look after*

soin m *care;* en vous laissant le soin de *leaving you to take care of, leaving it to you to;* laisser le soin à *to leave it up to*

sol m *ground*

solaire *solar*

soleil m *sun;* le coucher du soleil *sunset;* le lever du soleil *sunrise*

solide *solid, reliable*

somme f *sum*

sommeil m *sleep*

sommet m *summit*

sondage m *poll*

songe m *dream*

songer *to think;* songer que *to consider that*

sonner *to strike (the hour)*

sonore *resonant;* la pollution sonore *noise pollution*

sophistiqué, -e *sophisticated*

sorte f *sort, kind*

sortir *to go out;* s'en sortir *to get out of it*

sou m *sou, cent*

souche f *stock*

souci m *worry*

soudain *suddenly*

soudure f *soldering, welding*

souffle m *breath, breathing*

souffrance f *suffering*

souffrir *to suffer*

souhaiter *to wish*

soulever *to lift, carry away*

soulier m *shoe*

souligner *to emphasize, stress*

soupçonner *to suspect*

soupir m *sigh*

soupirer *to sigh*

souple *agile*

source f *spring, source*

sous *under;* sous-développement m *underdevelopment;* sous-marin m *submarine*

souterrain m *underground passage*

souterrain, -e *underground, subterranean*

souvenance: avoir souvenance (de) *to recollect, remember*

souvenir m *memory*

Soviétique: les Soviétiques *the Russians*

soviétique *Soviet, Russian*

spasmodique *spasmodic*

spécialiste m, f *specialist*

spécifier *to specify*

spécifique *specific, limited*

spontané, -e *spontaneous*

sprint m *sprint*

St. Domingue m *Santo Domingo*

stabilité f *stability*

stade m *stage*

stationnement m *parking*

stature f *stature*

steppe f *steppe*

stimuler *to stimulate*

stock m *stock, supply*

stockage m *storage*

stocker *to store*

stratégie f *strategy*

strict, -e *strict*

studio m *studio*

stupéfait, -e *stunned, astounded*

stupide *stupid*

suave *suave, smooth*

subir *to experience, suffer*

submerger *to flood the market*

substituer *to substitute*

succéder *to follow*

succession f *succession, inheritance*

sucré, -e *sweet*

sueur f *sweat*

suffire *to be enough, be sufficient;* il suffit *it is enough*

suffisant, -e *enough*

suicide m *suicide*

suite f *rest, continuation;* de suite *in a row*

suivre *to follow;* à suivre *to be continued*

sulfureux, -euse *sulfurous*

superficiellement *superficially*

supérieur, -e (à) *higher than*

supériorité f *superiority*

supporter *to support*

supposer *to suppose*

sur *out of*

surcharge f *addition*

surface f *surface*

surgénérateur m *supergenerator*

surmonter *to top off, get over, lay on top of*

surnommer *to nickname*

se surpasser *to outdo oneself*

surplomber *to overhang*

surprendre *to surprise;* se laisser surprendre *to be taken by surprise*

surveillance f *surveillance, watch*

surveiller *to watch over*

survivre *to survive*

survoler *to fly around*

sus: en sus *in addition*

suscité, -e *aroused*

sympa(thique) *nice*

syndical, -e (m pl **-aux**) *union*

syndicat m *(trade) union*

synthèse f *synthesis*

systématiquement *systematically*

système m *system;* système solaire *solar system*

T

tâche f *job, task, spot*

tacheté, -e *spotted*

taciturne *taciturn*

tactiques f pl *tactics*

se taire *to be quiet, be silent*

taloche f *box on the ear, smack (fam)*

tandis: tandis que *while, whereas*

tant: tant que *as long as*

taper *to bang;* taper sur *to kick around*

tapis m *carpet, mat*

Targui m (pl **Touaregs**) *Tuareg*

taureau m (pl **-x**) *bull*

taux m *rate*

technologique *technological*

tel, telle *like;* tel quel *as is*

télé(vision) f *television, TV;* télé en couleurs *color TV*

télégraphique *telegraphic, in the concise style of a telegram*

témoin m *witness;* un appartement témoin *model apartment*

témoignage m *testimony*

tempérament m *constitution;* à tempérament *on credit*

tempéré, -e *temperate*

temps m *time;* dans le temps *before*

tenant m *supporter;* d'un seul tenant *all in one piece*

tendance f *tendency;* avoir tendance à être *to have a tendency to be*

tendre *to stretch out*

tendre *tender, sweet (grass)*

ténèbres f pl *dark*

tenir *to hold;* tenir compte de *to take into account;* tenir parole *to keep one's word;* tenir un journal *to keep a diary*

tentation f *temptation*

tenter *to attempt, to try;* tenter le coup *to try one's luck*

tenue f *dress, clothes, clothing*

terme m *term*
terminal m (pl **-aux**) *terminal*
terminale f *last year of high school*
terminer *to bring to a close*
se terminer *to end, to turn out (in the end)*
terrain m *ground, playing field*
terre f *earth, land;* ver de terre m *earthworm*
terrestre *land*
terreur f *terror*
territoire m *territory*
territorial, -e (m pl **-aux**) *territorial*
terroriser *to terrorize*
testament m *will*
tester *to test*
tête f *head;* en faire à sa tête *to do what one wants*
théoriquement *theoretically*
thermique *thermal*
tic-tac m *pendulum case*
ticket m *ticket*
tigre m *tiger*
tintement m *ringing*
tirer *to draw, shoot*
se tirer: s'en tirer à bon compte *to get off easy*
tiroir m *drawer*
toilette f *wash;* affaires de toilette (f pl) *toilet articles*
tolérance f *tolerance*
tolérer *to tolerate, allow, endure, put up with*
tombal, -e *tomb-like*
tombe f *tomb, grave*
tomber *to fall;* tomber en arrêt *to come to a stop;* tomber sur *to find*
ton m *tone, level, tune*
tonne f *ton*
torche f *torch*
torturé, -e *tortured*
total, -e (m pl **-aux**) *total, complete*
Touareg m *Tuareg*
touche f *key*
toujours *still*
toune f *tune (Can)*
tour m *trip, outing;* faire le tour de *to go around;* faire (des yeux) le tour de *to look around*
tourbillonner *to swirl*
tourisme m *tourism;* une agence de tourisme *tourist agency*
tourmenté, -e *tormented*
tournée f *tour;* en tournée *touring*
tourner *to turn;* tourner en rond *to go around in circles*
se tourner *to turn*
Toussaint f *All Saints' Day*
tout, toute, tous, toutes *all, all of, the whole, every;* tous azimuts *all around;* tout à *absorbed in;* tout pur *vintage*
toutefois *however*
toute-puissance f *absolute power*
trac m *stage fright*
trace f *track*
tracer *to trace*

tradition f *tradition*
traduire f *to translate*
traduit, -e *translated*
traîner *to pull, drag;* traîner dans les rues *to roam the streets;* traîner les pieds *to drag one's feet, shuffle along*
trait m *trait, tracing;* avoir trait à *to relate to;* d'un seul trait *all of one piece*
traite f *(monthly) payment*
traiter *to treat*
trancher *to break*
tranquillité f *quiet, tranquillity, peacefulness, quietness*
transformer *to transform*
transition f *transition*
transmettre *to transmit*
transport m *carrying;* transports transport;* transport en commun *mass transit*
traquer *to track (down)*
traumatiser *to traumatize*
travers: à travers *through, throughout*
tremblant, -e *trembling*
trembler *to tremble*
trentaine: une trentaine *about thirty*
trésor m *treasure*
tressaillir *to shudder*
triangle m *triangle*
tribu f *tribe*
tricot m *sweater, jersey;* faire du tricot *to knit*
Trifouillis-les-Oies *out in the boondocks*
tripler *to triple*
trique f *club*
trois *three;* règle de trois f *proportions*
troisième: en troisième *in tenth grade*
trompe f *trunk*
trop *too much;* en trop *left over*
troquet m *café*
troublant, -e *disturbing*
troubler *to disturb*
troupeau m (pl **-x**) *herd*
trouvaille f *find*
trouver *to find;* trouver son compte à *to suit one*
tu (pp of **se taire**): il s'est tu *it became silent*
tube m *top twenty*
tuer *to kill*
tulipe f *tulip*
tumultueux, -euse *wild*
Tunisie f *Tunisia*
turbine f *turbine*
turbulent, -e *unruly*
type m *type*

U

ultime *last*
un, une *one;* les uns *some*
unanime *unanimous*

uniquement *only, solely, exclusively, uniquely*
unir *to unite*
universel, -elle *universal, world-wide*
uranium m *uranium*
urticaire f *hives;* avoir une poussée d'urticaire *to break out in hives*
usage m *use*
utilisation f *use*

V

vaccin m *vaccination, shot*
vachement *awfully, a heck of a lot*
vague *vague*
vaguement *vaguely*
vaillant, -e *bold, spirited*
vain, -e *empty, vain;* en vain *in vain*
vaincu, -e *beaten*
vaisseau m (pl **-x**) *vessel, ship;* vaisseau de l'air *airship;* vaisseau spatial *spaceship*
valeur f *value;* mettre en valeur *to highlight;* sans valeur *worthless*
valide *valid*
valise f *suitcase;* faire ses valises *to pack one's bags*
valoir *to be worth*
valse f *waltz*
vampire m *vampire*
vanté, -e *praised*
vapeur f *steam*
variante f *variation*
varier *to vary*
vaut: qu'est-ce qui me vaut *to what do I owe*
vedette f *star*
veille f *eve, the day before*
veiller *to take care of*
vente f *sale*
ver de terre m *earthworm*
verdure f *greenery*
vêtir *to dress*
veuve f *widow*
vicissitudes f pl *trials and tribulations*
victime f *victim*
vide *empty*
vider *to empty*
vidéo f *video*
vidéocassette f *video cassette*
vie f *life;* faire une belle vie = avoir une belle vie
vieillir *to get old*
vierge *virgin*
Vierge f *Virgin (Mary)*
vigilant, -e *vigilant, watchful*
vigne f *vineyard*
violence f *violence*
violent, -e *violent*
violoncelliste m, f *cellist*
virer *to turn*
visa m *visa*
visage m *face*

viser *to aim*
vision f *vision*
visite f *visiting;* rendre visite *to pay a visit*
visualisation f *visualization*
vivant, -e *alive, lively;* de son vivant *during one's lifetime*
vive: sur le qui-vive *on the alert*
vivement *quickly*
vocalement *vocally*
vœu m (pl **-x**) *wish*
voisin, -e *neighboring*
voix f *voice;* à haute voix *in a loud voice;* à mi-voix *softly;* donner de la voix *to bay;* d'une voix brève *sharply;* un éclat de voix *loud voices*

volant, -e *flying*
volcanique *volcanic*
voler *to fly, rob, steal*
voleur, -euse *thief*
volonté f *pleasure, will*
volumineux, -euse *big, bulky*
volupté f *pleasure*
vomir *to vomit*
voter *to vote*
vouloir *to demand*
voûte f *vault*
voyage m *journey;* chèques de voyage m pl *traveler's checks*
voyageur, -euse *traveler*
vrai, -e: à vrai dire *to tell the truth, in (actual) fact*
vu *in view of*

vue f *sight;* un point de vue *point of view*

W

water polo m *water polo*

Z

zébré, -e *striped*
zériba f *hut*
zigzaguer *to zigzag (along)*
zone f *zone*
zydeco m *Cajun Blues (Caj)*

GRAMMAR INDEX

For a summary of grammar and verb forms (including stem-changing and irregular verbs), see **Grammar Summary,** pp. 303-316.

fait, 210; **il y a** with a past tense, 211

il y a longtemps que: with present tense, 6

imparfait: formation, 21; verbs ending in **-ger** and **-cer,** 22; use, 22; in conditional sentences, 22, 195; whether to use the imparfait or the passé composé, 22

imperative: *see* commands

independent pronouns: forms, 121; use, 121; **à** + independent pronoun used with possessive articles for emphasis, 180

indicative: sequence of tenses, 284

indirect style: direct vs. indirect style, 287; sequence of tenses, 287; indirect questions and statements with **qui, ce qui, ce que,** 287

indirect-object pronouns: forms, 117, 119; use, 119; position, 119; order when more than one object pronoun is used, 120; reflexive pronoun as an indirect object, 120

infinitive: present and past, 266; as subject of a verb, 266; following a preposition, 266; connected to an adjective by **à, de, pour,** 266; connected to a noun by a preposition, 267; dependent on a verbal expression (**il faut, il vaut mieux**), 267; connected directly to a verb, 267; connected to a verb with **à,** 267; connected to a verb with **de,** 267; subject of infinitive different from subject of main verb (verbs indicating causation, permission, order or prohibition; verbs of perception), 268; after **venir de,** 28; vs. subjunctive, 81, 82; negation with an infinitive, 103; **aller** + infinitive expressing future time, 193

interrogative adjectives: quel, quelle, quels, quelles, 158

interrogative adverbs: pourquoi, combien, comment, quand, où, 158

interrogative constructions: using intonation, 159; using **est-ce que,** 159; using inversion, 159

interrogative pronouns: lequel, laquelle, lesquels, lesquelles, 158; **qui, qui est-ce qui, qui est-ce que, que, qu'est-ce qui, qu'est-ce que, quoi,** 158

intonation: asking a question, 159

inversion: in question formation, 118, 159; in sentences beginning with adverbs such as **peut-être, sans doute, encore, toujours, aussi, à peine,** 118; in sentences beginning with quoted dialogue, 118

jeter: stem change in present tense, 7; irregular future stem, 193

-là: following a noun or demonstrative pronoun, 162

lequel, laquelle, lesquels, lesquelles: interrogative pronouns, 158; relative pronouns, 230; contractions with **à** and **de,** 158, 231

liaison: with definite article **les, (aux, des),** 44; with indefinite articles **un, des,** 44; with reflexive pronouns **nous, vous,** 62; between adjectives and the following noun, 142; use of **bel, nouvel, vieil,** 142; with masculine and plural possessive articles and the following noun, 179

manger: present, 6; imparfait, 22; passé simple, 26

masculine: gender, 41, 141

ne: the expletive **ne** with the subjunctive, 82; *see* negation

negation: ne...pas, ne...plus, ne... jamais, (ne)...ni...ni, ne...rien, ne... personne, ne...aucun(e), ne... que, 103; in compound tenses, 103; with an infinitive, 103; definite article used after **ni...ni,** 104; agreement of **aucun(e),** 104; **personne, rien** and **aucun(e)** as subject of a verb, 104; **de** instead of **du/de la/des** after **ne...pas,** 45; **du/ de la/des** after **ne...que,** 104; construction without verb, 104; multiple secondary negatives, 104

nouns: gender (masculine and feminine forms), 41; number (singular and plural forms), 42

où: interrogative adverb, 158; replacing **à** or **dans** + **lequel,** 231; **par où, d'où,** replacing **par** + **lequel, de** + **lequel,** 231; **où** referring to time, 231

passé antérieur: formation and use, 27

passé composé: formation, 20, 21; with **avoir,** 20; with **être,** 21; with either **être** or **avoir,** 21; reflexive verbs, 21; use, 21; whether to use the passé composé or the imparfait, 22; vs. passé simple, 26

passé simple: use, 26; vs. passé composé, 26; formation, 26; verbs ending in **-ger** and **-cer,** 26; irregular verbs, 26-27

past participle: formation, 20; agreement with preceding direct object, 20, 120; agreement with subject, 21, 118; agreement with reflexive pronoun, 21, 120

past perfect: *see* plus-que-parfait

pendant: with passé composé or past perfect, 210

plural: of nouns, 42; agreement of nouns and adjectives, 42, 141; of pronouns, 117; agreement of possessive articles, 179; of possessive pronouns, 180

plus-que-parfait: formation, 23; use, 23; in conditional sentences 23, 195

possession: expressed by **appartenir à** and **être à,** 179; expressed by a **de** construction, 179; possessive articles, 179; possessive pronouns, 180

possessive articles: 179

possessive pronouns: 180

préférer: stem change in present tense, 7

prepositions: independent pronouns as object of a preposition, 121; with geographical locations, 181; *see also* **à, dans, de, en**

present participle: formation, 209; compound form, 209; use, 209; meaning of **tout** before **en** + present participle, 209

present tense: use, 6; expressing future time, 6, 193; with **depuis, il y a...que, il y a longtemps que,** 6; in conditional sentences, 6, 195; verbs ending in **-ger** and **-cer,** 6; verbs with stem changes, 7; irregular verbs, 7

pronouns: summary, 117; subject, 118; direct-object, 119; indirect-object, 119; reflexive, 61, 119; **en,** 119; **y,** 119; independent, 121; interrogative, 158; demonstrative, 161; possessive, 180; relative, 230-232

quand: interrogative adverb, 158; use of future tense in a time clause after, 194

que: interrogative pronoun, 158; relative pronoun, 230

quel, quelle, quels, quelles: interrogative adjectives, 158

questions: *see* interrogative constructions, 159

qui: interrogative pronoun, 158; relative pronoun, 230-232

reflexive constructions: forms and position of reflexive pronouns, 61, 62; personal reflexives, 62; reciprocal reflexives, 62; structural reflexives, 62; equivalent to impersonal expressions, 63; meanings of verbs used reflexively and nonreflexively, 63; compound tenses: **être** as auxiliary, 21, 62; agree-

B
C
D 8
E 9
F 0
G 1
H 2
I 3
J 4